Die Zukunft des dualen Systems

Die Zukunft des dualen Systems

Aufgaben des dualen Rundfunkmarktes
im internationalen Vergleich

mit Studien von
Booz·Allen & Hamilton
und
EMNID

Ingrid Hamm (Hrsg.)

Verlag Bertelsmann Stiftung
Gütersloh 1998

Die Deutsche Bibliothek – CIP Einheitsaufnahme

Die **Zukunft des dualen Systems** : Aufgaben des
dualen Rundfunkmarktes im internationalen Vergleich /
mit Studien von Booz·Allen & Hamilton
und EMNID
Ingrid Hamm (Hrsg.). – Gütersloh : Verl. Bertelsmann Stiftung, 1998
ISBN 3-89204-390-6

© 1998 Verlag Bertelsmann Stiftung, Gütersloh
Verantwortlich: Dr. Ingrid Hamm
Redaktion: Prof. Mathias Rath, Dr. Helmut Meyer
Lektorat: Brigitte Neuparth
Herstellung: Sabine Klemm
Umschlaggestaltung: HTG Werbeagentur, Bielefeld
Umschlagabbildung: Mauritius/Rosenfeld
Satz: Utesch GmbH, Hamburg
Druck: Hans Kock Buch- u. Offsetdruck, Bielefeld
ISBN 3-89204-390-6

Inhalt

Vorwort 7
Ingrid Hamm

I. Fernsehsysteme auf dem Prüfstand
Internationale Studien

Fernsehsysteme im internationalen Vergleich 15
Klaus Mattern, Thomas Künstner
(Booz·Allen & Hamilton)

Public interest Programme im kommerziellen
Fernsehmarkt der USA 205
Eli M. Noam

II. Fernsehen in Deutschland
Angebotsprofile und Nutzungsmuster im dualen
Rundfunksystem 231
Tibor Kliment, Wolfram Brunner
(EMNID-Institut)

III. Zukunft des dualen Rundfunks in Deutschland
Thesen und Diskussion 323
Sigrun Müller-Gerbes

Die Autoren 341

Vorwort

Zukunft des dualen Fernsehens

Mit der Finanzkraft aus Gebühren- und Werbeeinnahmen haben die öffentlich-rechtlichen Fernsehanstalten in den vergangenen zehn Jahren kräftig expandiert. Zusammen mit den neun regionalen Programmen, den europäischen Kooperationsprogrammen 3SAT und arte sowie den neuen Spartenkanälen Kinderkanal Phoenix und Bildungskanal stellen die Öffentlich-Rechtlichen in Deutschland 16 bundesweit empfangbare Programme und erreichen damit über 40 Prozent der Zuschauer. Der außergewöhnliche Umfang wie auch der große Erfolg des öffentlich-rechtlichen Fernsehsystems Deutschlands haben finanziell wie programmpolitisch einen besonderen Preis. Nirgendwo sonst auf der Welt wird in ähnlicher Höhe in die öffentlichen Programme investiert wie hierzulande. 40 Prozent der Gesamteinnahmen im hiesigen Fernsehsystem stammen aus Gebühren, in Frankreich beläuft sich deren Anteil auf 19 Prozent, und in Australien, wo Public Television seit wenigen Jahren statt aus Gebühren aus Steuern finanziert wird, sind es nur 13 Prozent. Zusammen mit Werbe- und kommerziellen Einnahmen wie Programmverkäufen summieren sich die Jahreseinkommen der öffentlichen Anbieter auf über 50 Prozent der Finanzierung im Markt. Das öffentlich-rechtliche Fernsehen in Deutschland »verdient« damit noch immer mehr als seine privaten Konkurrenten, und diese Finanzkraft erlaubt es den öffentlich-rechtlichen Sendern in Deutschland heute, das größte national empfangbare Programmbouquet der Welt anzubieten. Vor diesem Hintergrund werden immer wieder Fragen nach dem Gleichgewicht im dualen Rundfunksystem laut.

Nach dem Urteil des Bundesverfassungsgerichts leistet öffentlich-rechtlicher Rundfunk Grundversorgung. In der Verpflichtung zum Pluralismus sollen die Programme ein breites Meinungsspektrum widerspiegeln, sie sollen ausgewogen und vielfältig informieren, die pluralistische Gesellschaft abbilden, gesellschaftliche Partizipation durch Bildungs- und Kulturangebote befördern und zur kulturellen Innovation der Gesellschaft beitragen. Im aktuellen Fernsehmarkt sind Angebote der so beschriebenen Grundversorgung nicht mehr auf öffentlich-rechtliche Sender beschränkt. An Film, Unterhaltung und Sport bieten 30 und mehr Sender in Deutschland eher schon Überversorgung, aber auch in den Bereichen Information, Bildung und Kultur finden sich im privaten Angebot Programme, die der Idee der Grundversorgung entsprechen. International bezeichnet man diesen Kernbereich gesellschaftlich relevanter Programme als *public interest programming*. In allen Ländern mit Rundfunk- und Fernsehtradition genießt die Sicherstellung dieser Programme die besondere Aufmerksamkeit der Gesetzgeber. Zu ihrer Realisierung aber entstanden mit den Entwicklungen der Fernsehmärkte unterschiedliche Modelle in den einzelnen Ländern.

Im Auftrag der Bertelsmann Stiftung haben Booz·Allen & Hamilton, unterstützt von Experten der Columbia University in New York, Fernsehsysteme im internationalen Vergleich auf ihren *public interest* Gehalt geprüft. Recherchiert wurde in fünf Fernsehsystemen mit unterschiedlichen Marktstrukturen:
- in Deutschland, dem klassischen dualen System mit der starken öffentlich-rechtlichen Säule,
- in England und Frankreich, ebenfalls dualen Systemen mit einem stärker reglementierten kommerziellen Free-TV-Markt,
- in Australien, einem System mit dualer Grundstruktur, wo man

öffentlich-rechtlichen Rundfunk seit einiger Zeit durch Steuern finanziert,
- in den USA, dem größten freien Wettbewerbsmarkt, der durch steuer- und spendenfinanziertes *public broadcasting* ergänzt wird, und schließlich
- in Neuseeland, wo man seit einigen Jahren auf *public television* zugunsten von subventionierten *public interest* Programmen in den kommerziellen Sendern verzichtet.

Geprüft wurden Angebot, Nutzung, Regulierung und Kosten in den Fernsehmärkten, wobei die Analysen von Funktionsbestimmungen für Grundversorgung geleitet wurden, wie sie ähnlich für öffentlich-rechtliche Sender in allen untersuchten Ländern formuliert werden. Die Stichworte heißen Integrations-, Forums-, Vorbild- und Komplementärfunktion. Sie definieren den Kern der Grundversorgung:
- Nachrichten,
- Information,
- Kultur,
- Kinder- und Jugendprogramme,

international als *public interest programming* bezeichnet.

Für die internationale Vergleichsstudie wurden Zahlen und quantifizierbare Fakten aus den unterschiedlichen Fernsehmärkten genutzt. Bei der Frage zur Gesellschaftsverträglichkeit der Programmangebote und Qualitätsstandards stützt sich die Analyse auf Expertenurteile, die für jedes Analyseland eingeholt wurden. Gespräche und Analysen wurden im zweiten Halbjahr 1997 von Booz·Allen & Hamilton geführt.

Die USA sind unter vielen Perspektiven wichtiges Referenzland für die Diskussion um zukünftige Entwicklungen in den Fernsehmärkten. Der dortigen Situation wurde deshalb ein Sondergutachten gewidmet. Eine Expertengruppe unter der Leitung von Professor Eli Noam, Columbia University New York, beleuchteten *public interest television* im amerikanischen Markt.

Die internationalen Recherchen wurden für den deutschen Markt ergänzt und vertieft. Im September 1997 befragte EMNID im Auf-

Vorwort

trag der Bertelsmann Stiftung die deutschen Zuschauer im Rahmen einer repräsentativen Telefonumfrage zu Fernsehverhalten, Programmvorlieben, Programmwahl, Sendeimages und vielem anderen mehr. Flankierend wurden für denselben Zeitraum GfK-Daten untersucht und eine Programmanalyse durchgeführt. Dabei beschränken sich beide Studien auf die großen Sender ARD, ZDF, RTL, SAT 1 und Pro Sieben.

Die womöglich wichtigste Schlußfolgerung aus den Studien lautet: Der Grundversorgungsauftrag in Deutschland muß überprüft und der Programmauftrag für das öffentlich-rechtliche Fernsehen neu definiert werden. Denn Deutschland finanziert das teuerste öffentlich-rechtliche Programmangebot der Welt mit Gesamtinvestitionen, welche die anderen Länder nicht nur gesamt, sondern auch bei den Kosten pro Sendeminute deutlich übertreffen. Diese Entwicklung wird angeheizt durch gezielte Investitionen in publikumsattraktive Programme wie Sport, Filme und Serien. Diese Programmpolitik generiert auf dem hart umkämpften Sport- und Filmrechtemarkt ein immer neuer Finanzbedarf bei ARD und ZDF und fördert den Wunsch nach einer Erweiterung der Werbegrenzen. Gerade Werbung gilt vielen Experten jedoch als falscher Weg für *public broadcasting*, weil Werbung ein entsprechendes Programmumfeld sowie hohe Zuschauerquoten verlangt und damit zur Selbstkommerzialisierung verleitet. Auch der Weg ins kommerzielle Unternehmertum birgt die Gefahr, daß öffentliche Veranstalter ihr Profil als öffentliche Dienstleister verlieren. Solche Tendenzen führen unweigerlich zur Frage nach der Gebührenfinanzierung, und bereits heute würde laut EMNID-Befragung etwa ein Viertel des Publikums bei freier Wahl die Zahlung an die Öffentlich-Rechtlichen einstellen wollen. Die öffentlichen Sender im Markt müssen also einen besonderen Wert repräsentieren, der die hohen Gebühreneinkommen rechtfertigt, die Sachsens Ministerpräsident Kurt Biedenkopf als »Eintrittskarten in die Fernsehwelt« bezeichnet und die in Deutschland jeder entrichten muß, der fernsehen will. Eine solche De-facto-Steuer verlangt nach glaubwürdiger Legitimation, die letztlich nur durch die Programme eingelöst werden kann. In dieser Situation liegt es nahe, den Begriff der Grundversor-

Vorwort

gung durch den Begriff des Funktionsauftrags zu ersetzen. Ein solcher Funktionsauftrag müßte politisch gewollt und garantiert werden und sollte auf den Elementen Integrationsfunktion, Forumsfunktion, Vorbildfunktion sowie Komplementärfunktion aufbauen.

Die Studien zur Zukunft des dualen Systems sind Beiträge im Rahmen der »Kommunikationsordnung 2000«. Unter diesem Stichwort bemüht sich die Bertelsmann Stiftung um strategische Perspektiven für die Ordnung der zukünftigen Kommunikationsmärkte. Ein Beraterkreis, dem neben Kurt Biedenkopf, Peter Glotz, Jo Groebel, Johannes Groß, Manfred Lahnstein, Ernst-Joachim Mestmäcker, Reinhard Mohn, Dieter Stolte und Mark Wössner angehören, hat Anfang 1997 Grundüberlegungen für eine solche zukünftige Kommunikationsordnung vorgelegt, derselbe Kreis regte die Studien zur Zukunft des dualen Fernsehsystems an. Peter Glotz, Jo Groebel und Ernst-Joachim Mestmäcker haben die Studien begleitet und gemeinsam mit dem Stiftungsteam Thesen formuliert, die im letzten Kapitel dieses Bandes wiedergegeben sind, flankiert von Kommentaren, wie sie auf einem Symposium der Bertelsmann Stiftung im Februar 1998 von Experten geäußert wurden. Dort wurde von Vertretern der privaten Fernsehanbieter wie auch aus dem öffentlich-rechtlichen System die Definition eines Funktionsauftrags begrüßt. Wir wünschen uns, daß die intensive Arbeit an der schwierigen und sensiblen Frage der Zukunft des dualen Rundfunksystems einer Perspektivdiskussion den Weg öffnet und positive Impulse gibt. An dieser Stelle bleibt uns zunächst der Dank an die Autoren der Studien, Klaus Mattern und Thomas Künstner von Booz·Allen & Hamilton, Eli Noam sowie Tibor Kliment und Wolfram Brunner vom EMNID-Institut. Besonderer Dank gilt den Projektberatern Peter Glotz, Jo Groebel und Ernst-Joachim Mestmäcker sowie allen Mitgliedern der Gruppe »Kommunikationsordnung 2000«.

Ingrid Hamm
Leitung Bereich Medien
Bertelsmann Stiftung
im Mai 1998

I. Fernsehsysteme auf dem Prüfstand

Internationale Studien

Fernsehsysteme im internationalen Vergleich
Klaus Mattern, Thomas Künstner
(Booz·Allen & Hamilton*)*

Public interest Programme im
kommerziellen Fernsehmarkt der USA
Eli M. Noam

Fernsehsysteme im internationalen Vergleich 15
Klaus Mattern, Thomas Künstner
(Booz·Allen & Hamilton)
1. Resümee 15
2. Ziele und Methodik 23
3. Die untersuchten Fernsehsysteme im Überblick 28
4. Kernbereichsprogramme im Vergleich 39
5. Regulierung 46
6. Finanzierung 58
7. Kosten und Effizienz 66
8. Digitalisierung, Internet und deren Auswirkungen
   auf das Fernsehen 72

Großbritannien 79

Frankreich 105

Australien 129

Neuseeland 157

Deutschland 179

Public interest Programme im kommerziellen Fernsehmarkt der USA 205
Eli M. Noam
1. *Public interest* Programmangebote im kommerziellen Fernsehen 206
2. Zuschauerpräferenzen für *public interest tv* 212
3. Finanzmittel des kommerziellen *public interest tv* 215
4. Die Verfügbarkeit von *public interest* Programmen für amerikanische Haushalte: eine Quantifizierung 219
5. Nachrichten – der Hauptbeitrag des kommerziellen Fernsehens 224
6. Die fehlenden *public interest* Programme 225
7. Schlußfolgerungen 228

Fernsehsysteme im internationalen Vergleich

Klaus Mattern, Thomas Künstner
(Booz · Allen & Hamilton)

1. Resümee

Der Fernsehmarkt in Deutschland hat sich seit der Einführung des dualen Rundfunksystems dramatisch verändert. 1984 konnte der durchschnittliche Haushalt drei Programme – neben ARD I und ZDF das jeweilige Regionalprogramm – empfangen. Heute wählen hingegen fast 80 Prozent der Haushalte aus über 30 Programmen aus, und dies ist nur ein kleiner Schritt im Vergleich zu der kommenden Vervielfachung des Angebots in der digitalen Fernsehwelt. Die Mehrzahl der Programme wird bereits heute von privaten Anbietern über Werbung finanziert, deren Umfang sich seit der Öffnung des Marktes mehr als vervierfacht hat.

Um die Diskussion um Aufgaben und Zukunft öffentlich-rechtlichen Fernsehens zu versachlichen und sie auf die breite Basis eines internationalen Vergleiches zu stellen, hat Booz · Allen & Hamilton im Auftrag der Bertelsmann Stiftung Fernsehsysteme und die Rolle von *public interest* Programmen in sechs Ländern verglichen.

Die untersuchten Fernsehmarktstrukturen reichen von dualen Systemen bis zu kommerziellen Marktmodellen.

Klaus Mattern, Thomas Künstner

Großbritannien:
duales System, keine Werbefinanzierung des öffentlichen Veranstalters (BBC), ergänzt durch einen rein werbefinanzierten Veranstalter mit öffentlichem Auftrag (Channel 4),

Frankreich:
duales System, Erfahrungen in der Privatisierung eines öffentlichen Anbieters, hoher Werbeanteil bei der Finanzierung öffentlicher Veranstalter,

Australien:
duales System, Umstellung von Gebührenfinanzierung auf Steuerfinanzierung des öffentlichen Rundfunks, kaum Werbefinanzierung öffentlicher Veranstalter,

Neuseeland:
freier Fernsehmarkt, Subventionierung von Programmen mit besonderem gesellschaftlichem Interesse anstelle öffentlicher Veranstalter,

USA:
freier Fernsehmarkt mit öffentlicher Nische, begrenzte Finanzierung öffentlicher Veranstalter durch Steuermittel,

Deutschland:
duales System, grundgesetzlicher Auftrag und Mischfinanzierung mit hohem Gebührenanteil bei öffentlichen Anbietern.

In den analysierten Ländern zeichnen sich drei Strukturmodelle bei den Fernsehsystemen ab:
1. staatliche Veranstalter mit einem weit gefaßten öffentlichen Auftrag, verbunden mit *restriktiver Vergabe von Lizenzen* an private Free-TV-Anbieter, denen *relativ umfangreiche Auflagen* gemacht werden (Großbritannien, Frankreich, Australien),
2. staatliche Veranstalter mit einem weit gefaßten öffentlichen Auftrag, *breite Vergabe von Lizenzen* an Private, verbunden mit län-

derspezifischen rundfunkrechtlichen Regelungen, die jedoch *nicht zu ähnlich weitreichenden Auflagen* geführt haben (Deutschland),
3. sehr weit gehende Marktorientierung mit *relativ wenigen Auflagen für private Anbieter* bei sehr begrenzter öffentlicher Finanzierung von Programmen zur Grundversorgung, die vor allem Marktlücken schließen sollen (USA, Neuseeland).

Im folgenden werden ausgewählte Kernaussagen der internationalen Untersuchung zu den Themen *gesellschaftliche Ziele, Regulierung, Finanzierung, Kosten und Effizienz* der Fernsehsysteme und *Auswirkungen der Digitalisierung* dargestellt. Sie werden in den nachfolgenden Kapiteln ausführlicher erläutert und mit Fakten ergänzt.

Ziele öffentlicher Fernsehangebote

In Großbritannien, Frankreich und Australien, die wie Deutschland über starke öffentliche Anbieter verfügen (duale Systeme), besteht weitgehende Übereinstimmung über die Ziele, die mit öffentlichem Fernsehen verfolgt werden. Diese lassen sich mit vier Funktionen umschreiben: Öffentliches Fernsehen soll
– zum gesellschaftlichen Zusammenhalt beitragen (*Integrationsfunktion*),
– alle Stimmen der Gesellschaft zu Wort kommen lassen (*Forumsfunktion*),
– Programme mit besonderem gesellschaftlichem Interesse bereitstellen, die unter rein wirtschaftlichen Gesichtspunkten nicht produziert würden (*Komplementärfunktion*),
– und Qualitätsstandards setzen (*Vorbildfunktion*).
Gesellschaftliche Ziele für öffentliches Fernsehen beziehen sich in den dualen Systemen aber nicht nur auf den Programm-Output – daneben spielt auch das *Image* bzw. der *Identifikationswert der öffentlichen Veranstalter* eine große Rolle. So gilt beispielsweise die Australian Broadcasting Corporation (ABC) als eine der höchst angesehenen öffentlichen Einrichtungen des Landes. Öffentliche Ver-

anstalter sind also auch als gesellschaftliche Institutionen von großer Bedeutung.

Eine Beschränkung des öffentlichen Fernsehens auf bestimmte Programmsparten wird in den Ländern mit dualem System abgelehnt – es besteht international ein breiter Konsens, daß auch *öffentliches Fernsehen massenattraktiv* sein muß. Dennoch wird eine *klare Profilierung der öffentlichen Veranstalter* mit Schwerpunkt im *Bereich der Programme mit besonderem gesellschaftlichem Interesse* (Nachrichten-, Informations-, Kultur-, Kinder- und Jugendsendungen – im folgenden »Kernbereich« genannt) von den befragten Experten als wichtig erachtet. Nur so ist eine klare Differenzierung als öffentlicher Dienstleister möglich. Dies deckt sich nicht mit einer allumfassenden Auslegung des Grundversorgungsbegriffs, die allen Programmsparten gleiches Gewicht beimißt und so von vielen Vertretern des öffentlich-rechtlichen Fernsehens in Deutschland verfochten wird.

In Großbritannien, Frankreich und Australien werden die privaten Free-TV-Veranstalter *durch Lizenzauflagen stark reglementiert* (z.B. Mindestsendezeiten für bestimmte Programmsparten), wobei jedoch auch nur eine geringe Anzahl von Wettbewerbern zugelassen ist. In Deutschland wird Vielfalt demgegenüber vor allem durch eine hohe Anzahl von Lizenzen für unterschiedliche Veranstalter sichergestellt (Außenpluralität).

In den USA und in Neuseeland besteht ein grundlegend anderes Verständnis von öffentlichem Fernsehen. Die Konstitution der dortigen Fernsehsysteme vertraut weitgehend auf die Marktkräfte. Öffentliche Unterstützung konzentriert sich überwiegend auf die Förderung ergänzender Angebote (Komplementärfunktion).

Über die Rolle des öffentlichen Fernsehens und seinen gesellschaftlichen Stellenwert besteht in den Vergleichsländern, anders als in Deutschland, ein *Konsens*. In Deutschland werden die gesellschaftlichen Ziele anhand der Auslegung des Grundgesetzes durch das Bundesverfassungsgericht sowie der Abstimmung der Länderregierungen festgelegt. In den anderen Ländern erfolgt dies auf der Basis von parlamentarischen Abstimmungsprozessen der nationalen

Parlamente. In Großbritannien und Australien wird dieser nationale Einigungsprozeß außerdem von der Werbefreiheit der öffentlichen Sender und der anerkannten Rolle von BBC und ABC als gesellschaftliche Institutionen unterstützt.

Fernsehsysteme mit einem starken öffentlichen Anteil haben eindeutig auch ein größeres Angebot an Programmen im Kernbereich. In den Ländern mit dualem System sind dies in der Regel etwa 40 Prozent. In Deutschland, Großbritannien und Frankreich werden mehr als die Hälfte dieser Programme von öffentlichen Veranstaltern angeboten. Sie leisten in den betrachteten Ländern einen *großen Beitrag zu Ausgewogenheit und Qualität* des Fernsehprogramms. Ihnen wird von den befragten Experten eine *wichtige Rolle beim Setzen von Qualitätsstandards zuerkannt*. Sie müssen nämlich nicht auf kurzfristige Markttrends reagieren. Die öffentliche Förderung von bestimmten Programmen im Kernbereich in einem sonst rein privatwirtschaftlich organisierten Fernsehsystem (*Modell Neuseeland*) kann einen öffentlichen Veranstalter offensichtlich nicht vollständig ersetzen.

Ein umfangreiches Angebot dieser Programme führt allerdings nicht zwangsläufig zu einer hohen *Nachfrage*. In Großbritannien, Frankreich und Australien ziehen Programme im Kernbereich etwa 30 Prozent der Gesamtnachfrage (in gesehenen Minuten) auf sich, obwohl ihr Anteil am Gesamtangebot bei ca. 40 Prozent der gesendeten Minuten liegt. Bei der Analyse der Nachfragedaten fällt auf, daß auch Angebote der privaten Veranstalter hohe Akzeptanz finden. Sie haben interessanterweise im Kernbereich einen (zum Teil sogar deutlich) höheren Anteil an der Gesamtnachfrage als am Angebot. So werden beispielsweise in Australien 54 Prozent der Programme im Kernbereich von privaten Veranstaltern angeboten. Dieses Angebot zieht aber über 70 Prozent der Nachfrage auf sich.

Klaus Mattern, Thomas Künstner

Regulierung

Deutschland bietet privaten Fernsehveranstaltern *im Vergleich zu Anbietern im terrestrischen Bereich in Großbritannien und Frankreich wenig »Schutz«* durch Abschirmung des Marktes (relativ große Anzahl von Lizenzen), macht aber auch vergleichsweise weniger inhaltliche Auflagen und erläßt weniger Werbebeschränkungen. Der deutlich höhere Schutz in Großbritannien und Frankreich reflektiert die oben dargestellte, stärkere Bindung der privaten Veranstalter in Großbritannien und Frankreich an die gesellschaftlichen Ziele. Im Vergleich zu Deutschland unterscheiden sich die Lizenzauflagen in Großbritannien, Frankreich und Australien je nach Übertragungsart deutlich. Dort existieren für Kabel- und Satellitenanbieter keine oder nur wesentlich geringere inhaltliche Auflagen. Die Marktaufsicht für private Veranstalter in Deutschland verteilt sich im internationalen Vergleich auf ungewöhnlich viele Behörden und Gremien. Dies führt zu Effizienzverlusten und regulatorischer Zersplitterung.

Finanzierung, Kosten und Effizienz

Deutschland weist unter den betrachteten Ländern mit 40 Prozent deutlich den *höchsten Anteil von öffentlichen Geldern an den Gesamteinnahmen* des Fernsehsystems auf. Der internationale Vergleich sowie die bisherige Entwicklung in Deutschland lassen darauf schließen, daß der Finanzbedarf öffentlicher Veranstalter weiter ansteigen wird, falls keine Sparmaßnahmen eingeleitet und keine ordnungspolitischen Maßnahmen getroffen werden. In Großbritannien und Australien werden Maßnahmen zur *Kostenreduzierung, verbunden mit einer Fokussierung auf den Kernbereich des öffentlichen Auftrags*, diskutiert bzw. umgesetzt. In Australien soll dies sogar eine Reduzierung der öffentlichen Finanzierung ermöglichen.

Der internationale Vergleich zeigt, daß die *konsequente Ausrichtung auf den Kernbereich des öffentlichen Auftrags (»public service mission«)* ein wichtiger Hebel für Kostensenkungen sein kann. Die

Kosten pro Sendeminute für die Programmsparten aus dem Kernbereich sind gegenüber anderen Sparten (z. B. Sport und Spielfilme) vergleichsweise gering. Bei den Maßnahmenprogrammen zur Kostensenkung der BBC und ABC stehen diese Überlegungen im Mittelpunkt. Für eine erfolgreiche Umsetzung ist in diesen Fällen eine Neufassung oder Präzisierung des öffentlichen Auftrags erforderlich.

Auswirkungen der Digitalisierung

Die Frage nach dem Kern des öffentlichen Auftrags wird sich durch die Auswirkungen der Digitalisierung intensivieren. Die zunehmende Ausweitung des Angebots wirkt sich eher erschwerend auf die Funktionserfüllung des öffentlichen Fernsehens aus. Die Entwicklungen in den USA, wo schon seit langem ein sehr umfangreiches Fernsehangebot existiert, bestätigen dies. Die Marktanteile einzelner Veranstalter werden aufgrund der Ausweitung des Angebots voraussichtlich abnehmen. Diese Erfahrung machten auch die großen amerikanischen Networks, die mit der zunehmenden Verbreitung des Kabelfernsehens, das über 50 Kanäle in die Haushalte brachte, dramatische Marktanteilseinbußen hinnehmen mußten. Die Wahrnehmung einer Integrationsfunktion wird bei sinkenden Marktanteilen immer schwieriger. In Australien beispielsweise plädieren Vertreter öffentlicher Sender dafür, sich von einer eindimensionalen Orientierung am Zuschaueranteil (*audience share*) zu lösen und sich auch darauf zu konzentrieren, mit öffentlichen Programmen regelmäßig eine große Zahl von Zuschauern zu erreichen (*audience reach*). Aufgrund der zunehmenden Abdeckung von Marktnischen durch Spartenkanäle von privaten Anbietern auch im Kernbereich (z. B. History Channel) sinkt allerdings der Bedarf, solche Programme durch öffentliche Veranstalter anzubieten (Komplementärfunktion).

Öffentliches Fernsehen muß an der Entwicklung hin zum *digitalen Fernsehen (im Sinne der technischen Übertragung)* teilnehmen.

Hierin besteht international Einigkeit bei den befragten Experten. Umstritten ist jedoch die Frage, ob und wie öffentliches Fernsehen an *den kommerziellen Möglichkeiten* der neuen Technologie (z. B. Spartenprogramme, Pay-TV) partizipieren sollte. Ein klarer Bezug solcher Aktivitäten zum öffentlichen Auftrag wird als wichtig erachtet. Soweit darüber hinausgehende kommerzielle Tätigkeiten zugelassen werden, wird zumindest eine klare organisatorische Trennung gebührenfinanzierter und kommerzieller Tätigkeiten gefordert.

Fazit

Der internationale Vergleich zeigt, daß sich ein *starkes öffentliches Angebot positiv auf die Erreichung gesellschaftlicher Ziele in Fernsehsystemen auswirkt*. In Systemen, die dagegen vollständig auf die Kräfte des Marktes vertrauen, zeigen sich Defizite bezüglich der Qualität des Gesamtangebots. Doch die Rahmenbedingungen für öffentliche Anbieter ändern sich. Die privaten Veranstalter werden auch im Kernbereich ihr Angebot ausweiten. Die Marktanteile öffentlicher Veranstalter werden voraussichtlich weiter zurückgehen. Die Veränderungsdynamik des Marktes erfordert eine kontinuierliche *Anpassung des öffentlichen Auftrags an neue Gegebenheiten*. Öffentliche Veranstalter wie die BBC in England und ABC in Australien, die diesen Prozeß aktiv vorantreiben, verfügen über vergleichsweise gesicherte Positionen in ihren Märkten. Vor diesem Hintergrund erscheint es sinnvoll, die Aktivitäten der öffentlichen Anbieter stärker auf die Kernelemente eines präzisierten *öffentlichen Auftrags* zu konzentrieren.

2. Ziele und Methodik

Der Auftrag des öffentlich-rechtlichen Fernsehens in Deutschland blieb trotz der dramatisch veränderten Rahmenbedingungen seit der Einführung des dualen Systems derselbe: die sogenannte *Grundversorgung* der Bevölkerung mit Fernsehdiensten sicherzustellen. Dieser öffentliche Auftrag basiert auf der Auslegung des Grundgesetzes durch das Bundesverfassungsgericht.

Die Anforderungen an öffentlich-rechtliche Veranstalter haben sich durch die Ausweitung des privaten Angebots verändert. Welche Konsequenzen ergeben sich daraus für die Rolle und das Selbstverständnis der öffentlich-rechtlichen Veranstalter?

Für die internationale Untersuchung wurden Länder mit unterschiedlichen Fernsehmarktstrukturen – vom *dualen System* bis zum *kommerziellen Marktmodell* – ausgewählt.

Großbritannien:
duales System, keine Werbefinanzierung des öffentlichen Veranstalters (BBC), ergänzt durch einen rein werbefinanzierten Veranstalter mit öffentlichem Auftrag (Channel 4)

Frankreich:
duales System, Erfahrungen in der Privatisierung eines öffentlichen Anbieters, hoher Werbeanteil bei der Finanzierung öffentlicher Veranstalter

Australien:
duales System, Umstellung von Gebührenfinanzierung auf Steuerfinanzierung des öffentlichen Rundfunks, kaum Werbefinanzierung öffentlicher Veranstalter

Neuseeland:
freier Fernsehmarkt, Subventionierung von Programmen mit besonderem gesellschaftlichem Interesse anstelle öffentlicher Veranstalter

USA:
freier Fernsehmarkt mit öffentlicher Nische – begrenzte Finanzierung öffentlicher Veranstalter durch Steuermittel

Deutschland:
duales System, grundgesetzlicher Auftrag und Mischfinanzierung mit hohem Gebührenanteil bei öffentlichen Anbietern.

Die vorliegende Zusammenfassung zum internationalen Vergleich, die unter Federführung von Booz · Allen & Hamilton entstanden ist, basiert auf einer umfangreichen Projektarbeit, deren Ergebnisse in einzelnen Länderberichten dokumentiert sind. Im Rahmen der Studie wurden neben umfangreichen Sekundärrecherchen und Analysen über 40 Gespräche mit hochrangigen Vertretern der Fernsehveranstalter, der Regulierer und der Wissenschaft in Großbritannien, Frankreich, Australien, Neuseeland und Deutschland zusammengestellt. Die Recherchen in den USA wurden unter Leitung von Prof. Eli M. Noam durchgeführt.

Die Ausgangsfragen der Untersuchung betrafen den Umfang und die Bedingungen, unter denen Grundversorgung in den verschiedenen Fernsehsystemen geleistet wird. Dabei wurde von vier Funktionen ausgegangen, die öffentliches Fernsehen hat: Es soll eine gemeinsame Informations- und Wertebasis schaffen und dadurch zum Zusammenhalt der Gesellschaft beitragen (*Integrationsfunktion*); es soll allen gesellschaftlichen Gruppen ein Forum für den Meinungsaustausch bieten (*Forumsfunktion*); es soll hohe journalistische und kreative Standards für das Fernsehsystem setzen (*Vorbildfunktion*); und es soll Programme bereitstellen, die gesellschaftlich wünschenswert sind, aber unter rein marktwirtschaftlichen Gesichtspunkten nicht produziert würden (*Komplementärfunktion*). Um den Begriff der Grundversorgung zum Zweck des internationalen Vergleiches besser greifbar zu machen, wurde ein *Kernbereich von Programmen mit besonderem gesellschaftlichem Interesse* definiert. In diesem Kernbereich werden die Sparten zusammengefaßt, die die gerade beschriebenen Funktionen der Grundversorgung besonders gut erfüllen, nämlich Nachrichten-, Informations-, Kultur- sowie Kinder- und Jugendsendungen.

Auf dieser Basis wird zunächst untersucht, welche Ziele für öffentliches Fernsehen in den unterschiedlich organisierten Fernsehsystemen verfolgt werden und inwieweit diese mit den Vorstellungen in Deutschland übereinstimmen (Kapitel 3: *Die untersuchten Fernsehsysteme im Überblick*). Im Anschluß wird der Frage nachgegangen, inwieweit diese Ziele durch das Angebot von Programmen im Kernbereich umgesetzt werden. Interessant in diesem Zusammenhang erscheint vor allem, welcher Anteil dieses Programmangebots jeweils von öffentlichen Sendern geleistet und inwieweit dieses Angebot auch nachgefragt wird (Kapitel 4: *Kernbereichsprogramme im Vergleich*).

Um die auftretenden Unterschiede in den Gesamtzusammenhang der Fernsehsysteme einordnen zu können, wird untersucht, welchen Einfluß Regulierungsmaßnahmen auf die Grundversorgung in den Fernsehsystemen haben (Kapitel 5: *Regulierung*). Von großem Interesse ist die Frage, ob Länder, die ähnliche Ziele in ihren Fernsehsystemen verfolgen, auch in vergleichbarem Umfang öffentliche Gelder in diesem Bereich investieren. Wie werden diese Mittel erhoben (z. B. Steuern oder Gebühren), und wohin fließen sie – in öffentliche Sender oder beispielsweise in die Produktion bestimmter Programme? Lassen sich aufgrund der unterschiedlichen Modelle Auswirkungen hinsichtlich der Grundversorgung in den verschiedenen Ländern feststellen? (Kapitel 6: *Finanzierung*). Die Kosten der Veranstalter pro Programm-Minute schwanken beträchtlich – und zwar sowohl zwischen den Ländern als auch innerhalb einzelner Länder. Mittels einer Kosten- und Effizienzanalyse werden diese Unterschiede illustriert und untersucht (Kapitel 7: *Kosten und Effizienz*). Die Digitalisierung und das Internet werden die Fernsehlandschaft von morgen dramatisch verändern. Abschließend wird daher untersucht, welche Konsequenzen sich hieraus für die Grundversorgung in Fernsehsystemen ergeben (Kapitel 8: *Digitalisierung, Internet und deren Auswirkungen auf das Fernsehen*).

Abbildung 1: Übersicht der Vergleichsländer

	Deutschland	Großbritannien	Frankreich	Australien	Neuseeland	USA
Öffentliche Veranstalter	*ARD* – 1 nationales Rahmenprogr. – 8 regionale Programme *ZDF* *Europäische Kooperations-programme* – 3SAT – arte *Spartenprogr.* – Kinderkanal – Phönix – alpha	*BBC* – BBC 1 – BBC 2 *Channel 4*[2] *S4C*	*France Télévision* – France 2 – France 3 *arte* *La Cinquième*	*ABC* *SBS*		*CPB/PBS – 347 lokale Veranstalter; pro Region können i. d. R. 1 bis 2 Anbieter empfangen werden*
Nationale private Veranstalter	*RTL* *SAT.1* *Pro 7* *Weitere 15 bundesweite Veranstalter*	*ITV (Zusammenschluß von 16 regionalen Veranstaltern)* *Channel 5*	*TF 1* *M 6*	*Network Seven* *Network Nine* *Network Ten*	*(TVNZ*[3]*)* – TV One – TV 2 – MTV *TV3* – TV 3 – TV 4	*6 große Networks* – ABC – CBS – NBC – Fox – UPN – WB Networks

Fernsehsysteme im internationalen Vergleich

		Premiere DF1 (digit. Bouquet)	BSkyB (analoges Satellitenbouquet)	Canal Plus (analog, terrestrisch) Canal Satellite numérique (digitales Bouquet)	Foxtel (Kabelbouquet) Optus (Kabelbouquet) Galaxy (digitales Satellitenbouquet)	Sky TV (9 terrestrische Pay-TV-Progr.) Regionale Kabelanbieter	Ca. 13 Premium Pay-TV-Programme
Pay-TV-Veranstalter							
Sonstige Veranstalter		78 regionale und lokale Veranstalter	Über 80 Kabelprogramme Über 120 Satellitenprogramme	40 lokale Anbieter 13 Kabel- und Satellitenprogr.	36 unabhäng. region. Veranstalter 25 Stadtprogr.		Über 1 000 lokale priv. Veranstalter sowie Spartenprogr.
Anzahl der TV-Haushalte		33 Mio.	23 Mio.	22 Mio.	6 Mio.	1,3 Mio.	95 Mio.
Techn. Ausstattung	Kabel-penetration[1]	48%	8%	7%	9%	1,3%	66%
	Satelliten-penetration[1]	31%	15%	2%	1%	0,4%	7%
	Online-Penetration[1]	6%	3%	29%[4]	8%	3%	15%

[1] In Prozent der TV-Haushalte 1996
[2] Rein werbefinanzierter Veranstalter mit öffentlichem Auftrag
[3] Die Anteile von TVNZ befinden sich zu 100 Prozent in staatlichem Eigentum
[4] Inklusive Minitel

Quellen: *IP Television 96, Baskerville, Kagan World Media, Baskerville Communications, OECD, BA&H-Analyse*

Im Anschluß werden die wichtigsten Fakten der untersuchten Fernsehsysteme in Länderprofilen zusammengefaßt. Dabei werden spezifische Besonderheiten der Länder, auf die im Rahmen des Ländervergleiches nicht näher eingegangen wird, detailliert beschrieben.

3. Die untersuchten Fernsehsysteme im Überblick

Im internationalen Vergleich verfügt Deutschland mit 14 empfangbaren Programmen über das umfangreichste Angebot von öffentlichen Veranstaltern (siehe Abbildung 1). Diesem steht ein privates Angebot von 18 landesweiten Programmen gegenüber.

Mit Ausnahme Neuseelands verfügen alle untersuchten Länder über öffentliche Fernsehveranstalter. Die Public Broadcasting Services in den USA werden allerdings neben Spenden auch über Steuergelder finanziert, sie sind jedoch privat organisiert. Das neuseeländische Modell beruht auf der Subventionierung einzelner Programme mit besonderem gesellschaftlichem Interesse anstelle der Finanzierung öffentlicher Veranstalter. Eine Zwischenform stellt der britische Channel 4 dar, der zwar rein werbefinanziert, aber einem spezifischen Programmauftrag verpflichtet ist.

In den einzelnen Märkten halten die öffentlichen Veranstalter insgesamt sehr unterschiedliche Marktanteile, die zwischen 3 und 45 Prozent liegen (siehe Abbildung 2).

Abbildung 2: Verteilung der Zuschaueranteile auf öffentliche und private Veranstalter[1] – 1995 (inklusive Kabel- und Satellitenprogramme)

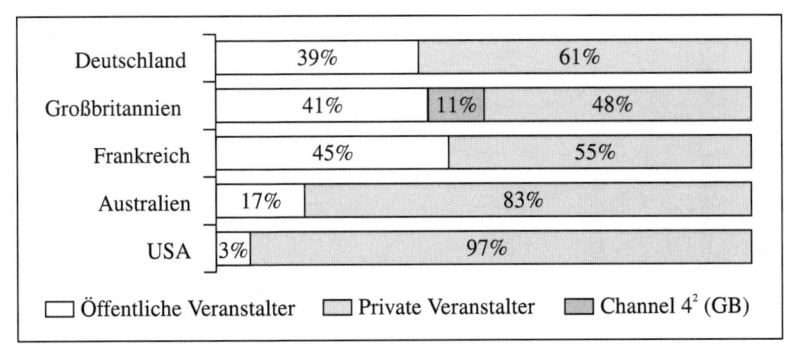

Land	Öffentliche Veranstalter	Channel 4[2] (GB)	Private Veranstalter
Deutschland	39%		61%
Großbritannien	41%	11%	48%
Frankreich	45%		55%
Australien	17%		83%
USA	3%		97%

[1] Neuseeland wird hier nicht berücksichtigt, da TVNZ, dessen Anteile in öffentlicher Hand sind, kommerziell orientiert ist
[2] Channel 4 stellt eine Zwischenform dar (rein werbefinanziert, jedoch öffentlicher Auftrag)
Quellen: Jahresberichte der Veranstalter, Baskerville, Kagan World Media, European Audiovisual Observatory, TV International Sourcebook, Baskerville Communications, BA&H-Analyse

Einen verfassungsrechtlichen Auftrag zur Grundversorgung für das öffentliche Fernsehen gibt es nur in Deutschland. Dieser läßt sich anhand der gesellschaftlichen Funktionen öffentlich-rechtlichen Fernsehens konkretisieren. Fernsehen als elektronisches Medium mit zentraler Bedeutung für die gesellschaftliche Kommunikation soll zumindest durch bestimmte Programme im Kernbereich eine *Integrationsfunktion* wahrnehmen. Durch die Schaffung einer gemeinsamen Informationsbasis soll es den Zusammenhalt der Gesellschaft fördern. In seiner *Forumsfunktion* stellt es die politische Ausgewogenheit und Berücksichtigung von Minderheiteninteressen sicher. Hoher Qualitätsstandard und innovative Programmgestaltung sind Ausdruck der *Vorbildfunktion*. Die *Komplementärfunktion* schließlich erfordert die Bereitstellung von Programmangeboten, die im Markt nicht finanzierbar sind. Dazu zählen u.a. viele kulturelle und wissenschaftliche Beiträge.

Abbildung 3: Ziele für öffentliches Fernsehen – Internationaler Vergleich

	Integrationsfunktion	Forumsfunktion	Vorbildfunktion	Komplementärfunktion	Sonstige Funktionen
D	*Beitrag zum Zusammenhalt der Gesellschaft durch Sicherstellung einer gemeinsamen Informationsbasis Vermittlung gemeinsamer kultureller Inhalte Förderung der gesellschaftlichen Partizipation*	*Sicherstellung politischer Ausgewogenheit und Meinungsvielfalt Schaffung einer Plattform für offenen Meinungsaustausch (»Marktplatz der Meinungen«) Berücksichtigung von Minderheiteninteressen Globaler Informationsanspruch (Darstellung internationaler Vorgänge)*	*Setzen journalistischer Qualitätsstandards Sicherstellung eines Höchstmaßes an Professionalität und Seriosität*	*Bereitstellung von Angeboten, die marktfinanzierte Programme nicht bieten (können)*	
GB	*Förderung britischer Kultur Information über nationale Entwicklung Versorgung des gesamten Staatsgebiets Großbritanniens (inkl. Kanalinseln und Nordirland) mit terrestrisch empfangbarem Programm*	*Vielfältiges und vielschichtiges Programmangebot Angebot an Minderheiten- und ethnischen Programmen*	*Hochwertige Qualitätsprogramme Vorschrift zur Unparteilichkeit Innovation*	*Beiträge zu Themen, die von kommerziellen Veranstaltern nicht abgedeckt werden Programme in gälischer und walisischer Sprache*	*Vertretung der englischen Sicht nach außen Förderung der Filmproduktion Ausbildung*

Fernsehsysteme im internationalen Vergleich

	Soziale Funktion	Öffnung für alle Zuschauergruppen	Erzieherische Funktion	Angebot für Jugendliche	Förderung der Filmproduktion
F	Förderung der französischen Kultur				
AUS	Verständigung der Australier verschiedener Herkunft untereinander	Schaffung eines Sprachrohrs für Minderheiten	Beiträge von hoher Qualität Innovative Programmgestaltung		Technische Versorgung Internationale Präsenz
NZ[1]	Förderung neuseeländischer Kultur und Identität	Unterstützung von Minderheiteninteressen, z.B. Maori	Z.T. durch NZonAir-Programme	**Klares Ziel:** Förderung v. Programmen, die der Markt nicht produziert	Gewinnorientierung des staatlichen Veranstalters TVNZ
USA	–	Programme für ethnische Minderheiten und spezielle soziale Schichten	Soziale und erzieherische Funktionen (»merit programming«) Sendung für Arbeitsuchende Aufgrund der vergleichsweise geringen Budgets nicht als Qualitätsführer angesehen Engagement bei gesellschaftlichen Aktivitäten	**Klares Ziel:** Programme, die der Markt nicht produziert – Kinderprogramm von hoher Qualität – Kultur – Bildung Definition öffentlichen Fernsehens: nicht-kommerzielles Fernsehen	–

[1] NZonAir fördert einzelne Programme – kein öffentlicher Sender im eigentlichen Sinne
Quellen: BA&H-Analyse, Columbia Institute for Tele-Information

Die Funktionen des öffentlich-rechtlichen Fernsehens in Deutschland (Integrations-, Forums-, Vorbild- und Komplementärfunktion) stimmen mit der Zielsetzung öffentlichen Fernsehens in Großbritannien, Frankreich und Australien weitgehend überein. In den USA und Neuseeland soll öffentliches Fernsehen vor allem Lücken im Marktsystem (Komplementärfunktion) schließen.

Großbritannien, Frankreich und das der englischen Tradition stark verhaftete Australien weichen nicht grundsätzlich von dem oben skizzierten Verständnis ab. Diese Länder weisen wie Deutschland duale Fernsehsysteme auf.

Neben den vier dargelegten grundlegenden Aufgaben öffentlichen Fernsehens existieren weitere Funktionen, deren Ausprägung man in Deutschland so nicht findet. Diese spiegeln häufig nationale Besonderheiten wider. So wird beispielsweise in Großbritannien von der British Broadcasting Corporation (BBC) auch die Vertretung der englischen Sicht nach außen gefordert. Diese internationale Rolle geht auf die Position Großbritanniens im Commonwealth zurück. In Frankreich wird die Förderung der französischen Kultur durch das staatliche Fernsehen stark betont. Dementsprechend wird in der Unterstützung der französischen Filmproduktion eine zentrale Funktion öffentlichen Fernsehens gesehen. In Australien soll die Australian Broadcasting Corporation (ABC) die internationale Präsenz, insbesondere im asiatischen und pazifischen Raum, sicherstellen. Zudem soll das öffentliche Fernsehen durch kontinuierliche Innovation eine Vorbildrolle für die Branche übernehmen, da im öffentlichen Fernsehen neue Formate ohne den Druck hoher Quotenerwartungen besser entwickelt werden können.

In den USA hingegen steht die Komplementärfunktion als Ziel des öffentlichen Fernsehens im Vordergrund, was man auch an dessen Definition als nicht-kommerzielles Fernsehen erkennen kann. Insbesondere wird keine Integration durch Breitenwirkung erwartet – vielmehr wird öffentliches Fernsehen als ergänzendes Element verstanden, das einen Beitrag zum Angebot an Kultur- und Bildungsprogrammen leistet. Diese Ausrichtung ist auf die geschichtliche Entwicklung des Fernsehens in den USA zurückzuführen. Fernsehen wurde von Anfang an als Dienstleistung verstanden, die durch kommerzielle Anbieter am besten zu erfüllen sei. Eine wachsende Unzufriedenheit mit der mangelnden Berücksichtigung gesellschaftlicher Interessen im Fernsehen führte zu Initiativen von Bildungsinstitutionen, Gewerkschaften, religiösen Gruppen und kommunalen Einrichtungen und schließlich zur Errichtung von gemeinnützigen Veranstaltern auf lokaler und regionaler Ebene, um ein komplementäres Fernsehangebot neben den privaten Anbietern zu schaffen.

Dementsprechend umfaßt das Programmangebot der rund 350 gemeinnützigen Anbieter einen hohen Bildungsanteil und betont die soziale und erzieherische Funktion, während Information und Nachrichten eine nachrangige Bedeutung haben. Aufgrund der großen Zersplitterung, der Organisation auf Basis privater oder teilprivater Initiativen und der jeweils geringen Reichweite kann dieses öffentliche Angebot nicht mit öffentlichen Fernsehveranstaltern in einem dualen System gleichgesetzt werden.

In Neuseeland wird der Komplementärfunktion ebenfalls klare Priorität eingeräumt, d.h., öffentlich geförderte Fernsehprogramme sollen Lücken im Marktangebot schließen. Für Sendungen von besonderem gesellschaftlichem Interesse können Veranstalter und Produktionsfirmen bei der Behörde NZonAir finanzielle Unterstützung beantragen. Anders als im dualen Fernsehsystem werden nur einzelne Sendungen, es wird jedoch nicht ein ganzer Veranstalter öffentlich finanziert.

Eine Beschränkung des öffentlichen Fernsehens auf bestimmte Programmsparten wird in den Ländern mit dualem System abgelehnt. Es besteht international ein breiter Konsens, daß öffentliches Fernsehen massenattraktiv sein sollte.

In dualen Fernsehsystemen wird die Rolle des öffentlichen Fernsehens in einem umfassenden Angebot für die gesamte Bevölkerung gesehen – öffentliches Fernsehen soll »Fernsehen für alle« sein.

Eine Beschränkung auf die Sparten, die von privaten Veranstaltern nicht angeboten werden, findet aus mehreren Gründen keine Zustimmung: Eine Eingrenzung des öffentlichen Angebots z.B. auf anspruchsvolle kulturelle Themen läuft Gefahr, nur höher gebildete Bevölkerungsschichten anzusprechen. Eine Integrationswirkung wird dadurch fast ausgeschlossen. Zudem können auch durch qualitativ hochwertige Unterhaltungssendungen gesellschaftliche Ziele umgesetzt werden.

In den USA und in Neuseeland wird der Massenattraktivität öffentlich finanzierten Fernsehens keine besondere Bedeutung beigemessen. Die Festlegung auf ergänzende Angebote entbindet es von dem Druck, große Zuschauermengen erreichen zu müssen.

Über die Notwendigkeit einer klaren Profilierung der öffentlichen Veranstalter durch Schwerpunktsetzung bei Programmen mit besonderem gesellschaftlichem Interesse besteht in dualen Fernsehsystemen ein breiter Konsens.

Trotz der Ablehnung einer Beschränkung auf bestimmte Sparten wird von den öffentlichen Veranstaltern eines dualen Systems erwartet, sich klar von der privaten Konkurrenz zu unterscheiden. Nur so ist auf Dauer die Finanzierung durch öffentliche Mittel zu rechtfertigen. Es besteht Übereinstimmung in den untersuchten Ländern, daß öffentliche Veranstalter Programmen im Kernbereich eine besondere Bedeutung zumessen müssen. Dieses besondere gesellschaftliche Interesse wird vor allem Nachrichten-, Informations-, Kultur- sowie Kinder- und Jugendsendungen zuerkannt. Die Mehrheit der untersuchten öffentlichen Veranstalter hat einen Schwerpunkt in diesem Bereich. Umstritten ist die Bedeutung von großen Sportereignissen, die zwar eine hohe Integrationswirkung haben können, in jedem Falle aber auch in kommerziell ausgerichteten Fernsehsystemen übertragen werden und daher nicht zu einer besonderen Aufgabe des öffentlichen Fernsehens gemacht werden müssen.

Innovation im Fernsehen kann eine wichtige Funktion öffentlicher Fernsehanbieter sein.

In Australien betont die mit öffentlichen Geldern finanzierte ABC ihre innovative Funktion. Sie bezeichnet sich selbst als »think tank« oder »testbed« des gesamten Fernsehsystems. Ohne finanziellen Wettbewerbsdruck kann sie Experimente wagen, die für private Anbieter zu risikoreich sind. Setzen sich diese Innovationen durch, übernehmen die privaten Veranstalter das Format, und die ABC kann sich zurückziehen. Ein Beispiel für diesen Verlauf ist die Sportart »netball«, die nach Förderung durch die ABC bekannter und somit attraktiv für Sponsoren wurde. Nach und nach nahmen auch private Veranstalter diese Sportart in ihr Programm auf. Schließlich konnte ABC bei den Übertragungsrechten nicht mehr mitbieten, sah dies aber als wenig problematisch an, da der Sport weiterhin der Allgemeinheit zugänglich war. Des weiteren produzierte die ABC mit »http://« Australiens erste interaktive Fernsehsendung mit Einbindung ins Internet.

In Großbritannien kommt Channel 4 eine besondere Rolle in bezug auf innovative Formate zu. Channel 4 ist zwar rein durch Werbeeinnahmen finanziert, besitzt aber einen öffentlichen Auftrag zur Förderung unabhängiger englischer Produzenten. Channel 4 produziert nicht selbst, sondern bietet lediglich den programmgestalterischen Rahmen für innovative unabhängige Produktionen. Auf dem britischen Markt ist dieses Konzept mit einem Marktanteil von 10 Prozent erfolgreich.

Gesellschaftliche Ziele für öffentliches Fernsehen beziehen sich in dualen Fernsehsystemen nicht nur auf den Programmoutput – in einigen Ländern spielt zusätzlich auch der gesellschaftliche Identifikationswert der öffentlichen Fernsehanstalten eine große Rolle.

Der internationale Vergleich macht deutlich, daß öffentliches Fernsehen nicht nur als Lieferant bestimmter Programme begriffen wird.

Insbesondere in Australien und Großbritannien ist die Identifikation mit öffentlichen Fernsehsendern in der Bevölkerung außerordentlich hoch. So wird die ABC in Umfragen immer wieder als eine der nationalen Organisationen mit einem sehr hohen öffentlichen Ansehen bestätigt. Der Organisation als solcher – nicht nur ihrem Programmangebot – wird eine bedeutende Rolle bei der Bildung der nationalen Identität zugesprochen. Dieser Aufgabe kommt in einem Land, dessen Bevölkerung zum großen Teil aus Einwanderern der ersten und zweiten Generation besteht, große Bedeutung zu. Die Rolle der ABC als nationales Vollprogramm wird auch von den privaten Anbietern weitgehend mitgetragen – dies zeigte sich im Rahmen einer 1996 von der Regierung initiierten Untersuchung (The Challenge of a Better ABC, Bob Mansfield, Januar 1997), die Einsparungsmöglichkeiten bei ABC aufzeigen sollte.

In Großbritannien verfügt die BBC über einen ähnlichen Rückhalt in der Bevölkerung. Aufgrund des bisher stets gewahrten Grundsatzes, über politische Fragen ausgewogen zu berichten, wird der BBC eine wichtige Rolle als verläßliche Orientierungsinstanz auch in Krisenzeiten zugesprochen. Selbst der von der Thatcher-Regierung in Auftrag gegebene Peacock Report, der sich durchaus kritisch mit der Rolle der BBC auseinandersetzte, bestätigte letztendlich ihre überragende Rolle als nationale Institution.

Über Funktion und Stellenwert des öffentlichen Fernsehens besteht in den Vergleichsländern, anders als in Deutschland, ein weitreichender Konsens.

Ein Grund dafür, daß in den genannten Ländern der Stellenwert öffentlichen Fernsehens im Vergleich zu Deutschland deutlich weniger umstritten ist, könnte in den zugrundeliegenden politischen Entscheidungsprozessen zu sehen sein. BBC und ABC bieten allerdings – im Unterschied zu ARD und ZDF – auch ein werbefreies Programm. Hierauf wird noch einzugehen sein. In Großbritannien und Australien werden Entscheidungen über den Fernsehsektor von Regierung und Parlament getroffen und kontinuierlich durch Green Paper und White Paper weiterentwickelt. In Frankreich erläßt die Regierung die Cahiers des Charges, die einen detaillierten Auftrag an die öffentlichen Veranstalter enthalten. Die Abstimmung der Entscheidungsträger in einem nationalen politischen Prozeß scheint zu einem relativ breiten Konsens über die Rolle des öffentlichen Fernsehens zu führen.

In Deutschland hingegen werden die gesellschaftlichen Funktionen öffentlichen Fernsehens durch die Auslegung des Artikel 5 durch das Bundesverfassungsgericht sowie die Abstimmungen der Länderregierungen bestimmt. Die so erzielten Lösungen scheinen nicht den gleichen übergreifenden Konsens zu erzielen wie die in parlamentarischen Abstimmungsprozessen herbeigeführten Zielvorgaben.

Marktanteil ist als Maß für die Breitenwirkung von öffentlichem Fernsehen nur bedingt geeignet – die erzielte Zuschauerreichweite ist ein weiterer wichtiger Maßstab.

In Australien und England wird seit längerem diskutiert, inwieweit der Marktanteil ein geeigneter Maßstab für den Erfolg öffentlichen Fernsehens ist. Beim kommerziellen Fernsehen ist der Marktanteil eine Meßgröße zur Erfassung von Werbereichweiten. Da es bei öffentlichen Veranstaltern jedoch um das Erreichen breiter Bevölkerungskreise geht, wird alternativ zum Marktanteil (*audience share*) die Zuschauerreichweite (*audience reach*) als Maß für die Breitenwirkung öffentlichen Fernsehens vorgeschlagen. So hat die ABC die Größe *weekly audience reach* definiert: Gemessen wird der Prozentsatz der Zuschauer, die den Sender während einer Woche mindestens fünf Minuten am Stück sehen. Zur Illustration wird angeführt, daß bei anderen öffentlichen Einrichtungen – einem Museum etwa – ebenfalls nicht die tägliche Wiederkehr oder die Verweildauer der Besucher, sondern das Erreichen einer möglichst breiten Zielgruppe von zentraler Bedeutung sei.

Klaus Mattern, Thomas Künstner

In Großbritannien, Frankreich und Australien werden die privaten free to air Sender durch Lizenzauflagen gesellschaftlichen Zielen stärker verpflichtet.

Das vergleichsweise geringe Ansehen des öffentlichen Fernsehens in Deutschland ist um so bemerkenswerter, da die gesellschaftlichen Zielsetzungen in Deutschland fast ausschließlich auf das öffentliche Fernsehen projiziert werden. Mit Ausnahme von Jugendschutzbestimmungen und Maßnahmen zur Sicherung der Meinungsvielfalt unter den privaten Sendern sind die einzelnen privaten Anbieter in Deutschland weitgehend frei in ihrer Programmgestaltung. Die privaten *free to air* Sender – also Sender mit einer großen Reichweite – in Großbritannien, Frankreich und Australien werden hingegen über detaillierte Lizenzauflagen auf die gesellschaftliche Zielsetzung verpflichtet. Die ITV-Sender in Großbritannien müssen beispielsweise Mindestsendezeiten für einzelne Programmsparten einhalten. Quoten für nationale bzw. Eigenproduktion sind zu erfüllen. In Australien müssen 50 Prozent des Programms der privaten Networks australischen Ursprungs sein. Des weiteren existieren Quoten für Kindersendungen. In Frankreich sind die Auflagen der privaten Sender mit denen der öffentlichen Sender sogar annähernd identisch. Beide erhalten ähnliche Vorschriften für Dauer und Sendehäufigkeit einzelner Sparten sowie Produktionsvorgaben und Auflagen bezüglich der Programme nationalen Ursprungs.

Diesen zum Teil umfangreichen Auflagen steht in den Vergleichsländern eine im Verhältnis zu Deutschland geringe Wettbewerbsintensität gegenüber. In Großbritannien, Frankreich und Australien herrscht ein oligopolistischer Wettbewerb mit weniger als drei Lizenzen (*free to air*) pro Land. Dagegen existiert in Deutschland eine hohe Wettbewerbsintensität unter 20 nationalen privaten Sendern (inklusive der Pay-TV-Anbieter DF1 und Premiere). In dieser Marktkonstellation sind umfangreiche Lizenzauflagen kaum durchsetzbar.

4. Kernbereichsprogramme im Vergleich

4.1 Die Angebote im Kernbereich

Programme im Kernbereich werden natürlich nicht nur von öffentlichen Veranstaltern gesendet. Ein Gegenstand dieser Untersuchung war, wie hoch das Gesamtaufkommen solcher Kernbereichsangebote ist und inwiefern Grundversorgung auch von kommerziellen Anbietern geleistet wird. Im Vergleichsjahr 1996 bestanden zwischen Deutschland, Großbritannien, Frankreich und Australien nur geringe Unterschiede bezüglich des Angebots an Sendungen im Kernbereich. Der Anteil lag zwischen 34 Prozent und 44 Prozent des Gesamtangebots (siehe Abbildung 4). Als Ausnahme weicht der Anteil im Kernbereich in Neuseeland mit 22 Prozent des Gesamtangebots deutlich von den übrigen Ländern ab.

Öffentliche Veranstalter liefern in dualen Fernsehsystemen einen großen Beitrag zur Ausgewogenheit und Qualität des Fernsehprogramms.

Zum Angebot an Sendungen im Kernbereich tragen öffentliche Veranstalter im Vergleich zu den privaten Anbietern deutlich mehr bei (siehe Abbildung 5).

Im Vergleichsjahr 1996 sendeten die öffentlichen Veranstalter mit Ausnahme Frankreichs jeweils mindestens 50 Prozent ihrer Programme aus dem Kernbereich, während der entsprechende Programmanteil der privaten Veranstalter deutlich darunter lag. Private Anbieter halten vielmehr einen höheren Anteil an publikumswirksamen Spielfilmen und Unterhaltungssendungen. Insgesamt wird durch die öffentlichen Veranstalter eine Ausgewogenheit des Programmangebots im Gesamtfernsehsystem erreicht.

Abbildung 4: Anteil des Kernbereiches der Programme an der Gesamtsendezeit öffentlicher und privater Veranstalter – 1996

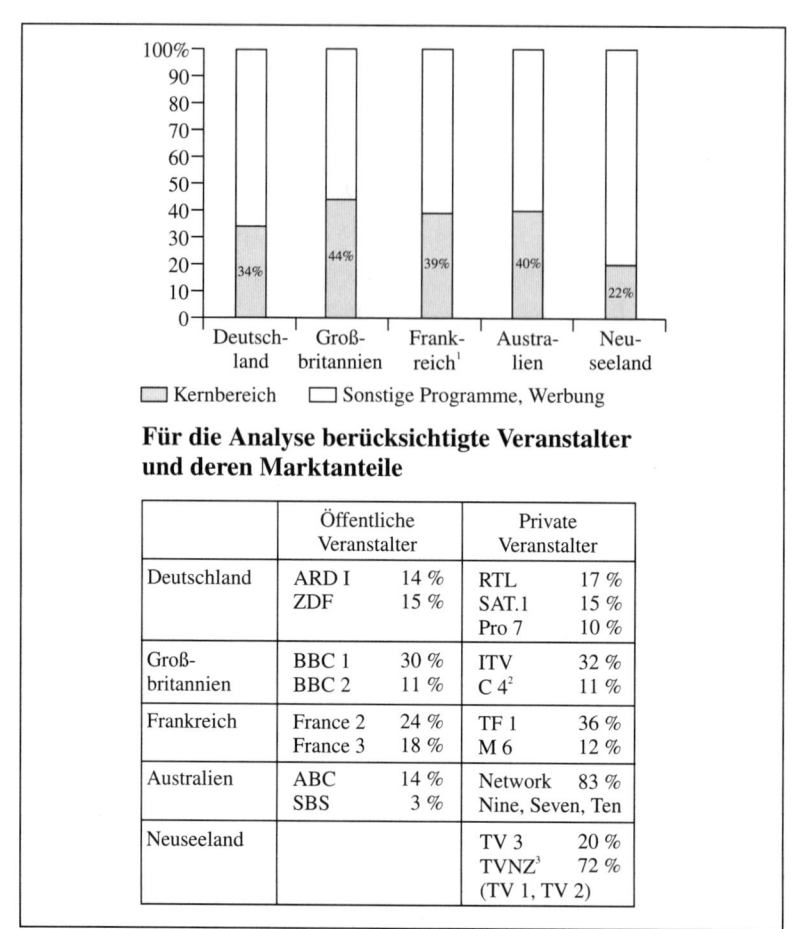

| | | 100% | 90% | 80% | 70% | 60% | 50% | 40% | 30% | 20% | 10% | 0% |

Deutschland: 34%
Großbritannien: 44%
Frankreich[1]: 39%
Australien: 40%
Neuseeland: 22%

▣ Kernbereich   ▢ Sonstige Programme, Werbung

Für die Analyse berücksichtigte Veranstalter und deren Marktanteile

	Öffentliche Veranstalter		Private Veranstalter	
Deutschland	ARD I	14 %	RTL	17 %
	ZDF	15 %	SAT.1	15 %
			Pro 7	10 %
Großbritannien	BBC 1	30 %	ITV	32 %
	BBC 2	11 %	C 4[2]	11 %
Frankreich	France 2	24 %	TF 1	36 %
	France 3	18 %	M 6	12 %
Australien	ABC	14 %	Network	83 %
	SBS	3 %	Nine, Seven, Ten	
Neuseeland			TV 3	20 %
			TVNZ[3]	72 %
			(TV 1, TV 2)	

[1] Hochrechnung auf Basis von Daten aus dem Jahr 1995
[2] Channel 4 ist rein werbefinanziert, hat jedoch einen öffentlichen Auftrag
[3] Die Anteile von TVNZ befinden sich zu 100 Prozent in staatlichem Eigentum

Quellen: Europäische Audiovisuelle Informationsstelle, TBI Yearbook, Baskerville Asia Pacific TV, Media Perspektiven, Eurodata TV/BARB, ITC, Eurodata TV/Nielsen Australia, Documentation Française, BA&H-Analyse

Fernsehsysteme im internationalen Vergleich

Abbildung 5: Beitrag von öffentlichen und privaten Veranstaltern zum Angebot an Programmen im Kernbereich

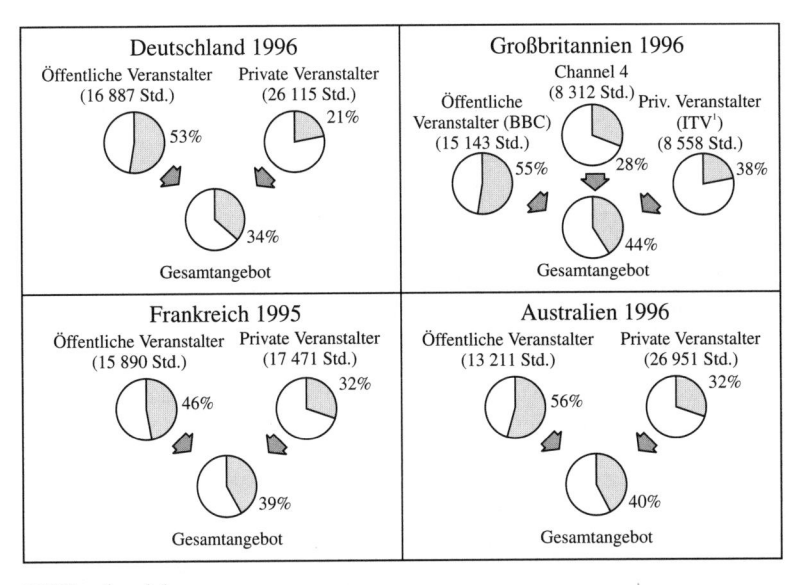

Deutschland 1996	Großbritannien 1996
Öffentliche Veranstalter (16 887 Std.) 53% — Private Veranstalter (26 115 Std.) 21% — Gesamtangebot 34%	Öffentliche Veranstalter (BBC) (15 143 Std.) 55% — Channel 4 (8 312 Std.) 28% — Priv. Veranstalter (ITV[1]) (8 558 Std.) 38% — Gesamtangebot 44%
Frankreich 1995	**Australien 1996**
Öffentliche Veranstalter (15 890 Std.) 46% — Private Veranstalter (17 471 Std.) 32% — Gesamtangebot 39%	Öffentliche Veranstalter (13 211 Std.) 56% — Private Veranstalter (26 951 Std.) 32% — Gesamtangebot 40%

☐ Kernbereich

[1] Hochrechnung auf Basis des nationalen Rahmenprogramms
Quellen: Media Perspektiven, Eurodata TV/BARB, ITC, Eurodata TV/Nielsen Australia, Documentation Française, BA&H-Analyse

4.2 Das Verhältnis von Angebot und Nachfrage

Dem erheblichen Angebot an Programmen im Kernbereich steht nicht immer eine gleichermaßen hohe Nachfrage gegenüber.

Wie aus Abbildung 6 ersichtlich, ist die Gesamtnachfrage nach Programmen im Kernbereich in den Vergleichsländern Großbritannien, Frankreich und Australien deutlich niedriger als das Angebot. Während beispielsweise in Großbritannien 44 Prozent des gesamten Fernsehangebots zum Kernbereich zählen, konsumieren die Zu-

Abbildung 6: Angebot und Nachfrage des Kernbereiches – 1996

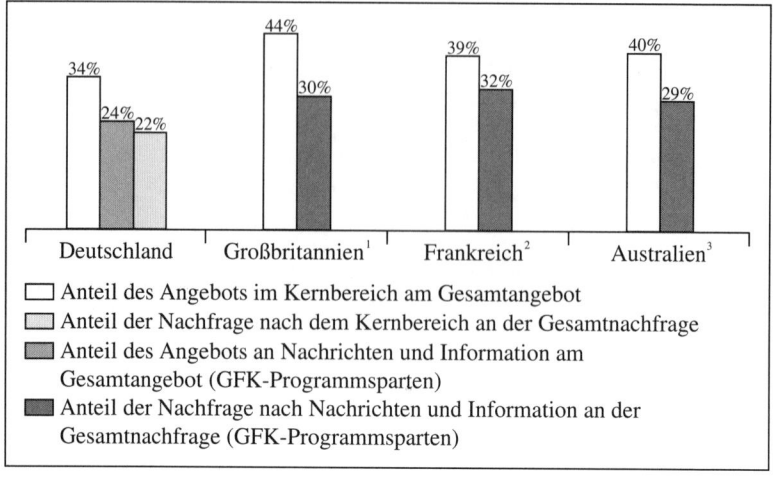

	Deutschland	Großbritannien[1]	Frankreich[2]	Australien[3]
Anteil des Angebots im Kernbereich am Gesamtangebot	34%	44%	39%	40%
Anteil der Nachfrage nach dem Kernbereich an der Gesamtnachfrage		30%	32%	29%
Anteil des Angebots an Nachrichten und Information am Gesamtangebot (GFK-Programmsparten)	24%			
Anteil der Nachfrage nach Nachrichten und Information an der Gesamtnachfrage (GFK-Programmsparten)	22%			

[1] Nachfrage der ITV auf Basis des nationalen Programmangebots, Berücksichtigung der Werbung mit 12 Prozent der Gesamtsendezeit
[2] Daten des Jahres 1995
[3] Daten des Bereichs Sydney, Berücksichtigung der Werbung mit 20 Prozent der Gesamtsendezeit (regionales Limit)
Quellen: GFK, Media Perspektiven, Eurodata TV/AC Nielsen, Documentation Française, BA&H-Analyse

schauer dagegen nur während 30 Prozent ihrer Sehzeit Programme aus diesem Bereich. In Frankreich und Australien ist die Situation vergleichbar. Die Nachfrage nach Programmen im Kernbereich liegt auch in diesen Ländern bei etwa 30 Prozent der Gesamtnachfrage. In Deutschland zeigt sich für Nachrichten- und Informationssendungen, wichtige Sparten innerhalb des Kernbereiches, folgendes Bild: 24 Prozent Angebotsanteil treffen hier auf 22 Prozent Nachfrageanteil.

Auch das Angebot privater Veranstalter im Kernbereich stößt in den Vergleichsländern auf hohe Akzeptanz. Ihr Anteil an der Gesamtnachfrage nach Programmen im Kernbereich ist höher als ihr Anteil am Gesamtangebot dieser Programme.

Fernsehsysteme im internationalen Vergleich

Abbildung 7: Anteile öffentlicher und privater Veranstalter an Angebot und Nachfrage nach dem Kernbereich im Gesamtsystem

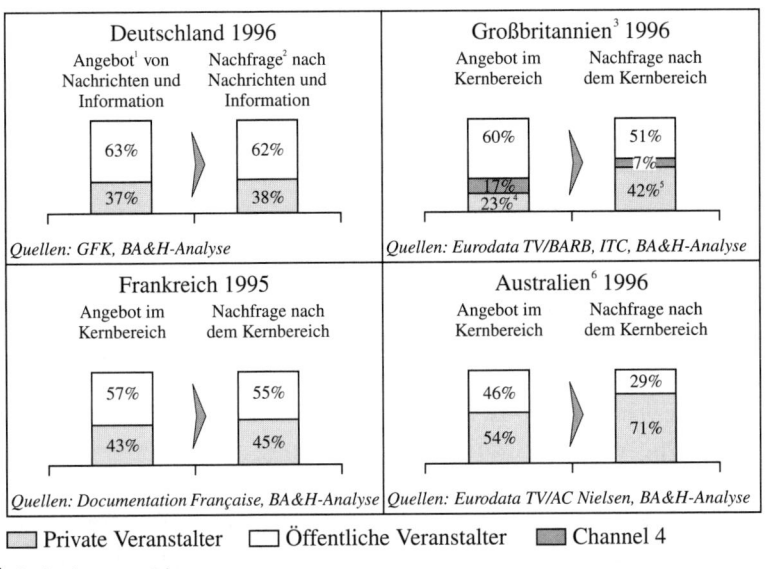

Deutschland 1996		Großbritannien[3] 1996	
Angebot[1] von Nachrichten und Information	Nachfrage[2] nach Nachrichten und Information	Angebot im Kernbereich	Nachfrage nach dem Kernbereich
63% / 37%	62% / 38%	60% / 17% / 23%[4]	51% / 7% / 42%[5]
Quellen: GFK, BA&H-Analyse		*Quellen: Eurodata TV/BARB, ITC, BA&H-Analyse*	
Frankreich 1995		Australien[6] 1996	
Angebot im Kernbereich	Nachfrage nach dem Kernbereich	Angebot im Kernbereich	Nachfrage nach dem Kernbereich
57% / 43%	55% / 45%	46% / 54%	29% / 71%
Quellen: Documentation Française, BA&H-Analyse		*Quellen: Eurodata TV/AC Nielsen, BA&H-Analyse*	

▪ Private Veranstalter ☐ Öffentliche Veranstalter ▪ Channel 4

[1] Sendeminuten pro Jahr
[2] Gesehene Minuten (Sendezeit x Zuschaueranteil) pro Jahr
[3] Berücksichtigung der Werbung mit 12 Prozent der Gesamtsendezeit (regulatorisches Limit)
[4] Quelle ITC: Berücksichtigung aller regionalen und nationalen Programmangebote (Durchschnittsbetrachtung)
[5] Quelle Eurodata TV/BARB: Hochrechnung auf Basis des nationalen Programmangebots der ITV
[6] Daten des Bereiches Sydney; Berücksichtigung der Werbung mit 20 Prozent der Gesamtsendezeit (regulatorisches Limit)

Wenn man Gesamtangebot und Gesamtnachfrage im Kernbereich nach öffentlichen und privaten Anbietern aufschlüsselt, ergibt sich ein interessantes Bild. Dem deutlich niedrigeren Angebot der Privaten in diesem Bereich steht in einigen der untersuchten Länder ein sehr hoher Nachfrageanteil gegenüber. Dies führt dazu, daß private Veranstalter in den meisten Ländern einen höheren Anteil an der Gesamtnachfrage nach dem Kernbereich haben als an dessen Gesamtangebot. Beispielsweise werden in Australien fast drei Viertel des Kernbereiches bei den privaten Anbietern nachgefragt, obwohl sie nur zu gut der Hälfte am Gesamtangebot beteiligt sind. Ihre Kernbereichsangebote erreichen die Zuschauer also in hohem Maße. Der Trend bestätigt sich in Großbritannien.

Interessanterweise spiegelt in Deutschland in den Programmkategorien Nachrichten und Information die Nachfrage bei öffentlich-rechtlichen und privaten Anbietern weitgehend das Angebot wider. Das heißt, daß hier Nachrichten und Information als Untergruppe des Kernbereiches sowohl von öffentlichen wie auch von privaten Veranstaltern nachfragegerecht angeboten werden.

4.3 Ausnahmemodell Neuseeland

Die öffentliche Förderung von Programmen mit besonderem gesellschaftlichem Interesse in einem ansonsten rein kommerziell ausgerichteten Fernsehsystem (Modell Neuseeland) kann einen öffentlichen Veranstalter nicht vollständig ersetzen.

Neuseeland ist das einzige Vergleichsland, in dem die öffentlichen Interessen im Fernsehsystem nicht von einem Veranstalter mit einem der Allgemeinheit verpflichteten Sendeauftrag wahrgenommen werden. Ende der 1980er Jahre mündete eine Reorganisation des staatlichen Anbieters TVNZ in dessen Privatisierung. Seitdem werden die weiter erhobenen Fernsehgebühren nicht mehr TVNZ zugeführt, sondern von der neu geschaffenen Behörde NZonAir verwaltet.

NZonAir ist gesetzlich verpflichtet, die Produktion von Programmen im Kernbereich zu fördern. Die Behörde bestimmt selbst, welche Sendungen darunter fallen, unterliegt dabei aber der Kontrolle durch die Regierung. Gefördert werden Kultur-, Bildungs- und Kindersendungen sowie Programme von nationalem Interesse. Die direkte finanzielle Unterstützung geht hauptsächlich an Produktionsfirmen. Diese reichen in Kooperation mit Veranstaltern Projektvorschläge ein, die den Förderkriterien entsprechen müssen. Dieses neuartige Konzept weist auf den ersten Blick einige Vorteile auf. Dazu zählt, daß das gesamte Fernsehsystem einbezogen wird und daß durch die Förderung am Ursprung und durch den Wettbewerb um die Fördermittel ein vermeintlich effizienter Einsatz der öffentlichen Gelder erreicht wird.

Es zeigt sich jedoch, daß in Neuseeland die Mehrheit der befragten Experten Qualitätsmängel des Fernsehsystems beklagt. Kritisiert werden insbesondere die sehr starke kommerzielle Ausrichtung, die zu übermäßig hohen Werbeanteilen am Programm führt, sowie geringe Qualität und Vielfalt bei Nachrichten- und Informationssendungen. Das Konzept, einzelne Sendungen unabhängiger Produzenten zu fördern, wird als problematisch dargestellt: Da nur ein geringer Teil dieser Produktionen zur Prime Time gesendet wird, wird die Integrationsfunktion nicht erfüllt. Bei dieser Betrachtung ist zwar zu berücksichtigen, daß in Neuseeland die öffentlichen Gelder nur 9 Prozent der Gesamteinnahmen des Fernsehsystems ausmachen. Dennoch wird aus dieser verbreiteten Unzufriedenheit heraus derzeit nicht eine Erhöhung des Budgets von NZonAir, sondern die Etablierung von TV 1 als zumindest wieder teilweise gebührenfinanziertem Veranstalter mit öffentlichem Auftrag diskutiert.

4.4 Angebot regionaler Inhalte

Das Angebot regionaler Inhalte erfolgt in den betrachteten Fernsehsystemen sowohl durch private als auch durch öffentliche Sender.

In Deutschland sind regionale Inhalte von jeher Aufgabe und Stärke der öffentlichen Landesrundfunkanstalten. Die durch sie produzierten Dritten Fernsehprogramme besitzen zwischen 4 Prozent und 25 Prozent regionalen Anteil. Auch in Frankreich wird durch den öffentlichen Sender France 3 der regionale Aspekt abgedeckt. Auf die verstärkte Konzentration im regionalen Bereich wird zurückgeführt, daß France 3 in den letzten Jahren Marktanteile hinzugewann. France 3 umfaßt ein umfangreiches Netz an regionalen Redaktionen.

Oft wird der hohe Umfang erforderlicher Ressourcen als Hindernis für private Regionalangebote angesehen. Jedoch planen sowohl M6 als auch Canal Plus regionale Dienste, da diese verstärkt von den Zuschauern nachgefragt werden. Die Umsetzung der Pläne privater Anbieter in Frankreich wird momentan durch das Verbot regionaler Werbung bei privaten Veranstaltern behindert.

Großbritannien zeigt, daß regionales Fernsehen auch privat erbracht werden kann. In Großbritannien wurde der private Fernsehsektor zunächst mit ITV als eine Vereinigung regionaler Sender gestaltet. Durch Lizenzauflagen wird ein fester Regionalanteil von den ITV-Sendern gefordert. Kein öffentlicher Sender trägt darüber hinaus in größerem Umfang zu regionalen Angeboten bei. Die ITV-Sender zeigen 3 Prozent bis 14 Prozent regionalen Anteil. Auch in Australien tragen die privaten Networks signifikant zu den regionalen Angeboten bei. Sie haben ein dichteres Redaktionsnetz als die öffentliche ABC und bieten regionale Information von hoher Qualität.

5. Regulierung

5.1 Lizenzvergabe und Inhaltsbestimmungen

Die Regulierung hat vor allem in drei Bereichen Einfluß auf die Umsetzung von gesellschaftlichen Zielen in Fernsehsystemen:
- Die Regulierung nimmt durch die Gestaltung der Lizenzen einen erheblichen Einfluß auf die *Strukturierung der Fernsehsysteme*. Neben der Anzahl an Lizenzen ist hierfür eine regionale Aufteilung in Lizenzgebiete oder eine Unterscheidung der Lizenzen nach der inhaltlichen Ausrichtung der Veranstalter von Bedeutung.
- Durch *Konzentrationsbeschränkungen* wird versucht, Meinungsmacht zu begrenzen.

- Verschiedene *inhaltliche Auflagen* beeinflussen direkt den Output des Fernsehsystems:
  - Programmauflagen zur direkten Umsetzung von gesellschaftlichen Zielen (*public service obligations* – beispielsweise Mindestsendezeiten für Kinderprogramme),
  - Jugendschutzbestimmungen,
  - Vorgaben zu Werbezeiten.

Mit Ausnahme der USA und Deutschlands dominiert die terrestrische Übertragung in den betrachteten Ländern den Markt. In Großbritannien, Frankreich, Australien und Neuseeland empfangen über 80 Prozent der Haushalte Fernsehen über die Hausantenne. Durch die geringe Kabel- und Satellitenpenetration nehmen somit die Programme, die nicht terrestrisch ausgestrahlt werden, gewissermaßen eine Nischenrolle ein. Dabei werden sie regulatorisch deutlich liberaler behandelt. Da es sich bei Kabel und Satellit um Übertragungssysteme mit hoher Kapazität handelt, sind zunächst Lizenzen frei und ohne nennenswerte Lizenzgebühren verfügbar. Darüber hinaus existieren in Frankreich und Großbritannien für den Kabel- und Satellitenbereich keine inhaltlichen Quoten.

Im Bereich der terrestrischen Übertragung sind hingegen Frequenzen knapp, was zur Vergabe weniger Lizenzen zwingt. Landesweit sind jeweils nur zwei bis drei Lizenzen vergeben. In den Ländern, in denen die terrestrische Übertragung dominiert, entstanden oligopolistische Marktstrukturen. Insbesondere in Großbritannien besaßen die Veranstalter der ITV lange Zeit quasi ein Monopol für TV-Werbung, was sich in ihrer Umsatzrendite vor Steuern von 19 Prozent im Jahr 1996 ausdrückt (und dies trotz der hohen Lizenzgebühren von etwa 18 Prozent des Umsatzes). Auch die australischen privaten Networks müssen 9 Prozent ihres Umsatzes an die Australian Broadcasting Authority (ABA) abführen. Zusätzlich zu den finanziellen Verpflichtungen müssen private Veranstalter in Großbritannien, Frankreich und Australien umfangreichen inhaltlichen Auflagen genügen. Dem geschützten Marktumfeld wird gewissermaßen eine gesellschaftliche Verpflichtung gegenübergestellt. Dazu gehören:

- Mindest- und Höchstsendezeiten für verschiedene Programmsparten (zum Beispiel Nachrichten- oder Kindersendungen),
- Produktionsvorgaben für inländische Produzenten,
- Auflagen für nationale Inhalte (in Frankreich und Australien).

In Deutschland empfangen 79 Prozent der Haushalte ihr Fernsehprogramm per Kabel oder Satellit. Allerdings gelten auch in Deutschland für die terrestrische Übertragung restriktivere Bestimmungen. Für die Vergabe einer terrestrischen Lizenz ist vor allem das Kriterium der Meinungsvielfalt innerhalb des Programmangebots entscheidend. Anbieter von Vollprogrammen werden daher in der Regel bevorzugt.

Die Sendeaufträge im öffentlichen Bereich wie auch die Ausrichtung von Lizenzen im privaten Bereich sind in den betrachteten Fernsehsystemen unterschiedlich strukturiert.

Der Kern der fünf Fernsehsysteme ist durch die Ausrichtung der Lizenzen für private Sender beziehungsweise der Aufträge an die öffentlichen Sender strukturiert. Dabei zeichnen sich unterschiedliche Segmentierungen ab. Im öffentlichen Bereich ähneln sich Frankreich und Deutschland mit der Aufteilung in einen nationalen sowie einen regional orientierten öffentlichen Sender. Dagegen sind die öffentlichen Sender Großbritanniens und Australiens inhaltlich strukturiert. Die BBC teilt sich in ein massenattraktives Programm BBC 1 und das Programm BBC 2 mit anspruchsvolleren Themen. Channel 4 wiederum widmet sich innovativen Programmen, und S4C spricht sprachliche Minderheiten an. In Australien nimmt SBS neben der ABC, die ein Vollprogramm bietet, die Nische eines mehrsprachigen Senders ein. Im privaten Bereich sind in Deutschland von regulatorischer Seite keine Strukturen vorgegeben. Auch in Neuseeland wird die Strukturierung den Marktkräften überlassen. Im Gegensatz hierzu ist der private Sektor mit ITV in Großbritannien regional ausgerichtet. Erst seit kurzem ist mit Channel 5 ein nationaler privater Sender hinzugekommen. In Australien hat sich die Rolle der privaten Sender von einer regionalen Rolle mit Fokus auf die großen Städte hin zu nationalen Networks gewandelt. In Frankreich wiederum ist der regionale Bereich quasi unter öffentlichem Monopol, da regionale Werbung verboten ist. Das Hauptelement des kommerziellen Fernsehsystems der USA stellen die sechs nationalen privaten Networks dar. Dazu zählen ABC, CBS, NBC, Fox, UPN und WB Networks (siehe Abbildung 1). Sie bieten Vollprogramme, die auf Unterhaltung ausgerichtet sind. Öffentliches Fernsehen ist als Zusammenschluß von 347 lokalen Sendern in der Corporation of Public Broadcasting (CPB) organisiert. Einen gemeinsamen Programmfundus bietet die öffentlich geförderte Produktionsanstalt PBS. Es existiert jedoch kein national einheitliches Programm – vielmehr bestimmt jeder lokale Sender selbst sein Programmschema aus PBS-Beiträgen, lokalen Produktionen und sonstigen Programmquellen. Zusätzlich empfängt mit 66 Prozent die Mehrheit der Haushalte in den USA ein zusätzliches Angebot von ca. 50 privaten Sendern im Rahmen ihrer Kabelanschlußgebühren. Diese Programme sind zum Teil stärker auf spezielle Sparten ausgerichtet. Darüber hinaus können Premium-Kanäle auf Basis von Pay-TV abonniert werden.

Deutschland bietet privaten Fernsehveranstaltern im Vergleich zu Anbietern im terrestrischen Bereich Großbritanniens und Frankreichs wenig »Schutz« durch Abschirmung des Marktes, aber auch vergleichsweise weniger inhaltliche Auflagen und weniger Werbebeschränkungen.

Grundlegend unterscheidet sich Deutschland von Großbritannien, Frankreich, Australien und Neuseeland durch die hohe Zahl an privaten Lizenzen mit hoher Reichweite. Der intensive Wettbewerb zwischen dieser großen Zahl von privaten Anbietern in Deutschland führt dazu, daß bisher nur wenige Veranstalter die Gewinnzone erreicht haben. Umgekehrt verzichtet man in der Regel auch auf detaillierte Lizenzauflagen (siehe Abbildung 8) und nennenswerte Lizenzgebühren. Vielmehr soll durch Vielzahl und Verschiedenartigkeit der Veranstalter ein möglichst breites Spektrum verschiede-

Abbildung 8: Regulierungen für private Anbieter im terrestrischen Bereich – Überblick

	Konzentration	Lizenzauflagen, inhaltliche Vorgaben, Jugendschutz etc.	Werbung
Deutschland	Max. 30 Prozent Zuschauermarktanteil[1] oder entsprechende Meinungsmacht über andere Medien	Verpflichtung zur Meinungsvielfalt (Vollprogramm) Abgabe von Sendezeit ab Marktanteil von 10 Prozent	Max. 20 Prozent des Gesamtprogramms für Werbung Gebot der Blockwerbung Verbot von Tabakwerbung, Einschränkungen für Alkoholwerbung
Großbritannien	Max. 15 Prozent Zuschauermarktanteil[1] Weitere Einschränkungen für Unternehmen mit Beteiligungen im Printbereich	Mindestsendedauer für einzelne Sparten sowie Produktionsauflagen Kategorisierung der Programme durch Kodizes und ITC (Sendung erst ab best. Zeiten)	Durchschnittlich weniger als 7 Min. pro Stunde Keine Werbung f. Tabak, Glücksspiel, Politik u. Religion; Selbstbeschränkung bei Alkohol Keine Werbung bei Kinderprogrammen, Dokumentationen u. aktuellen Sendungen (Min.)
Frankreich	Max. 49 Prozent Beteiligung an einem Fernsehveranstalter Max. 20 Prozent für ausländische Investoren Zusätzlich cross ownership Beschränkungen	Mindestsendedauer für einzelne Sparten Auflagen für inländische und europäische Produktionen Produktionsvorgaben	Max. 6 Min./Std. im Tagesdurchschnitt (max. 12 Min. in 1 Stunde) Keine Unterbrechung von Spielfilmen und Dokumentationen Keine Werbung für Tabak, Alkohol und Hypermarkets

Australien	Nur eine Beteiligung über 15 Prozent im gesamten Medienmarkt Max. 15 Prozent ausländische Beteiligung an Veranstalter	Mindestsendedauer für inländische Produktionen und Kinderprogramme Kategorisierung der Programme durch Kodizes (Sendung nur zu bestimmten Zeiten) – weitgehend selbstkontrolliert	Max. 16 Min./Stunde im Durchschnitt (15 Min. zur Prime Time) Verbot von Tabak- und Alkoholwerbung
Neuseeland	Keine Einschränkungen In- und ausländische Investoren sind gleichgestellt	Kategorisierung nach Programmkodex (Sendung nur zu bestimmten Zeiten)	Auflagen für Werbung für Alkohol und Parteien
USA	Max. 35 Prozent Zuschauermarktanteil[1] Beteiligungen zwischen lokalen TK-Anbietern und Kabelbetreibern auf 10 Prozent begrenzt Max. 25 Prozent Beteiligung ausländischer Investoren	3 Std. pro Woche Kindersendungen von hoher Qualität (Einhaltung wird nicht kontrolliert) Einsatz des V-Chips und Selbstbeschränkung der Veranstalter für Jugendschutz (in Entwicklung)	Werbeverbot für public television Keine weiteren Bestimmungen

[1] Zuschaueranteil im Fernsehmarkt
Quellen: Gesetze und Vorschriften der Länder, BA&H-Analyse

ner Programme abgedeckt werden. In diesem Anspruch geht man allerdings soweit, daß Anbieter mit mehr als 10 Prozent Marktanteil gezwungen werden, Sendezeit an Dritte abzugeben – ein vergleichsweise harter Eingriff in die Programmgestaltung.

Im Bereich der Kabel- und Satellitensender sowie beim Pay-TV existiert auf der anderen Seite in Großbritannien, Frankreich und Australien ein deutlich liberaleres regulatorisches Umfeld. Lizenzen sind ohne nennenswerte Lizenzgebühren frei verfügbar. Lediglich in Australien bestehen mit der Vorgabe von 50 Prozent nationaler Inhalte sowie einem vorgeschriebenen Anteil an Kinderprogrammen die gleichen inhaltlichen Auflagen wie für *free to air* Sender. Jedoch gelten eingeschränkte Konzentrationsregeln in bezug auf ausländische Beteiligungen und *cross ownership*. In Frankreich und Großbritannien existieren keine inhaltlichen Quoten im Kabel- und Satellitenbereich. Vielmehr soll die Vielfalt des Angebots durch die Menge unterschiedlicher Sender gesichert werden. Der französische Pay-TV-Sender Canal Plus genießt aufgrund des gesellschaftlichen Ziels zur Förderung der französischen Filmwirtschaft liberalere Auflagen als die französischen *free to air* Sender. Er erhält zwar die spezifische Auflage, 11 Prozent seines Umsatzes für den Erwerb französischer Filme zu verwenden. Dafür darf er jedoch die doppelte Anzahl von Spielfilmen im Vergleich zu *free to air* Sendern ausstrahlen und erhält das Recht, Filme schon ein Jahr nach Kinostart zeigen zu dürfen – also ein Jahr früher als sonst in Frankreich zulässig. Auch bei Programmkontrollen zum Beispiel hinsichtlich des Jugendschutzes gibt es Unterschiede. In Großbritannien sind die Jugendschutzauflagen für Pay-TV niedriger. Man begründet dies mit einer höheren Verantwortung des Konsumenten, der sich durch ein Abonnement bewußt für den Sender entschieden hat. Programmkontrollen finden durch die ITC rein passiv auf Beschwerdebasis statt. Wegen der niedrigen Beschwerdehäufigkeit im Kabel- und Satellitenbereich spielt die Inhaltsüberprüfung aber praktisch kaum ein Rolle. Auch in Frankreich gelten für den Pay-TV-Sender Canal Plus niedrigere Jugendschutzauflagen (beispielsweise im Erotik-Bereich). Die europäischen Richtlinien »Television without frontiers«, die dies unterbinden, wurden in Frankreich nicht in ein Landesgesetz aufgenommen.

Dagegen existieren in Deutschland keine nennenswerten Unterschiede bei der regulatorischen Behandlung von *free to air* Sendern und Sendern, die über Kabel und Satellit bzw. verschlüsselt (Pay-TV) ausgestrahlt werden. Die Programmkontrolle wird durch die Freiwillige Selbstkontrolle Fernsehen (FSF) sowie die aktive Untersuchung durch die Konferenz der Direktoren der Landesmedienanstalten (DLM) wahrgenommen.

5.2 Aufsichtsstruktur und Selbstkontrolle

Die Marktaufsicht für private Veranstalter in Deutschland verteilt sich im internationalen Vergleich auf ungewöhnlich viele verschiedene Behörden und Gremien. Dies führt zu Effizienzverlusten und regulatorischer Zersplitterung.

Die betrachteten Länder unterscheiden sich sowohl in den Strukturen als auch in der Philosophie der Marktaufsicht erheblich. In Deutschland sind für private Anbieter 14 Landesmedienanstalten, die Kommission zur Ermittlung der Konzentration im Medienbereich (KEK) sowie die FSF als Aufsichtsgremien tätig. Dabei ist jeweils nur eine Landesmedienanstalt für einen privaten Veranstalter zuständig. Da die privaten Veranstalter jedoch bundesweit senden, werden insbesondere Entscheidungen bezüglich der Programminhalte von Ausschüssen aller Landesmedienanstalten behandelt. Dabei entstehen zwischen den einzelnen Anstalten Reibungsverluste im Abstimmungsprozeß. In den anderen Ländern reguliert jeweils eine zentrale Behörde die wesentlichen Belange der privaten Anbieter. In Großbritannien ist dies die Independent Television Commission (ITC) und in Frankreich der Conseil Supérieur de l'Audiovisuel (CSA). Beide sind mit umfangreichen Sanktionsbefugnissen ausgestattet.

Nur in Frankreich werden private und öffentliche Veranstalter einheitlich beaufsichtigt. Die Überwachung von Werberichtlinien und inhaltlichen Auflagen sowie Lizenzierung und Konzentrationsbeschränkungen für private Anbieter unterliegen ebenso der Verantwortung der CSA wie die gesetzlichen Aufträge und die Finanzierung der öffentlichen Anbieter. Auflagen für private und öffentliche Veranstalter unterscheiden sich in Frankreich wenig.

Die öffentlichen Veranstalter beaufsichtigen sich außer in Frankreich über ihre Binnenstruktur selbst.

Die öffentlichen Veranstalter beaufsichtigen sich in der Mehrheit der Vergleichsländer selbst. Bei der BBC übernimmt das Board of Governors diese Funktion. Auch ABC und SBS in Australien regulieren sich selbst. Dort hat zwar die ABA eine Aufsichtsfunktion bezüglich der Einhaltung der Programmstandards, verfügt aber über keinerlei Sanktionsmöglichkeiten gegenüber den öffentlichen Veranstaltern. Auch in Deutschland überwachen sich die öffentlichen Veranstalter durch ihre Rundfunkräte selbst.

Eine Vereinheitlichung der Marktaufsicht für den privaten und öffentlichen Bereich wird bei den Inhalten und der Einhaltung von Werbeauflagen überwiegend befürwortet; bei Fragen der Lizenzierung bzw. der Einhaltung des öffentlichen Auftrags sehen viele der befragten Experten eine umfassende Behörde eher skeptisch.

In Frankreich und Neuseeland besteht schon heute eine einheitliche Regulierungskompetenz für den privaten und öffentlichen Bereich. Für Neuseeland ist dies darauf zurückzuführen, daß der öffentliche Bereich keine spezifische Ausprägung im freien Markt hat. In Frankreich weisen die Auflagen für öffentliche und private Sender keine wesentlichen Unterschiede auf, was die Zuständigkeit der CSA für alle Sender sinnvoll macht. In Deutschland, Großbritannien und Australien ist dagegen eine deutliche Trennung der Regulierungskompetenzen zwischen privaten und öffentlichen Sendern erkennbar. Eine Vereinheitlichung der regulatorischen Aufgaben würde Möglichkeiten für Synergien bieten. Befürwortet wird dies insbesondere im Bereich inhaltlicher Programmkontrolle sowie von Werbebeschränkungen. Diese regulatorischen Bereiche haben für öffentliche und private Anbieter gleiche Relevanz und sollten einheitlich ausgelegt werden. In Australien ist dies auch schon weitgehend umgesetzt. Die ABC ist gesetzlich verpflichtet, die Programmstandards der ABA einzuhalten. Auch in Großbritannien sehen Experten einheitliche Programmrichtlinien als sinnvoll an. In Deutschland fordern die privaten Sender und die Landesmedienanstalten die einheitliche Inhaltskontrolle. Dagegen lehnen die öffentlichen Sender diese weitgehend ab.

Weitere regulatorische Aufgaben umfassen die Lizenzierung, Konzentrationskontrolle sowie die Überwachung des öffentlichen Auftrags, also in Deutschland des Verfassungsauftrags. Die ersten beiden betreffen nur private Sender. Eine Überwachung des öffentlichen Auftrags durch eine externe Behörde wird sowohl in Großbritannien als auch in Australien überwiegend abgelehnt bzw. für wenig sinnvoll erachtet. Da die öffentlichen Sender dem Gesetz oder, wie in England, faktisch direkt dem Parlament verantwortlich sind, wird die zusätzliche Überwachung durch eine Behörde als nicht notwendig erachtet. Zudem bestehe bei den öffentlichen Anbietern nicht dasselbe Spannungsfeld zwischen Gewinnstreben und Lizenzauflagen, das eine Überwachung durch eine Behörde erforderlich machte. Dies gilt für Deutschland jedoch nur bedingt, da hier die öffentlichen Sender, im Gegensatz zu Großbritannien und Australien, auch am Werbemarkt aktiv sind. So wird die Notwendigkeit einer einheitlichen Kontrolle gerade mit dem Beispiel des Sponsorings begründet. Die öffentlich-rechtlichen Sender senden Sponsoring-Beiträge auch nach der 20.00 Uhr-Werbegrenze, eine Auslegung des Sponsoring-Begriffs, die viele Landesmedienanstalten für private Anbieter nicht akzeptieren würden. Hier werden die Probleme der getrennten Regulierung von öffentlichen und privaten Sendern deutlich. Dies kann dazu führen, daß Anbieter, die auf denselben Märkten konkurrieren, mit unterschiedlichen Rahmenbedingungen agieren können.

> *In den angelsächsischen Ländern erfolgt die Überwachung der Gesellschaftsverträglichkeit der Programminhalte auch bei privaten Veranstaltern zunehmend über den Mechanismus der Selbstkontrolle. Dies erscheint als ein vielversprechender Regulierungsansatz für die Inhaltskontrolle in der digitalen Fernsehwelt – insbesondere zur Überwachung der Jugendschutzbestimmungen und inhaltlicher Werbeauflagen.*

Die in den angelsächsischen Ländern übliche Selbstkontrolle privater Veranstalter wird dort als sinnvoller Weg gesehen, die zu erwartende Medienvielfalt zu beherrschen. Bereits heute stellen die Aufsichtsbehörden fest, daß eine Kontrolle des ständig zunehmenden TV-Angebots vor Ausstrahlung praktisch nicht mehr möglich ist. Die ITC verzichtet bereits seit einiger Zeit auf die früher übliche Ex-ante-Genehmigung der Sendepläne von ITV. Im Bereich der Satelliten- und Kabelanbieter wird sie nur aufgrund von Beschwerden der Zuschauer aktiv.

Es stellt sich die grundsätzliche Frage, durch welche Mechanismen die Gesellschaftsverträglichkeit der angebotenen Inhalte sichergestellt werden kann. Dabei geht es um Jugendschutzauflagen (Gewalt, Pornographie), Schutz der Persönlichkeit und seriöse Berichterstattung. Eine aussichtsreiche Möglichkeit bietet die Selbstkontrolle der Anbieter, wobei sich das ausgefeilteste System der analysierten Länder in Australien findet.

Dort wird die Regulierungsbehörde ABA bei Fragen zu Jugendschutz, Gewalt und Pornographie nur als zweite Instanz aktiv. Die eigentliche Kontrolle der Inhalte geschieht innerhalb eines Selbstkontrollprozesses der Sender. Die Grundlage dafür bilden Programmstandards (*program codex*), die von den Sendern selbständig unter Einbindung der Öffentlichkeit erstellt werden. Die Federation of Australian Commercial Television Stations (FACTS) stimmt die Programmstandards mit den Sendern und der ABA ab. Die Öffentlichkeit wird dabei über beratende Councils mit einbezogen. Die ABA übernimmt lediglich die Prüfung, Genehmigung und ggf. Anpassung dieser Richtlinien. Entsprechend hoch ist die Akzeptanz bei den privaten Sendern. Deren Richtlinien werden alle drei Jahre auf Anpassungsbedarf hin überprüft.

Abbildung 9: Selbstregulierungsmechanismen in Australien

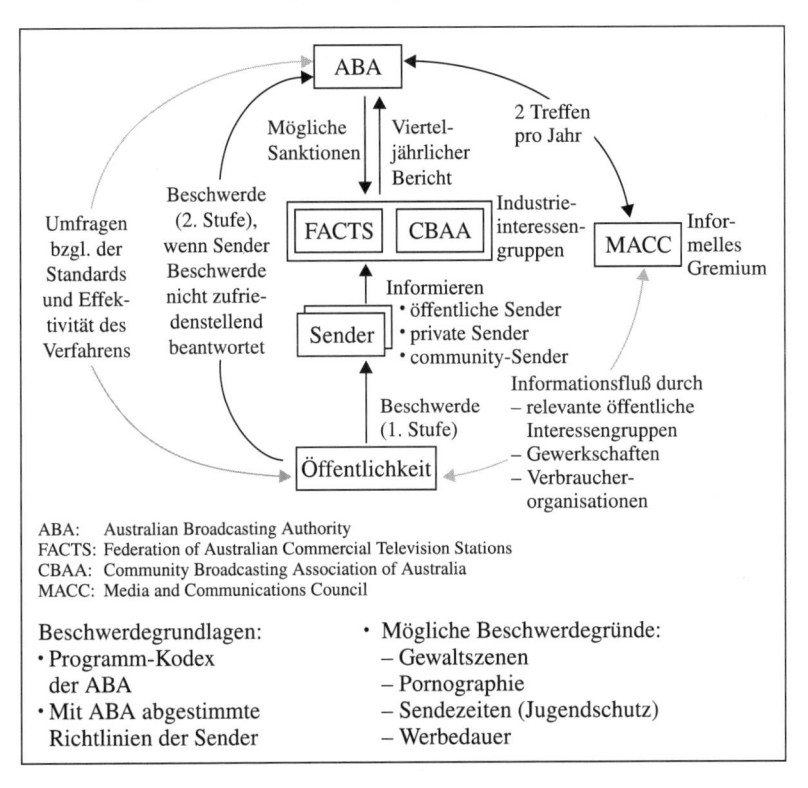

```
                              ┌─────► ABA ◄──┐
                              │      ▲        │
                    Mögliche  │  Viertel-    2 Treffen
                    Sanktionen│  jährlicher  pro Jahr
                              │  Bericht
          Beschwerde          ▼              Industrie-
Umfragen  (2. Stufe),    ┌─────┬──────┐      interessen-        Infor-
bzgl. der wenn Sender    │FACTS│ CBAA │      gruppen    MACC    melles
Standards Beschwerde     └─────┴──────┘                         Gremium
und Effek-nicht zufrie-       ▲      Informieren
tivität des denstellend   ┌───────┐  • öffentliche Sender
Verfahrens beantwortet    │Sender │  • private Sender
                          └───────┘  • community-Sender
                              ▲      Informationsfluß durch
                          Beschwerde  – relevante öffentliche
                          (1. Stufe)    Interessengruppen
                              ▼       – Gewerkschaften
                       ┌────────────┐ – Verbraucher-
                       │Öffentlichkeit│  organisationen
                       └────────────┘
```

ABA: Australian Broadcasting Authority
FACTS: Federation of Australian Commercial Television Stations
CBAA: Community Broadcasting Association of Australia
MACC: Media and Communications Council

Beschwerdegrundlagen:
• Programm-Kodex
  der ABA
• Mit ABA abgestimmte
  Richtlinien der Sender

• Mögliche Beschwerdegründe:
  – Gewaltszenen
  – Pornographie
  – Sendezeiten (Jugendschutz)
  – Werbedauer

Beschwerden des Publikums bearbeitet zunächst der Sender selbst (siehe Abbildung 9). Erst bei einer Eskalation wird die ABA tätig, falls eine Beschwerde von einem Sender nicht oder nicht befriedigend beantwortet wird. Der Behörde stehen verschiedene Sanktionsmöglichkeiten zur Verfügung, um die Einhaltung der Programmstandards zu gewährleisten. Dieses Verfahren entlastet die ABA, die mit 140 Mitarbeitern den gesamten TV-Sektor beaufsichtigt, und fördert die publizistische Verantwortung an der Basis. Von den Sendern wird der hierdurch etablierte Kontakt zu den Zuschauern als Vorteil empfunden.

In Australien werden die Ergebnisse dieses Regulierungsmodells allgemein als positiv betrachtet. Jedoch überläßt man den Markt nicht vollständig der Selbstkontrolle. Vielmehr wird eine Selbstkontrolle als Mittel genutzt, um gesellschaftsverträgliche Programminhalte sicherzustellen. Dazu zählen Jugendschutzauflagen (Gewalt, Pornogaphie), Schutz der Persönlichkeit und seriöse Berichterstattung. Die Realisierung darüber hinausgehender gesellschaftlicher Ziele wird dagegen nicht von den Unternehmen selbst überwacht. Diese Ziele werden in Australien durch Quoten für australischen Inhalt und Kinderprogramme definiert und unterliegen der Kontrolle durch die ABA. Überzeugt ist man aber davon, mit der Selbstkontrolle auf Basis von vereinbarten Standards ein Modell gefunden zu haben, das auch in Zukunft Bestand haben wird. Insbesondere schlägt die ABA dieses Modell auch für die Regulierung von Online-Inhalten vor. Dieser Vorschlag ist international, sowohl in Europa als auch in den USA, auf positive Resonanz gestoßen.

6. Finanzierung

Deutschland hat im Vergleich der betrachteten Länder den höchsten Anteil öffentlicher Finanzierung an den Gesamteinnahmen des Fernsehsystems.

Abbildung 10 zeigt die Aufteilung der Gesamteinnahmen der Fernsehsysteme nach den Einnahmequellen
- öffentliche Mittel (Steuern, Gebühren, öffentliche Zuschüsse),
- Werbung,
- Pay-TV-Abonnements,
- sonstiges wie beispielsweise Einnahmen aus Programmverkäufen und Merchandising.

Fernsehsysteme im internationalen Vergleich

Abbildung 10: Aufteilung der Gesamteinnahmen der Fernsehsysteme[1] 1995 (in Mrd. US$[2], in Prozent des Bruttosozialproduktes)

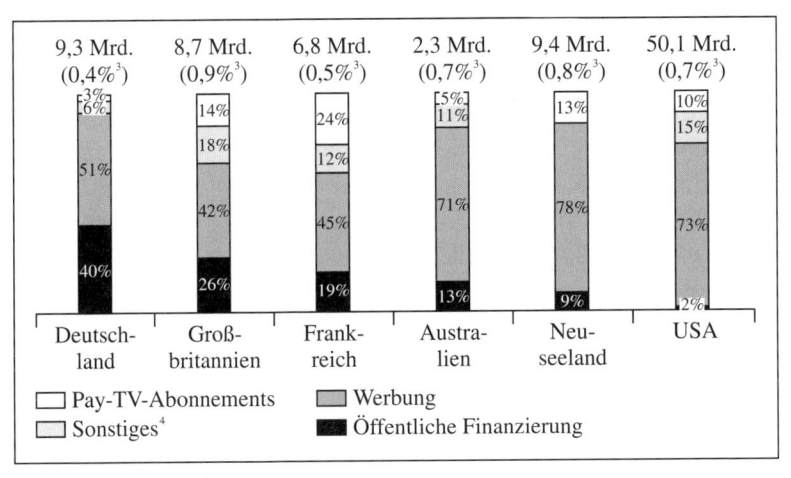

9,3 Mrd. (0,4%[3])	8,7 Mrd. (0,9%[3])	6,8 Mrd. (0,5%[3])	2,3 Mrd. (0,7%[3])	9,4 Mrd. (0,8%[3])	50,1 Mrd. (0,7%[3])
3%/6%	14%	24%	5%/11%	13%	10%/15%
51%	18%	12%	45%	78%	73%
	42%		71%		
40%	26%	19%	13%	9%	2%
Deutschland	Großbritannien	Frankreich	Australien	Neuseeland	USA

☐ Pay-TV-Abonnements   ☐ Werbung
☐ Sonstiges[4]   ■ Öffentliche Finanzierung

[1] Einnahmen aller Fernsehveranstalter
[2] Umrechnung auf Basis der Wechselkurse Jahresmitte 1995
[3] In Prozent des Bruttosozialproduktes
[4] Sonstiges: Programmverkäufe, Merchandising etc.
Quellen: Jahresberichte der Veranstalter, Baskerville, Kagan World Media, TV International Sourcebook, European Audiovisual Observatory, Columbia Institute for Tele-Information, BA&H-Analyse

Aufgrund der Datenlage wurde 1995 als Vergleichsjahr zugrunde gelegt. Eine Zeitreihenanalyse ergab, daß sich in den letzten Jahren zwischen den Ländern keine dramatischen Veränderungen ergaben. Zwei Ergebnisse stechen hervor: Zum einen weist Deutschland mit 40 Prozent den mit Abstand höchsten Anteil an öffentlicher Finanzierung auf, zum anderen sind die Einnahmen des Fernsehsystems mit 0,4 Prozent Anteil am Bruttosozialprodukt insgesamt sehr niedrig. Nimmt man Länder wie die USA (0,7 Prozent) und Großbritannien (0,9 Prozent) zum Vergleich, so bestehen in Deutschland noch erhebliche Wachstumspotentiale vor allem für kommerzielle Fernsehanbieter.

Es werden darüber hinaus weitere beachtliche Unterschiede zwischen den Fernsehsystemen deutlich: Großbritannien etwa hebt sich dadurch ab, daß 18 Prozent der Einnahmen aus sonstigen kommerziellen Aktivitäten der Veranstalter stammen. Ein großer Teil hiervon sind Programmverkäufe, die den großen englischsprachigen Absatzmarkt bedienen. In Frankreich macht das Pay-TV knapp ein Viertel der Gesamteinnahmen aus und liegt in seiner Bedeutung bereits über den öffentlichen Geldern. Dies ist auf die starke Position von Canal Plus zurückzuführen, dem finanzstärksten französischen Fernsehanbieter. Seine Abonnementeinnahmen lagen 1995 bei 1,6 Mrd. US$. Der öffentliche Finanzierungsanteil von 2 Prozent öffentlicher Mittel an den Gesamteinnahmen in den USA veranschaulicht, daß öffentliches Fernsehen dort lediglich eine Nischenrolle einnimmt.

Es läßt sich kein präferiertes Modell für die Erhebung und Verteilung der öffentlichen Gelder ableiten. Die unterschiedlichen etablierten Systeme funktionieren und werden akzeptiert.

Die öffentlichen Gelder, die in die Fernsehsysteme fließen, werden über unterschiedliche Mechanismen erhoben und verteilt. In Australien wird das Fernsehen direkt durch den Staatshaushalt, in allen anderen Ländern über eine Gebühr finanziert. Diese wird zum Teil durch separate Behörden (z.B. Gebühreneinzugszentrale – GEZ) oder durch die Sender selbst (z.B. BBC) erhoben. In Frankreich werden mögliche Defizite der öffentlichen Sender zusätzlich aus dem Staatshaushalt ausgeglichen. Es läßt sich jedoch kein generell präferiertes Modell ableiten. Die verschiedenen Systeme zeigen Vor- und Nachteile. In den jeweiligen Ländern funktionieren sie jedoch allgemein gut und werden akzeptiert.

In Australien wurde 1974 von einer Gebühren- auf eine Steuerfinanzierung umgestellt, um die Erhebungskosten einzusparen. Eine damit oft in Zusammenhang gebrachte höhere politische Einflußnahme wird in Australien kaum problematisiert. Umgekehrt sieht man einen gewissen Vorteil in der parlamentarischen Kontrolle, die verhindert, daß sich die Sender zu weit von der Allgemeinheit entfernen. Das größte Problem der Steuerfinanzierung wird in der Planungsunsicherheit bei Budgetkürzungen gesehen. Eine Drei-Jahres-Planung soll in Zukunft mehr finanzielle Sicherheit für die öffentlichen Sender schaffen. Abgesehen davon ist die Steuerfinanzierung von allen Beteiligten akzeptiert und soll beibehalten werden.

In Großbritannien kommen die Gebühren ohne Zwischenschritt an ihren Bestimmungsort. Des weiteren schafft die Erhebung durch die BBC eine enge Bindung zwischen Sender und Publikum. Diese Erhebungsart ist jedoch nur bei einem einzigen gebührenfinanzierten öffentlichen Sender möglich. 1986 wurden im Peacock-Report mögliche Änderungen der Gebührenfinanzierung geprüft. Man beschloß eine Kopplung der Gebühr an die Inflationsrate, um Gebührenerhöhungen zu limitieren. Auch in Deutschland, Frankreich und Neuseeland ist der gegenwärtige Modus der Gebührenerhebung nicht ernsthaft umstritten. Einzig beim Anfang der 1990er Jahre eingeführten System Neuseelands denkt man darüber nach, die Gebühren wieder direkt einem öffentlichen Sender zukommen zu lassen.

Auch für die Steuerung der Verteilung öffentlicher Gelder existieren verschiedene Mechanismen. In Frankreich und Australien wird der Finanzierungsrahmen in den Haushaltsdebatten festgelegt. In Neuseeland verteilt NZonAir die Gebühren für Programme mit *public service* Charakter an Kooperationen von Produzenten und Sendern. Die KEF übernimmt in Deutschland die Zuständigkeit für die Verteilung der öffentlichen Fernsehgelder. Zusätzlich ermittelt die GEZ einen Regionalschlüssel, nach dem die Finanzierungspläne aufgestellt und dann in den einzelnen Länderparlamenten genehmigt werden.

Öffentliche Gelder werden überwiegend in drei Bereichen der Wertschöpfungskette eingesetzt:
– Produktion von Programmen,
– Programmgestaltung,
– technische Übertragung.

NZonAir unterstützt direkt Produzenten von Programmen mit *public service* Charakter. Des weiteren gehen 9 Prozent ihrer Einnahmen in den Bau von Sendeanlagen in abgelegenen Gebieten. In den anderen Ländern wird mit über 90 Prozent der Großteil der öffentlichen Gelder hauptsächlich für die Programmgestaltung öffentlicher Sender vergeben. In Großbritannien und Australien stehen den öffentlichen Geldern zur Finanzierung des Fernsehsystems zum Teil erhebliche Lizenzeinnahmen gegenüber. Das heißt, der Staatshaushalt wird netto weniger stark belastet. Die ITC in Großbritannien nahm 1996 Lizenzgebühren ein, die einem Viertel der Gebühreneinnahmen entsprachen. In Australien entsprechen die Lizenzeinnahmen sogar fast 50 Prozent der öffentlichen Gelder. Zusätzlich werden in Großbritannien, Australien und Neuseeland neue Lizenzen nach Höchstangebot vergeben. In Deutschland dagegen werden Lizenzabgaben als mögliche Einnahme des Staates nicht genutzt.

Der internationale Vergleich sowie die bisherige Entwicklung in Deutschland lassen erwarten, daß der Finanzbedarf öffentlicher Veranstalter ohne Gegenmaßnahmen in Zukunft weiter deutlich ansteigen wird.

Die öffentliche Finanzierung des Fernsehsystems in Deutschland verdoppelte sich von 2,8 Mrd. DM im Jahr 1985 auf 5,4 Mrd. DM im Jahr 1995. Der wesentliche Grund dafür sind die gestiegenen Kosten im Fernsehbereich, insbesondere der Rechte an Spielfilmen und Sportereignissen. RTL weist aus, daß sich die Minutenkosten für Spielfilmrechte allein von 1991 bis 1996 verdoppelt haben. Die Kosten für Sportrechte haben sich im gleichen Zeitraum sogar vervierfacht. Des weiteren treibt der zunehmende Wettbewerb die Gehälter für kreatives Schlüsselpersonal in die Höhe. Der Kostenanstieg im Fernsehbereich wird nach überwiegender Expertenmeinung möglicherweise etwas abflachen, aber immer noch deutlich über der allgemeinen Teuerungsrate liegen. Zudem muß der Einstieg in die digitale Technologie finanziert werden. Die prinzipiell mögliche Erhöhung der Fernsehgebühren ist in allen Vergleichsländern politisch immer schwieriger durchsetzbar.

Sponsoring und Spenden erscheinen als zusätzliche Einnahmequelle für öffentliches Fernsehen nur bedingt geeignet.

Abbildung 11 zeigt die Finanzierungsstruktur der wichtigsten öffentlichen TV-Veranstalter. Erwartungsgemäß hat die öffentliche Finanzierung den größten Anteil. Doch die öffentlichen Veranstalter haben zum Teil erhebliche zusätzliche Einnahmequellen erschlossen. Das öffentliche Fernsehen in den USA (CPB) finanziert sich zu etwa einem Drittel aus Spenden und Sponsoring, also aus Einnahmequellen, die in den anderen Ländern nicht genutzt werden. Neben den möglichen Problemen, die durch Abhängigkeiten von den Sponsoren entstehen können, weist diese Finanzierungsart weitere Nachteile auf. Die Einkünfte sind sehr schwer planbar und auf kurze Zeiträume beschränkt. Das öffentliche Fernsehen in den USA zeichnet sich daher durch eine hohe finanzielle Unsicherheit aus. Als Folge müssen lokale öffentliche Fernsehanstalten einen nicht unerheblichen Zeitaufwand in Marketingaktionen investieren, um ihre Spendeneinkünfte kontinuierlich zu sichern.

Abbildung 11: Finanzierungsstruktur der wichtigsten öffentlichen TV-Veranstalter 1995 (in Mrd. US$[1])

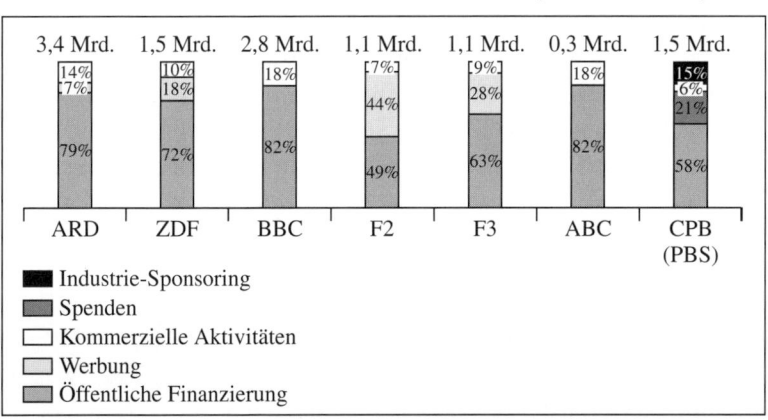

	ARD	ZDF	BBC	F2	F3	ABC	CPB (PBS)
Gesamt	3,4 Mrd.	1,5 Mrd.	2,8 Mrd.	1,1 Mrd.	1,1 Mrd.	0,3 Mrd.	1,5 Mrd.
Industrie-Sponsoring	14%	10%		7%	9%		15%
Spenden	7%						6%
Kommerzielle Aktivitäten		18%	18%			18%	21%
Werbung				44%	28%		
Öffentliche Finanzierung	79%	72%	82%	49%	63%	82%	58%

■ Industrie-Sponsoring
■ Spenden
□ Kommerzielle Aktivitäten
□ Werbung
■ Öffentliche Finanzierung

[1] Umrechnung auf Basis der Wechselkurse Jahresmitte 1995
Quellen: Jahresberichte der Veranstalter, European Audiovisual Observatory, Baskerville Communications, CPB Annual Report

Klaus Mattern, Thomas Künstner

Eine Erhöhung des Werbeanteils an der Finanzierung öffentlicher Veranstalter wird in den betrachteten Ländern überwiegend abgelehnt.

Je höher die Zuschauerquote eines Senders liegt, desto höher sind auch seine Werbeeinnahmen. Durch eine starke Quotenorientierung sind allerdings negative Auswirkungen auf das Programm der öffentlichen Veranstalter zu befürchten. Wie aus Abbildung 12 ersichtlich, führt ein hoher Werbeanteil in der Finanzierung öffentlicher Anbieter tendenziell zu Konvergenzen im Programmangebot zwischen öffentlichen und privaten Anbietern.

Eine Mischfinanzierung für öffentliche Sender wird von vielen Gesprächspartnern abgelehnt. In Großbritannien und Australien besteht ein breiter Konsens, an der Werbefreiheit von BBC und ABC festzuhalten. Nach Ansicht des privaten Anbieters TF 1 in Frankreich führt der hohe Werbeanteil der öffentlichen französischen Veranstalter zu einer Wettbewerbsverzerrung im Werbemarkt. TF 1 reichte aus diesem Grund eine Beschwerde beim Europäischen Gerichtshof gegen France 2 ein.

In Frankreich wird von mehreren Experten die Meinung vertreten, daß der Anteil der Werbefinanzierung eines öffentlichen Veranstalters 30 Prozent der Finanzierung nicht überschreiten sollte. Bei einem höheren Anteil verliere ein Veranstalter seinen öffentlichen Charakter. Eine begrenzte Mischfinanzierung wird in Frankreich jedoch nicht generell abgelehnt, da sie sich positiv auf die Publikumswirksamkeit und somit auch auf die Erfüllung der Integrationsfunktion auswirkt.

Bei einer Ausweitung der kommerziellen Aktivitäten (z.B. Pay-TV) besteht die Gefahr, daß öffentliche Veranstalter ihr Profil als öffentliche Dienstleister verlieren.

Öffentliche Veranstalter versuchen zunehmend, über verschiedene kommerzielle Aktivitäten zusätzliche Einnahmen zu erzielen. Die BBC erwirtschaftet bereits 15 Prozent ihrer Gesamteinnahmen

Fernsehsysteme im internationalen Vergleich

Abbildung 12: Finanzierungsstruktur öffentlicher Veranstalter und Programmangebot (1995)

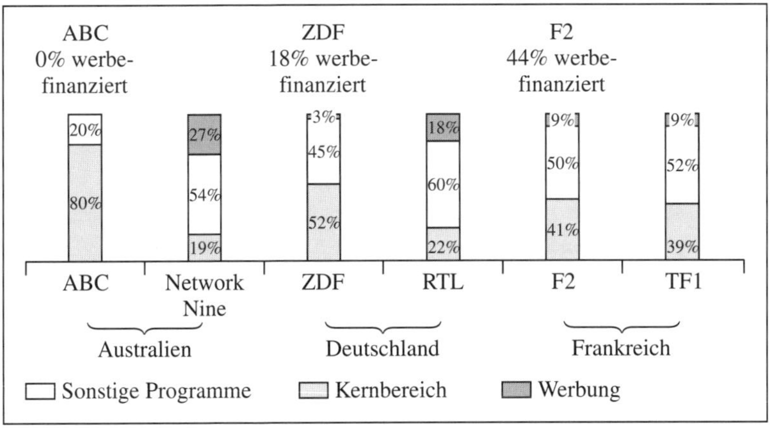

ABC 0% werbe- finanziert		ZDF 18% werbe- finanziert		F2 44% werbe- finanziert	
20% 80%	27% 54% 19%	3% 45% 52%	18% 60% 22%	9% 50% 41%	9% 52% 39%
ABC	Network Nine	ZDF	RTL	F2	TF1
Australien		Deutschland		Frankreich	

☐ Sonstige Programme ☐ Kernbereich ■ Werbung

Quellen: European Audiovisual Observatory, Documentation Française, BA&H-Analyse

durch ihre kommerzielle Tochter BBC Worldwide. Das Hauptprogramm der BBC wird teilweise durch diese Einnahmen mitfinanziert. In Australien versuchte ABC, über ein Joint Venture mit Fairfax in den Pay-TV-Markt einzusteigen. Dieser Versuch scheiterte jedoch. SBS ist bereits mit »World Movies« in einem Pay-TV-Bouquet vertreten. Zusätzlich bietet SBS seine Kompetenz bei der Untertitelung internationaler Fernsehfilme kommerziell an. Das ZDF verdient 10 Prozent seiner Einnahmen mit Programmverkäufen – wie beispielsweise der Derrick-Reihe – ins Ausland. Die kommerziellen Aktivitäten der Veranstalter sollen die finanzielle Unabhängigkeit erhöhen und den Staatshaushalt bzw. den Gebührenzahler entlasten. Dies darf jedoch nicht das Profil des öffentlichen Dienstleisters gefährden. Die KEF weist in ihrem Bericht darauf hin, daß bei kommerziellen Aktivitäten und Kooperationen, die grundsätzlich gutgeheißen werden, der öffentliche Auftrag berücksichtigt werden muß.

Klaus Mattern, Thomas Künstner

7. Kosten und Effizienz

Effizienzvergleiche zwischen den Fernsehsystemen verschiedener Länder sind grundsätzlich problematisch. In Neuseeland produziert

Abbildung 13: Durchschnittliche Gesamtkosten pro Sendeminute 1995 (in US$[1])

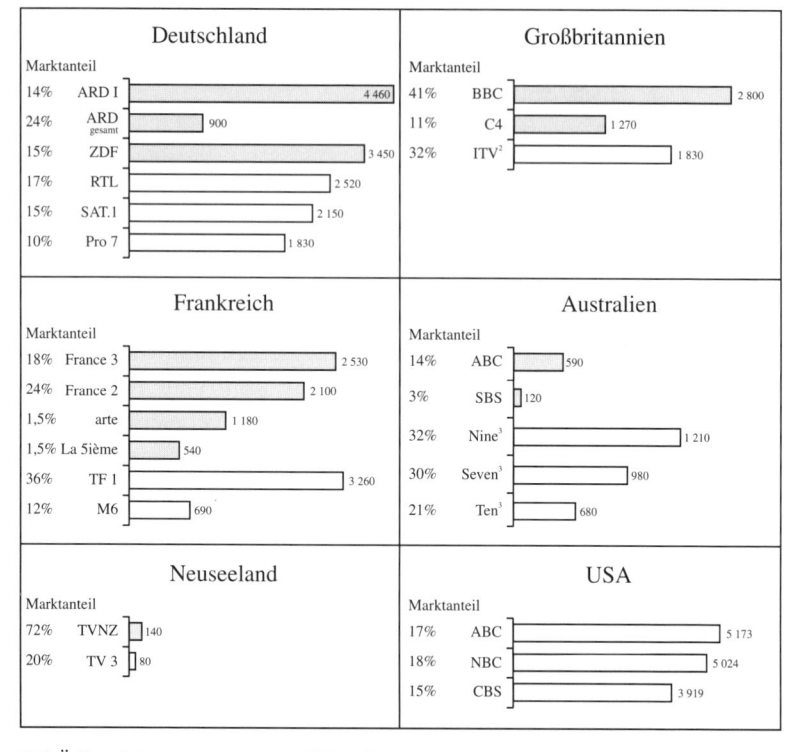

Deutschland			Großbritannien		
Marktanteil			Marktanteil		
14%	ARD I	4 460	41%	BBC	2 800
24%	ARD gesamt	900	11%	C4	1 270
15%	ZDF	3 450	32%	ITV[2]	1 830
17%	RTL	2 520			
15%	SAT.1	2 150			
10%	Pro 7	1 830			

Frankreich			Australien		
Marktanteil			Marktanteil		
18%	France 3	2 530	14%	ABC	590
24%	France 2	2 100	3%	SBS	120
1,5%	arte	1 180	32%	Nine[3]	1 210
1,5%	La 5ième	540	30%	Seven[3]	980
36%	TF 1	3 260	21%	Ten[3]	680
12%	M6	690			

Neuseeland			USA		
Marktanteil			Marktanteil		
72%	TVNZ	140	17%	ABC	5 173
20%	TV 3	80	18%	NBC	5 024
			15%	CBS	3 919

▢ Öffentliche Veranstalter ▣ Private Veranstalter

[1] Umrechnung auf Basis von Wechselkursen Jahresmitte 1995
[2] Die vom zentralen ITV Network ausgestrahlten Stunden werden bei der Berechnung nur einmal, d.h. nicht für jede Region gesondert, berücksichtigt
[3] Network Nine; Network Seven; Network Ten

Quellen: Jahresberichte der Veranstalter, European Audiovisual Observatory, ITC Annual Report, Kagan World Media

der Veranstalter TV 3 sein Programm etwa für 80 US$ pro Minute. NBC gibt über 5000 US$ für eine Programminute aus (siehe Abbildung 13).

Eine solche Varianz ist natürlich nicht mit Effizienzunterschieden zu erklären. Wettbewerb zwischen Anbietern etwa ist ein wesentlicher Kostenfaktor.

Ein privater Fernsehveranstalter versucht grundsätzlich, ein massenattraktives Programm anzubieten, um einen möglichst hohen Marktanteil zu erzielen. Für die Erstellung des Programms existieren zwei Möglichkeiten: Programme können auf dem nationalen und internationalen Markt eingekauft oder selbst produziert werden. Im ersten Fall müssen die entsprechenden Rechte erworben werden. Bei Eigenproduktionen ist es erforderlich, kreatives Talent, also beispielsweise Moderatoren, Schauspieler oder Regisseure, zu verpflichten. In allen analysierten Ländern stehen die privaten Veranstalter bei beiden Optionen nicht nur im Wettbewerb untereinander, sondern sie müssen auch mit öffentlichen Anbietern konkurrieren. Besonders intensiv werden natürlich Rechte bzw. Talente nachgefragt, die hohe Einschaltquoten versprechen.

Dieser Wettbewerb treibt die Kosten der Sender in die Nähe ihrer Einnahmepotentiale. Denn vereinfacht ausgedrückt, gibt ein Sender soviel für sein Programm aus, »wie er sich leisten kann«. Private Sender mit hohen Marktanteilen verfügen über ein hohes Einnahmepotential. Diese Sender können daher auch eher attraktive, also teure Inhalte – beispielsweise die Rechte an Spielfilmen oder Sportereignissen – kaufen. Folglich liegen ihre Kosten in der Regel höher als die Kosten von Sendern mit geringen Marktanteilen (siehe Abbildung 13). Für öffentliche Sender gilt ein ähnlicher Zusammenhang. Die finanzielle Ausstattung öffentlicher Sender bestimmt in gewissem Umfang ihre Möglichkeiten, Marktanteile zu erlangen. So erreichen öffentliche Sender, die über eher geringe Budgets verfügen, auch nur geringe Marktanteile (z. B. SBS in Australien oder La Cinquième in Frankreich – siehe Abbildung 13).

Geht man davon aus, daß die Kosten, einen bestimmten Marktanteil zu erlangen bzw. zu verteidigen, in einem Markt für öffentliche und private Veranstalter gleich hoch sind, läßt sich in einer vereinfachten Betrachtung ein Gesamt-Effizienzmaß für öffentliche Veranstalter ableiten: Ein öffentlicher Veranstalter, der den gleichen Marktanteil wie ein privater Veranstalter aufweist, muß unter dieser Annahme zu vergleichbaren Kosten produzieren.

Die öffentlichen Veranstalter sind unter Berücksichtigung der jeweiligen Marktanteile weniger effizient als private Anbieter (Ausnahme F2 in Frankreich). Die deutschen Anbieter weisen die ungünstigste relative Kostenposition gegenüber dem jeweils stärksten privaten Anbieter innerhalb der Vergleichsländer auf (1995).

Abbildung 14 vergleicht die relativen Kosten und Marktpositionen öffentlicher Anbieter in bezug auf den jeweils stärksten privaten Anbieter. Zwei Punkte werden hierbei deutlich:
- Öffentliche Veranstalter produzieren in allen Ländern nach diesem Kriterium weniger effizient als private Anbieter.
- Die öffentlich-rechtlichen Veranstalter in Deutschland haben die ungünstigste Kostenposition im Ländervergleich.

Selbstverständlich ist die Steigerung des Marktanteils nur eines von unterschiedlichen Zielen, die öffentliche Veranstalter verfolgen. Sie sollen ja gerade ein Programm anbieten, das Ziele jenseits hoher Quoten verfolgt.

Die Kosten pro Sendeminute für die Programmsparten aus dem Kernbereich sind gegenüber den anderen Sparten vergleichsweise gering.

Ein möglicher Grund für die höheren Kosten öffentlicher Veranstalter könnte der Schwerpunkt bei Programmen mit besonderem gesellschaftlichem Interesse sein. Abbildung 15 zeigt jedoch, daß bei öffentlichen Veranstaltern Programme in dieser Kategorie niedrigere Kosten pro Sendeminute verursachen als z.B. *fiction*, Sport und Unterhaltung.

In letzter Zeit haben sich insbesondere Spielfilme und Sportsen-

Abbildung 14: Verhältnis von relativer Kostenposition zu relativem Marktanteil öffentlicher Veranstalter 1995

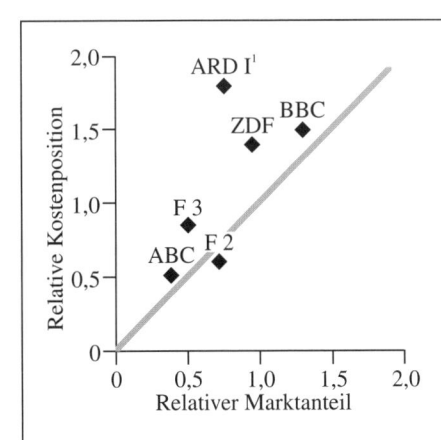

Legende
Relativer Marktanteil:
Marktanteil des öffentlichen Veranstalters, bezogen auf den Marktanteil des jeweils stärksten privaten Anbieters (gleicher Marktanteil entspricht 1,0)
Relative Kostenposition:
Durchschnittliche Kosten des öffentlichen Veranstalters pro Sendeminute, bezogen auf die durchschnittlichen Kosten pro Sendeminute des jeweils stärksten privaten Anbieters (gleiche Kosten entsprechen 1,0)
Liste der Bezugsgrößen (private Anbieter):
Deutschland (ARD, ZDF): RTL
Großbritannien (BBC): ITV
Frankreich (F 2, F 3): TF 1
Australien (ABC): Network Nine

[1] Vergleich landesweiter Programme, ARD III nicht einbezogen
Quellen: Jahresberichte der Sender, European Audiovisual Observatory, ITC Annual Report, Kagan World Media, BA&H-Analyse

dungen stark verteuert. Dies liegt an den steigenden Rechtekosten. Für die Zukunft ist damit zu rechnen, daß diese weiter ansteigen. Die Kosten im Bereich Information sind hingegen weitgehend stabil. Kosten des öffentlichen Fernsehens ließen sich also insbesondere durch eine Fokussierung auf den Bereich der Programme von besonderem gesellschaftlichem Interesse eingrenzen.

Abbildung 15: Kosten pro Sendeminute für unterschiedliche Sparten 1995/96 (in US$ [1])

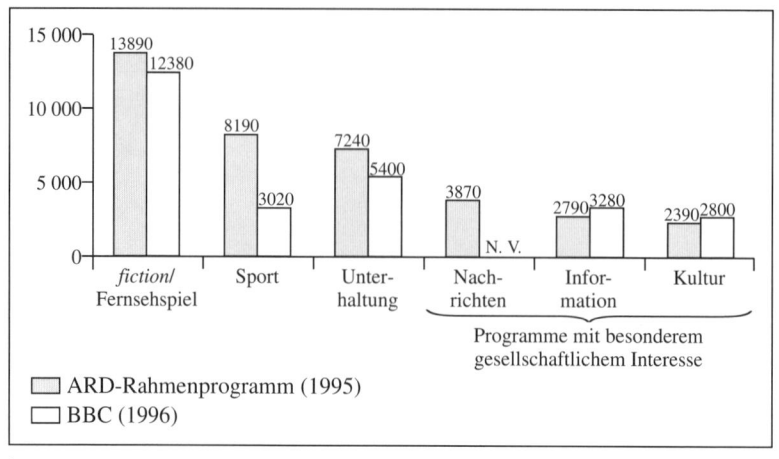

```
15 000 ┐ 13890
       │ │ 12380
10 000 ┤ │ │        8190
       │ │ │         │   7240
       │ │ │         │    │ 5400
 5 000 ┤ │ │         │    │ │           3870
       │ │ │         │ 3020│ │                        2790 3280
     0 ┤ │ │         │  │  │ │           │  N.V.        │  │       2390 2800
         fiction/     Sport    Unter-    Nach-        Infor-      Kultur
         Fernsehspiel          haltung   richten      mation
                                         _____/
                                         Programme mit besonderem
                                         gesellschaftlichem Interesse
```

☐ ARD-Rahmenprogramm (1995)
☐ BBC (1996)

[1] Umrechnung auf Basis von Wechselkursen Jahresmitte 1995
Quellen: ARD Jahresbericht, BBC Jahresbericht, RTL Jahresbericht, BA&H-Analyse

Maßnahmenprogramme zur Kostensenkung öffentlicher Veranstalter erfordern in der Regel eine konsequente Ausrichtung auf die »public service mission« – folglich werden diese Programme häufig von einer Diskussion um den Kern der »public service mission« begleitet.

Mit dem Broadcasting Act von 1990 wurde die Entwicklung der Rundfunkgebühren in Großbritannien an die Inflationsrate gekoppelt. Dies zwang die BBC gezielt zu Kostensenkungsprogrammen. Es wurde bewußt in Kauf genommen, daß die Kostensteigerungen, die im Fernsehbereich oberhalb der Inflationsrate lagen, nicht durch die Gebühren abgedeckt werden konnten. Hierdurch sollte nicht nur eine Effizienzsteigerung der bestehenden Aktivitäten erreicht werden. Vielmehr war es das erklärte Ziel, die Aktivitäten auf den Kern der *public service mission* auszurichten, den wir bisher als Kernbereich bezeichnet haben. Der Peacock Report, der von der Thatcher-Regierung in Auftrag gegeben wurde, kam zu dem Ergebnis, daß der öffentliche Auftrag durch Gebührenfinanzierung besser verwirklicht werden kann als durch Werbefinanzierung. Die Finanzierung durch die öffentliche Hand erfordert jedoch nach Auffassung der Autoren, sich auf den öffentlichen Auftrag zu konzentrieren und andere Sendeaktivitäten zu reduzieren. Durch die eingeleiteten umfassenden Restrukturierungsmaßnahmen hat die BBC bislang schon bedeutende Kostensenkungen erzielen können.

Australien durchläuft gerade einen ähnlichen Prozeß. Ausgehend von einer geplanten Kürzung des Budgets der ABC um 10 Prozent gab die australische Regierung 1996 den sogenannten Mansfield Report in Auftrag. Dieser sollte Einsparmöglichkeiten bei der ABC aufzeigen. Im Rahmen dieser Restrukturierungsüberlegungen spielte die Definition der *public service mission* eine wichtige Rolle. Der ABC wird in dem Report empfohlen, sich auf Kernbereiche eines öffentlichen Programmanbieters zu konzentrieren. Genannt werden insbesondere Kultur-, Informations-, Nachrichten- sowie Kinder- und Jugendsendungen. Diese Fokussierung soll in einer neuformulierten Charta festgehalten werden, in der die *public service mission* genauer umrissen wird.

Auch in Deutschland werden Anstrengungen unternommen, die Effizienz öffentlich-rechtlicher Veranstalter zu steigern. Die KEF beurteilt kontinuierlich die bestehenden Rationalisierungsprogramme der öffentlich-rechtlichen Anbieter und regt weitergehende Maßnahmen an. Sie schlägt ein Kennzahlensystem vor, um diese Maßnahmen detailliert bewerten zu können. Besonderer Wert wird auf Synergien innerhalb der ARD sowie zwischen ARD und ZDF gelegt. Dazu zählen insbesondere in Kooperation durchgeführte Produktionen sowie gemeinsam genutzte Einrichtungen. Große Potentiale werden in der Verbesserung der Produktionsabläufe gesehen. Dementsprechend ist das ZDF bereits dabei, ein Restrukturierungsprogramm durchzuführen. Die Konzentration der Aktivitäten auf die Kernbereiche eines öffentlichen Anbieters stand bisher jedoch nicht im Mittelpunkt der Diskussion.

8. Digitalisierung, Internet und deren Auswirkungen auf das Fernsehen

Durch die digitale Sendetechnik mit ihren Kompressionsmöglichkeiten erhöht sich die Anzahl der übertragbaren Programme. Auf Empfängerseite ist eine sogenannte *set top box* nötig, die die digitalen Signale in ein darstellbares Fernsehbild umwandelt. Digitale Signale können über alle gängigen Wege (Kabel, Satellit, terrestrisch) übertragen werden. Momentan wird Digital-TV hauptsächlich über Satellit und Kabel übertragen, da terrestrische Frequenzen durch analoge Anbieter belegt sind. Deutschland hat dabei mit einer Kabelpenetration von 48 Prozent sowie einer Satellitenpenetration von 31 Prozent der Haushalte eine günstige technische Ausgangslage für die rasche Einführung von Digital-TV.

Großbritannien nimmt im Moment in Europa eine Vorreiterrolle für die breite Einführung der neuen Technologie ein. Mitte 1998 soll mit sechs terrestrischen Multiplex-Lizenzen und per Satellit der Betrieb von Digital-TV aufgenommen werden. Das Konzept sieht die Umstellung des gesamten Fernsehsystems auf digitale Übertragung bis zum Jahr 2007 vor. Da das Frequenzspektrum effizienter genutzt wird, erlaubt dies den heutigen Veranstaltern, Zusatzangebote zu senden. Außerdem können die Frequenzen, die nicht mehr für die analoge TV-Übertragung benötigt werden, für Mobilfunk oder andere Telekommunikationsdienste genutzt werden.

Bezogen auf den realisierten Ausbau stehen die betrachteten Länder erst am Anfang der Digitalisierung. Mit Ausnahme von Neuseeland und Großbritannien sind jedoch überall erste digitale Dienstangebote am Markt. In Frankreich besteht eine große Konkurrenz zwischen Canal Satellite, dem digitalen Programmbouquet von Canal Plus, sowie TPS, das von der Allianz TF 1, CLT, M6, France Télécom, Lyonnaise Communications und France Télévision betrieben wird. In den USA werden bereits über Satelliten übertragene digitale Dienste erfolgreich vermarktet, die etwa 200 Fernsehprogramme umfassen. Mit Galaxy existiert in Australien ein digitales

Bouquet, in dem der öffentliche Veranstalter SBS mit dem Programm *World Movies* vertreten ist. In Deutschland werden momentan von DF1 und Premiere zwei digitale Bouquets vertrieben, die nun auch per Kabel ausgestrahlt werden. Eine Zusammenführung der Angebote ist geplant. Des weiteren soll es Simulcast-Ausstrahlungen von Free-TV-Anbietern, z. B. SAT.1, geben.

Es zeigt sich, daß die durch die digitale Technik geschaffene große Anzahl an Sendekanälen hauptsächlich als Pay-TV vermarktet wird. Angeboten wird das Abonnement eines Programms, das aus einer Vielzahl von Programmangeboten (Bouquet) besteht. Entscheidende Bedeutung für den kommerziellen Erfolg wird Spielfilmen und Sportsendungen zugesprochen. Insbesondere für diese Inhalte wird es zusätzliche Premium- und Pay-per-View-Angebote geben. Es wird erwartet, daß das gesamte Fernsehsystem auf über 100 Programme anwächst, darunter eine Vielzahl sogenannter Spartenangebote. Mittels eines elektronischen Programmführers (EPG) soll man seine Wunschsendung in der Angebotsvielfalt finden können.

Das öffentliche Fernsehen wird in der digitalen Fernsehwelt vor große Herausforderungen gestellt: Die zunehmende Abdeckung von Nischen durch private Veranstalter reduziert die Notwendigkeit, Marktlücken zu füllen (Komplementärfunktion); die fortschreitende Zersplitterung des Publikums erschwert es, die Integrationsfunktion wahrzunehmen.

Die durch digitale Technologie explosionsartig vermehrte Anzahl nutzbarer Übertragungskanäle stellt öffentliche Fernsehanbieter vor große Herausforderungen. Eine Integrationsfunktion wird aufgrund der Publikumsfragmentierung schwieriger zu erfüllen sein; private Anbieter werden in immer mehr Marktnischen vordringen.

In den USA hat sich durch das umfangreiche Angebot von Spartenprogrammen beim analogen Kabelfernsehen bereits eine ähnliche Marktkonstellation herauskristallisiert, wie man sie in den anderen Ländern als Folge der digitalen Technologie erwartet. Neben den sechs großen nationalen Networks, die ein Vollprogramm anbieten, existieren ca. 50 Spartenprogramme. Der Kunde erwirbt mit der Kabelgebühr ein sogenanntes »Basisbouquet«, das aus verschiedenen nationalen und regionalen Programmen besteht. Weitere Premium-Angebote, meist Spielfilme und Sport sowie Spartenprogramme für spezifische Zielgruppen, können individuell abonniert werden. Dabei existiert auch eine Vielzahl von privaten Spartenangeboten mit Programminhalten von besonderem gesellschaftlichem Interesse. Dazu zählen z. B. CNN mit Nachrichten, die Kulturprogramme Arts and Entertainment und Bravo, das Bildungsangebot Learning Channel sowie Discovery mit wissenschaftlichen Inhalten. Deren Qualität wird vom Publikum inzwischen höher eingestuft als vergleichbare Angebote öffentlicher Veranstalter. Somit bestätigt sich in den USA die Annahme, daß durch eine Ausweitung privater Angebote zunehmend Nischen, auch die der Programme mit besonderem gesellschaftlichem Interesse, besetzt werden. Dennoch bleiben auch bei einer Vielzahl von Spartenangeboten gesellschaftliche Funktionen, die öffentliches Fernsehen wahrnehmen sollte. Die Forums- und die Qualitätssicherungsfunktion sind hier von besonderer Bedeutung.

Öffentliches Fernsehen muß an der Entwicklung des digitalen Fernsehens (im Sinne der technischen Übertragungsform) teilnehmen.

In den untersuchten Ländern besteht ein Konsens, daß das öffentliche Fernsehen am digitalen Fernsehen im Sinne der technischen Übertragung teilhaben sollte. Dabei wird angeführt, daß es für alle Beteiligten von Vorteil ist, wenn das öffentliche Fernsehen von Anfang an die Entwicklung mitgestaltet. Nur so wird es auch langfristig in der Lage sein, auf dem möglicherweise neu zu strukturierenden Fernsehmarkt seine Funktion erfüllen zu können. Für die Marktentwicklung des digitalen Fernsehens ist es zunächst wichtig, daß ein umfangreiches Angebot an Diensten geschaffen wird, die digital zu empfangen sind. Hierzu gehören auch öffentliche Programme. Dies entspricht der Rolle öffentlichen Fernsehens als Förderer von Innovationen. In Großbritannien wird der BBC beispielsweise eine zentrale Rolle bei der Entwicklung des digitalen terrestrischen Fernsehens zugesprochen. In diesem Zusammenhang plant die BBC, innerhalb der nächsten fünf Jahre 1 Mrd. Pfund in die digitale Technologie zu investieren. Auf einem der sechs Multiplexkanäle wird die BBC ein umfassendes digitales Zusatzangebot bereitstellen. In Frankreich hat das öffentliche Fernsehen gemäß seiner Programmstärken, zu denen Dokumentationen und Kultursendungen zählen, digitale Angebote aufgebaut. Private Anbieter können diese Programmsparten in Frankreich nur unzureichend abdecken. Somit leistet öffentliches Fernsehen einen wichtigen Beitrag für ein diversifiziertes Programmangebot.

Umstritten ist die Frage, wie öffentliches Fernsehen an den kommerziellen Möglichkeiten der neuen Technologien (z. B. Spartenprogramme, Pay-TV-Angebote) partizipieren sollte.

In den Vergleichsländern sind kommerzielle Aktivitäten öffentlicher Veranstalter zur Erschließung des digitalen Marktes umstritten. Dennoch wird ihnen in den meisten Ländern ein relativ großer Spielraum zugebilligt. Grundsätzlich wird auch die Finanzierung von digitalen Diensten öffentlicher Anbieter über Gebühren akzeptiert, solange die Angebote nicht in direkter Konkurrenz zu privaten Anbietern stehen.

In Frankreich stellt eine vom öffentlichen Bereich gegründete kommerzielle Holding zwei Spartenangebote für das digitale TPS-Bouquet. Es handelt sich um einen Geschichts- und einen Ereigniskanal. Geprüft wird in Frankreich momentan, ob es notwendig ist, daß öffentliches Fernsehen als Produzent von Spartenprogrammen und gleichzeitig – durch die Beteiligung von France Télévision an TPS – als Betreiber eines digitalen Bouquets tätig ist.

In Großbritannien plant die BBC, in das digitale Pay-TV einzusteigen. Sie wird ein Drama-Spartenprogramm anbieten. Channel 4 schließt sich mit dem Pay-TV-Programm Art House an, das innovative Spielfilme beinhaltet. Diese Aktivitäten öffentlicher Anbieter sind weitgehend unumstritten, sie haben jedoch nur geringe Auswirkungen auf den Markt. Das erste konkrete Beispiel für eine Konkurrenzsituation kommerzieller Angebote des öffentlichen Bereiches und privater Angebote in Großbritannien stieß auf erhebliche Kritik. Die größten Kabelgesellschaften nahmen das Nachrichtenangebot von BBC anstelle von Sky News in ihr Programm auf. Dies löste eine intensive öffentliche Diskussion aus. Kommerzielle Aktivitäten gebührenfinanzierter Veranstalter werden zwar nicht per se abgelehnt. Sie sind jedoch aufgrund der potentiellen Wettbewerbsverzerrungen sehr konfliktträchtig.

Für kommerzielle Angebote von öffentlicher Seite wird daher einhellig zumindest eine klare Trennung kommerzieller und gebührenfinanzierter Tätigkeiten gefordert. Dies soll zum einen einer Wettbewerbsverzerrung durch teilweise Gebührenfinanzierung vorbeugen. Zum anderen soll sichergestellt werden, daß der Charakter des öffentlichen Dienstleisters gewahrt bleibt. Die von der BBC für ihre kommerziellen Auslandsaktivitäten geschaffene, strikt getrennte Tochter BBC Worldwide wird auch für digitale Zusatzdienste als mögliche Lösung angesehen. Auch in Frankreich werden die beiden kommerziellen Spartenprogramme des öffentlichen Fernsehens in einer neugebildeten Holding von den bestehenden öffentlichen Anbietern organisatorisch getrennt.

Die Digitalisierung wird insbesondere in Großbritannien industriepolitisch genutzt – hierdurch soll eine führende Rolle der britischen Industrie im Bereich der Endgeräte und Programmerstellung erreicht werden. Die öffentlichen Sender sollen dabei eine Vorreiterrolle spielen.

Großbritannien steht an der Spitze der Digitalisierung im europäischen Vergleich. Waren in der ersten Jahreshälfte 1997 bereits die ersten sechs Multiplex-Lizenzen vergeben worden, so soll Mitte 1998 sowohl der terrestrische als auch der Satellitenbetrieb von Digital-TV aufgenommen werden. Die britische Regierung will Großbritannien zum digitalen Pilot-Land machen und diese Position international verwerten. Zu diesem Zweck wurde frühzeitig ein Gesamtkonzept für die Umstellung des Fernsehsystems auf die digitale Übertragung bis zum Jahr 2007 erarbeitet. Anders als in den anderen europäischen Ländern sind bereits alle künftigen Übertragungsformen des digitalen Fernsehens regulatorisch definiert und von der ITC und OFTEL lizenziert.

Mit der unentgeltlichen Zuteilung von terrestrischen Digitalfrequenzen an alle terrestrischen Sender und der damit verbundenen Einspeisung ihrer bestehenden Programme wurden Impulse zur Verbreitung des digitalen Fernsehens auf breiter Ebene gegeben. Überdies steht es den öffentlichen Sendern frei, im Rahmen ihrer kommerziellen Tätigkeit das erweiterte technische Spektrum – jeder Multiplex umfaßt sechs digitale Kanäle – zu nutzen. Implizite Absicht der Regierung ist es, die zur Zeit noch mit Fernsehkanälen belegten analogen Frequenzbereiche mittelfristig zu verwerten und an Betreiber neuer Telekommunikationsdienste zu versteigern. Die öffentlichen Sender sollen, nach Meinung der Regierung, eine Vorreiterrolle bei der Digitalisierung spielen. Auf einem der sechs Multiplexkanäle wird die BBC ein umfassendes digitales Zusatzangebot plazieren, mit einem 24-Stunden-Nachrichtensender, zusätzlichen regionalen Informationen, einem interaktiven Bildungsangebot und das Vollprogramm ergänzenden Spartenkanälen. Diese Angebote sollen teilweise durch weitere Effizienzsteigerungen finanziert werden.

Das Internet wird in allen Ländern überwiegend als ergänzendes Medium zum Fernsehen – auch für öffentliche Veranstalter – angesehen.

Die Internet-Nutzung wird weiterhin anwachsen. Immer mehr Analysen bestätigen, daß regelmäßige Online-Nutzer ihren Fernsehkonsum reduzieren. Dennoch ist aus heutiger Sicht für die befragten Veranstalter das Internet weder eine Bedrohung, noch wird ihm eine umfassende Bedeutung für eine Weiterentwicklung der bestehenden Angebote beigemessen. Das liegt daran, daß bisher ein Massenmarkt nicht etabliert ist. Die Internet-Penetration liegt in den meisten Vergleichsländern noch unter 10 Prozent. Darüber hinaus fehlen funktionierende Abrechnungsmechanismen. Das Internet wird den Kernbereich Unterhaltung nach Einschätzung der meisten Veranstalter mittelfristig nicht wesentlich beeinflussen. Die Konvergenz von Fernsehen und Internet wird sich nach Meinung der befragten Fernsehexperten eher durch Zusatzdienste am Fernsehen als am Computer vollziehen. Allgemein wird das Internet als ergänzendes Medium für Hintergrundinformationen sowie als Medium für spezielle Anwendungen, wie zum Beispiel Bildung, betrachtet.

Nur zwei Veranstalter – ZDF und ABC – planen, umfassendere Internet-Dienste zu entwickeln. ABC unterhält bereits heute eine der am häufigsten frequentierten Internet-Seiten in Australien. Das ZDF hat gemeinsam mit MSNBC einen an das Fernsehformat angelehnten Internet-Dienst entwickelt. Die anderen Veranstalter planen zunächst lediglich ergänzende Dienste, die Nutzern und Werbekunden zusätzliche Informationen bereitstellen sollen. Eine umfassende Auswirkung durch das Internet auf den Fernsehmarkt wird von den befragten Experten nicht erwartet.

Großbritannien

1. Zusammenfassung

Überblick

Das Fernsehsystem in Großbritannien wurde bereits 1955 als duales System eingeführt und danach schrittweise an gesellschaftliche und technologische Entwicklungen angepaßt. Der öffentliche Anbieter BBC verzichtet auf Werbung, während Channel 4 als weiteres öffentliches Angebot rein durch Werbung finanziert wird. Die privaten ITV-Veranstalter sind regional strukturiert.

Kernbereichsprogramme

Die *public service mission* enthält Funktionen, die mit dem deutschen Grundversorgungsauftrag vergleichbar sind. Zusätzlich dazu soll die internationale Präsenz, eine Ausbildungsfunktion sowie die Förderung von britischen Produktionen – hauptsächlich von Channel 4 wahrgenommen – sichergestellt werden. Der Prozeß der gesellschaftlichen Zielformulierung durch Green Paper und White Paper führt in Großbritannien zu einem breiten Konsens über die Rolle des öffentlichen Fernsehens. Der Board of Governors der BBC ist fest in die strategische Ausrichtung der BBC einbezogen. Die gesellschaftlichen Ziele bleiben nicht auf öffentliche Anbieter beschränkt, sondern richten sich auch an private Veranstalter in Form von Vorgaben und Lizenzvereinbarungen. Historisch bedingt gilt dabei den ITV-Veranstaltern die besondere Aufmerksamkeit. Der öffentliche Veranstalter BBC trägt mit 55 Prozent überdurchschnittlich zu dem als Maßgröße für die Erreichung der gesellschaftlichen Ziele verwendeten Kernbereich der Programme mit besonderem gesellschaftlichem Interesse (Nachrichten-, Informations-, Kultur-, Kinder- und Jugendsendungen) bei. Der Anteil des Kernbereiches am Gesamtfernsehsystem beträgt 44 Prozent. Allerdings macht er nur 30 Prozent der Gesamtnachfrage aus. Dies weist auf ein Überangebot an Programmen mit besonderem gesellschaftlichem Interesse hin. Insbesondere das hohe Angebot der BBC im Kernbereich wird nicht entsprechend nachgefragt. Dagegen trifft das Angebot der privaten ITV-Veranstalter auf eine hohe Akzeptanz.

Regulierung

Das regulative Umfeld in Großbritannien ist von der Dominanz der terrestrischen Übertragung geprägt, die nur eine geringe Zahl von Veranstaltern ermöglicht. Der »geschützten« oligopolistischen Marktstruktur für die ITV-Veranstalter stehen hohe Lizenzgebühren sowie eine gesellschaftliche Verpflichtung durch umfangreiche quantitative Programmauflagen gegenüber. Für den neugegründeten Channel 5 sowie im Kabel- und Satellitenbereich existieren dagegen nur marginale Vorgaben. Die ITC stellt die zentrale Regulierungsbehörde für die privaten Veranstalter dar, wohingegen der öffentliche Anbieter BBC in Selbstkontrolle vom Board of Governors kontrolliert wird.

Finanzierung

Die BBC ist der alleinige Empfänger der öffentlichen Rundfunkgebühren. Sie verzichtet auf Werbung für ihre nationalen öffentlichen Aktivitäten. Die Kabel- und Satellitenveranstalter, insbesondere BSkyB, sowie Channel 5 kannibalisieren das Quasi-Monopol der ITV für TV-Werbung. 1996 stammten 15 Prozent der BBC-Einnahmen aus kommerziellen Aktivitäten der Tochter BBC Worldwide. Der Pay-TV-Anteil an den Gesamtfernseheinnahmen ist mit 17 Prozent bedeutend, was den aufstrebenden Marktanteil des Pay-TV-Anbieters BSkyB reflektiert.

Kosten und Effizienz

Die Gesamtkosten pro Sendeminute der BBC-Programme liegen über denen des privaten ITV-Angebots. Die niedrigeren Kosten des Angebots von Channel 4 bedeuten unter Berücksichtigung des Marktanteils keinen Effizienzvorsprung. Die Gebühreneinnahmen wurden seit 1990 an die Inflationsrate gebunden, was Restrukturierungsmaßnahmen der BBC bewirkt hat. Diese Kostensenkungen sind vom Gedanken der Fokussierung auf den Kern der »public service mission« getrieben. Ziel ist es, sich auf diesen Auftrag zu konzentrieren und die kommerziellen Aktivitäten abzugrenzen oder zu reduzieren; hierzu zählt auch die klare Trennung zwischen öffentlichem und kommerziellem Bereich der BBC.

Digitalisierung, Internet und deren Auswirkungen auf das Fernsehen

Beim technologischen Schritt, im terrestrischen Bereich auf digitale Übertragung umzustellen, steht Großbritannien im europäischen Vergleich an der Spitze. Der Zuwachs des Programmangebots durch Multikanalsysteme beeinflußt die über Jahrzehnte gehaltene Balance im britischen Fernsehsystem. Auf Regulierungsseite versucht man, durch eine starke Positionierung der öffentlichen Sender den schwindenden Einfluß auf private Anbieter zur Verwirklichung gesellschaftlicher Ziele auszugleichen. Entsprechend soll die BBC eine Vorreiterrolle bei der Digitalisierung spielen. Dazu gehören auch Pay-TV-Angebote von BBC und Channel 4. Dieses geplante Angebot ist in der öffentlichen Diskussion weitgehend unumstritten. Andererseits löste das erste konkrete Beispiel einer Konkurrenzsituation, nämlich das Nachrichtenangebot der BBC als Alternative zum privaten Angebot Sky News, eine intensive öffentliche Diskussion aus, so daß hier die weitere Entwicklung abzuwarten bleibt.

2. Überblick

In Großbritannien wurde das duale System mit einem rein gebührenfinanzierten öffentlichen Veranstalter (BBC) und werbefinanzierten privaten Veranstaltern (ITV) bereits 1955 eingeführt. Die Geschichte des Fernsehsystems ist durch schrittweise Anpassungen an die gesellschaftliche und technologische Entwicklung gekennzeichnet:
– zugweise Einführung von Programmquoten für private Veranstalter des ITV-Netzes nach Qualitätsverlusten in den 1970er Jahren;
– Neugründung von Channel 4 als werbefinanziertem, dabei öffentlichem Veranstalter mit dem Programmauftrag, ein Komplementärsender mit innovativem Charakter zu sein. Channel 4 wurde 1982 initiiert, um englische, unabhängige Filmproduktionen zu fördern;
– Wandel im bisher geschützten englischen TV-Markt durch Lizenzierung eines weiteren terrestrischen Veranstalters (Channel 5) 1997, sowie der weniger restriktiven regulatorischen Behandlung des aufstrebenden Pay-TV-Marktes;
– industriepolitisches Ziel auf regulatorischer Seite ist es, eine Vorreiterrolle bei der kommenden Digitalisierung in Europa einzu-

Fernsehsysteme im internationalen Vergleich

nehmen. Deshalb wurden von der Regulierungsbehörde ITC bereits digitale Lizenzen vergeben und der regulatorische Rahmen weitgehend definiert.

Abbildung 16: Zuschaueranteile

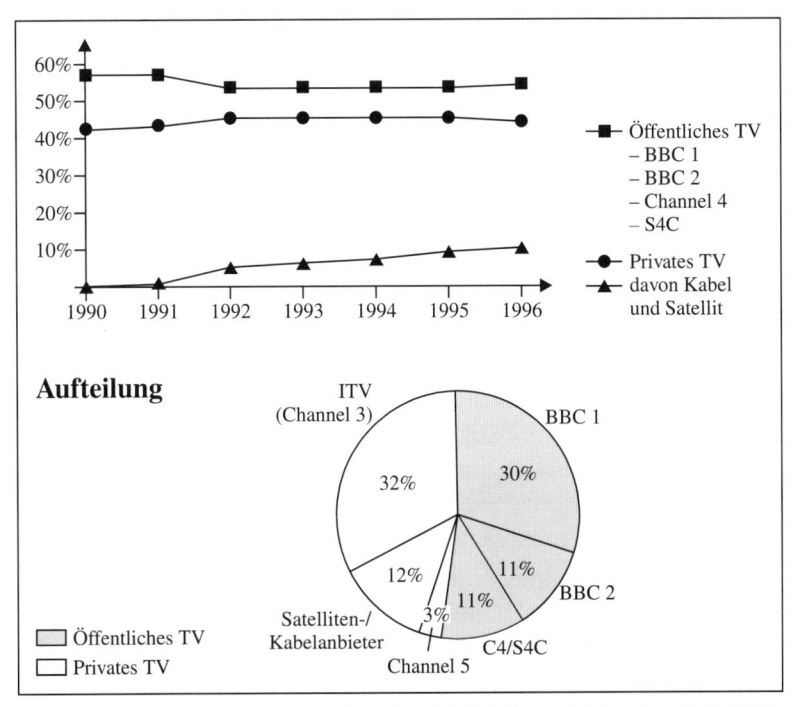

```
60% ┤■━━━■━━━━━━━━━━━━━━━━━━━━■
50% ┤
40% ┤●━━━●━━━●━━━●━━━●━━━●━━━●    ─■─ Öffentliches TV
30% ┤                                  – BBC 1
20% ┤                                  – BBC 2
10% ┤        ▲━━━▲━━━▲━━━▲━━━▲         – Channel 4
    ┤▲━━━▲                             – S4C
    └┬───┬───┬───┬───┬───┬───┬──▶  ─●─ Privates TV
    1990 1991 1992 1993 1994 1995 1996  ─▲─ davon Kabel
                                          und Satellit
```

Aufteilung

ITV (Channel 3) 32%
BBC 1 30%
BBC 2 11%
C4/S4C 11%
Channel 5 3%
Satelliten-/Kabelanbieter 12%

☐ Öffentliches TV
☐ Privates TV

Quellen: Channel 4 Annual Report, Statistisches Jahrbuch 1997 EAI, New Media Markets 07. 08. 1997

Auf öffentlicher Seite zeichnet sich die BBC durch ihre Flexibilität aus, auf neue Marktgegebenheiten zu reagieren. Dabei hat ihre klare Trennung in ein Angebot zur Erfüllung des öffentlichen Auftrags auf der einen Seite und ihre kommerziellen Aktivitäten auf der anderen Seite modellhaften Charakter. Das ohne Werbung finanzierte öffentliche Angebot umfaßt die beiden Programme BBC 1 und BBC 2. Dabei ist BBC 1 auf ein breites Publikum ausgerichtet. Dies reflektiert der hohe Zuschaueranteil von 30 Prozent (siehe Abbildung 16).

BBC 2 bietet ergänzende kulturelle und bildungsspezifische Programmangebote.

Channel 4 ist ein weiterer staatlicher Veranstalter, der sich an einem öffentlichen Programmauftrag orientiert. Er fertigt keine eigenen Produktionen an, sondern ist der größte Förderer der unabhängigen englischen Filmproduzenten. International erfolgreiche britische Filme wurden durch Channel 4 gefördert. Dabei ist er mit einem Zuschaueranteil von ca. 10 Prozent erfolgreich. Channel 4 stellt eine Besonderheit dar, da er, trotz öffentlicher Zielsetzung, rein mit Werbung finanziert wird. Seine Werbeeinnahmen sind über die *funding formula* durch Abgaben an die ITV-Veranstaltergemeinschaft begrenzt. Ergänzt wird das öffentliche Angebot durch S4C, ein rein gebührenfinanziertes regionales Spartenprogramm für die walisische Sprachgruppe.

Die regionale Struktur der privaten Veranstaltergemeinschaft ITV erscheint im Vergleich zu anderen Ländern fremdartig. Im Gegensatz dazu wird beispielsweise in Deutschland Regionalfernsehen als historische Aufgabe und Stärke der öffentlich-rechtlichen Veranstalter angesehen. ITV, auch als Channel 3 bezeichnet, bietet ein unterhaltungsorientiertes Vollprogramm mit regionalem Schwerpunkt. Dabei weisen die ITV-Veranstalter große Gewinne aus. Dies ist zum Teil auf das Werbeoligopol zurückzuführen, in dem die ITV, neben Channel 4 und Channel 5, mit 32 Prozent Zuschaueranteil die dominierende Rolle einnimmt. Der 1997 gegründete Anbieter Channel 5 hat derzeit noch einen geringen Zuschaueranteil von 3 Prozent. Er bietet ein Vollprogramm, und seine Zielgruppe ist das junge Massenpublikum.

Pay-TV hat 1996 einen Zuschaueranteil von 12 Prozent und gilt damit als etabliert. Dabei nimmt der Veranstalter BSkyB, der sich im Besitz von News International (Murdoch) befindet, mit 39 Prozent des Kabel- und Satellitenmarktes eine vorherrschende Stellung ein.

Abbildung 16 zeigt, daß die Marktaufteilung zwischen öffentlichen und privaten Veranstaltern seit 1990 relativ stabil ist. Die öffentlichen Anbieter BBC und Channel 4 liegen zusammen bei ca. 55 Prozent Zuschaueranteil. Auf seiten der privaten Anbieter hat ITV

seit 1990 ca. 10 Prozent Zuschaueranteil zugunsten des Pay-TV-Angebots eingebüßt.
Auffällig ist in Großbritannien die hohe tägliche Fernsehzeit. Sie liegt 1995 bei 227 Minuten und damit beispielsweise über eine Stunde höher als in Frankreich mit 158 Minuten.

3. Kernbereichsprogramme

Grundlegendes Ziel des Gesetzgebers für das öffentliche Fernsehen ist neben der technischen Versorgung der gesamten Bevölkerung primär die Sicherstellung von qualitativ hochwertigen Programmen unter Einbeziehung breiter Publikumsinteressen. Des weiteren sollen beispielsweise Programme in walisischer Sprache Minderheiteninteressen gerecht werden. Wie Abbildung 17 zeigt, enthält die *public service mission* dabei ähnliche Funktionen, wie man sie aus dem deutschen Grundversorgungsauftrag ableiten kann.

Darüber hinaus wird dieses Funktionsspektrum durch die Verpflichtung, internationale Präsenz zu zeigen sowie eine Ausbildungsfunktion zu gewährleisten, erweitert. Der öffentliche Veranstalter BBC hat den konkreten Auftrag, für die Ausbildung und Förderung von Fachkräften und kreativem Talent zu sorgen sowie Filmproduktionen zu fördern.

Die konkreten Zielvorgaben sind in Großbritannien in einfachen Gesetzen bzw. durch eine Charter der öffentlichen Veranstalter, wie beispielsweise der Royal Charter der BBC, definiert. Die Royal Charter dokumentiert die Zielfunktion der BBC jedoch nur auf sehr allgemeinem Niveau. Sie wird kontinuierlich durch Green Paper und White Paper der Regierung sowie Stellungnahmen der BBC interpretiert und hinterfragt. Dieser Prozeß führt zu einem breiten Konsens über die zu verfolgenden Ziele. Das zusammengefaßte Ergebnis dieses Entscheidungsprozesses wird jedoch nicht – etwa durch eine Neuformulierung der Royal Charter – dokumentiert.

Abbildung 17: Vergleich der gesellschaftlichen Ziele in Großbritannien und Deutschland

	Übereinstimmende Ziele				Abweichende Ziele			
	Integrationsfunktion	Forumsfunktion	Vorbildfunktion	Komplementärfunktion	Internationale Funktion	Produktionsförderungsfunktion/Publikumsfunktion	Ausbildungsfunktion	
Verfassungsauftrag des öffentlichen Fernsehens in Deutschland	Gemeinsamer Kommunikationsprozeß der Bevölkerung Kulturelle Identität	Inhaltlicher Pluralismus und Meinungspluralismus	Journalistische Qualitätsstandards Innovative Programmgestaltung	Beiträge, die vom privaten Anbieter nicht zu erwarten sind				
Zielsetzungen öffentlichen Fernsehens in Großbritannien	Förderung britischer Kultur Information über nationale Entwicklung Versorgung des gesamten Staatsgebiets Großbritanniens (inkl. Kanalinseln und Nordirland) mit terrestrisch empfangbarem Programm	Vielfältiges und vielschichtiges Programmangebot Angebot an Minderheiten und ethnischen Programmen	Hochwertige Qualitätsprogramme Vorschrift zur Unparteilichkeit Innovation	Beiträge zu Themen, die von übrigen kommerziellen Sendern nicht abgedeckt werden Programme in gälischer und wallisischer Sprache	Präsenz im gesamten Commonwealth und anderen Ländern	Förderung der Filmproduktion	Ausbildung und Förderung von Fachkräften und kreativem Talent	

Als Beispiel für den Prozeß der Zielfindung in Großbritannien läßt sich der Peacock Report anführen. Dieser wurde 1986 von der Regierung in Auftrag gegeben, um Vorschläge zur Finanzierung der BBC zu erstellen. Die Regierung berief eine Expertengruppe ein, die innerhalb von zwei Monaten eine umfassende Stellungnahme zu Auswirkungen verschiedener Finanzierungsalternativen der BBC erarbeitete. Ihr Ratschlag, die Gebührenfinanzierung beizubehalten, sie jedoch gleichzeitig durch Kopplung an die Inflationsrate zu beschränken, wurde von der Regierung umgesetzt.

Auf seiten der BBC ist das Board of Governors verantwortlich, Ziele für die BBC zu setzen und deren Erreichung zu bewerten. Es ist von der Regierung eingesetzt, um die Erfüllung der Royal Charter zu überwachen. Es setzt sich aus zwölf hochrangigen Räten zusammen, die verschiedene Bereiche (z. B. Firmen, Banken, Gewerkschaften) und Regionen (z. B. Nordirland, Schottland) vertreten. Das Board of Governors arbeitet sehr eng mit der Geschäftsführung der BBC zusammen und spielt somit eine Rolle bei ihrer strategischen Ausrichtung. Verglichen mit den deutschen Rundfunkräten, die ein regulatorisches Element darstellen, spielt das Board of Governors neben seiner Regulierungsfunktion somit eine wichtige Rolle bei der Zielsetzung der BBC.

Die BBC selbst weist auf die Zielvorstellung hin, ein breites Publikum zu erreichen. Das Zusammenspiel zwischen den beiden Programmangeboten BBC 1 und BBC 2 fördere insbesondere die Nachfrage nach kulturellen Sendungen. Hinweise in populären Sendungen von BBC 1 auf Hintergrundsendungen und kulturelle Angebote erweitern das Publikumsinteresse an BBC 2 erheblich.

Die derzeitige Regierung will auch in Zukunft ein starkes öffentliches Fernsehen erhalten. Dafür hat sie es sich zum Ziel gesetzt, die BBC als führenden Veranstalter im Rahmen eines europaweiten öffentlichen Veranstalternetzes zu positionieren. Sie sieht die BBC in einer technologischen Führungsrolle bei der geplanten Digitalisierung terrestrischer Signale. Als ein gesellschaftliches Ziel nennt man auf Regierungsseite die Ausrichtung der englischen Produktion auf den globalen Markt. Man will die Zielvorstellung der internationalen Präsenz auch im Bereich der Fernsehproduktionen umsetzen. Dabei stützt man sich vor allem auf die öffentlichen Veranstalter BBC und Channel 4.

Channel 4 wurde mit der klaren Zielvorstellung gegründet, unabhängige britische Produzenten zu fördern. Dieser Auftrag wird nach Expertenmeinung auch in vollem Umfang erfüllt. In Anlehnung an die reine Werbefinanzierung sollte Channel 4 mehrmals privatisiert werden. Dies ist jedoch bisher daran gescheitert, daß die öffentliche Mission bei Channel 4 eine zentrale Rolle spielt. Diese Mission ist in der Charta von Channel 4 dokumentiert.

Die gesellschaftlichen Zielvorstellungen bleiben in Großbritannien nicht auf öffentliche Veranstalter beschränkt, sondern richten sich auch an private Anbieter in Form von Vorgaben und Vereinbarungen. Diese Einbeziehung aller Marktteilnehmer unter Berücksichtigung ihrer möglichen Beiträge zur Zielerreichung unterscheidet die britische Medienpolitik deutlich von jener der Bundesrepublik. Dabei sind die Grenzen der Ausformulierung von Zielvorgaben zwischen öffentlichem und privatem Bereich fließend:

– Die BBC hat einen qualitativen Zielkatalog umzusetzen.
– Channel 4 unterliegt – als werbefinanzierter Sender mit öffentlichem Auftrag – einer sowohl qualitativ als auch quantitativ formulierten Zielvorgabe.
– Die privaten ITV-Sender werden primär mit umfassenden quantitativen Auflagen in das Zielsystem einbezogen.
– Im Kabel- und Satellitenbereich sowie für den neugegründeten Veranstalter Channel 5 werden keine nennenswerten Auflagen gestellt.

Historisch bedingt konzentriert die Regulierungsbehörde ITC unter den privaten Anbietern ihre Aufmerksamkeit auf die ITV-Veranstalter. Sie werden durch Lizenzvorgaben für einzelne Programmsparten in das gesellschaftliche Ziel eines ausgewogenen Programmangebots einbezogen. Die ITV ist insbesondere für die Versorgung der Bevölkerung mit regionalen Inhalten zuständig. Diesen Auftrag soll die ITV in Zukunft stärker wahrnehmen. 1996 liegen die Regionalanteile der ITV-Sender nur zwischen 3 Prozent und 14 Prozent des

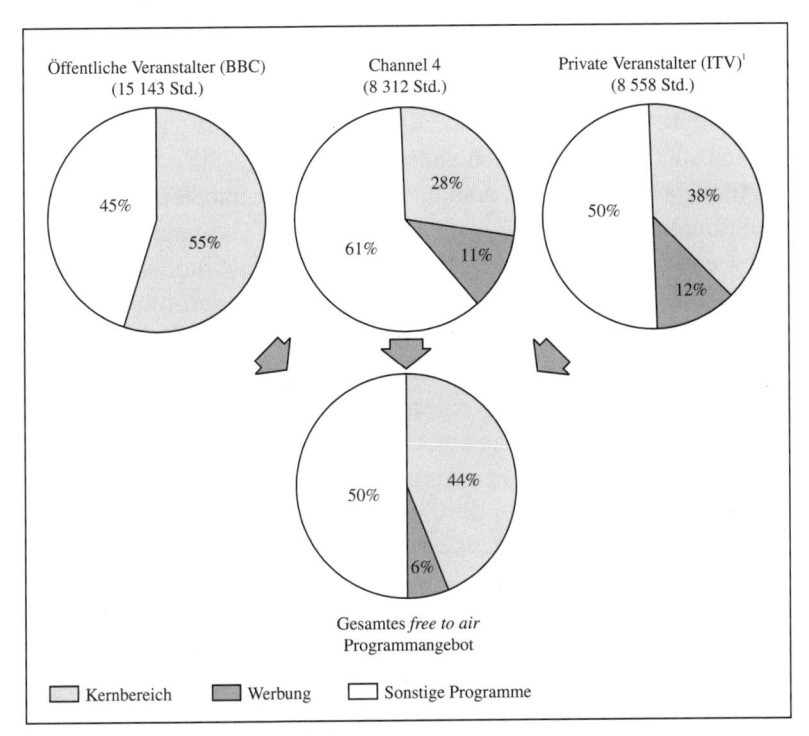

Abbildung 18: Programmangebote im Kernbereich – 1996

Öffentliche Veranstalter (BBC) (15 143 Std.): 45%, 55%

Channel 4 (8 312 Std.): 61%, 28%, 11%

Private Veranstalter (ITV)[1] (8 558 Std.): 50%, 38%, 12%

Gesamtes *free to air* Programmangebot: 50%, 44%, 6%

☐ Kernbereich ■ Werbung ☐ Sonstige Programme

[1] Hochrechnung auf Basis des nationalen Rahmenprogramms
Quellen: Eurodata TV/BARB, ITC Annual Report, BA&H-Analyse

Gesamtprogramms. Gefordert wird, daß die ITV den regionalen Aspekt ähnlich vehement betont wie beispielsweise Channel 4 seinen innovativen Programmschwerpunkt.

Als eine Maßgröße für die Erreichung der angestrebten Ziele wurde das vorhandene Angebot im Kernbereich der Programme untersucht.

Wie Abbildung 18 zeigt, liegt der Anteil des Kernbereiches in Großbritannien bei 44 Prozent und damit an der Spitze des internationalen Ländervergleiches.

Der öffentliche Anbieter BBC trägt mit 55 Prozent überdurchschnittlich zu diesem Ergebnis und damit zur Ausgewogenheit des

Fernsehsystems bei. Zudem wird der BBC von den Zuschauern eine hohe Programmqualität bestätigt. Weltweit sind ihre Dramaproduktionen und Dokumentationen berühmt. Da die BBC stets den Grundsatz gewahrt hat, über politische Fragen ausgewogen zu berichten, wird ihr ebenfalls eine wichtige Rolle als verläßliche Orientierungsinstanz auch in Krisenzeiten zugesprochen.

Aber auch die privaten Anbieter (ITV) haben mit 38 Prozent ihres Programmangebots einen wichtigen Anteil am Gesamtergebnis des Kernbereiches. Hierin spiegelt sich wider, daß sie umfassenden inhaltlichen Auflagen bezüglich der Programmsparten mit besonderem gesellschaftlichem Interesse unterliegen.

Channel 4 weist mit 28 Prozent einen niedrigeren Wert des Kernbereiches auf als die ITV-Veranstalter. Jedoch bezieht sich der besondere öffentliche Auftrag von Channel 4 explizit auf Filmproduktionen. Somit erscheint der Anteil des Kernbereiches nur bedingt geeignet als Maßgröße für die Ziele von Channel 4.

Stellt man Angebot und Nachfrage des Kernbereiches gegenüber, so zeigt sich in Großbritannien eine deutliche Diskrepanz. Gegenüber seinem Anteil von 44 Prozent am Gesamtangebot macht der Kernbereich nur 30 Prozent der Gesamtnachfrage aus. Dies weist auf ein Überangebot an solchen Programmen hin. Betrachtet man die Verteilung des Angebots sowie der Nachfrage des Kernbereiches, so fällt auf, daß der – mit 60 Prozent des gesamten Angebots am Kernbereich hohe – Beitrag der BBC mit 51 Prozent nicht entsprechend nachgefragt wird. Dagegen trifft das Angebot der privaten ITV-Veranstalter auf eine hohe Akzeptanz. Sie machen 23 Prozent des Gesamtangebots am Kernbereich aus, ihr Anteil an der Nachfrage beläuft sich dagegen auf 42 Prozent.

4. Regulierung

Das regulative Umfeld Großbritanniens ist von der Dominanz der terrestrischen Übertragung geprägt. Fast 80 Prozent der Haushalte in Großbritannien empfangen Fernsehen über die Hausantenne. Die Frequenzknappheit der terrestrischen Übertragungsart bedingt die geringe Zahl der zu empfangenden Programme. Dies führt zu oligopolistischen Marktstrukturen. Aufgrund der Werbefreiheit der BBC nehmen die ITV-Lizenzen eine Quasi-Monopolstellung bezüglich der TV-Werbeeinnahmen in ihren Regionalbereichen ein. Trotz hoher Lizenzgebühren von 17 Prozent bis 18 Prozent des Umsatzes der ITV-Sender sind die Sender hochprofitabel. Bei der Gründung von Channel 4 wurde das ITV noch durch eine *funding formula* geschützt. Diese beinhaltet, daß Werbeeinnahmen von Channel 4, die ein Limit überschreiten, an die ITV ausgezahlt werden. Erst mit Channel 5 und der Entwicklung von Pay-TV wird diese Monopolstellung langsam aufgeweicht.

Diesem »geschützten« Marktumfeld steht eine gesellschaftliche Verpflichtung gegenüber. Es soll ein möglichst breites Programmangebot von hoher Qualität, das dem Publikumsinteresse entspricht, sichergestellt werden. Dies wird durch umfangreiche quantitative Programmauflagen in den einzelnen Lizenzverträgen der ITV-Veranstalter realisiert. Die Sender verpflichten sich im Rahmen ihrer Lizenzanträge selbst zur Einhaltung der Auflagen, sie können aber auch von der ITC vorgeschrieben werden. Konkret werden von ITV und Channel 4 Mindestzeiten für Programme mit besonderem gesellschaftlichem Interesse gefordert. Weiterhin darf ihr Werbeanteil 11 Prozent des Gesamtprogramms nicht überschreiten.

Bei den Vorgaben von Mindestzeiten für spezifische Programmgenres ist über die Jahre ein deutlicher Trend zu erkennen. Während mit den ITV-Veranstaltern bei der Neuvergabe der Lizenzen 1991 eine Vielzahl von Quoten vereinbart wurde, bestehen für Channel 5 (1997 lizenziert) nur marginale, für Satelliten- oder Kabelprogramme keinerlei Vorgaben. Aufgrund der Menge von unterschiedlichen

Sendern sieht man in diesem Bereich die Vielfalt des Programms als gesichert an.

Des weiteren sind in Großbritannien die Jugendschutzauflagen für Pay-TV niedriger. Dies wird mit einer höheren Verantwortung des Konsumenten begründet, der sich durch ein Abonnement bewußt für den Sender entschieden hat.

Daneben ist die britische Regulierung durch ihre weitgehenden Maßnahmen gekennzeichnet, Konzentrationserscheinungen, die zu einer nicht beeinflußbaren privaten Medienmacht führen könnten, zu unterbinden. Die Konzentrationsgrenze liegt bei 15 Prozent des Zuschauermarktes. Damit ist sie doppelt so streng wie beispielsweise in Deutschland und wird zusätzlich durch weitere Sonderregeln verschärft. Insbesondere dürfen Unternehmen aus dem Printbereich mit einem Marktanteil von über 20 Prozent lediglich eine Beteiligung von maximal 20 Prozent an einem terrestrischen Sender besitzen.

Abbildung 19 gibt eine Gesamtübersicht über die Regulierungssituation in Großbritannien.

Die Marktaufsicht für alle privaten Veranstalter obliegt in Großbritannien einer zentralen Behörde, der Independent Television Commission (ITC). Auch die öffentlichen Veranstalter BBC und S4C unterliegen bei ihren kommerziellen Aktivitäten bereits den Kodizes der ITC. Diese ist von den Marktteilnehmern akzeptiert und wird als professionell eingeschätzt. Ihr umfangreiches Aufgabenfeld unterstreicht die zentrale Rolle des ITC:
- Lizenzvergabe und Kontrolle der Einhaltung der in den Lizenzverträgen individuell vereinbarten Vorgaben,
- Erarbeitung und Kontrolle von verbindlichen Grundsätzen für Werbung, Sponsoring und technische Basisanforderungen an Sender,
- Erstellung und Kontrolle eines generellen Programmkodex,
- Kontrolle der Konzentrationsbestimmungen.

In ihrer Kontrollfunktion konzentriert sich die ITC auf die ITV-Veranstalter und somit auf den terrestrischen Free-TV-Sektor. Im Kabel- und Satellitenbereich wird sie nur auf der Basis von Beschwerden

Abbildung 19: Regulierung

	Lizenzierung	Konzentrationsregulierung	Vorgabe für Programminhalte	Werbebeschränkungen
Gesetze/ Verordnungen	Royal Charter Broadcasting Act 1990 Broadcasting Act 1996	Broadcasting Act 1990 Broadcasting Act 1996	Royal Charter Broadcasting Act 1990 Broadcasting Act 1996 Programm Code Code of Programme Sponsorship	Royal Charter Broadcasting Act 1990 Broadcasting Act 1996 Code of Advertising Standards and Practice Code of Programme Sponsorship
Inhalte	Fixlizenz für BBC und Channel 4 Vergabe der übrigen terrestrischen Lizenzen auf Basis von competitive bids für 10 Jahre Vergabe von Kabel- und Satellitenlizenzen nach Bedarf Vergabe von Digitallizenzen für 10 Jahre Verpflichtung zur Berücksichtigung spezifischer Merkmale in den Lizenzverträgen	Beschränkung der Gesamtanteile, die einzelne Personen oder Unternehmen an TV-Veranstalter halten können, auf 15 Prozent des Gesamtmarktes Keine spezifischen Beschränkungen für ausländische Investoren	Vorgabe von Programmvielfalt und qualitativen Merkmalen Unterschiedliche Mindestquoten für spezifische Programmgenres Quoten für Eigen- oder kommissionierte Produktionen Quoten für Produktionen europäischen Ursprungs und von unabhängigen Produzenten	Werbeverbot für Tabak, Politik, Glücksspiel und Religion Einschränkungen bei Plazierung von Werbung Werbezeitbeschränkung (max. 7 Min./Sendestunde) Vorgaben von qualitativen Merkmalen für Werbung
Behörden/ Kontrolle	ITC	ITC	ITC BSC Selbstkontrolle durch Board of Governors (BBC)	ITC BSC

der Zuschauer aktiv. Da für diese Programme die Beschwerdehäufigkeit jedoch sehr niedrig ist, wird zum Teil die Wirksamkeit der Inhaltsüberprüfung in Frage gestellt. Auch die Lizenzvergabe im Kabel- und Satellitenbereich unterscheidet sich deutlich vom terrestrischen Bereich, denn zum Teil wird auf umfassende Prüfungen bezüglich der Konzentration und der gesendeten Inhalte weitgehend verzichtet.

Kritiker werfen der ITC unter dem Gesichtspunkt des sich rapide ausweitenden Kanalangebots mangelnde Anpassungsfähigkeit an die veränderten Rahmenbedingungen vor. Die Vergabe der fünften terrestrischen Fernsehlizenz an das Channel 5-Konsortium (United News & Media, Pearson, CLT, Warburg Pinkus) wird dafür als Beleg herangezogen. Nachdem zuvor bereits bei der Neuvergabe der ITV-Lizenzen keine Neueinsteiger in den Markt gelangen konnten, habe die ITC wieder nur »Insider« zum Zuge kommen lassen. Damit hat sie die Chance vergeben, die für absehbare Zeit letzte landesweite terrestrische Analogfrequenz für neue Marktteilnehmer zu öffnen.

Mit der Broadcasting Standards Commission (BSC) und einer Vielzahl von Advisory Boards wurden seitens des Gesetzgebers weitere Kontrollinstanzen auf verschiedenen Ebenen zur Sicherung von Qualitäts- und Schutzkriterien (z.B. Jugend, Privatsphäre) und der Berücksichtigung von Publikumsinteressen bei der Programmgestaltung installiert. Diese spielen, neben der ITC, jedoch nur eine ergänzende und untergeordnete Rolle. Durch sie entsteht somit keine Fragmentierung der Marktaufsicht.

Die Kontrolle des öffentlichen Anbieters BBC wird per Selbstregulierung sichergestellt, die gesetzlich verankert ist. Die BBC handelt gemäß einer königlichen Charta. Deren Einhaltung sowie weitere Verpflichtungen durch die *public service mission* werden vom Board of Governors der BBC überwacht. Dieses wird in seiner Kontrollfunktion regelmäßig durch nationale, regionale und lokale Beratungsgremien (Advisory Councils) unterstützt. Es ist auch dafür verantwortlich, daß durch die kommerziellen Aktivitäten der BBC keine Wettbewerbsverzerrungen entstehen. Die Effektivität der Kontrolle durch das Board of Governors wird durch dessen enge

Zusammenarbeit mit der Geschäftsführung der BBC und seiner Bedeutung bei strategischen Entscheidungen unterstrichen.
Angesichts der künftigen Herausforderungen an den Fernsehmarkt nimmt die Idee einer einheitlichen und umfassenden Regulierungs- und Kontrollbehörde für den gesamten TV-Bereich, d. h. für alle öffentlichen und privaten Veranstalter, zentralen Raum in der derzeitigen Diskussion ein. Entsprechend der einheitlichen Regulierungsbehörde im Telekommunikationsbereich OFTEL wird diese Idee einer einheitlichen Regulierungsbehörde im Bereich Kommunikation (OFCOM) als positiv bewertet. Die einheitliche Kontrolle der öffentlichen und privaten Programminhalte wird weitgehend akzeptiert und unterstützt. Zusätzlich könnte so eine wirksame »Konkurrenzüberwachung« realisiert werden. Dies erscheint insbesondere aufgrund der verstärkten kommerziellen Aktivitäten von BBC und S4C sinnvoll.

5. Finanzierung

Im Verhältnis zum Bruttosozialprodukt liegen die Gesamteinnahmen des Fernsehsystems in Großbritannien an der Spitze des internationalen Vergleichs. Mit ca. 6 Milliarden Pfund 1996 liegen sie beispielsweise nur geringfügig hinter der deutlich größeren Bundesrepublik. Entwicklung und Aufteilung der TV-Gesamteinnahmen sind in Abbildung 20 dargestellt.

Die öffentlichen Gebühren haben daran in Großbritannien einen Anteil von 25 Prozent und liegen somit im internationalen Vergleich an zweiter Stelle hinter Deutschland mit 40 Prozent (1995), jedoch noch vor Frankreich mit 19 Prozent (1995).

Die BBC ist der alleinige Empfänger der öffentlichen Rundfunkgebühren. Mit 82 Prozent ihrer Gesamteinnahmen (siehe Abbildung 21) stellen sie für die BBC die größte Finanzierungsquelle dar. Dabei verzichtet die BBC auf Werbung als Einnahmequelle für ihre natio-

Abbildung 20: Entwicklung und Aufteilung der Gesamteinnahmen der Fernsehveranstalter (Mio. £)

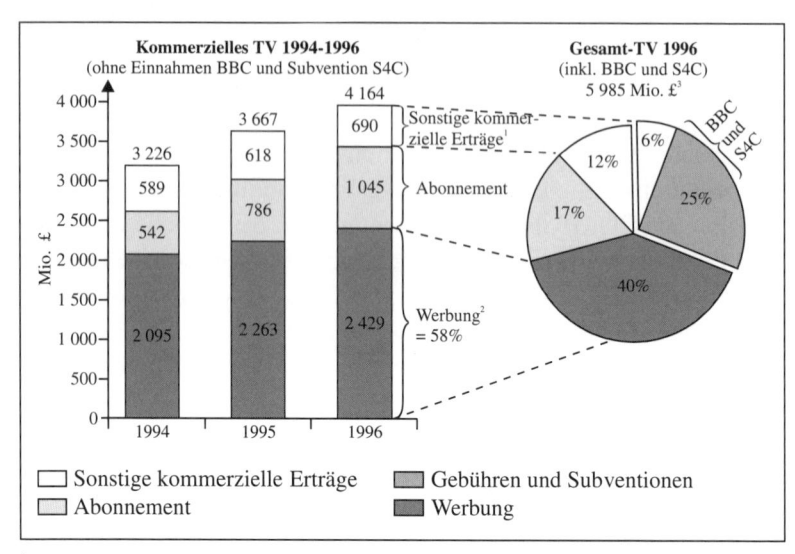

Kommerzielles TV 1994-1996 (ohne Einnahmen BBC und Subvention S4C)

Jahr	Sonstige kommerzielle Erträge	Abonnement	Werbung	Gesamt
1994	542	589	2 095	3 226
1995	786	618	2 263	3 667
1996	690	1 045	2 429	4 164

Gesamt-TV 1996 (inkl. BBC und S4C) 5 985 Mio. £[3]

- Sonstige kommerzielle Erträge: 6%
- BBC und S4C: 25%
- 12%
- 17%
- Werbung[2] = 58% (40%)

☐ Sonstige kommerzielle Erträge ☐ Gebühren und Subventionen
☐ Abonnement ■ Werbung

[1] Programmverkauf, Sponsoring etc. Nicht enthalten sind Einnahmen von sendernahen, aber nicht konsolidierten Produktionsfirmen
[2] Werte sind Nettoeinnahmen der Veranstalter, nach Rabatten, ohne Kommission und Produktionskosten
[3] Aufteilung der BBC-Gesamteinnahmen zwischen Radio und TV im Verhältnis der direkten Kosten der beiden Bereiche

Quellen: ITC Annual Report 1996, TV International, BA&H-Analyse

nalen öffentlichen Aktivitäten. S4C, der Sender in gälischer Sprache, wird durch direkte staatliche Subventionen unterstützt. Mit 10 Prozent deckt er nur einen geringen Teil seiner Einnahmen durch Werbung.

Die Gebührenerhebung wird durch die BBC selbst durchgeführt. In Deutschland ist dagegen mit der GEZ eine zusätzliche Behörde für den Gebühreneinzug zuständig. Als positiv wird dabei die direkte Beziehung zu den Zuschauern bewertet. Auffällig ist, daß in Großbritannien lediglich ein Viertel der gesamten Gebühreneinnahmen an den Radiobereich gehen. In Deutschland stehen dem ca. 40 Prozent der öffentlichen Einnahmen für Hörfunk gegenüber. Somit scheint in Großbritannien Fernsehen gegenüber dem Hörfunk stärker gewichtet zu werden. Abbildung 21 zeigt die BBC-Gesamteinnahmen sowie die Entwicklung der Rundfunkgebühren.

Abbildung 21: Entwicklung Gebühreneinnahmen BBC[1] (Mio. £)

Gesamteinnahmen BBC 1996 (2334,5 Mio. £)

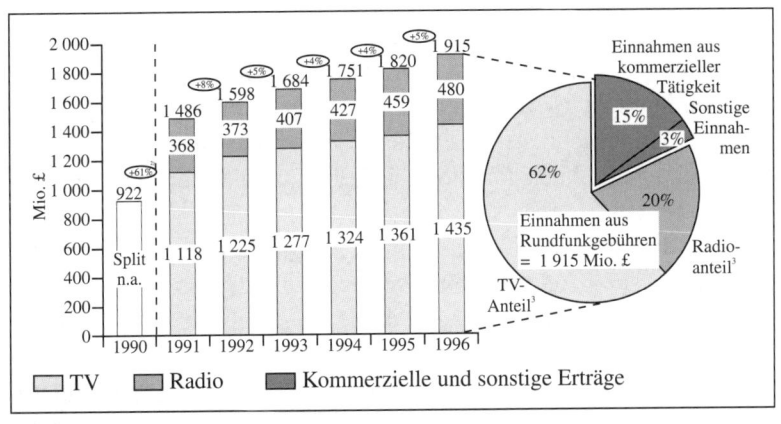

[1] Das Geschäftsjahr der BBC läuft vom 1. April bis 31. März, Werte sind nominal
[2] Ab Geschäftsjahr 1991/92 ist die BBC mit der Erhebung der Gebühren direkt betraut
[3] Aufteilung der Rundfunkgebühr zwischen Radio und TV im Verhältnis der direkten Kosten der beiden Bereiche

Quellen: BBC Annual Reports, Statistisches Jahrbuch 1995–1997 EAI, TV international Sourcebook 1997, BA&H-Analyse

Die Rundfunkgebühr ist bis Ende 2002 garantiert. In der aktuellen Diskussion wird zwar eine Verlängerung der Rundfunkgebühr über das Jahr 2002 hinaus von allen Beteiligten befürwortet, jedoch verstärkt die BBC ihre Anstrengungen im kommerziellen Bereich im Hinblick auf eine mögliche Positionierung im freien Wettbewerb mit anderen Veranstaltern.

Werbung macht 40 Prozent der TV-Gesamteinnahmen aus. Dabei entwickelt sich der TV-Werbemarkt entsprechend dem allgemeinen Wachstum und macht konstant etwa ein Drittel des Gesamtwerbebudgets aus. Bislang stellte man eine Kannibalisierung durch Kabel-

und Satellitenveranstalter primär zu Lasten der ITV-Veranstalter – die bisher größten Nutznießer des TV-Werbemarktes – fest. Der geschützte Markt des ITV-Werbemonopols wird somit unterwandert. Channel 4, der als öffentlicher Sender keinerlei öffentliche Finanzierung erhält, sondern mehr als 98 Prozent seiner Einnahmen aus Werbung generiert, konnte dank seiner auf innovative Filmproduktionen orientierten Programmstruktur sowohl seinen Zuschauer- als auch seinen Werbemarktanteil bislang konstant halten. Des weiteren wird die *funding formula* von Channel 4 nun aufgehoben. Werbeeinnahmen von Channel 4 über 14 Prozent der Gesamt-TV-Werbeeinnahmen mußten als Ausgleichszahlung an Channel 3 (ITV) abgegeben werden. Nachdem diese Regel jetzt abgeschafft wird, erhält Channel 4 neue Wachstumsmöglichkeiten, und es entsteht ein freierer Werbemarkt.

Der Rückgang der ITV-Einnahmen hat den Gesetzgeber bewogen, im Broadcasting Act 1996 eine Verlängerung der bis 2003 vergebenen ITV-Lizenzen ohne Ausschreibung bei gleichzeitiger Neubewertung der Lizenzgebühren vorzusehen. Aufgrund der veränderten Werbemarktbedingungen soll nur noch ein relativ geringer Teil der jährlichen Lizenzgebühr fest erhoben werden. Der weitaus größere Teil wird in Zukunft als Anteil an den effektiven Werbeeinnahmen der ITV-Veranstalter berechnet, was insgesamt zu einer Entlastung der Anbieter von Channel 3 führen soll.

Programmverkäufe und sonstige kommerzielle Erträge machen insgesamt 18 Prozent der gesamten Fernseheinnahmen aus. Dies ist der höchste Wert im Ländervergleich. Er ist insbesondere auf die Aktivitäten von BBC Worldwide und der traditionellen Rolle der BBC im angelsächsischen Sprachraum zurückzuführen. 1996 stammten ca. 15 Prozent der BBC-Einnahmen aus kommerziellen Aktivitäten der Tochter BBC Worldwide (siehe Abbildung 21). Diese schließen weltweite Programmverkäufe, Verkäufe anderer Medien, wie z.B. Videokassetten, und internationale Sendeaktivitäten ein.

Es soll gewährleistet werden, daß die BBC nicht-öffentliche Gelder für die Ausweitung ihrer kommerziellen Aktivitäten im Wettbewerb zu privaten Anbietern verwendet. Daher muß die BBC ihre Geschäftstätigkeit im Rahmen des öffentlichen Auftrags und der kommerziellen Aktivitäten strikt trennen. Eine Quersubventionierung des kommerziellen Bereiches durch die Rundfunkgebühr ist untersagt, wohl aber steht der BBC eine Verwendung von kommerziellen Überschüssen zur Finanzierung ihres öffentlichen Auftrags frei.

Einnahmen durch Pay-TV-Abonnements machen 1996 17 Prozent der TV-Gesamteinnahmen aus und sind damit zu einem bedeutenden Anteil geworden. Dies reflektiert den aufstrebenden Marktanteil von Pay-TV, insbesondere von BSkyB.

6. Kosten und Effizienz

Abbildung 22 zeigt die Gesamtkosten pro Sendeminute der terrestrischen Veranstalter in Großbritannien. Man sieht, daß sowohl das Programm BBC 1 als auch das Programm BBC 2 die höchsten Kosten aufweisen. Dies ist insbesondere durch den hohen Anteil an Eigenproduktionen im Drama-Bereich begründet. Das gesamte Angebot der ITV, bestehend aus dem ITV-Rahmenprogramm sowie der Summe der regionalen Programmangebote, ist kostengünstiger. Betrachtet man einzelne regionale ITV-Veranstalter, so erscheinen diese aufgrund dieser Mehrfachverwertung des nationalen Rahmenprogramms noch deutlich kostengünstiger. Sie übernehmen 82 Prozent bis 96 Prozent des Programms vom zentralen ITV-Netz. Channel 4 als Veranstalter mit *public service mission* ist hingegen kostengünstiger als das ITV-Gesamtangebot. Die Tatsache, daß Channel 4 nicht selbst produziert, sondern die Programmherstellung an unabhängige britische Produzenten vergibt, scheint sich positiv auf die Kosten auszuwirken.

Abbildung 22: Gesamtkosten pro Sendeminute – 1995/96

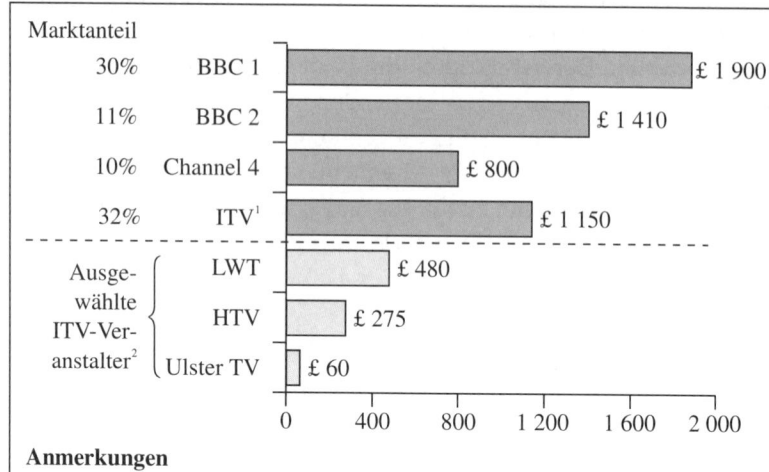

Marktanteil		Kosten
30%	BBC 1	£ 1 900
11%	BBC 2	£ 1 410
10%	Channel 4	£ 800
32%	ITV[1]	£ 1 150
Ausgewählte ITV-Veranstalter[2]	LWT	£ 480
	HTV	£ 275
	Ulster TV	£ 60

Anmerkungen
- Deutliche Kostenunterschiede bestehen innerhalb der ITV-Lizenzen je nach abzudeckender Region.
- Im Durchschnitt liegen die Minutenkosten der ITV-Veranstalter bei etwa £ 300.
- Die regionalen ITV-Veranstalter übernehmen zwischen 82 und 96 Prozent ihres Programms vom zentralen ITV-Netz; die dadurch erreichten Einsparungen ermöglichen die im Vergleich niedrigen Kosten.

[1] Wert 1995; basiert auf dem nationalen Rahmenprogramm von ca. 7 500 Stunden und der Summe der regionalen Sendeangebote
[2] Wert 1995; basiert auf einer durchschnittlichen Sendezeit von ca. 7 500 Stunden je Region

Um aus den Kosten pro Sendeminute Rückschlüsse auf die Effizienz zu ziehen, muß allerdings der Marktanteil der Veranstalter berücksichtigt werden. Damit sind beispielsweise die Programme BBC 1 und das ITV-Gesamtangebot mit jeweils ca. 30 Prozent Marktanteil vergleichbar. Die geringeren Kosten pro Sendeminute von Channel 4 bedeuten bei einem mit 10 Prozent deutlich geringeren Marktanteil bei dieser Betrachtung keinen Effizienzvorsprung gegenüber dem ITV-Gesamtangebot.

Mit dem Broadcasting Act von 1990 ist die Entwicklung der Gebühreneinnahmen an die Inflationsrate gebunden worden. Allerdings wachsen die Kosten im Fernsehbereich deutlich über der Inflationsrate, denn der zunehmende Wettbewerb treibt die Preise für Filmrechte und kreatives Talent nach oben. Als beabsichtigter Effekt wird die BBC durch diese unterschiedliche Entwicklung von Einnahmen und Kosten zu Kostensenkungsprogrammen gezwungen.

Unter diesem Druck konnte die BBC durch umfassende Restrukturierungsmaßnahmen bereits bedeutende Kostensenkungen durchführen. Ein Hauptelement der Restrukturierung war die medienübergreifende Neuorganisation. So wurde die Programmplanung und -kommission für Radio und Fernsehen in der zentralen Abteilung BBC Broadcast zusammengeführt. Die Produktionsabteilung BBC Production wurde ebenso in bi-mediale Produktionsabteilungen nach Genrekriterien restrukturiert. Die übrige Organisation führte man auf vier Abteilungen zusammen:
– ein Corporate Center für Verwaltung und Management,
– BBC News zur zentralen Nachrichtengenerierung,
– BBC Resources zur Verwaltung von Studios und Anlagen,
– BBC Worldwide für alle kommerziellen Aktivitäten.

Seit 1990 konnte die BBC so ihre Beschäftigtenzahl von 29 000 auf 20 000 senken. Die Ausgaben stiegen seitdem langsamer als die Einnahmen. Abbildung 23 zeigt die Auswirkungen der Restrukturierung.

Wichtig ist, daß diese Kostensenkungen vom Gedanken der Fokussierung auf die *public service mission* bestimmt sind. Im von der Thatcher-Regierung in Auftrag gegebenen Peacock Report von 1986 wurde herausgestellt, daß der öffentliche Auftrag durch Gebührenfinanzierung besser verwirklicht werden kann als durch Werbefinanzierung. Dies gab den Anstoß, sich auf diesen Auftrag zu konzentrieren und andere Bereiche abzugrenzen oder zu reduzieren. Hierzu zählt auch die klare Trennung des öffentlichen vom kommerziellen Bereich.

Abbildung 23: Restrukturierung der BBC

	1993 Mio. £	1994 Mio. £	1995 Mio. £	1996 Mio. £	1997 Mio. £
Einnahmen	1 829	1 951	2 110	2 228	2 325
Operative Ausgaben	1 824	1 829	1 987	2 152	2 267
Restrukturierungskosten	101	56	31	0	0
Gesamtkosten	1 925	1 885	2 018	2 152	2 267
Operativer Überschuß	(96)	66	92	76	69

Anzahl der Beschäftigten bei der BBC[1]

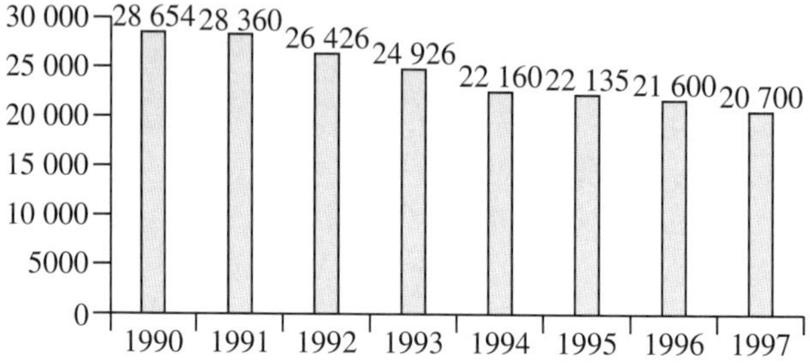

1990	1991	1992	1993	1994	1995	1996	1997
28 654	28 360	26 426	24 926	22 160	22 135	21 600	20 700

[1] Inkl. BBC TV und Radio, World Service, Open University, kommerzielle Aktivitäten
Quellen: BBC Jahresberichte, BA&H-Analyse

7. Digitalisierung, Internet und deren Auswirkungen auf das Fernsehen

Zum momentanen Zeitpunkt sind digitale Multikanalsysteme hauptsächlich per Satellit und Kabel realisierbar, da terrestrische Frequenzen von analogen Veranstaltern belegt sind. Die Satellitenpenetration in Großbritannien liegt mit 15 Prozent der Haushalte im oberen Bereich der analysierten Länder. Dagegen liegt die Haushaltspenetration von Kabelanschlüssen, verglichen mit den übrigen europäischen Ländern – allen voran Deutschland –, mit 8 Prozent sehr niedrig. In die Ausweitung des Kabelnetzes wird verstärkt investiert, wodurch eine erhöhte Anzahl von TV-Veranstaltern erwartet wird. Bereits jetzt werden schon etwa 120 Veranstalter in analoger Übertragungstechnik über Kabel und Satellit angeboten. Auch interaktive TV- und Internet-Dienste sind bereits im Entstehen. British Interactive Broadcasting (BIB) plant, eine offene interaktive Plattform zu installieren. Der Start des interaktiven Fernsehens ist für den Sommer 1998 vorgesehen. An Diensten werden unter anderem Homebanking, Homeshopping und ein Internet-Zugang angeboten. Dabei wird der Rückkanal im Telefonnetz realisiert.

Beim technologischen Schritt, im terrestrischen Bereich auf digitale Übertragung umzustellen, steht Großbritannien im europäischen Vergleich an der Spitze. In der ersten Jahreshälfte 1997 waren bereits die ersten von sechs digitalen Multiplex-Lizenzen durch die ITC vergeben und Mitte 1989 soll sowohl der terrestrische als auch der Satellitenbetrieb von Digital-TV aufgenommen werden. Das Konzept sieht die Umstellung des gesamten Fernsehsystems auf digitale Übertragung bis 2007 vor. Damit verfolgt die Regierung klar das industriepolitische Ziel, die digitale Vorreiterrolle in Europa zu spielen. Mit der unentgeltlichen Zuteilung von terrestrischen Digitalfrequenzen an alle terrestrischen Veranstalter und der damit verbundenen Einspeisung ihrer bestehenden Programme wurde ein Impuls zur raschen Verbreitung des digitalen Fernsehens auf breiter Ebene ausgelöst. Implizite Absicht der Regierung ist es, die zur Zeit noch mit

Fernsehkanälen belegten analogen Frequenzbereiche mittelfristig zu verwerten und damit mögliche Versteigerungsgewinne zu erzielen.

In den kommenden Jahren wird durch die genannte technische Entwicklung und die damit verbundene Zunahme des Kanalangebots die über Jahrzehnte gehaltene Balance im britischen Fernsehsektor zunehmend gestört:

- Die Vielzahl an Sparten- und Pay-TV-Programmen schränkt die Einflußmöglichkeiten des Gesetzgebers auf die Programminhalte des Fernsehsystems ein.
- Die rapide Zunahme an Veranstaltern, die sich zum Teil durch Werbung finanzieren, bewirkt eine Neustrukturierung des TV-Werbemarktes.
- Angesichts von Querbeteiligungen und Einspeisung von Satellitenkanälen aus dem Ausland lassen sich Konzentrationserscheinungen auf einem freien Markt immer schwerer verhindern.

Auf Regulierungsseite versucht man durch eine starke Positionierung der öffentlichen Anbieter BBC und Channel 4, sich bei schwindendem Einfluß auf private Anbieter Mittel zur Verwirklichung gesellschaftlicher Ziele zu erhalten. Den öffentlichen Veranstaltern wird erlaubt, das erweiterte technische Spektrum – aus jedem analogen Sendekanal werden sechs digitale Kanäle – im Rahmen ihrer kommerziellen Tätigkeit zu nutzen. Auch gilt als möglicherweise revolutionärstes Ziel der digitalen Strategie der BBC der Einstieg in das digitale Pay-TV: Sie plant, gemäß ihrer Kompetenzen, ein Spartenprogramm im Bereich Drama anzubieten. Channel 4 schließt sich mit dem Pay-TV-Programm Art House an, das innovative Spielfilme beinhaltet. Diese geplanten Aktivitäten öffentlicher Anbieter sind bisher weitgehend unumstritten, sie haben jedoch zum momentanen Zeitpunkt nur geringe Auswirkungen am Markt. Das erste konkrete Beispiel für eine Konkurrenzsituation kommerzieller Angebote des öffentlichen Bereiches und privater Angebote in Großbritannien stieß hingegen auf erhebliche Kritik. Die größten Kabelgesellschaften nahmen das Nachrichtenangebot von BBC anstelle von Sky News in ihr Programm auf. Dies löste eine intensive öffentliche Diskussion aus.

Frankreich

1. Zusammenfassung

Überblick

Das französische Fernsehen entwickelte sich von einem staatlichen Monopol über den Sendestart privater Veranstalter und die Privatisierung von TF1 in den 1980er Jahren hin zum Konkurs eines privaten Anbieters und dem Aufschwung des öffentlichen Fernsehens in den 1990er Jahren. Das öffentliche Fernsehen umfaßt mit dem erfolgreichen regionalen Angebot F3 und dem Vollprogramm F2 zwei Anbieter mit hohem Marktanteil sowie die beiden Nischenveranstalter arte und La Cinquième. Dieses öffentliche Angebot umfaßt 45 Prozent des gesamten Marktes. Ihm steht auf privater Seite der privatisierte Veranstalter TF1 mit 36 Prozent Marktanteil, der auf Musik ausgerichtete Veranstalter M6 mit 12 Prozent sowie das Pay-TV-Angebot Canal Plus mit 4 Prozent gegenüber. Das Kabelfernsehen ist in Frankreich bisher nicht von besonderer Bedeutung. Es gibt allerdings bereits zwei Digital-Pay-TV-Angebote.

Klaus Mattern, Thomas Künstner

Kernbereichsprogramme

Die Leitlinien der öffentlichen Veranstalter stimmen weitgehend mit den Zielsetzungen in Deutschland überein. Allerdings wird die Förderung der französischen Kultur durch das öffentliche Fernsehen stark betont sowie die Komplementärfunktion gezielt durch die Nischenveranstalter arte und La Cinquième wahrgenommen. Die Integrationsfunktion und somit die Massenwirkung öffentlichen Fernsehens wird als unabdingbar angesehen. Der Staat nimmt auf die öffentlichen Veranstalter direkt Einfluß und setzt darüber hinaus allen Veranstaltern öffentliche Ziele in Form von detaillierten Auflagen. Das französische Fernsehsystem produziert ein Angebot an Programmen aus dem Kernbereich von 39 Prozent, wobei sich die öffentlichen Veranstalter mit 46 Prozent und die privaten Veranstalter mit 32 Prozent nur wenig voneinander unterscheiden. Vergleicht man Angebot und Nachfrage des Kernbereiches, so zeigt sich ebenfalls nur ein geringer Unterschied. Die einzige Ausnahme stellt der Kulturbereich dar. Die öffentlichen Veranstalter ziehen hier 81 Prozent der Nachfrage auf sich, obwohl sie nur 65 Prozent des Angebots stellen.

Regulierung

In Frankreich dominiert, ähnlich wie in Großbritannien und Australien, der terrestrische Fernsehempfang. Die Regulierung durch umfangreiche Programmauflagen konzentriert sich entsprechend auf die terrestrischen Veranstalter, wohingegen die Auflagen im wenig bedeutsamen Kabel- und Satellitenbereich wesentlich geringer sind. Als Legitimation der umfangreichen Regulierung gilt, daß Fernsehen ein wichtiger kultureller Bestandteil sei, dessen Wahrung zu der Pflicht des französischen Staates gehöre. Entsprechend zeichnet sich die französische Regulierung durch eine starke Orientierung auf nationale Inhalte aus. Private und öffentliche Veranstalter erhalten ähnlich strikte und detaillierte Vorgaben. Mit dem Conseil Supérieur de l'Audiovisuel (CSA) wurde 1989 in Frankreich eine starke und größtenteils staatsunabhängige Regulierungsbehörde gegründet. Die CSA stellt die zentrale Marktaufsicht dar und ist sowohl für die privaten als auch für die öffentlichen Veranstalter zuständig. Infolge dieser einheitlichen Marktüberwachung existieren in Frankreich keine Selbstregulierungselemente bei den öffentlichen Veranstaltern.

Finanzierung

Die öffentliche Finanzierung durch Gebühren weist mit 19 Prozent der Gesamteinnahmen den niedrigsten Anteil der betrachteten europäischen Länder auf. Es besteht ein gesellschaftlicher Konsens über Gebühren als einem wichtigen Bestandteil der Finanzierung öffentlicher Veranstalter. Den mit 45 Prozent höchsten Anteil an den Gesamtfernseheinnahmen hat in Frankreich allerdings die Werbung. Bei France 2 macht die Werbefinanzierung 1995 mit einem Anteil von 44 Prozent fast die Hälfte seiner Gesamteinnahmen aus. Von mehreren Experten wird jedoch die Meinung vertreten, daß der Anteil der Werbefinanzierung eines öffentlichen Veranstalters 30 Prozent der Einnahmen nicht überschreiten sollte. Bei einem höheren Anteil werde das Programmangebot dem eines privaten Anbieters sehr ähnlich, und der Veranstalter verliere weitgehend seinen öffentlichen Charakter. Die Pay-TV-Einnahmen in Form von Abonnements nehmen in Frankreich mit 24 Prozent den höchsten Anteil an den Gesamteinnahmen im Ländervergleich ein. Dies ist auf Canal+, den finanzstärksten französischen TV-Veranstalter, zurückzuführen.

Kosten und Effizienz

Der private Veranstalter TF1 hat höhere Gesamtkosten pro Sendeminute als die öffentlichen Veranstalter. Unter den großen öffentlichen Veranstaltern weist France 3 höhere Kosten auf als France 2, was mit dessen regionaler Ausrichtung und der daher aufwendigeren Infrastruktur von Agenturen und Studios begründet wird. Bezogen auf den erzielten Marktanteil sind die Kosten von TF1 und France 2 vergleichbar. Es zeigen sich aber auch Effizienzunterschiede. arte weist beispielsweise halb so hohe Kosten auf wie F2, erzielt jedoch nur einen Bruchteil von dessen Marktanteil. Bei den privaten Veranstaltern sind bei M6 die Kosten relativ zum erzielten Marktanteil geringer als bei TF1.

Digitalisierung, Internet und deren Auswirkungen auf das Fernsehen

Frankreich hat im Hinblick auf Kabel- und Satellitenpenetration relativ ungünstige technische Voraussetzungen für die rasche Einführung von Digital-TV. Weiterhin ist eine umfassende Digitalisierung im terrestrischen Bereich, wie beispielsweise in Großbritannien, nicht geplant. Die Marktsituation für digitale Pay-TV-Angebote ist ungünstig, weil Kabelanbieter bereits defizitär arbeiten und mit Canal Plus bereits ein fest etabliertes Pay-TV-Angebot besteht. Darüber hinaus bietet Canal Plus aus seiner sicheren Position als Pay-TV-Marktführer heraus selbst ein digitales Angebot an: Canal Satellite. Seit 1997 existiert zusätzlich das konkurrierende digitale Bouquet TPS. Das öffentliche Fernsehen hat frühzeitig ein digitales Angebot entwickelt. Im kommerziellen Bouquet TPS ist es neben der digitalen Ausstrahlung der existierenden öffentlichen Programme bereits mit einem Geschichts- sowie einem Ereignisangebot vertreten. Die Spartenangebote wurden in einer neugebildeten Holding organisatorisch von den bestehenden öffentlichen Veranstaltern getrennt und finanzieren sich allein über kommerzielle Einnahmen. Geprüft wird in Frankreich momentan allerdings, ob es in der Tat notwendig ist, daß öffentliches Fernsehen als Produzent von Spartenprogrammen und gleichzeitig – durch die Beteiligung von France Télévision an TPS – als Betreiber eines digitalen Bouquets tätig ist. Internet-Dienste spielen bei digitalen Strategien im französischen

Fernsehen keine besondere Rolle. Man schätzt die Bedeutung von Online-Angeboten aufgrund des bei einer Internet-Penetration von 1 Prozent (ohne Minitel) sehr geringen Marktes als niedrig ein. Andererseits schöpft das weit verbreitete Minitel derzeit noch einen großen Teil des Marktpotentials für Online-Dienste ab.

2. Überblick

Der französische Fernsehmarkt entwickelte sich in drei Hauptphasen:
- Bis 1982 bestand ein staatliches Programmonopol in Form der drei öffentlichen Vollprogramme TF1, France 2 und dem regional ausgerichteten France 3.
- 1984 entstand mit der Gründung des Pay-TV-Veranstalters Canal Plus das duale System im TV-Markt. 1986 und 1987 folgten die beiden weiteren privaten Veranstalter La Cinq und M6. Schließlich wurde 1987 der größte öffentliche Veranstalter TF1 privatisiert.
- 1992 folgte der Konkurs des privaten Veranstalters La Cinq aufgrund des hohen Wettbewerbsdrucks im Fernsehmarkt. Auf dessen Frequenz senden heute mit arte und La Cinquième zwei neue öffentliche Nischenveranstalter. Infolge dieser Entwicklung gewann das öffentliche Fernsehen in Frankreich seit 1990 Marktanteile, was eine Besonderheit im Ländervergleich darstellt.

Als regulatorischer Meilenstein wurde 1989 das Mediengesetz um einheitliche Programmquoten für öffentliche und private Fernsehveranstalter erweitert. Dabei handelt es sich um detaillierte regulatorische Auflagen. Parallel dazu wurde auch die Regulierungsbehörde CSA gegründet, die diese Auflage im gesamten Fernsehsystem überwacht. Die CSA ist auch für das öffentliche Fernsehen zuständig. Frankreich ist somit das einzige Land unseres internationalen Vergleiches, in dem öffentliches Fernsehen nicht über selbstregulative Elemente verfügt.

Klaus Mattern, Thomas Künstner

Abbildung 24: Zuschaueranteile

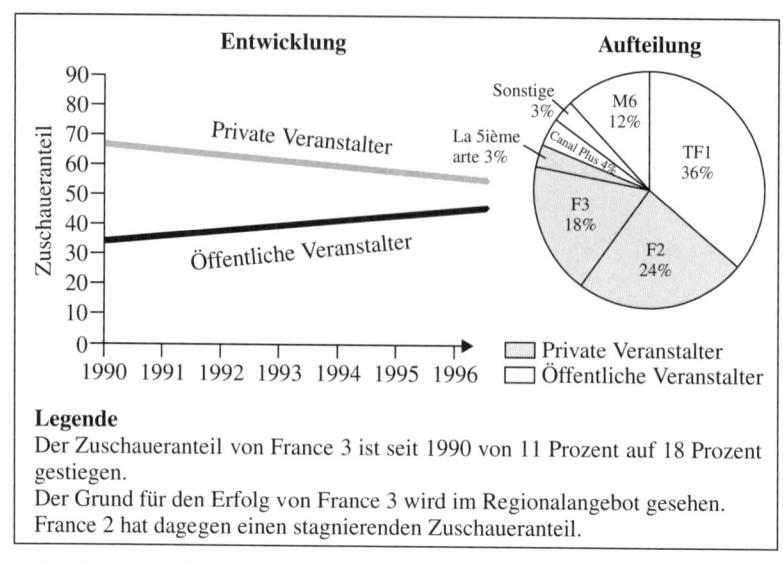

```
                    Entwicklung                        Aufteilung
     90
     80                                    Sonstige         M6
     70      Private Veranstalter            3%            12%
     60                                  La 5ième              TF1
     50                                  arte 3%   Canal Plus 4%  36%
     40                                          F3
     30      Öffentliche Veranstalter          18%
     20                                                  F2
     10                                                  24%
      0
       1990 1991 1992 1993 1994 1995 1996   ☐ Private Veranstalter
                                            ☐ Öffentliche Veranstalter
```

Legende
Der Zuschaueranteil von France 3 ist seit 1990 von 11 Prozent auf 18 Prozent gestiegen.
Der Grund für den Erfolg von France 3 wird im Regionalangebot gesehen.
France 2 hat dagegen einen stagnierenden Zuschaueranteil.

Quelle: Europäische Audiovisuelle Informationsstelle

Wie Abbildung 24 zeigt, hat das öffentliche Fernsehen Frankreichs einen hohen Marktanteil. France 2, France 3 und die Nischenprogramme arte und La Cinquième zusammen umfassen 45 Prozent des gesamten Fernsehmarktes. Dies ist der höchste öffentliche Marktanteil im Ländervergleich. Seit 1990 ist dieser Marktanteil des öffentlichen Fernsehens angestiegen, was neben dem Sendebeginn von arte und La Cinquième insbesondere auf den Erfolg von France 3 zurückzuführen ist. Dabei ist France 3 der einzige öffentliche Veranstalter in Europa, der in den letzten Jahren Marktanteile gewonnen hat. Das wird vor allem darauf zurückgeführt, daß France 3 sein populäres Regionalangebot seit 1992 stärker betont. Heute sendet France 3 beispielsweise Regionalnachrichten aus 24 verschiedenen Regionen. Dagegen stagniert der Marktanteil von France 2, das ein Vollprogramm mit hohem Unterhaltungsanteil anbietet. arte bietet als Nischenveranstalter ein überwiegend kulturelles Angebot und La Cinquième strahlt ein öffentliches Bildungsangebot aus.

Die Gesamtheit der privaten Veranstalter hat mit 55 Prozent nur einen leicht höheren Marktanteil als die öffentlichen Anbieter. Darunter weist TF1, das ein Vollprogramm mit hoher Unterhaltungskomponente ähnlich France 2 sendet, mit 36 Prozent den höchsten Marktanteil eines privaten Veranstalters in Europa auf. Allerdings zeigt dieser Marktanteil fallende Tendenz. Der zweite private Veranstalter M6 hat 12 Prozent Marktanteil und ist dabei hochprofitabel. Sein Erfolg begründet sich in seiner Nischenstrategie, die sich auf ein Vollprogramm mit hohem Musikanteil konzentriert. Dabei wird der Markenname M6 genutzt, um weitere Erträge, beispielsweise beim Verkauf von Videokassetten, zu erzielen.

Der terrestrische Pay-TV-Veranstalter Canal Plus ist mit einer Penetration von 19 Prozent aller Haushalte sowie einem Marktanteil von 4 Prozent sehr erfolgreich. Er hat damit in Frankreich eine besondere Bedeutung. Des weiteren bietet Canal Plus seit kurzem auch ein digitales Bouquet an, das per Satellit ausgestrahlt wird. Dies konkurriert mit dem zweiten Digitalbouquet TPS, das von einer Anbietergemeinschaft, darunter auch die öffentliche Fernsehanstalt France Télévision, betrieben wird.

Daneben existieren 13 Spartenkanäle im Kabelfernsehen. Diese sind allerdings nicht von großer Bedeutung, da 91 Prozent aller Haushalte ihr Fernsehen per Hausantenne empfangen. Kabelfernsehen ist in Frankreich mit 7 Prozent sehr gering verbreitet und stellt für die Kabelanbieter ein defizitäres Geschäft dar.

3. Kernbereichsprogramme

Die Leitlinien der öffentlichen Veranstalter France 2 und France 3, die in den 1994 überarbeiteten Cahiers des Charges festgeschrieben sind, lassen eine weitgehende Übereinstimmung mit den deutschen Zielsetzungen für das öffentliche Fernsehen erkennen. Öffentliches Fernsehen soll durch seine soziale Aufgabe und die Förderung der französischen Kultur eine integrative Wirkung erreichen. Weiterhin soll es sich allen Zuschauergruppen öffnen und somit eine Forumsfunktion wahrnehmen. Als Vorbildfunktion wird der erzieherische Einfluß des öffentlichen Fernsehens verstanden. Außerdem soll es durch kulturelle Angebote, Bildungsangebote und Angebote für Jugendliche in einer Komplementärfunktion das bestehende Fernsehprogramm gemäß den gesellschaftlichen Zielen ergänzen. Somit finden sich die vier Funktionen des deutschen Grundversorgungsauftrags in den Grundgedanken der französischen Ziele an das öffentliche Fernsehen wieder.

Allerdings werden in Frankreich deutliche Zielschwerpunkte gesetzt. Darüber hinaus wird mit der Unterstützung der französischen Filmproduktion ein zusätzliches gesellschaftliches Ziel formuliert und als eine weitere zentrale Funktion öffentlichen Fernsehens angesehen. Insbesondere wird die Förderung der französischen Kultur durch das öffentliche Fernsehen stark betont. Daneben nehmen die beiden Nischenanbieter arte und La Cinquième gezielt die Komplementärfunktion wahr.

In Frankreich wird betont, daß öffentliches Fernsehen Massenwirkung haben muß. Entsprechend den Richtlinien soll öffentliches Fernsehen »Fernsehen für alle« sein. Die soziale Aufgabe kann nach Meinung einiger Experten allein mit einem breiten Vollprogramm erfüllt werden; nur so kann ein verbindendes Element in der Gesellschaft geschaffen werden. Dabei erwartet man einen Zuschaueranteil von mindestens 10 Prozent des Fernsehmarktes, um einen signifikanten Teil der Bevölkerung zu erreichen. In diesem Zusammenhang spielen arte und La Cinquième eine untergeordnete Rolle für das öffentliche Fernsehen und können höchstens eine ergänzende Funktion wahrnehmen. Ein Teil bewertet sogar kritisch, daß die Ausrichtung von arte nicht umfassend sei. Eine Beschränkung des öffentlichen Fernsehens auf arte und La Cinquième wird in diesem Sinne abgelehnt. Allerdings bieten die öffentlichen Nischenveranstalter die Möglichkeit, neue gesellschaftliche Ziele wie die Bereiche Ausbildungsmarkt und Arbeitslosigkeit umzusetzen. Hierbei ist La Cinquième mit ihren Bildungsprogrammen für Arbeitslose hervorzuheben.

Abbildung 25: Vergleich der gesellschaftlichen Ziele in Frankreich und Deutschland

	Übereinstimmende Ziele				Abweichende Ziele
	Integrations-funktion	Forums-funktion	Vorbild-funktion	Komplementär-funktion	
Verfassungsauftrag des öffentlichen Fernsehens in Deutschland	*Gemeinsamer Kommunikations-prozeß der Bevölkerung Kulturelle Identität*	*Inhaltlicher Pluralismus und Meinungspluralismus*	*Journalistische Qualitätsstandards Innovative Programmgestaltung*	*Beiträge, die vom privaten Anbieter nicht zu erwarten sind*	
Zielsetzungen öffentlichen Fernsehens in Frankreich	*Soziale Funktion Förderung der französischen Kultur*	*Öffnung für alle Zuschauergruppen*	*Erzieherische Funktion*	*Angebot für Jugendliche*	Filmförderung *Förderung der Filmproduktion*

Der Staat nimmt in Frankreich starken Einfluß auf das öffentliche Fernsehen:
- Lange Zeit war die gesamte Fernsehregulierung fest in einer Regierungsorganisation verankert. Dies ermöglichte, daß öffentliches Fernsehen auch zu parteipolitischen Zwecken eingesetzt werden konnte.
- Die Pflichtenhefte der öffentlichen Veranstalter (Cahiers des Charges) werden per Dekret des Premierministers erlassen.
- Die Verteilung der Gebühren wird in einer Haushaltsdebatte des Parlamentes abgestimmt.
- Der Minister für Kultur und Kommunikation greift zum Teil unmittelbar in das öffentliche Fernsehen ein. So initiierte er beispielsweise die öffentlichen Spartenkanäle mit seinem direkten Auftrag.
- Die Regierung schlägt den Präsidenten von France Télévision vor. Jedoch muß dieser von der Regulierungsbehörde CSA bestätigt werden. Die CSA weicht gelegentlich von den Vorschlägen ab.

Abbildung 26: Definition gesellschaftlicher Ziele für das Fernsehsystem

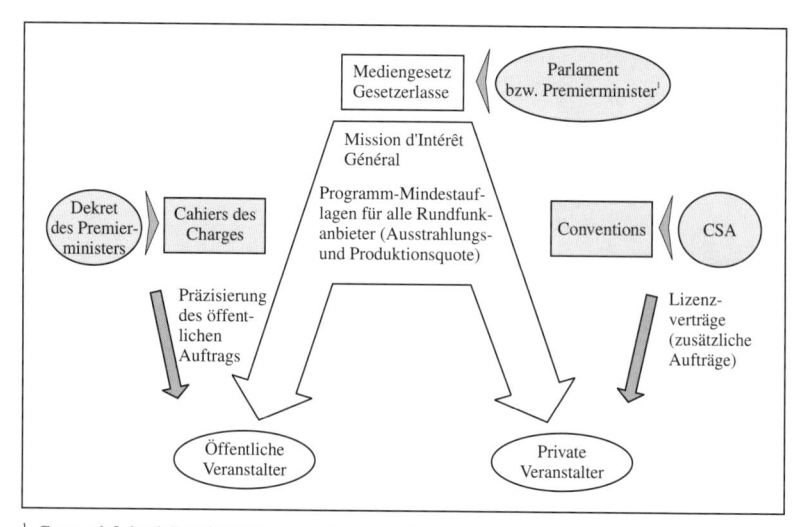

[1] Gesetzerlaß durch Premierminister nach Vertrauensfrage

Über die Steuerung des öffentlichen Fernsehens hinaus nimmt der französische Staat auch Einfluß auf das gesamte Fernsehsystem. Er setzt Ziele für öffentliche und private Veranstalter in Form von detaillierten Auflagen. Wie in Abbildung 26 dargestellt, bilden das Mediengesetz sowie ergänzende, vom Parlament verabschiedete Gesetzerlasse die Basis dieser Ziele. Im Ausnahmefall, der in der Vergangenheit jedoch mehrmals aufgetreten ist, können die Gesetzerlasse auch direkt durch den Premierminister erfolgen, wenn dieser die Vertrauensfrage an das Parlament stellt. Seit 1989 sind im Mediengesetz detaillierte Mindestquoten für Programminhalte festgelegt. Sie definieren den »Auftrag für das allgemeine Interesse« (Mission d'Intérêt Général) an alle Veranstalter im Fernsehsystem. Beispielsweise wird verlangt, daß 60 Prozent des Programmangebots europäischen Ursprungs und 40 Prozent französischen Ursprungs sein muß. Des weiteren müssen die Veranstalter 15 Prozent ihres Umsatzes auf französische TV-Produktionen verwenden.

Zusätzlich erteilt die Regulierungsbehörde CSA weitere spezifische Auflagen und Regeln an die privaten Veranstalter in deren Lizenzverträgen (Conventions). So durfte TF1 im Jahr 1995 maximal 170 Spielfilme senden. Von M6, das auf die Programmsparte Musik ausgerichtet wird, erwartet man die Ausstrahlung von französischen Musikvideos. Und Canal Plus darf, als Ausnahmeregel, Spielfilme bereits ein Jahr nach dem Kinostart zeigen. Für die öffentlichen Veranstalter werden, wie oben bereits beschrieben, diese Mindestauflagen durch das Pflichtenheft (Cahiers des Charges) präzisiert.

Eine Zusammenfassung der Definitionen gesellschaftlicher Ziele in Frankreich ist aus Abbildung 26 zu entnehmen. Diese sind auf drei Komponenten aufgebaut:
– Mediengesetz mit dem »Auftrag für das allgemeine Interesse«, das an alle Veranstalter gerichtet ist,
– Pflichtenheft der öffentlichen Veranstalter,
– Lizenzbestimmungen für die privaten Veranstalter.

Bei den Zielsetzungen wird deutlich, daß neben kulturellen auch industriepolitische Überlegungen eine Rolle spielen. Zum Beispiel wird spezifiziert, welcher Anteil des Umsatzes der Veranstalter französischen Spielfilmproduktionen zugute kommen soll. Der Pay-TV-Veranstalter Canal Plus wurde vom Staat vor dem Hintergrund der Förderung der französischen Filmwirtschaft regulatorisch bevorzugt. Spielfilme darf Canal Plus als einziger Anbieter bereits ein Jahr nach Erscheinen senden, alle anderen Anbieter unterliegen einer Frist von drei Jahren. Des weiteren werden an ihn keine Auflagen für Kultursendungen, Informationssendungen etc. gestellt. Bis 1994 galten für Canal Plus niedrigere Jugendschutzauflagen (beispielsweise im Erotik-Bereich). Seit 1994 steht allerdings auch Canal Plus unter der Regelung der europäischen Richtlinie »Television without frontiers«, die dies theoretisch unterbindet. Praktisch werden Verstöße zum Teil jedoch auch weiterhin geduldet.

Als eine Maßgröße für die Erreichung der angestrebten gesellschaftlichen Ziele wurde das vorhandene Angebot im Kernbereich untersucht. Dazu zählen Programme in den Sparten Nachrichten-, Informations-, Kultur- sowie Kinder- und Jugendsendungen.

Das aus den massenwirksamen Veranstaltern France 2, France 3 sowie TF1 und M6 zusammengesetzte TV-Gesamtangebot weist in Frankreich einen Anteil des Kernbereiches von 39 Prozent auf (siehe Abbildung 27).

Ein Großteil der Experten meint, daß öffentliche und private Anbieter sich nur wenig unterschieden. Dies ist einerseits historisch auf die erst in den 1980er Jahren erfolgte Privatisierung des größten Veranstalters TF1 zurückzuführen. Auch heute noch weist ein Teil der Zuschauer TF1 dem öffentlichen Sektor zu. Des weiteren bewirken die oben beschriebenen Regulierungsauflagen (Mission d'Intérêt Général) für öffentliche und private Veranstalter, daß eine eindeutige Unterscheidung des Programmangebots schwierig ist. Der Programmspartenvergleich der beiden größten Veranstalter TF1 und France 2 verdeutlicht die Ähnlichkeit öffentlicher und privater Angebote. TF1 hat mit 39 Prozent einen in etwa gleich großen Anteil am Kernbereich wie France 2 mit 41 Prozent. Als weiteres Ähnlichkeitsmerkmal ist anzuführen, daß beide Veranstalter einen identischen Werbeanteil von 9 Prozent aufweisen. Dagegen unterscheiden sich arte und La Cinquième, die neuen öffentlichen Anbieter in

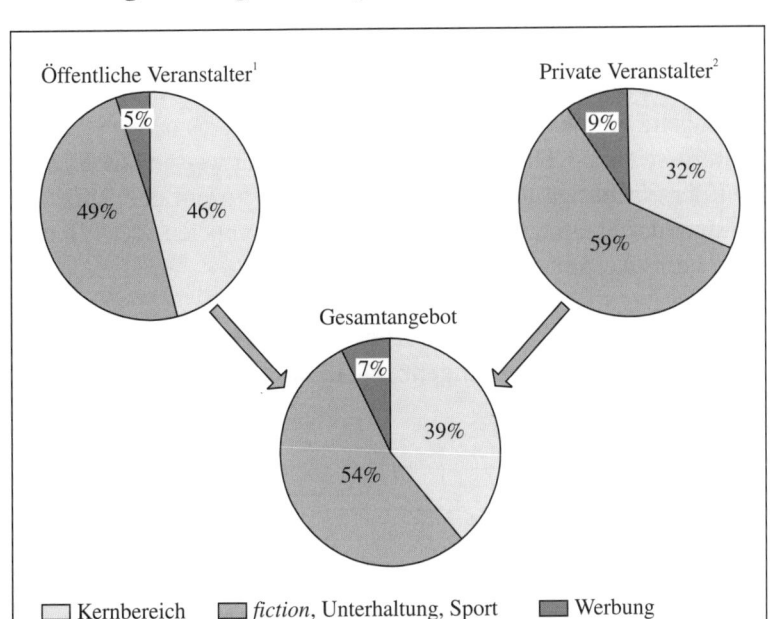

Abbildung 27: Programmangebote im Kernbereich – 1995

Öffentliche Veranstalter[1]: 5%, 49%, 46%

Private Veranstalter[2]: 9%, 32%, 59%

Gesamtangebot: 7%, 39%, 54%

☐ Kernbereich ■ *fiction*, Unterhaltung, Sport ■ Werbung

[1] France 2 und France 3 (ohne die Nischensender arte und La Cinquième)
[2] TF1 und M6
Quellen: Documentation Française, BA&H-Analyse

Frankreich, durch ihre mit 63 Prozent bzw. 79 Prozent sehr hohen Anteile am Kernbereich deutlich von den privaten Programmangeboten. Ihr Marktanteil von 3 Prozent bestätigt allerdings ihre Nischenrolle als Komplementärangebot.

Vergleicht man Angebot und Nachfrage des Kernbereiches, so zeigt sich ein nur geringer Unterschied. Der Kernbereich macht 39 Prozent des Gesamtprogrammangebots aus, während seine Nachfrage bei 32 Prozent der Gesamtnachfrage liegt. Somit kann man sagen, daß der Kernbereich nachfrageorientiert angeboten wird. In Abbildung 28 wird weiterhin dargestellt, wie sich Angebot und Nachfrage des Kernbereiches auf die öffentlichen und privaten Veranstalter aufteilen. Das öffentliche Angebot von France 2 und 3 umfaßt mit 57 Prozent knapp über die Hälfte des gesamten Angebots am Kernbereich. Dieser Anteil bleibt, bei sehr geringen Einbußen, mit 55 Prozent auch auf der Nachfrageseite bestehen. Vergleichbare Ergebnisse zeigen sich auch für Informations- und Nachrichten- sowie Jugend- und Kindersendungen. Die einzige Ausnahme stellt der Kulturbereich dar. Die öffentlichen Veranstalter weisen hier 81 Prozent der Nachfrage auf, obwohl sie mit 65 Prozent des Angebots geringer dazu beitragen. Dies weist auf die Kompetenz des öffentlichen Fernsehens in diesem Bereich hin.

Abbildung 28: Vergleich von Angebot und Nachfrage nach Programmgenres – 1995[1]

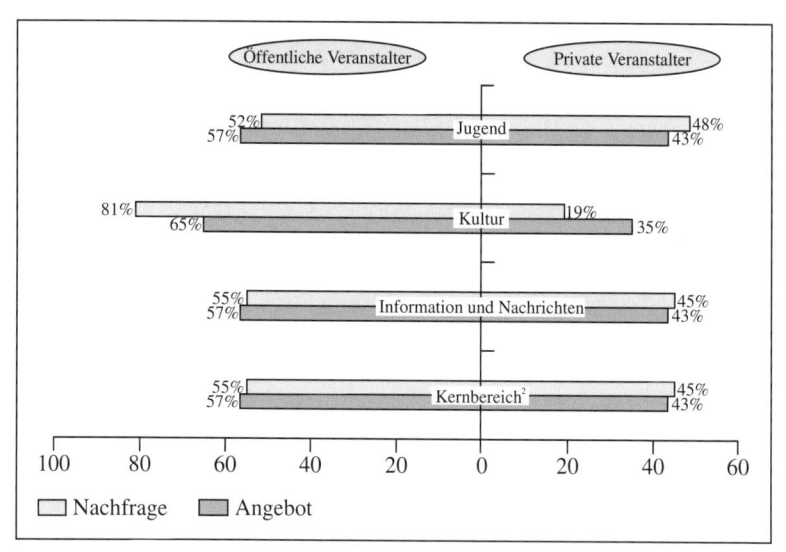

	Öffentliche Veranstalter	Private Veranstalter
Jugend	52% / 57%	48% / 43%
Kultur	81% / 65%	19% / 35%
Information und Nachrichten	55% / 57%	45% / 43%
Kernbereich[2]	55% / 57%	45% / 43%

☐ Nachfrage ■ Angebot

[1] Erfaßt werden F2, F3, TF1 und M6
[2] Kernbereich

Quellen: Documentation Française, BA&H-Analyse

4. Regulierung

In Frankreich dominiert, vergleichbar auch mit Großbritannien und Australien, der terrestrische Fernsehempfang. 91 Prozent aller Haushalte empfangen mit ihrer Hausantenne mit vier öffentlichen und zwei privaten Angeboten eine begrenzte Anzahl an Free-TV-Angeboten. Die französische Regulierung konzentriert sich auf diese überschaubare Anzahl an Fernsehmarktteilnehmern und steckt für die wenigen Veranstalter einen engen Rahmen mit detaillierten Auflagen ab. Die Anforderungen an Kabel- und Satellitenveranstalter sind hingegen wesentlich geringer, doch betrifft dieser Bereich mit lediglich 9 Prozent der Haushalte nur einen Bruchteil der Gesellschaft. Eine weitere Ursache für die umfassende Regulierung ist in der französischen Tradition sowie im Selbstverständnis des französischen Staates zu sehen. Beispielsweise nimmt die Wahrung und Fortsetzung des französischen Kulturerbes einen hohen Stellenwert innerhalb der französischen Kulturpolitik ein, und das Fernsehen wird als wichtiger kultureller Bestandteil betrachtet. Außerdem wird der starke politische Einfluß als legitim angesehen. Entgegen liberaleren Grundhaltungen, wie beispielsweise in den USA, sieht man es als Pflicht des Staates an, die französischen Interessen zu vertreten und einzufordern. Entsprechend wird das Recht des Staates anerkannt, im Gegenzug zu der Erlaubnis, das Frequenzspektrum zu nutzen, weitreichende Auflagen für die ausgestrahlten Inhalte zu erlassen.

Entsprechend zeichnet sich die französische Regulierung durch eine starke Orientierung auf nationale Inhalte aus. Mindestens 40 Prozent des Programms muß französischen Ursprungs sein. Darüber hinaus wird gefordert, daß 15 Prozent des Umsatzes der Veranstalter für französische TV-Produktionen verwendet werden. Im Expertengespräch mit Repräsentanten privater Veranstalter wurde jedoch deutlich, daß die Anforderungen für französische Inhalte zu einem großen Teil geduldet werden. Es wird anerkannt, daß diese Regeln der »französischen Sache« dienen.

Private und öffentliche Veranstalter erhalten ähnlich strikte und detaillierte Vorgaben in Form von Quoten für Mindest- und Höchstsendedauern bestimmter Sparten. Dies zeigt die Quote für die maximale Zahl an jährlichen Spielfilmen. France 2 als öffentlicher Veranstalter durfte 1994 beispielsweise mehr Spielfilme (192) senden als der private Veranstalter TF1 – diesem waren nur 170 Spielfilme erlaubt. Werbung ist für alle Veranstalter auf 6 Minuten pro Stunde im täglichen Mittel beschränkt, wobei Sendungen nicht für Werbung unterbrochen werden dürfen. Die Konzentrationsregelung wurde 1994 im Gesetzerlaß Loi Carignon gelockert. In Frankreich als einzigem Land des Ländervergleiches ist sie an Veranstalterbeteiligungen und nicht an Marktanteilen orientiert; 49 Prozent Beteiligung an einem Veranstalter ist die Höchstgrenze.

Die regulatorische Gleichbehandlung von öffentlichen und privaten Veranstaltern wird zum Teil als wettbewerbsverzerrend angesehen. Vertreter der privaten Veranstalter plädieren für eine klarere Unterscheidung, da sonst die öffentlichen Anbieter durch die einseitige Gebührenfinanzierung bevorzugt werden. In diesem Zusammenhang werden auch die zusätzlichen Subventionen des Staates kritisiert, mit denen am Ende des Jahres der mögliche Verlust eines öffentlichen Veranstalters ausgeglichen wird. TF1 hat in diesem Zusammenhang eine Beschwerde beim Europäischen Gerichtshof gegen seinen öffentlichen Konkurrenten France 2 eingereicht. Gefordert wird ein deutlicherer Schwerpunkt des öffentlichen Fernsehens auf Information, Kultur und Bildung. Dieser soll im Pflichtenheft in Form von Quoten festgeschrieben werden.

Abbildung 29 gibt einen Überblick über die Regulierung in Frankreich.

Die inhaltliche Regulierung ist nach Expertenmeinung in Zukunft nur noch eingeschränkt möglich. Ein Problemfeld ist beispielsweise das Satellitenfernsehen. Da Satellitenlizenzen europaweit vergeben werden, bildet die europäische »Television without frontiers« den Regulierungsrahmen. Die französischen Regulierungsmaßnahmen müssen dieser Situation gerecht werden und für Satelliten- und Kabelprogramme gemäß dem europäischen Minimalkonsens liberal

Abbildung 29: Regulierung

	Lizenzierung	Konzentrationsregulierung	Vorgaben für Programminhalte	Werbebeschränkungen
Vorgaben	*Abschließen von Lizenzverträgen mit neuen Veranstaltern (»conventions«) Festlegen jährlicher quantitativer Auflagen (»obligations quantitatives«)*	*Beteiligungen an einem Veranstalter dürfen 49 Prozent nicht überschreiten Cross media rules auf Reichweitebasis*	*Mindestens 60 Prozent europäischer und 40 Prozent französischer Programminhalt 15 Prozent des Umsatzes muß für französische TV-Produktion verwendet werden Quoten für kulturelle Angebote, Spielfilme etc., wobei öffentliche und private Veranstalter gleich behandelt werden*	*Begrenzung auf max. 12 Min./Sendestunde bei einem Tagesdurchschnitt von max. 6 Min./Sendestunde Unterbrechungen für Werbung sind nicht erlaubt*
Gesetze	*Mediengesetz gibt den Mindestrahmen vor*	*Mediengesetz, Gesetzerlasse Insbesondere: Loi Carignon, 1994 (Lockerung der Konzentrationsregelungen)*	*Mediengesetz Veranstalterspezifische Pflichtenhefte*	*Mediengesetz, Gesetzerlasse Insbesondere: Loi Sapin, 1993 (Regelung der Werbeverträge)*
Zuständige Behörde			CSA	

Quellen: Kagan European Media Regulation, BA&H-Analyse

gestaltet sein. Für das umfangreiche Angebot in diesem Sektor ist auch eine Ex-Ante-Regulierung der Programminhalte unmöglich. In Zukunft wird man die Regulierung nur noch sinnvoll auf der Basis von Beschwerden durchführen können. Allerdings plant man keinesfalls, den bestehenden Regulierungsrahmen im terrestrischen Bereich zu ändern. Dafür spricht, daß man erwartet, daß terrestrisches Fernsehen mit seiner begrenzten Zahl an Veranstaltern auch mittelfristig weiterhin den Fernsehmarkt dominieren wird.

Mit dem Conseil Supérieur de l'Audiovisuel (CSA) wurde 1989 in Frankreich eine starke und größtenteils staatsunabhängige Regulierungsbehörde gegründet. Die CSA stellt heute in Frankreich die zentrale Marktaufsicht über alle privaten und öffentlichen Veranstalter dar. Die Überwachung von Werberichtlinien und inhaltlichen Auflagen sowie Lizenzierung und Konzentrationsbeschränkungen für private Anbieter unterliegen ebenso der Verantwortung der CSA wie die gesetzlichen Aufträge und die Finanzierung der öffentlichen Anbieter. Diese einheitliche Marktaufsicht ist im Ländervergleich eine Besonderheit. Dabei ist die CSA mit umfangreichen Sanktionsbefugnissen ausgestattet, die von Geldstrafen bis zum Lizenzentzug für private Veranstalter reichen. Sie setzt sich aus neun Räten zusammen, die zu je einem Drittel vom Präsidenten, dem Senat und dem Parlament ernannt werden. Die gesamte Behörde hatte 1995 insgesamt 224 Beschäftigte bei einem Budget von 206 Mio. FF.

Infolge der einheitlichen Marküberwachung durch die CSA existieren in Frankreich keine Selbstregulierungselemente bei den öffentlichen Veranstaltern. In allen anderen Ländern der internationalen Studie beaufsichtigen sich die öffentlichen Veranstalter hingegen über ihre Binnenstruktur selbst. In dieser Hinsicht stellt Frankreich einen Ausnahmefall dar.

5. Finanzierung

Die Gesamteinnahmen des französischen Fernsehsystems lagen 1995 mit einem Marktvolumen von 34 Mrd. FF im Mittelfeld des Ländervergleiches. Die prozentuale Aufteilung der Gesamteinnahmen ist aus Abbildung 30 ersichtlich.

Abbildung 30: Gesamteinnahmen der Fernsehveranstalter – 1995 (Gesamtvolumen 34 Mrd. FF)

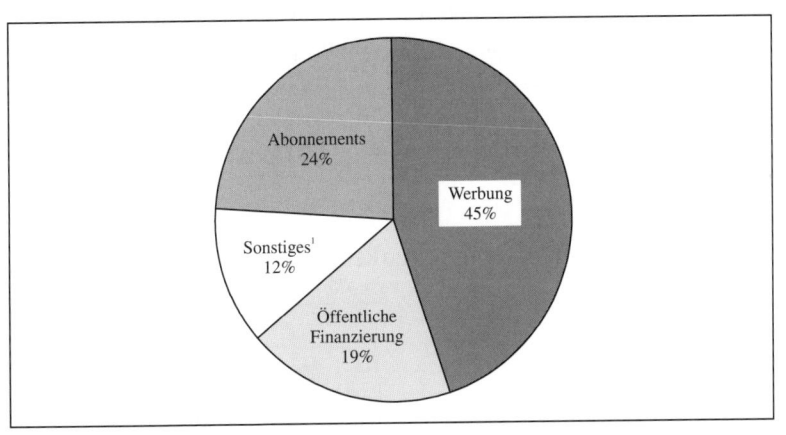

[Kreisdiagramm: Werbung 45%, Abonnements 24%, Öffentliche Finanzierung 19%, Sonstiges[1] 12%]

[1] Z. B. Einnahmen aus Programmverkäufen
Quellen: Jahresberichte der Veranstalter, Europäische Audiovisuelle Informationsstelle, BA&H-Analyse

Die öffentliche Finanzierung durch Gebühren weist mit 19 Prozent der Gesamteinnahmen den niedrigsten Anteil der europäischen Länder auf. Bezieht man diesen Gebührenanteil auf das Bruttosozialprodukt, so weisen lediglich Neuseeland und die USA niedrigere Werte auf als Frankreich.

Es besteht ein gesellschaftlicher Konsens über die Gebühren als wichtigem Bestandteil der Finanzierung öffentlicher Veranstalter. Weder die Höhe der Gebühren noch die Art und Weise ihrer Erhebung ist umstritten. Die öffentlichen Nischenveranstalter arte und La Cinquième werden vollständig durch Gebühren finanziert. Zu

90 Prozent besteht die öffentliche Finanzierung aus den Gebühreneinnahmen. Die weiteren 10 Prozent machen direkte staatliche Subventionen aus, durch die am Jahresende die Bilanz der öffentlichen Veranstalter ausgeglichen wird.

Den mit 45 Prozent höchsten Anteil an den Gesamtfernseheinnahmen nimmt in Frankreich die Werbung ein. Neben den privaten Veranstaltern TF1 und M6, die sich hauptsächlich durch Werbung finanzieren, weisen auch die öffentlichen Veranstalter F2 und F3 einen hohen Werbeanteil in ihrer Mischfinanzierung (siehe Abbildung 31) auf. Bei France 2 macht die Werbefinanzierung 1995 mit einem Anteil von 44 Prozent fast die Hälfte seiner Gesamteinnahmen aus, und auch France 3 hat mit 28 Prozent einen signifikanten Anteil. Diese Anteile an der Werbefinanzierung sind bedeutend höher als bei anderen öffentlichen Veranstaltern im Ländervergleich. Eine Ausnahme ist der englische Channel 4, der zu 100 Prozent werbefinanziert wird.

Abbildung 31: Einkommensstruktur – 1995

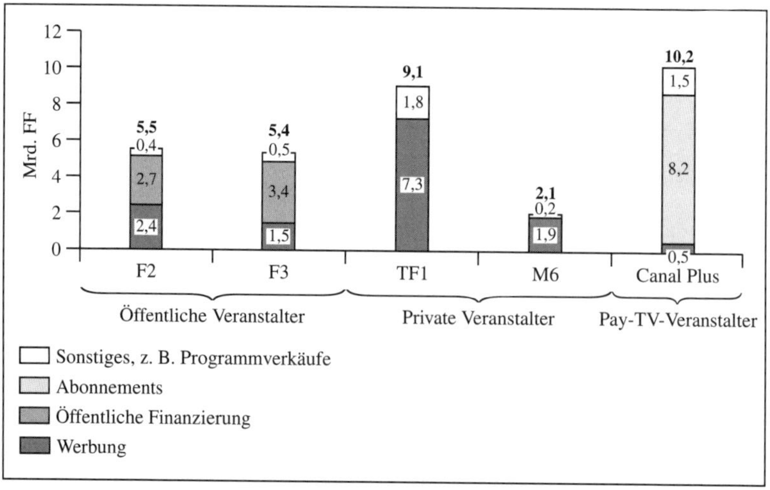

Quellen: Jahresberichte der Veranstalter, Europäische Audiovisuelle Informationsstelle, BA&H-Anlayse

In Frankreich wird von mehreren Experten die Meinung vertreten, daß der Anteil der Werbefinanzierung eines öffentlichen Veranstalters 30 Prozent der Finanzierung nicht überschreiten solle. Es zeige sich nämlich, daß der Programminhalt eines öffentlichen Veranstalters bei über 30 Prozent Werbefinanzierung dem privater Veranstalter sehr ähnlich werde. Bei einem höheren Anteil verliere ein Veranstalter weitgehend seinen öffentlichen Charakter. Experten betrachten deshalb diesen Erfahrungswert als ein sinnvolles Limit für den Anteil der Werbefinanzierung öffentlicher Veranstalter. Diese 30-Prozent-Grenze hat France 2 bereits überschritten, und auch France 3 ist nicht weit von ihr entfernt.

Eine begrenzte Mischfinanzierung wird in Frankreich jedoch nicht generell abgelehnt, da sie sich positiv auf die Publikumswirksamkeit und somit auch auf die Erfüllung der Integrationsfunktion auswirkt. Des weiteren wird die staatliche Finanzierung entlastet.

Die Pay-TV-Einnahmen in Form von Abonnements nehmen in Frankreich mit 24 Prozent den höchsten Anteil an den Gesamteinnahmen im Ländervergleich ein. Dies ist auf Canal Plus, den finanzstärksten französischen TV-Veranstalter, zurückzuführen.

6. Kosten und Effizienz

Der Vergleich von Gesamtkosten pro Sendeminute in Abbildung 32 zeigt zunächst, daß öffentliche Veranstalter nicht notwendigerweise teurer sein müssen als private Veranstalter. TF1 hat beispielsweise höhere Gesamtkosten pro Sendeminute als France 2 und France 3.

Beim Vergleich der öffentlichen Veranstalter zeigen sich Kostenunterschiede. Unter den großen öffentlichen Veranstaltern zeigt France 3 höhere Kosten als France 2. Dies wird auf die regionale Ausrichtung der Programminhalte von France 3 und die daher aufwendigere Infrastruktur von Agenturen und Studios zurückgeführt. Auf der anderen Seite verfügen die Nischenveranstalter arte und

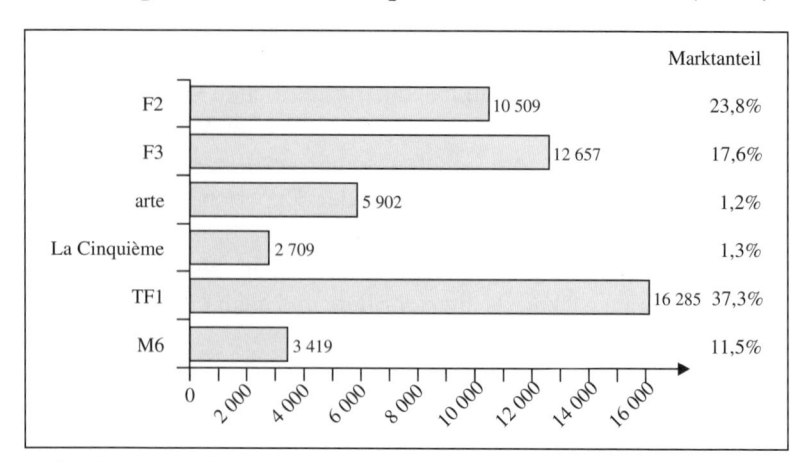

Abbildung 32: Gesamtkosten pro Sendeminute – 1995 (in FF)

Sender	Kosten	Marktanteil
F2	10 509	23,8%
F3	12 657	17,6%
arte	5 902	1,2%
La Cinquième	2 709	1,3%
TF1	16 285	37,3%
M6	3 419	11,5%

Quellen: Europäische Audiovisuelle Informationsstelle, BA&H-Analyse

La Cinquième über niedrigere Budgets, was sie zu niedrigeren Ausgaben zwingt. Infolgedessen weisen sie insgesamt auch niedrigere Kosten aus.

Um Rückschlüsse auf die Effizienz der Veranstalter ziehen zu können, muß man auch den erzielten Marktanteil der Veranstalter berücksichtigen. Bei dieser Betrachtung erklären sich die höheren Kosten von TF1 durch seinen deutlich höheren Marktanteil. Relativ gesehen sind die Kosten pro erzieltem Marktanteil von TF1 und France 2 vergleichbar.

Zwischen den anderen Veranstaltern zeigen sich deutliche Effizienzunterschiede. Im öffentlichen Sektor weist beispielsweise arte halb so hohe Kosten auf wie F2, erzielt jedoch nur einen Bruchteil des Marktanteils von F2. Der zweite private Veranstalter M6 hat bei einem Marktanteil von 12 Prozent sogar geringere Kosten als arte. Auch verglichen mit dem privaten Veranstalter TF1 zeigt sich M6 effizienter.

7. Digitalisierung, Internet und deren Auswirkungen auf das Fernsehen

Frankreich hat relativ ungünstige technische Voraussetzungen für die rasche Einführung von Digital-TV. Nur 7 Prozent aller Haushalte sind Abonnenten des Kabelnetzes, und nur 2 Prozent empfangen Satelliten-TV. Bei diesen Übertragungsmedien besteht ausreichend Kapazität für neue Angebote. Die Frequenzkapazität des terrestrischen Bereiches ist ausgeschöpft. Eine umfassende Digitalisierung im terrestrischen Bereich, wie beispielsweise in Großbritannien, ist in Frankreich nicht geplant.

Die durch die digitale Technik geschaffene große Anzahl an Sendekanälen wird hauptsächlich als Pay-TV vermarktet. Angeboten wird das Abonnement eines Programmbouquets, das aus einer Vielzahl von Sendekanälen besteht. Man spricht dabei auch von einem Multikanalsystem.

Mit Canal Plus existiert in Frankreich bereits ein terrestrischer analoger Pay-TV-Anbieter, der fest etabliert ist: 19 Prozent der Haushalte sind Abonnenten von Canal Plus. Auf der anderen Seite sind die Kabelanbieter auch 15 Jahre nach dem nationalen Verkabelungsprojekt immer noch defizitär. Diese Marktsituation spricht zunächst gegen Marktchancen für zusätzliche digitale Bouquets.

Jedoch bietet Canal Plus aus seiner sicheren Position als Pay-TV-Marktführer heraus selbst ein digitales Angebot an: Canal Satellite. Als traditioneller Pay-TV-Anbieter hat Canal Plus den Wettbewerbsvorteil, den Großteil aller Film- und Sportrechte auf dem französischen Markt zu besitzen. Diese nutzt Canal Plus und bietet für monatlich 225 FF innerhalb des Bouquets Canal Satellite ein sehr hochwertiges Spielfilm- und Sportprogramm an. Spielfilme und Sport werden als entscheidende Motivationsgründe der Konsumentenentscheidung für Pay-TV angesehen. Mitte 1997 ist Canal Plus mit 600 000 Abonnenten das stärkste Digital-TV-Angebot in Europa.

Seit 1997 existiert zusätzlich das konkurrierende digitale Bouquet TPS, das Mitte 1997 schon 200 000 Abonnenten zählte. Dieses wird durch die Allianz von TF1, CLT, M6, France Télécom, Lyonnaise Communications und France Télévision betrieben. TPS ist mit 140 FF pro Monat deutlich billiger. Es bietet exklusiv die öffentlichen Vollprogramme in digitaler Ausstrahlung.

Das öffentliche Fernsehen hat frühzeitig ein digitales Angebot entwickelt. Im kommerziellen Bouquet TPS ist es neben der digitalen Ausstrahlung der existierenden öffentlichen Programme bereits mit zwei Spartenprogrammen vertreten. Dabei handelt es sich um ein Geschichts- sowie ein Ereignisangebot. Dafür wird der große Programmschatz aller öffentlichen Veranstalter im Bereich Kultursendungen und Dokumentationen genutzt. Ziel ist es also, sich auf die Stärken öffentlichen Fernsehens zu konzentrieren.

Die Spartenangebote wurden in einer neugebildeten Holding organisatorisch von den bestehenden öffentlichen Veranstaltern getrennt und finanzieren sich allein über kommerzielle Einnahmen. Hier grenzt sich die Strategie des öffentlichen französischen Digital-TV-Angebots beispielsweise deutlich von dem der ARD in Deutschland ab. Diese betreibt ihre zusätzlichen Angebote nicht als kommerzielle Aktivitäten, sondern finanziert sie mit Hilfe der Gebühreneinnahmen.

Geprüft wird in Frankreich momentan, ob es in der Tat notwendig ist, daß öffentliches Fernsehen als Produzent von Spartenprogrammen und gleichzeitig – durch die Beteiligung von France Télévision an TPS – als Betreiber eines digitalen Bouquets tätig ist.

Internet-Dienste spielen bei digitalen Strategien im französischen Fernsehen keine besondere Rolle. Auf öffentlicher wie auf privater Seite gibt es derzeit keine nennenswerten Aktivitäten. Man schätzt die Bedeutung von Online-Angeboten aufgrund des bei einer Internet-Penetration von 1 Prozent (ohne Minitel) sehr geringen Marktes als niedrig ein. Des weiteren hindern fehlende technische Abrechnungsverfahren für die Nutzung der Online-Angebote die kommerzielle Marktentwicklung. Andererseits werden die rund 7 Millionen Minitel-Geräte von etwa 17 Millionen Franzosen genutzt, so daß Minitel derzeit noch einen großen Teil des Marktpotentials für Online-Dienste abschöpft.

Australien

1. Zusammenfassung

Überblick

Als duales System nach britischem Modell eingeführt, umfaßt das terrestrische Fernsehsystem in Australien zwei öffentliche und drei private Veranstalter. Da die Kabel- und Satellitenpenetrationen niedrig sind, dominiert der terrestrische Bereich. Als Besonderheit im Ländervergleich wurde 1974 die Fernsehgebühr abgeschafft. Seitdem wird das öffentliche Fernsehen über den Staatshaushalt aus Steuereinnahmen finanziert. Das öffentliche Fernsehen verfolgt, bei niedrigen 14 Prozent Marktanteil, ähnlich weitreichende gesellschaftliche Ziele wie in den europäischen Vergleichsländern. Die Australian Broadcasting Corporation (ABC) spielt in der australischen Gesellschaft eine wichtige Vorbildrolle. Mit nur drei privaten Veranstaltern existiert ein »geschützter« kommerzieller Fernsehmarkt von oligopolistischer Struktur.

Klaus Mattern, Thomas Künstner

Kernbereichsprogramme

Die Ziele des öffentlichen Fernsehens in Australien stimmen mit den Funktionen des Grundversorgungsauftrags in Deutschland weitgehend überein. Der Komplementärrolle öffentlichen Fernsehens kommt in Australien allerdings keine besondere Bedeutung zu, da auch die privaten Anbieter weitreichend in die gesellschaftlichen Ziele einbezogen werden. Die ABC selbst betont ihre innovative Funktion für das gesamte Fernsehsystem. Durch politische Abstimmungsprozesse wird in Australien ein Konsens über die Rolle des öffentlichen Fernsehens erzielt, der dazu führt, daß sich die breite Bevölkerung mit dem öffentlichen Anbieter ABC identifiziert. Es besteht Einigkeit, daß die ABC ein breites Publikum erreichen soll, diskutiert wird jedoch, wie diese Breitenwirkung gemessen wird. Dabei wird die Zuschauerreichweite (*audience reach*) alternativ zum Marktanteil (*audience share*) vorgeschlagen. Öffentliches Fernsehen trägt in Australien überdurchschnittlich zum Angebot des Kernbereiches, also der Programme mit besonderem gesellschaftlichem Interesse, bei. Die ABC zeichnet sich insbesondere dadurch als öffentlicher Anbieter aus, daß sie auch zur Prime Time einen sehr hohen Anteil am Kernbereich aufweist. Stellt man allerdings Angebot und Nachfrage des Kernbereiches gegenüber, so zeigt sich eine deutliche Diskrepanz. Es besteht ein Überangebot an Programmen mit besonderem gesellschaftlichem Interesse. Dabei verschiebt sich das Anteilsverhältnis von Angebot zu Nachfrage nach dem Kernbereich deutlich zugunsten der privaten Veranstalter.

Regulierung

Im »geschützten« Marktumfeld werden die terrestrischen privaten Veranstalter im Gegenzug durch umfangreiche Lizenzauflagen in die gesellschaftlichen Ziele einbezogen. Darüber hinaus werden hohe Lizenzgebühren erhoben. Im Randbereich von Kabel- und Satellitenfernsehen soll dagegen durch deutlich liberale regulatorische

Anforderungen die Entwicklung von Pay-TV gefördert werden. Die Marktaufsichtsbehörde ABA bezieht mit einem ausgefeilten Selbstkontrollmechanismus die privaten Veranstalter in die Überwachung der Gesellschaftsverträglichkeit von Programminhalten ein. Dieses Regulierungsmodell wird allgemein positiv bewertet und auch für Online-Inhalte vorgeschlagen.

Finanzierung

Werbung stellt den dominierenden Anteil eines im internationalen Vergleich hohen Fernsehmarktvolumens. Dagegen ist der öffentliche Finanzierungsanteil mit 13 Prozent der Gesamteinnahmen sehr niedrig. Die Finanzierung über das Haushaltsbudget hat zwar den Nachteil, daß öffentliches Fernsehen vom Staat und der Konjunktur abhängig ist, doch stellt man diesen Weg nicht in Frage, weil man so auf der anderen Seite die Erhebungskosten für Gebühren einspart. Der Verzicht auf Werbung wird als optimal für die Finanzierung des öffentlichen Anbieters ABC angesehen. Der Staat gibt in Australien für Fernsehen nicht nur Geld aus – die Lizenzgebühren der privaten Anbieter stellen für ihn auch eine signifikante Einnahmequelle dar.

Kosten und Effizienz

Der private Anbieter Network Nine hat doppelt so hohe Gesamtkosten pro Sendeminute wie der öffentliche Anbieter ABC. Bezieht man die Kosten jedoch auf den erzielten Marktanteil, so zeigen sich nur geringe Unterschiede. Im 1996 von der Regierung in Auftrag gegebenen Mansfield Report wurde der ABC empfohlen, sich stärker auf die Programme zu fokussieren, die der Umsetzung der gesellschaftlichen Ziele dienen. Da Sendungen mit besonderem öffentlichem Interesse, wie Information, Nachrichten und Kultur, niedrigere Kosten aufweisen als beispielsweise Spielfilme und Sportsendungen, können hier Einsparungen erzielt werden. Dafür soll ihre Charta so neuformuliert werden, daß die *public service mission* genauer umrissen wird.

Digitalisierung, Internet und deren Auswirkungen auf das Fernsehen

In Australien ist die technische Infrastruktur für die kurzfristige Einführung von Digital-TV schwach ausgeprägt. Mittelfristig plant man die Digitalisierung der terrestrischen Frequenzen. Momentan existieren mit Galaxy und Optus Vision zwei Multikanalangebote. Durch ein liberales Regulierungsumfeld versucht man, die Entwicklung von digitalem Pay-TV zu fördern. Experten sehen es als notwendig an, daß öffentliches Fernsehen auch digitale Zusatzangebote anbietet, um auf das neue Umfeld und die damit verbundenen neuen Anforderungen für die Umsetzung gesellschaftlicher Ziele zu reagieren. Bisher bietet SBS bereits mit World Movies einen Spartenkanal im Galaxy Bouquet an. Für Online-Angebote herrscht eine gute technische Ausstattung. Öffentliches Fernsehen soll in diesem Bereich eine Innovatorenrolle spielen. Entsprechend verfügt die ABC bereits über mehrere Online-Angebote. Die privaten Anbieter sehen im Internet hingegen eher ein ergänzendes Medium ohne umfassende Bedeutung für den Fernsehmarkt.

2. Überblick

Das Fernsehsystem in Australien wurde nach dem britischen Modell als duales System eingeführt. 1956 startete das australische Fernsehen mit der Australian Broadcasting Corporation (ABC) als werbefreiem öffentlichem Veranstalter sowie den beiden regional strukturierten privaten Anbietern Network Seven und Network Nine. Danach wurde das Fernsehsystem nur durch zwei weitere Angebote ergänzt. 1965 lizenzierte man mit Network Ten einen weiteren privaten Anbieter und 1980 folgte mit SBS (Special Broadcasting Service) ein öffentlicher Nischenveranstalter, der ein mehrsprachiges Programm anbietet. Als Besonderheit im internationalen Vergleich wurde 1974 in Australien die Fernsehgebühr abgeschafft. Seitdem werden die öffentlichen Veranstalter aus Steuereinnahmen über den Staatshaushalt finanziert.

Abbildung 33: Zuschaueranteile

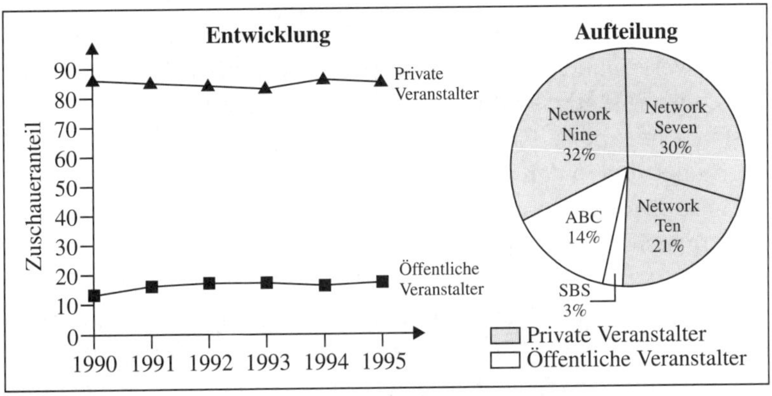

Abbildung 33 stellt das stabile Gefüge von Marktanteilen im australischen Fernsehmarkt dar. Aufgrund der niedrigen Kabel- und Satellitenpenetration von 9 Prozent bzw. 1 Prozent (1996) der Haushalte wird der Fernsehmarkt in Australien klar von den fünf Anbietern im terrestrischen Bereich dominiert. Hinzu kommen noch ca. 60 unabhängige kleinere regionale Networks und Stadtsender, die jedoch eine untergeordnete Rolle spielen.

Das öffentliche Angebot von ABC und SBS macht zusammen 17 Prozent des Gesamtfernsehmarkts aus. Im Vergleich zu den dualen Systemen in Europa ist der Marktanteil der öffentlichen Anbieter gering. Mit einem niedrigeren Anteil an öffentlicher Finanzierung werden in Australien ähnlich weitreichende gesellschaftliche Ziele verfolgt wie in den europäischen Vergleichsländern.

Der öffentliche Veranstalter ABC hält 14 Prozent Zuschaueranteil. Er spielt in der australischen Gesellschaft eine wichtige Rolle. Dies erklärt sich hauptsächlich aus der Geschichte Australiens: Im Einwanderungsland Australien gilt die ABC als Institution, die als integratives Element in der kulturell heterogenen Bevölkerung entscheidend zum *nation building* beigetragen hat. Das Programmangebot der ABC stellt dabei ein Vollprogramm dar, in dem Inhalte mit besonderem gesellschaftlichem Interesse, also Nachrichten-, Informations-, Kultur-, Kinder- und Jugendsendungen, deutlich betont werden.

Weitere 3 Prozent Zuschaueranteil gehen an den zweiten öffentlichen Veranstalter SBS. Er startete 1981 als weltweit erster mehrsprachiger öffentlicher Anbieter und ist als öffentlicher Nischenveranstalter mit speziellen Zielen anerkannt. Sein öffentlicher Auftrag begründet sich in den nationalen Besonderheiten der multikulturellen australischen Gesellschaft.

Vergleichbar mit Großbritannien wurde auch in Australien ein »geschützter« kommerzieller Fernsehmarkt geschaffen, der auf einem Werbeoligopol einer begrenzten Anzahl von privaten Anbietern basiert. Drei private Networks teilen sich seit mehreren Jahren zu etwa gleichen Teilen mehr als 80 Prozent des Marktes. Sie bieten ein Vollprogramm mit hohem Unterhaltungsanteil an. Seit ihrer Gründung haben sie sich von Stadtsendern hin zu regionalen Networks entwickelt. Network Nine, im Besitz der australischen Mediengröße Kerry Packer, ist dabei mit leichtem Vorsprung am erfolgreichsten. Network Seven, ebenfalls weitgehend in australischer Hand, zeichnet sich durch sein gesellschaftliches Engagement aus. Network Ten, das mit 21 Prozent etwas hinter den beiden anderen Networks zurückfällt, ist zu signifikanten Teilen im Besitz des kanadischen Konzerns CanWest.

3. Kernbereichsprogramme

Die Ziele des öffentlichen Fernsehens in Australien stimmen mit den Funktionen des Grundversorgungsauftrags in Deutschland weitgehend überein (siehe Abbildung 34). Sie sind in den Satzungen der ABC und SBS definiert. Das öffentliche australische Fernsehen soll das Verständnis der Australier verschiedener Herkunft untereinander fördern und ein Sprachrohr für Minderheiten sein. Ein weiteres Ziel ist es, Programminhalte von hoher Qualität und innovativem Charakter zu senden. Damit werden Integrations-, Forums- und Vorbildfunktion abgedeckt, wie sie auch aus dem deutschen Grundversorgungsauftrag abgeleitet werden können.

Der Komplementärfunktion öffentlichen Fernsehens kommt in Australien allerdings keine besondere Bedeutung zu, da auch die privaten Anbieter weitreichend in die gesellschaftlichen Ziele einbezogen werden. Entsprechend ergänzt man durch die öffentlichen Veranstalter nicht das, nach gesellschaftlichen Gesichtspunkten unzureichende, kommerzielle Angebot. Vielmehr fordert man durch Lizenzauflagen von den privaten Anbietern bereits ein ausgewogenes Programmangebot.

Über die deutschen Zielsetzungen hinaus existieren zwei weitere Ziele des australischen öffentlichen Fernsehens. Entsprechend dem britischen Vorbild BBC hat auch die ABC die Aufgabe, Australien international zu repräsentieren. Insbesondere in der Asia-Pacific-Region soll die ABC die australische Position vertreten und damit einen wichtigen Beitrag zur politischen und wirtschaftlichen Stellung Australiens leisten. Des weiteren soll das öffentliche Fernsehen sicherstellen, daß in Australien auch außerhalb der großen Städte die technischen Empfangsmöglichkeiten flächendeckend sichergestellt sind.

Die ABC selbst betont ihre innovative Funktion. Sie bezeichnet sich als *think tank* oder *testbed* des gesamten Fernsehsystems. Anfang der 1980er Jahre hat sie ihre traditionelle Rolle als Produzent von Programmbeiträgen hoher Qualität hin zu einer innovativen

Abbildung 34: Vergleich der gesellschaftlichen Ziele in Australien und Deutschland

	Übereinstimmende Ziele				Abweichende Ziele	
	Integrations-funktion	Forums-funktion	Vorbild-funktion	Komplementär-funktion	Technische Versorgung	Internationale Präsenz
Verfassungsauftrag des öffentlichen Fernsehens in Deutschland	*Gemeinsamer Kommunikationsprozeß der Bevölkerung Kulturelle Identität*	*Inhaltlicher Pluralismus (verschiedene Programminhalte) Meinungspluralismus (Einbeziehen von Minderheiten)*	*Journalistische Qualitätsstandards Innovative Programmgestaltung*	*»Beiträge, die vom privaten Anbieter nicht zu erwarten sind«*		
Zielsetzungen öffentlichen Fernsehens in Australien	*Verständnis der Australier verschiedenster Nationalitäten untereinander*	*Schaffung eines Sprachrohrs für Minderheiten*	*Beiträge von hoher Qualität Innovative Programminhalte*		*Sicherstellen einer flächendeckenden Fernsehversorgung*	*Internationale Vertretung Australiens, insbesondere in der Asia-Pacific-Region*

Führungsrolle weiterentwickelt. Ohne finanziellen Wettbewerbsdruck kann sie Experimente wagen, die für private Anbieter zu risikoreich erscheinen. Ein Beispiel dafür ist die Sportart *netball*, die nach Förderung durch die ABC bekannter und somit attraktiv für Sponsoren wurde. Nach und nach stiegen auch private Veranstalter in diese Sportart ein. Schließlich konnte ABC bei den Übertragungsrechten nicht mehr mitbieten, sah dies aber als wenig problematisch an, da der Sport weiterhin der Allgemeinheit zugänglich ist. Des weiteren produzierte die ABC mit »http://« Australiens erste interaktive Fernsehsendung unter Einbindung des Internet.

Australiens Regierung nimmt Einfluß auf die Zielgestaltung des öffentlichen Fernsehens. De jure ist zwar das Parlament verantwortlich, de facto nimmt jedoch die Regierung direkten Einfluß auf alle wesentlichen Entscheidungen. Ein wichtiges Kontrollinstrument stellt dabei die Finanzierung der öffentlichen Veranstalter über den Staatshaushalt dar. Die Budgetierung, die eigentlich Aufgabe eines parlamentarischen Komitees ist, wird in der Praxis weitgehend von der Regierung bestimmt. Des weiteren trifft die Regierung die Personalentscheidungen der oberen Ebenen bei ABC und SBS. Das Parlament hat aber eine wichtige kontrollierende Funktion. In Haushaltsausschüssen muß das Management der öffentlichen Sender jährlich Rechenschaft über die Verwendung der ihm zufließenden Mittel ablegen; diese sogenannten *hearings* gehen weit über eigentliche Budgetierungsfragen hinaus.

Die relativ politische Steuerung wird überraschenderweise auch von der ABC überwiegend positiv bewertet. Auf diese Weise sei sichergestellt, daß ihre Aktivitäten in Einklang mit der politischen und demnach breiten Meinung der Bevölkerung stehen. So werde gewährleistet, daß konsensfähige Entscheidungen getroffen werden. Wesentlich kritischer als die parlamentarischen *hearings* bewertet die ABC hingegen den direkten Einfluß der Regierung, da dieser nur die Meinung eines Teils der Bevölkerung repräsentierte.

Der durch die politischen Abstimmungsprozesse erzielte Konsens über öffentliches Fernsehen drückt sich dadurch aus, daß sich die breite Bevölkerung mit dem öffentlichen Veranstalter ABC identifiziert. Infolgedessen kann die ABC wiederum neben der programmtechnischen Umsetzung des öffentlichen Auftrags auch durch ihr positives Image wichtige gesellschaftliche Impulse setzen. Als öffentliche Institution mit hohem Ansehen fördert sie die nationale Identität und wird darin durch starke Affinität und Unterstützung seitens der Bevölkerung bestätigt. Eine Umfrage im Rahmen des Mansfield Reports zeigte dies eindrucksvoll: Über 17 000 Bürger haben durch Eingaben an den Autor ihre Unterstützung für die ABC ausgedrückt. Diese starke Bindung zwischen Bevölkerung und öffentlichem Anbieter ist im internationalen Vergleich selten. Ähnliches Vertrauen in der Bevölkerung erfährt lediglich die BBC, die beispielsweise als verläßlicher Anhaltspunkt in Krisenzeiten eingeschätzt wird.

Entsprechend besteht in der Bevölkerung ein *common understanding*, daß die ABC ein breites Publikum erreichen soll. Dies ist zunächst durch das breite Interesse am öffentlichen Fernsehen zu begründen. Zum anderen empfindet man, daß die öffentliche Finanzierung der ABC nur dann zu legitimieren ist, wenn sie auch entsprechende Teile der Bevölkerung erreicht. Dabei gilt als Richtwert unter Experten, daß die ABC einen Zuschaueranteil von 10 Prozent bis 15 Prozent erreichen sollte. Man vermutet, daß eine Unterschreitung der 10-Prozent-Grenze zu öffentlichen Diskussionen führen würde. Selbst von der Federation of Australian Commercial TV Stations (FACTS), der Interessenorganisation der privaten Sender, wird diese Ansicht geteilt. Sie hat sich ebenfalls anläßlich des Mansfield Report dahingehend geäußert, daß die ABC eine wichtige Rolle im australischen Fernsehsystem spiele, die nicht nur auf Minderheiteninteressen reduziert werden dürfe.

Dabei wird in Australien diskutiert, welchen Maßstab man wählen soll, um die Breitenwirkung des öffentlichen Fernsehens zu messen. Man fragt sich, inwieweit der Marktanteil angemessen ist, um den Erfolg öffentlichen Fernsehens zu bestimmen. Beim kommerziellen Fernsehen ist der Marktanteil eine Meßgröße zur Erfassung von Werbereichweiten. Da es bei öffentlichen Veranstaltern aber um das Erreichen breiter Bevölkerungskreise geht, wird alternativ zum Marktanteil (*audience share*) die Zuschauerreichweite (*audience reach*) als Maß für die Breitenwirkung öffentlichen Fernsehens vorgeschlagen. So hat die Australian Broadcasting Corporation die Größe *weekly audience reach* definiert: Gemessen wird der Prozentsatz der Zuschauer, die den Sender während einer Woche mindestens fünf Minuten am Stück sehen. Zur Illustration wird angeführt, daß bei anderen öffentlichen Einrichtungen – einem Museum etwa – ebenfalls nicht die tägliche Wiederkehr oder die Verweildauer der Besucher, sondern das Erreichen einer möglichst breiten Zielgruppe von zentraler Bedeutung sei. Die ABC erreicht einen hohen Wert von knapp 70 Prozent für die Maßgröße *weekly audience reach*. Dieser Wert ist seit 1992 weitgehend stabil.

Über die Aufträge der öffentlichen Veranstalter hinaus werden in Australien auch die privaten Anbieter in die gesellschaftlichen Zielsetzungen einbezogen. Deren Lizenzverträge enthalten umfassende quantitative Vorgaben in bezug auf Programminhalte. Beispielsweise wird verlangt, daß mindestens die Hälfte des gesamten Programminhalts australischen Ursprungs ist. Des weiteren werden Kindersendungen explizit als gesellschaftliches Ziel priorisiert. Dazu wird von den privaten Sendern eine Mindestzahl an Kinderprogrammstunden gefordert und Sendungen für Kleinkinder müssen durchweg australischen Ursprungs sein.

Dem gesellschaftlichen Anspruch, der an die privaten Anbieter gestellt wird, entsprechen diese nach Expertenmeinung auch weitgehend. Von Expertenseite wird dem privaten Fernsehen ein hohes Maß an Professionalität und Qualität zugesprochen. Die ABC selbst erkennt an, daß das Angebot der privaten Veranstalter zum Teil die öffentliche Satzung der ABC erfüllt. Zu diesem positiven Ruf tragen die privaten Informationssendungen bei, insbesondere bieten sie auch einen guten regionalen Service. Beispielsweise verfügen die privaten Veranstalter über ein dichteres Netz an regionalen Agenturen als die ABC.

Als eine Maßgröße für die Erreichung der angestrebten gesellschaftlichen Ziele wurde das vorhandene Angebot im Kernbereich untersucht. Dazu zählen Programme in den Sparten Nachrichten-, Informations-, Kultur- sowie Kinder- und Jugendsendungen.

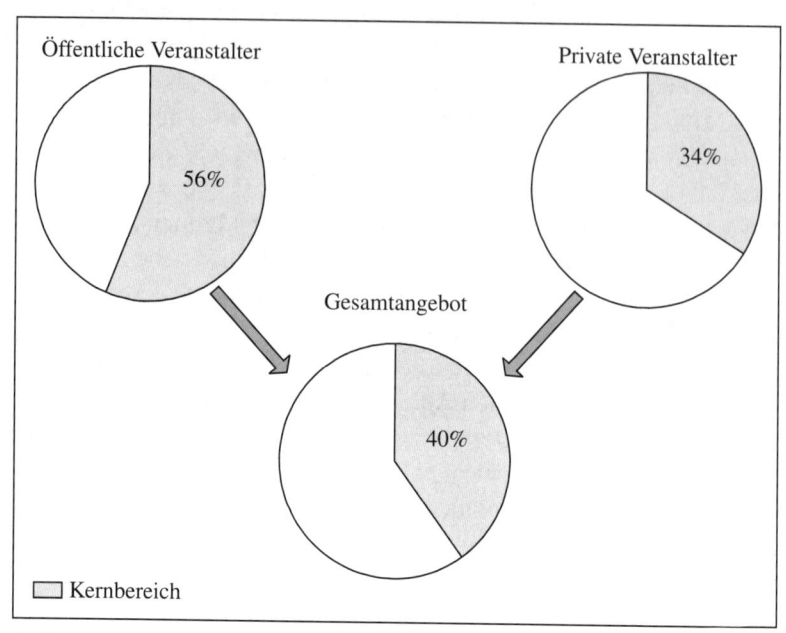

Abbildung 35: Programmangebote im Kernbereich – 1996

Öffentliche Veranstalter 56%

Private Veranstalter 34%

Gesamtangebot 40%

☐ Kernbereich

Quellen: Eurodata TV/Nielsen Australia, BA&H-Analyse

Wie Abbildung 35 zeigt, weist das Gesamtfernsehsystem einen Anteil von 40 Prozent am Kernbereich auf. Im internationalen Vergleich liegt Australien damit im Rahmen der europäischen Länder mit einem ausgeprägten öffentlichen Sektor. Die öffentlichen Veranstalter ABC und SBS mit 56 Prozent tragen überdurchschnittlich zu dem Gesamtergebnis und damit der Ausgewogenheit des gesamten australischen Fernsehsystems bei.

Der hohe Beitrag der öffentlichen Veranstalter zu den gesellschaftlichen Zielen wird weiterhin dadurch bestätigt, daß das Programmangebot der ABC auch zur Prime Time den Kernbereich betont.

Nach Zahlen aus dem ABC-Jahresbericht beträgt der Anteil des Kernbereiches 1996 ganztägig 80 Prozent des Programmangebots. Zur Hauptsendezeit, die bei den privaten Veranstaltern weitgehend von Unterhaltung und *fiction* bestimmt wird, hält die ABC den hohen Anteil mit 72 Prozent aufrecht. Dies bestätigt die Bedeutung der öffentlichen Ziele für die ABC. Sie nimmt ihre zentrale gesellschaftliche Aufgabe auch zur besten Sendezeit wahr und plaziert Programme mit besonderem gesellschaftlichem Interesse nicht nur ergänzend im Nebenprogramm. Lediglich der Fokus verschiebt sich auf Information und Nachrichten. Außerhalb der Prime Time sind Kultursendungen stärker vertreten.

Abbildung 36: Vergleich des ABC-Programmangebots – Tagesdurchschnitt und Prime Time – 1996

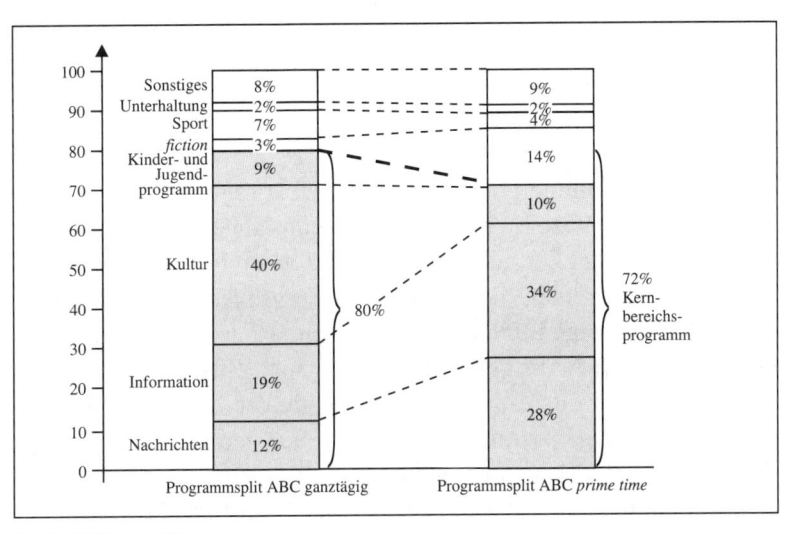

Kategorie	Programmsplit ABC ganztägig	Programmsplit ABC *prime time*
Sonstiges	8%	9%
Unterhaltung	2%	2%
Sport	7%	4%
fiction	3%	14%
Kinder- und Jugendprogramm	9%	10%
Kultur	40%	34%
Information	19%	28%
Nachrichten	12%	
Kernbereichsprogramm	80%	72%

Quelle: ABC Annual Report

Stellt man Angebot und Nachfrage des Kernbereiches gegenüber, so zeigt sich in Australien eine deutliche Diskrepanz. Gegenüber einem Anteil von 40 Prozent am Gesamtangebot macht der Kernbereich nur 29 Prozent der Gesamtnachfrage aus. Dies weist auf ein Überangebot an Programmen mit besonderem gesellschaftlichem Interesse hin. Dabei verschiebt sich das Anteilsverhältnis von öffentlichen und privaten Veranstaltern vom Angebot zur Nachfrage am Kernbereich zugunsten der privaten Veranstalter. Die drei privaten

Networks machen mit 54 Prozent ungefähr die Hälfte aller Programme des Kernbereiches aus, ziehen jedoch mit 71 Prozent die überwiegende Mehrheit der Nachfrage nach dem Kernbereich auf sich. Auf der einen Seite kann dies natürlich als Nebeneffekt ihres insgesamt hohen Marktanteils gewertet werden. Auf der anderen Seite zeigt es, daß das private Angebot im Kernbereich auf hohe Publikumsakzeptanz stößt und dementsprechend die privaten Veranstalter einen entscheidenden Beitrag zur Erreichung der gesellschaftlichen Ziele leisten.

4. Regulierung

In Australien dominiert die terrestrische Übertragung im Fernsehsystem, denn 90 Prozent aller Haushalte empfangen Fernsehen über ihre Hausantenne. Da sich im terrestrischen Bereich somit nur drei private Konkurrenten den gesamten Fernsehwerbemarkt teilen, kann man von einem Oligopol der privaten Fernsehanbieter sprechen. Von seiten der Regulierung wurden bisher keine Bestrebungen unternommen, weitere private Fernsehanbieter zu lizenzieren und damit sowohl das Programmangebot als auch den Wettbewerb unter den Fernsehanbietern zu erhöhen.

Vielmehr nutzt man dieses »geschützte« Marktumfeld, um im Gegenzug die privaten Veranstalter durch umfangreiche Lizenzauflagen in die gesellschaftlichen Ziele mit einzubeziehen. Auflagen für Programminhalte gehen in Australien beispielsweise weit über die gesellschaftliche Verträglichkeit der Inhalte, also Regeln zum Jugendschutz und zur seriösen Berichterstattung, hinaus. Sie enthalten vielmehr Mindestquoten für nationale Inhalte sowie detaillierte Bestimmungen zu Programmvielfalt spezifischer Programmgenres wie Kinderprogrammen. Auch bei Konzentrationsregeln gehen die Bestimmungen über das grundlegende Ziel der Wettbewerbssicherung hinaus. Es gilt, daß nur eine einzige Beteiligung im gesamten

Medienmarkt einen Anteil von 15 Prozent überschreiten darf. Eine ausländische Beteiligung ist hingegen auf 15 Prozent einer Lizenz limitiert. Die Werbebeschränkungen sind mit maximal 16 Minuten pro Stunde dagegen eher liberal.

Des weiteren können in einem »geschützten« Markt hohe Lizenzgebühren erhoben werden. Für ihre Lizenz müssen die privaten Fernsehanbieter jährliche Gebühren in Höhe von 9 Prozent der Erlöse bezahlen.

Im Randbereich des Kabel- und Satellitenfernsehens sind die regulatorischen Anforderungen an die Marktteilnehmer weitaus geringer. Beispielsweise sind die Konzentrationsregeln in bezug auf ausländische Beteiligungen und *cross ownership* reduziert. Seit kurzem wurde auch das Werbeverbot für Pay-TV aufgehoben. Hierdurch will man die Entwicklung von Kabel- und Satellitenfernsehen fördern. Die liberalere regulatorische Behandlung ist aufgrund der Nischenrolle dieser Übertragungsarten allerdings von keiner größeren Bedeutung für das Fernsehsystem.

Abbildung 37 gibt einen Gesamtüberblick des australischen Regulierungsrahmens.

Die Australian Broadcasting Authority (ABA) ist als Behörde für die Marktaufsicht der privaten Anbieter zuständig. Sie sichert die Einhaltung des Broadcasting Service Act von 1992, der die Regulierungsgrundlage darstellt. Zwar nimmt sie auch eine Aufsichtsfunktion über die öffentlichen Veranstalter ABC und SBS wahr, doch in der Praxis hat sie wenig Sanktionsgewalt über die öffentlichen Veranstalter, die sich weitgehend selbst regulieren.

Für ihre Aufgabe, die Gesellschaftsverträglichkeit von Programminhalten im privaten Sektor zu überwachen, nutzt die ABA einen ausgefeilten Selbstkontrollmechanismus, der in Abbildung 38 dargestellt wird.

Die Grundlage für den Selbstkontrollmechanismus bilden Programmstandards im Rahmen von Unternehmensrichtlinien, die von den privaten Veranstaltern selbständig unter Einbindung der Öffentlichkeit erstellt werden. Die Programmstandards werden dabei wesentlich von der Federation of Australian Commercial TV Stations

Abbildung 37: Regulierung

	Lizenzierung	Konzentrationsregulierung	Vorgaben für Programminhalte	Werbebeschränkungen
Vorgaben	Verpflichtung, den ABA-Kodex zu erfüllen Vergabe nach Höchstpreis Vergabe für Community-Fernsehsender nach Einigung Die privaten Veranstalter müssen 9% ihrer Erlöse als Lizenzgebühren abgeben Lizenzgebühren für Pay-TV sind sehr gering	Ausländischer Anteil darf 15 Prozent einer Lizenz nicht überschreiten Für Pay-TV: keine Beschränkung für ausländischen Anteil (seit 1997) Kontrollausübung im gesamten Medienmarkt auf einen einzigen Anteil von über 15% an einem Unternehmen	Vorgabe für Programmvielfalt und Filme 50 Prozent des Programminhalts muß australischen Ursprungs sein Mind. 390 Std. Kinderprogramm jährlich Programm für Kleinkinder muß 100 Prozent australisch sein 10 Prozent der Filmproduktion müssen an australische unabhängige Produzenten vergeben werden	Verbot der Tabakwerbung Verbot der Alkoholwerbung im Vorabendprogramm Zeitliche Beschränkung auf max. 15 Min./Stunde Werbung in der Prime Time, sonst max. 16 Min./Stunde Tagesdurchschnitt Werbeverbot für ABC, eingeschränkte Werbung für SBS
Gesetze/ Vorschriften	*Broadcasting Service Act 1992 (Kap. 4: Commercial Television Broadcasting Licenses) ABA-Kodex*	*Broadcasting Service Act 1992* – Kap. 5, Teil 4: Limitation on Foreign Control of Television – Kap. 5, Teil 5: Cross media rules	*Australian Content Standard in der ABA Verankerung im Broadcasting Service Act 1992 (Kap. 9: Programme Standards) Children's Television Standards*	*Broadcasting Service Act 1992 (Kap. 4: General License Conditions)*
			Australian Broadcasting Corporation Act 1983 (ABC) Special Broadcasting Service Act 1991 (SBS)	

Zuständige Behörde	ABA (Australian Broadcasting Authority)	ABA	Vorwiegend Selbstregulierung Koordinierung durch ABA und FACTS	ABA Selbstregulierung durch Media Council of Australia
			Selbstregulierung von ABC und SBS	

Quellen: OECD Communications Outlook 1997, Baskerville Communications Corporation, Kagan World Media, ABA Annual Report

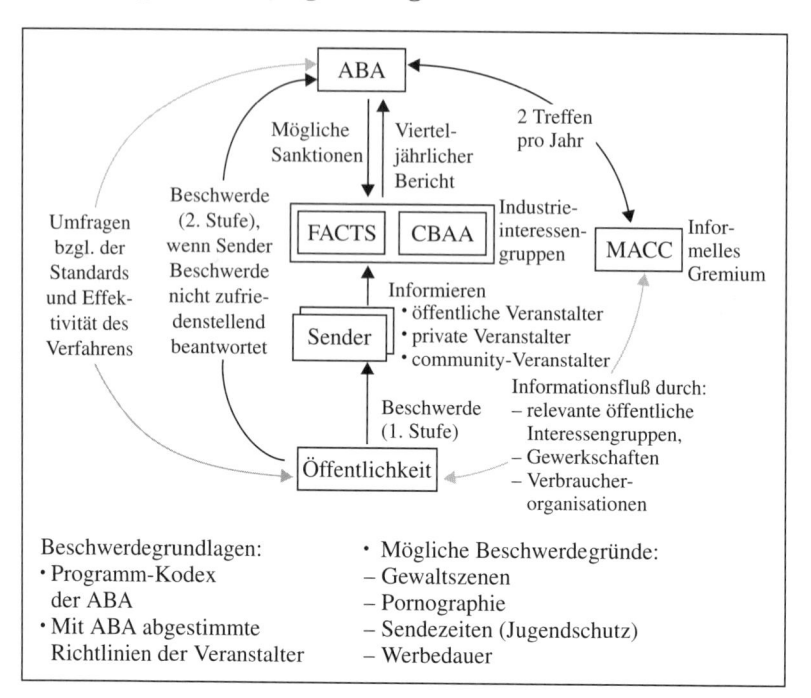

Abbildung 38: Selbstregulierungsmechanismen

```
                                    ABA
                    Mögliche    Viertel-    2 Treffen
                    Sanktionen  jährlicher  pro Jahr
                                Bericht
          Beschwerde                        Industrie-
Umfragen  (2. Stufe),   FACTS   CBAA        interessen-       Infor-
bzgl. der wenn Sender                       gruppen    MACC   melles
Standards Beschwerde                                          Gremium
und Effek-nicht zufrie-         Informieren
tivität des denstellend         • öffentliche Veranstalter
Verfahrens beantwortet Sender   • private Veranstalter
                                • community-Veranstalter
                                     Informationsfluß durch:
                       Beschwerde    – relevante öffentliche
                       (1. Stufe)      Interessengruppen,
                                     – Gewerkschaften
                       Öffentlichkeit– Verbraucher-
                                       organisationen

Beschwerdegrundlagen:       • Mögliche Beschwerdegründe:
• Programm-Kodex            – Gewaltszenen
  der ABA                   – Pornographie
• Mit ABA abgestimmte       – Sendezeiten (Jugendschutz)
  Richtlinien der Veranstalter – Werbedauer
```

(FACTS), dem Dachverband der privaten Fernsehveranstalter, erarbeitet. Diese Programmstandards enthalten Regeln zum Jugendschutz (Gewalt, Pornographie), zum Schutz der Persönlichkeit und zur seriösen Berichterstattung, deren Einhaltung die Veranstalter zusichern.

Die Marktaufsichtsbehörde ABA zieht sich auf eine qualitätssichernde Funktion zurück. Sie übernimmt lediglich die Prüfung und Genehmigung dieser Programmstandards. Des weiteren formuliert sie Kernregeln (ABA-Programm-Kodex) und führt Studien bezüglich notwendiger Anpassungen der Programmstandards durch. Diese Funktionsweise ermöglicht, daß die ABA ihre Aufgabe mit ca. 140 Mitarbeitern erfüllen kann. Die ABA wird durch ein Gremium öffentlicher Interessengruppen, das Media and Communications

Council (MACC), unterstützt. Weiterhin führt sie regelmäßig Umfragen in der Bevölkerung durch.

Bei Verstößen reagieren zunächst die Fernsehveranstalter selbst – erst bei Eskalationen wird die ABA als zweite Instanz aktiv. Tritt eine Publikumsbeschwerde über jugendgefährdende oder unseriöse Programminhalte auf, so nimmt zunächst der Fernsehveranstalter die Beschwerde entgegen und antwortet dem Beschwerdesteller direkt. Anhand der Programmstandards prüft der Veranstalter, ob die Beschwerde rechtmäßig ist. Erst wenn der Beschwerdesteller mit der Antwort des Veranstalters nicht einverstanden ist, wird die ABA tätig und kann, falls notwendig, auf ihre Sanktionsgewalt gegenüber den privaten Anbietern zurückgreifen.

Die Selbstregulierung der Veranstalter beschränkt sich allerdings auf die Gesellschaftsverträglichkeit der Programminhalte. Für Lizenzauflagen, die über jugendgefährdende Gewaltdarstellungen oder Pornographie sowie unseriöse Berichterstattung hinausgehen, nimmt die ABA direkt die Kontrolle wahr. Entsprechend überprüft sie aktiv die Programmschemata der Veranstalter in bezug auf Quoten für nationale Inhalte und spezifische Programmsparten sowie die Vielfalt des Programmangebots.

5. Finanzierung

Das Gesamtvolumen des australischen Fernsehsystems lag 1995 bei 2,9 Mrd. AUS$. Bezieht man diese Gesamteinnahmen auf einen einzelnen Haushalt, so weist Australien zusammen mit Großbritannien den höchsten Wert im Ländervergleich auf. Das Fernsehmarktvolumen in Australien ist also, relativ zur Landesgröße betrachtet, überdurchschnittlich groß. Abbildung 39 zeigt die Aufteilung der Gesamteinnahmen.

Abbildung 39: Gesamteinnahmen der Fernsehveranstalter – 1995

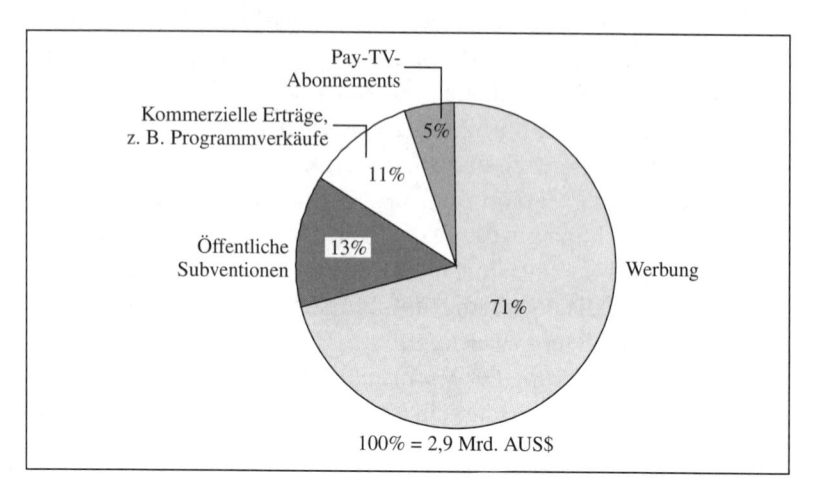

- Pay-TV-Abonnements: 5%
- Kommerzielle Erträge, z. B. Programmverkäufe: 11%
- Öffentliche Subventionen: 13%
- Werbung: 71%

100% = 2,9 Mrd. AUS$

Werbung ist in Australien mit 71 Prozent des TV-Gesamtvolumens die dominierende Einnahmequelle. Der australische TV-Werbemarkt ist stark ausgeprägt. Beispielsweise nimmt Australien in bezug auf die Pro-Kopf-Ausgaben bei den TV-Werbekosten im Ländervergleich den zweiten Platz hinter den USA ein. Eine Ursache liegt in hohen Werbepreisen begründet, die auf die oligopolistische Marktstruktur zurückzuführen sind. Der TV-Werbemarkt befindet sich allerdings in einem gesättigten Zustand. Zum einen entwickelt er sich seit 1984 nur langsam um etwa 6 Prozent jährlich weiter, während beispielsweise der deutsche Werbemarkt jährlich um 15 Prozent wächst. Zum anderen reagierte er auf die Rezession Anfang der 1990er Jahre mit Einbrüchen. Die drei privaten Networks teilen den Werbemarkt, seit Jahren unverändert, unter sich auf (siehe Abbildung 40).

Dagegen ist der öffentliche Finanzierungsanteil des australischen Fernsehsystems mit 13 Prozent der Gesamteinnahmen sehr niedrig. Nur Neuseeland und die USA weisen einen noch geringeren Anteil auf.

Fernsehsysteme im internationalen Vergleich

Abbildung 40: Einkommensstruktur – 1995

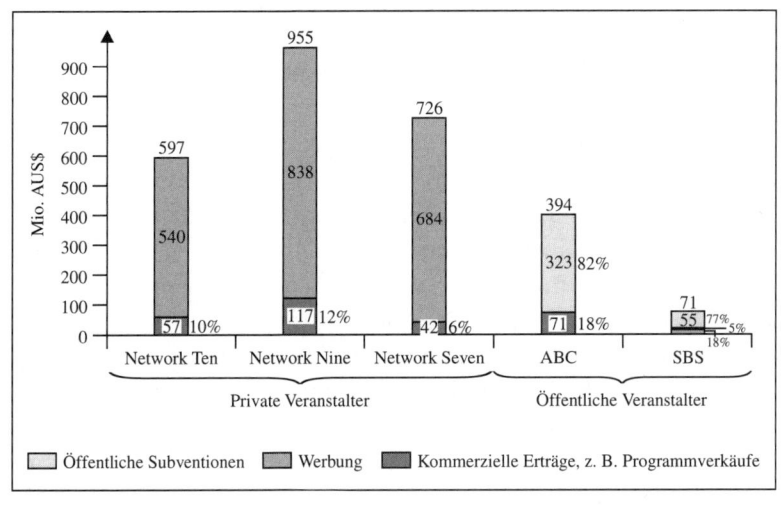

	Network Ten	Network Nine	Network Seven	ABC	SBS
Öffentliche Subventionen	57 / 10%	117 / 12%	42 / 6%	323 / 82%	55 / 77%
Werbung	540	838	684	—	—
Kommerzielle Erträge, z. B. Programmverkäufe	—	—	—	71 / 18%	71 / 18%, 5%
Gesamt	597	955	726	394	71

Private Veranstalter: Network Ten, Network Nine, Network Seven
Öffentliche Veranstalter: ABC, SBS

Quellen: Baskerville, TV International Sourcebook 1997, Zenith Media Worldwide, BA&H-Analyse

Abbildung 41: Finanzierung

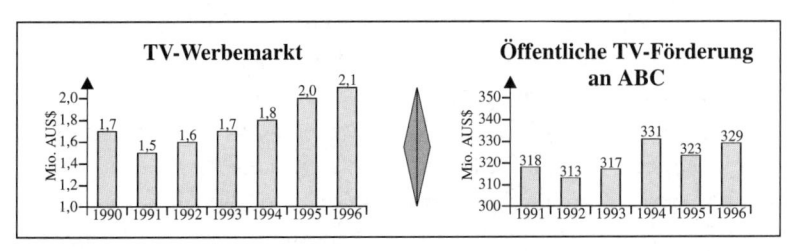

TV-Werbemarkt (Mio. AUS$)

1990	1991	1992	1993	1994	1995	1996
1,7	1,5	1,6	1,7	1,8	2,0	2,1

Öffentliche TV-Förderung an ABC (Mio. AUS$)

1991	1992	1993	1994	1995	1996
318	313	317	331	323	329

Quellen: Baskerville, TV International Sourcebook 1997, Zenith Media Worldwide, BA&H-Analyse

Die Finanzierung des öffentlichen Fernsehens beruht auf staatlicher Subventionierung durch Steuergelder, was eine Besonderheit unter den Vergleichsländern darstellt. Eine Auswirkung ist, daß die öffentlichen Veranstalter finanziell von der Regierung abhängig sind, die in jährlichen Budgetdebatten ihren Einfluß ausüben kann. Beispielhaft hierfür ist die zehnprozentige Budgetkürzung der ABC für 1997. Eine weitere Charakteristik der Finanzierung aus dem Staatshaushalt scheint die Reaktion der Einnahmen auf konjunkturelle Schwankungen zu sein. Die Regierung sparte bei den öffentlichen Ausgaben für das Fernsehen während der wirtschaftlichen Rezession Anfang 1990 ein. Analog zu den Werbeeinnahmen, die als konjunkturelles Barometer herangezogen werden können, wiesen die öffentlichen Einnahmen einen Einbruch auf (siehe Abbildung 41). Länder mit Gebührenfinanzierung zeigen diese Trends nicht.

Die Steuerfinanzierung wird momentan in Australien nicht in Frage gestellt. Zum einen wurden die öffentlichen Veranstalter schon immer über den Umweg des Staatshaushaltes finanziert. Schon vor der Umstellung auf eine reine Steuerfinanzierung im Jahre 1974 flossen die Gebühren zunächst in den Staatshaushalt und erst von dort an die öffentlichen Veranstalter. Somit änderte sich der Einflußbereich der Regierung nicht wesentlich. Zum anderen hat die direkte Steuerfinanzierung den Vorteil, daß man die Erhebungskosten einspart, die für eine Gebührenfinanzierung nötig sind. Dies war 1974 das Hauptargument für die Umstellung.

Die rein öffentliche Finanzierung unter Verzicht auf Werbung wird in Australien als optimal für öffentliche Anbieter angesehen. Entsprechend finanziert sich die ABC, ähnlich wie die BBC in Großbritannien, zu 82 Prozent durch öffentliche Mittel und weiteren 18 Prozent aus kommerziellen Erträgen, wie beispielsweise Programmverkäufen. Das Publikum schätzt die Werbefreiheit des ABC-Programms, durch die sich die ABC klar von privaten Anbietern differenziert. Auch in einer 1996 durchgeführten Studie über die zukünftige Rolle der ABC, dem Mansfield Report, wird bestätigt, daß die Werbefreiheit dem öffentlichen Auftrag am besten entspricht.

Der andere öffentliche Nischensender SBS nutzt hingegen zu einem geringen Anteil Werbung, um seine geringen finanziellen Mittel aufzubessern. Neben einem öffentlichen Finanzierungsanteil von 77 Prozent verfügt er über einen Werbeanteil von 18 Prozent und weitere 5 Prozent aus kommerziellen Aktivitäten. Auch diese Finanzierung wird nicht in Frage gestellt. Man erkennt vielmehr an, daß die Werbung in diesem Falle die Finanzierung des öffentlichen Nischenauftrags unterstützt. Die ABC weist allerdings auf Schwierigkeiten im Zusammenhang mit der Finanzierung durch öffentliche Mittel hin. Beispielsweise sieht sie Probleme bezüglich anstehender Investitionen für das digitale Fernsehen. In diesem Zusammenhang wünscht sie sich einen größeren unternehmerischen Freiraum, z. B. den Zugang zu Risikokapital. Zudem sollte, ihrer Meinung nach, die Budgetierung auf einen dreijährigen Rhythmus umgestellt werden, um so eine längerfristige Planung zu ermöglichen.

Der Staat gibt in Australien für Fernsehen nicht nur Geld aus – die Lizenzgebühren der privaten Anbieter stellen auch eine Einnahmequelle dar. Einnahmen aus Lizenzgebühren der privaten Veranstalter machen über 50 Prozent der öffentlichen Fernsehsubventionierung aus. Insgesamt nimmt der Staat also Lizenzgebühren ein, die in ihrer Höhe der Hälfte der öffentlichen Subventionen entsprechen. In der Gesamtbetrachtung reduzieren sich somit die staatlichen Ausgaben für das Gesamtfernsehsystem erheblich.

6. Kosten und Effizienz

Der Vergleich von Kosten pro Sendeminute in Australien zeigt, daß öffentliche Veranstalter nicht notwendigerweise teurer sein müssen als private Veranstalter. Network Nine zeigt mit 1 515 AUS$ mehr als doppelt so hohe Kosten pro Sendeminute wie ABC mit 734 AUS$ (siehe Abbildung 42).

Bezieht man die Gesamtkosten pro Sendeminute auf den erzielten Marktanteil der Veranstalter, so zeigen sich geringe Unterschiede zwischen den Veranstaltern. Beispielsweise hat Network Nine, das einen ungefähr doppelt so hohen Marktanteil wie ABC aufweist, auch ungefähr doppelt so hohe Gesamtkosten pro Sendeminute. Network Seven, Network Ten und auch SBS weisen hingegen, im Vergleich zu den beiden anderen Anbietern, gewisse Kostenvorteile auf.

Abbildung 42: Gesamtkosten pro Sendeminute (in AUS$)

Marktanteil		
14%	ABC	734
3%	SBS	146
32%	Network Nine	1 515
30%	Network Seven	1 223
21%	Network Ten	846

Quellen: Jahresbericht ABC, SBS, Baskerville, TV International Sourcebook 1997, FACTS, BA&H-Analyse

Der Mansfield Report hat Einsparmöglichkeiten der ABC durch eine Fokussierung der öffentlichen Zielvorstellungen identifiziert (siehe Abbildung 43). Im Rahmen dieser Restrukturierungsüberlegungen spielt die Definition der *public service mission* eine wichtige Rolle.

Ausgehend von einer geplanten Kürzung des Budgets der ABC um 10 Prozent gab die australische Regierung 1996 den Mansfield Report in Auftrag. Der ABC wird in der Studie empfohlen, sich auf Kernbereiche eines öffentlichen Programmanbieters zu konzentrieren. Genannt werden insbesondere Kultur-, Informations-, Nachrichten- sowie Kinder- und Jugendsendungen. Des weiteren soll ein Schwerpunkt auf regionale Angebote gesetzt werden. Dagegen soll in Randbereichen eingespart werden; hierzu zählen die internationalen Tätigkeiten und die allgemeine Unterstützung von Kunst. Filmproduktionen sollen verstärkt an kreative, unabhängige australische Produzenten vergeben werden. Außerdem werden Filmproduktionen nicht als Kernkompetenz des öffentlichen Fernsehens angesehen. Diese Fokussierung soll in einer neuformulierten Charta festgehalten werde, in der die *public service mission* genauer umrissen wird.

Untersuchungen innerhalb des Ländervergleiches zeigen, daß Sendungen von besonderem öffentlichem Interesse niedrigere Kosten aufweisen als beispielsweise Spielfilme und Sportsendungen.

Abbildung 43: Mansfield Report

Ausgangssituation, Ursachen:
Kürzung des Budgets der ABC um 10 Prozent
Regierung gibt in diesem Zusammenhang ein Gutachten in Auftrag

Kernaussagen des Mansfield Report:
Konzentrieren der ABC auf Kernbereiche öffentlicher Veranstalter
– Fokus auf regionale Angebote
– Priorität auf Kinder- und Jugendprogramm
– Kultur, Information und Nachrichten stärken
Outsourcen von Filmproduktionen
– Nutzen kreativer, unabhängiger australischer Produzenten
– Film ist keine öffentliche Kernkompetenz
Einsparen in Randbereichen
– internationale Mission vor finanziellen Gesichtspunkten hinterfragen
– Einschränkung bei allgemeiner Unterstützung von Kunst, da keine primäre Aufgabe des Rundfunks

Reaktionen, Beobachtungen und Bewertungen:
Die offizielle Reaktion der Regierung steht noch aus
Gegenüber der ABC zeigt die Bevölkerung deutliches Interesse und eine starke Affinität
Der Bericht hat bereits zu internen Reformen der ABC geführt
– Managementberichtswesen
– Betonung der Effizienz durch verstärktes Outsourcing
Die Interessenorganisation der privaten Veranstalter (FACTS) unterstützt die Rolle der ABC als Vollanbieter
Negative Stimmungen prangern die starke Orientierung auf Kostenreduzierung an
Die Vernachlässigung der internationalen Präsenz könnte langfristig negative Folgen haben

Quellen: Experteninterviews, Mansfield Report

Somit könnte die empfohlene Fokussierung dazu beitragen, die Programmkosten des öffentlichen Anbieters zu senken.

Obwohl die Regierung offiziell noch nicht Stellung zum Mansfield Report genommen hat, führte der Bericht bereits zu internen

Reformen der ABC. Ein Managementberichtswesen wurde eingeführt und Effizienz sowie Outsourcing stärker betont.

7. Digitalisierung, Internet und deren Auswirkungen auf das Fernsehen

Die technische Infrastruktur in Australien ist für die kurzfristige Einführung von Digitalfernsehen vergleichsweise schlecht vorbereitet. 1996 lag die Kabelpenetration mit 9 Prozent und die Satellitennutzung mit 1 Prozent der Haushalte relativ niedrig; allerdings wächst insbesondere das Kabelnetz stark. Momentan ist freie Sendekapazität für zusätzliche digitale Angebote nur auf diesen Übertragungswegen verfügbar.

Mittelfristig plant die ABA allerdings die Digitalisierung im terrestrischen Bereich, was zu einer vollständigen Digitalisierung des gesamten Programmangebots führen wird. Eine Expertenkommission erstellte 1997 einen Bericht, der einen detaillierten technischen, methodischen und zeitlichen Einführungsplan enthält. Zeitziel für die Einführung in der Fläche ist das Jahr 2000.

Die durch die digitale Technik geschaffene große Anzahl neuer Programmangebote wird hauptsächlich als Pay-TV vermarktet. Angeboten wird das Abonnement eines Programmbouquets, das aus einer Vielzahl von Sendekanälen besteht. Man spricht dabei auch von einem Multikanalsystem.

Momentan gibt es zwei Multikanalangebote in Australien: Galaxy von Australis Media wird über Satellit ausgestrahlt und Optus Vision bietet ein Bouquet über Kabel an.

Auf seiten der australischen Regulierungsbehörde wird versucht, die Entwicklung des digitalen Pay-TV zu unterstützen. Dazu hat sie einen weitaus liberaleren regulatorischen Rahmen für das Pay-TV geschaffen, als er für die terrestrischen Anbieter besteht. Beispielsweise sind die Beschränkungen für ausländische Beteiligungen seit

Juni 1997 aufgehoben und gleichzeitig wurde nun auch Werbung im Pay-TV erlaubt. Des weiteren sind die Lizenzgebühren für Pay-TV-Anbieter sehr niedrig.

Es wird als notwendig angesehen, daß öffentliches Fernsehen mit eigenen Zusatzangeboten im Umfeld der Multikanalsysteme tätig ist. Dies wird von Experten damit begründet, daß durch das neue Umfeld veränderte Anforderungen für die Umsetzung der gesellschaftlichen Ziele entstehen. Darauf müssen die öffentlichen Veranstalter entsprechend reagieren. Spartenprogramme erscheinen beispielsweise als geeignetes Mittel, Minderheiteninteressen im Rahmen der Forumsfunktion öffentlicher Veranstalter wahrzunehmen. Als große Herausforderung wird jedoch die Finanzierung der öffentlichen digitalen Zusatzangebote angesehen.

Es existieren bereits heute erste Beiträge des öffentlichen Fernsehens zum digitalen Angebot. SBS bietet mit World Movies einen Spartenkanal innerhalb des Galaxy Bouquets an. Dagegen scheiterte das Joint Venture Australian Information Media des öffentlichen Senders ABC (51 Prozent) sowie John Fairfax Holdings und U.S. Cox Communications. Es konnte kein Pay-TV-Betreiber für das angebotene Nachrichtenprogramm gefunden werden.

Für Online-Dienste besteht in Australien eine gute Ausgangsposition. 31 Prozent der Haushalte besitzen einen PC und 8 Prozent sind bereits Nutzer eines Online-Dienstes. Den öffentlichen Veranstaltern wird in diesem Bereich eine Innovatorenrolle zugesprochen. Entsprechend sind Aktivitäten im Internet auch ein Kernbestandteil der zukünftigen Digitalstrategie der ABC. Schon heute besitzt sie die meistbesuchte Web-Site in Australien. Darüber hinaus plant die ABC im Moment, einen neuartigen regionalen Online-Dienst auf Gemeindeebene einzurichten. Er soll unter Mithilfe von Schulen lokale Informationen anbieten. ABC sieht darin eine klare öffentliche Aufgabe, da dieser Dienst wirtschaftlich nicht rentabel ist. Auf der privaten Seite sieht man das Internet eher als ergänzendes Medium ohne umfassende Bedeutung für den Fernsehmarkt. Einen ähnlichen Tenor kann man auch in den anderen Ländern der Vergleichsstudie erkennen.

Neuseeland

1. Zusammenfassung

Überblick

1989 wurde der Fernsehmarkt in Neuseeland weitgehend liberalisiert. Dadurch weist Neuseeland ein weltweit einzigartiges Fernsehsystem auf. Ein Hauptbestandteil ist mit NZonAir eine Kommission, die mit den Gebühreneinnahmen Produktionen von öffentlichem Interesse fördert. Diese werden dann bei einem beliebigen Veranstalter innerhalb des gesamten Fernsehsystems ausgestrahlt. Seit der Öffnung des Monopols des staatlichen Anbieters TVNZ ist dessen Marktanteil auf 72 Prozent gefallen. Der private Veranstalter TV 3, der sich mehrheitlich in kanadischer Hand befindet, hat weitere 24 Prozent Marktanteil.

Kernbereichsprogramme

Die gesellschaftlichen Ziele in Neuseeland beschränken sich weitgehend darauf, bestehende Lücken im kommerziell dominierten Fernsehmarkt zu schließen. Es existiert kein öffentlicher Veranstalter – die gesellschaftlichen Ziele werden vielmehr durch die Behörde NZonAir wahrgenommen. Diese fördert Programme von öffentlichem Interesse, wie Kultur-, Kindersendungen und Sendungen mit nationalen Inhalten. Die Arbeitsweise von NZonAir wird gelobt, jedoch beklagen Experten die mangelnde Qualität des gesamten Fernsehsystems. Der Einfluß von NZonAir auf das gesamte Fernsehsystem ist, bedingt durch die begrenzten finanziellen Mittel, vergleichsweise gering. Jedoch wird nicht eine Erhöhung der finanziellen Ressourcen von NZonAir als Lösung des Qualitätsproblems angestrebt, sondern die Gründung eines Veranstalters mit öffentlichem Auftrag. Man stellt als strukturelles Problem nämlich fest, daß die von NZonAir geförderten Produktionen meist außerhalb der Hauptsendezeit ausgestrahlt werden.

Regulierung

Beim Fernsehsystem in Neuseeland vertraut man hauptsächlich auf die Marktkräfte. Entsprechend verzichtet man weitgehend auf regulatorische Eingriffe. Lizenzen werden als Eigentum erworben, über die der Lizenznehmer frei verfügen kann. Und auch das weitere regulatorische Umfeld beschränkt sich auf gesellschaftliche und wirtschaftliche Minimalanforderungen. Die Broadcasting Standards Authority (BSA) ist als Regulierungsbehörde für die Programminhalte zuständig, wobei sie auf selbstregulierende Elemente zurückgreift. Sie verfügt allerdings über nur sehr begrenzte Sanktionsgewalt. Die gesamte behördliche Struktur der Regulierung ist minimal ausgelegt, wobei die Lizenzvergabe direkt vom Handelsministerium übernommen wird und die Werbeinhalte durch die Advertising Standards Authority (ASA) industrieintern selbstreguliert sind.

Finanzierung

Die Gesamteinnahmen des Fernsehsystems in Neuseeland sind entsprechend der Größe des Landes gering. Die Fernsehgebühren machen mit 9 Prozent einen nur geringen Anteil an den Gesamteinnahmen aus. Sie sind seit 1989 nicht angehoben worden. Die mit 78 Prozent aller Einnahmen primäre Finanzierungsquelle der Veranstalter ist die Werbung. Pay-TV-Einnahmen sind mit 24 Prozent signifikant. Ihr Anteil ist höher als der Gebührenanteil und weist auf die etablierte Stellung des analogen Pay-TV-Angebots hin.

Kosten und Effizienz

Der staatliche Veranstalter TVNZ weist doppelt so hohe Gesamtkosten pro Sendeminute auf wie der private Anbieter TV 3. Auch wenn man die Zahl der ausgestrahlten Programme und die Marktanteile betrachtet, bestätigt sich dieser Kostenunterschied. Im Vergleich mit anderen Ländern kann man erkennen, wie die Gesamtkosten von den lokalen Marktgegebenheiten abhängen. Im kleinen neuseeländischen Fernsehmarkt sind die Gesamtkosten der Veranstalter vergleichsweise gering.

Digitalisierung, Internet und deren Auswirkungen auf das Fernsehen

Die technische Infrastruktur mit einer starken Dominanz der terrestrischen Übertragung scheint für eine schnelle Einführung von digitalen Multikanalsystemen eher hinderlich zu sein. Auch die Marktgegebenheiten, mit einem fest etablierten terrestrischen Pay-TV-Angebot sowie Konsumenten, die als *late adopter* charakterisiert werden, sprechen dagegen. Auf der anderen Seite will der jetzige Pay-TV-Veranstalter Sky TV selbst in Kürze ein digitales Angebot auf den Markt bringen. Und der liberale regulatorische Rahmen vereinfacht die Einführung neuartiger Dienste, wie beispielsweise Video-on-Demand. Jedoch sind momentan keine interaktiven Dienste von seiten der Fernsehanbieter in Planung.

2. Überblick

Der neuseeländische TV-Sektor bestand seit seinem Ursprung in den 1960er Jahren lange als Fernsehmonopol des öffentlichen Veranstalters TVNZ. Erst 1987 begann das duale System mit der Einführung des ersten privaten Anbieters TV 3. Mit dem Broadcasting Act von 1989 erfolgte kurz darauf die vollkommene Liberalisierung des Fernsehmarktes. Diese war Bestandteil einer umfassenden Liberalisierung des gesamten neuseeländischen Marktes durch die neue Regierung, die unter anderem den Finanzmarkt, den Telekommunikationsmarkt und die öffentliche Verwaltung einschloß.

Das heutige Fernsehsystem Neuseelands ist geprägt von dieser einschneidenden Liberalisierung. Das Ergebnis ist ein weltweit einzigartiges Fernsehsystem:

– Sendelizenzen sind rechtlich Sachgütern gleichgestellt. Mit einer Lizenz erwirbt man das Eigentum an einer Sendefrequenz, die nicht notwendigerweise zur Ausstrahlung eines Fernsehangebots verpflichtet.

– Mit NZonAir wurde ein neuartiges Modell geschaffen, gesellschaftliche Ziele im Fernsehsystem umzusetzen. Die Fernsehgebühren werden nicht genutzt, um einen öffentlichen Veranstalter zu finanzieren. Vielmehr werden sie von einer Kommission für einzelne Produktionen innerhalb des gesamten Fernsehsystems vergeben. Auf diesem Weg finanziert man Sendungen, die im freien Markt sonst nicht entstehen würden.

Wie Abbildung 44 zeigt, ist seit 1987 der Anteil des staatlichen Veranstalters TVNZ auf 72 Prozent gefallen. Er sendet mit TV 1, TV 2 sowie neuerdings MTV insgesamt drei Programmangebote. Nacheinander kamen private Konkurrenten hinzu. 1997 hält TV 3 ca. 20 Prozent Marktanteil, jeweils 4 Prozent Marktanteil erzielen das zum Veranstalter TV3 gehörende neue Programm TV 4 sowie Pay-TV-Angebote. Sky TV erreicht dabei mit seinem terrestrischen Angebot die – gemeinsam mit Großbritannien – bei 22 Prozent höchste Haushaltspenetration von Pay-TV im Ländervergleich.

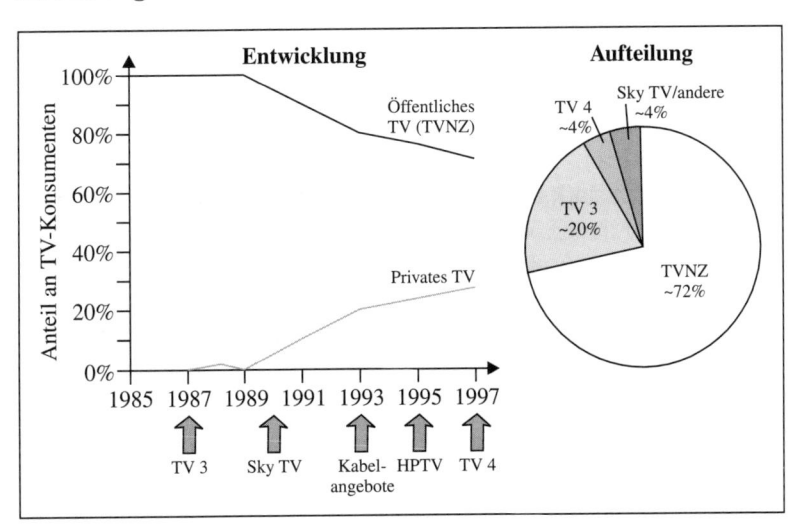

Fernsehsysteme im internationalen Vergleich

Abbildung 44: Zuschaueranteile

```
Entwicklung                          Aufteilung
100%                                 
        Öffentliches TV (TVNZ)       TV 4 ~4%   Sky TV/andere ~4%
80%                                  
60%                                  TV 3 ~20%
40%                                  
        Privates TV                  TVNZ ~72%
20%                                  
0%
    1985 1987 1989 1991 1993 1995 1997
         ↑    ↑    ↑     ↑    ↑
        TV 3 Sky TV Kabel- HPTV TV 4
                   angebote
```
(Anteil an TV-Konsumenten)

Die liberale Lizenzvergabe ermöglicht, daß infolge neuer technischer Errungenschaften ohne weitere Zulassungsverfahren neue Fernsehangebote entstehen können. So existiert seit Mitte 1997 mit TV 4 ein weiteres Programmangebot in der sendetechnisch schwierigen terrestrischen TV-Landschaft Neuseelands. TV 3 bietet dieses Programm auf dem bislang nur für TV 3 belegten Frequenzband an.

Die Fernsehnutzung in Neuseeland ist vergleichsweise gering. Mit durchschnittlich 158 Minuten täglich (1995) ist sie im Ländervergleich am niedrigsten. In Großbritannien beträgt sie beispielsweise täglich 227 Minuten.

3. Kernbereichsprogramme

Die gesellschaftlichen Ziele in Neuseeland sind nicht mit der Zielvorstellung in Großbritannien, Frankreich, Australien und Deutschland vergleichbar. In diesen Ländern ist der öffentliche Sektor im Fernsehsystem stark ausgeprägt. Dort sieht man es als ein wichtiges Ziel der öffentlichen Veranstalter an, ein breites Publikum zu erreichen (Integrationsfunktion). In Neuseeland, wie auch in den USA, beschränkt sich die Zielvorstellung dagegen vor allem darauf, die Lücken im Marktsystem zu schließen, und damit auf eine Komplementärfunktion zum dominierenden kommerziellen Fernsehen. Konkret bedeutet das, die Erhaltung eines Mindestangebots an qualitativ hochwertigen Programmen sicherzustellen.

In Neuseeland existiert kein öffentlicher Veranstalter im eigentlichen Sinne. Für den staatlichen Anbieter TVNZ existiert kein gesellschaftlicher Zielkatalog, vergleichbar beispielsweise der Royal Charter der BBC. Von ihm wird die wirtschaftliche Führung unter dem Gesichtspunkt der Gewinnmaximierung und Dividendenausschüttung gefordert.

Mit NZonAir hat Neuseeland vielmehr ein im Ländervergleich einzigartiges Mittel geschaffen, die Gebühreneinnahmen zur Umsetzung gesellschaftlicher Ziele zu verwenden. NZonAir stellt damit im internationalen Vergleich ein Ausnahmemodell dar. Wie in Abbildung 45 dargestellt, fördert NZonAir Programme mit besonderem gesellschaftlichem Interesse. Die direkte finanzielle Unterstützung geht hauptsächlich an Produktionsfirmen. Wesentlich für die Förderung ist die Erfüllung eines Kriterienkataloges, der neben grundlegenden Qualitätsgesichtspunkten auch die Erfüllung festgelegter Programmschwerpunkte umfaßt. Die Behörde bestimmt selbst, welche Sendungen darunter fallen, unterliegt dabei aber der Kontrolle durch die Regierung. Gefördert werden Kultur-, Bildungs- und Kindersendungen sowie Programme von nationalem Interesse. Nicht gefördert werden Nachrichten, da davon ausgegangen wird, daß die Marktnachfrage stark genug ist, um ein Angebot an Nachrichten

Abbildung 45: Beschreibung von NZonAir

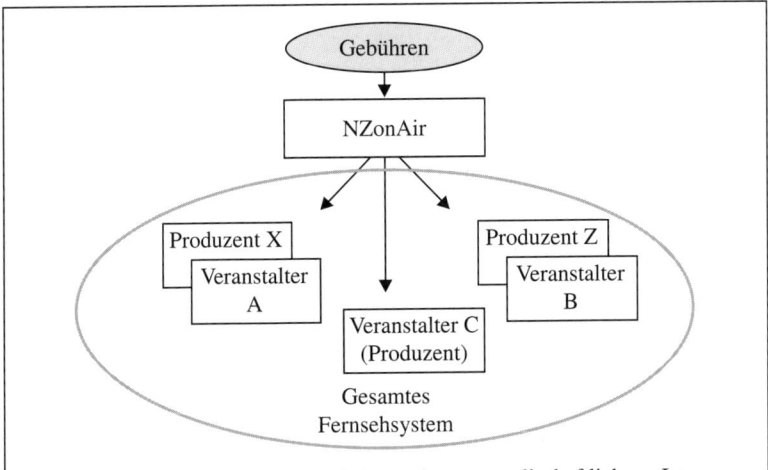

```
                    ┌─────────────┐
                    │  Gebühren   │
                    └──────┬──────┘
                           ▼
                    ┌─────────────┐
                    │   NZonAir   │
                    └──────┬──────┘
        ╱──────────────────┼──────────────────╲
       ╱  ┌───────────┐    │    ┌───────────┐  ╲
      │   │Produzent X│    │    │Produzent Z│   │
      │   │Veranstalter│   ▼    │Veranstalter│  │
      │   │     A     │ ┌────────┐    B      │  │
      │   └───────────┘ │Veranstalter C│     │  │
      │                 │ (Produzent) │      │  │
      │                 └──────────┘          │
       ╲       Gesamtes Fernsehsystem        ╱
        ╲────────────────────────────────────╱
```

- Förderung von Programmen mit besonderem gesellschaftlichem Interesse (Kultur, Kinderprogramme, nationale Interessen, Bildung, **keine Nachrichten**)
- Bezuschussung der Produktionskosten – Geld geht an den Produzenten der Sendung, nicht an den Veranstalter
- Produzenten bewerben sich mit Projektvorschlägen im Wettbewerb um öffentliche Gelder

Weitere Funktionen von NZonAir:
Übernahme von Sendekosten für die Versorgung entlegener Gebiete
Übernahme von Archivierungskosten für historisch wichtige Dokumente

durch die Veranstalter zu bewirken. Während NZonAir einmal jährlich dieses generelle Schwerpunktprogramm beschließt, werden Bewerbungen konkreter Projektvorschläge in sechs über das Jahr verteilten Sitzungen behandelt.

Daneben übernimmt NZonAir weitere ergänzende Aufgaben. Dazu zählt die Subventionierung von technischen Sendeanlagen zur Erreichung von Gebieten, die nach wirtschaftlichen Kriterien von den Veranstaltern nicht versorgt würden. Außerdem übernimmt NZonAir die Archivierung historischer Filmdokumente von nationalem Interesse. Darüber hinaus werden die Interessen der Maori-

Minderheit durch Zuschüsse an die Organisation Te Mangai Paho für Programmproduktionen in Maori-Sprache sichergestellt. Vergleicht man die Zielsetzung des öffentlichen Fernsehens in Deutschland und Neuseeland, so muß man die Ziele in Neuseeland also auf die Funktion von NZonAir beziehen. Der Vergleich ist in Abbildung 46 dargestellt. NZonAir trägt zur Integration durch die Förderung von neuseeländischer Kultur und Identität bei. Mit der Unterstützung von Sendungen in Maori-Sprache schafft sie ein Forum. NZonAir-Programme setzen zum Teil auch Qualitätsmaßstäbe. Man kann also in den Kernbereichen eine Übereinstimmung mit dem Grundversorgungsauftrag in Deutschland feststellen. Klarer Schwerpunkt von NZonAir ist jedoch die Komplementärfunktion mit dem Ziel, diejenigen Programme zu fördern, die unter rein kommerziellen Bedingungen nicht produziert würden.

Analysiert man die von NZonAir geförderten Programme, so stellt man fest, daß der Einfluß von NZonAir auf das gesamte Fernsehsystem sehr begrenzt ist. Vom Gesamtangebot der Programme, die zum Kernbereich gezählt werden – dazu gehören Nachrichten-, Informations-, Kultur-, Kinder- und Jugendsendungen – förderte NZonAir 1994 lediglich einen Anteil von 22 Prozent (siehe Abbildung 47). Die restlichen 78 Prozent der Programme mit besonderem gesellschaftlichem Interesse werden von TVNZ und TV 3 unter kommerziellen Marktbedingungen durch Werbung finanziert. Der mit 40 Prozent größte Teil der von NZonAir geförderten Sendungen sind Kindersendungen. Des weiteren kommen 20 Prozent der NZonAir-Programme aus den Bereichen Drama und Fiktion, gehören also nicht zum Kernbereich. Weiterhin sind in diesem Bereich die Kosten in den letzten Jahren stark gestiegen. Folglich mußte NZonAir von 1995 auf 1996 die Stundenzahl aller geförderten Programme um ein weiteres Drittel senken. Bei dieser Betrachtung ist außerdem zu berücksichtigen, daß in Neuseeland die öffentlichen Gelder nur 9 Prozent der Gesamteinnahmen des Fernsehsystems ausmachen. In Deutschland beispielsweise machen die Fernsehgebühren dagegen 40 Prozent der TV-Gesamteinnahmen aus.

Abbildung 46: Vergleich der gesellschaftlichen Ziele in Neuseeland und Deutschland

	Übereinstimmende Ziele				Abweichende Ziele
	Integrationsfunktion	Forumsfunktion	Vorbildfunktion	Komplementärfunktion	
Verfassungsauftrag des öffentlichen Fernsehens in Deutschland	*Gemeinsamer Kommunikationsprozeß der Bevölkerung Kulturelle Identität*	*Inhaltlicher Pluralismus und Meinungspluralismus*	*Journalistische Qualitätsstandards Innovative Programmgestaltung*	*»Beiträge, die vom privaten Anbieter nicht zu erwarten sind«*	
					Weitere Funktionen
Zielsetzungen von NZonAir in Neuseeland	NZonAir fördert die kulturelle Identität durch einen Fokus auf neuseeländische Inhalte	NZonAir unterstützt Sendungen in Maori-Sprache	NZonAir will auch Qualitätsstandards setzen – dies ist aber eher sekundär	Klarer Fokus: NZonAir fördert vor allem Programme, die unter kommerziellen Bedingungen nicht produziert würden	*Gewinnorientierung und Dividendenausschüttung von TVNZ*

Klaus Mattern, Thomas Künstner

Abbildung 47: NZonAir und die Programmangebote im Kernbereich – 1994

Angebot an Programmen mit besonderem gesellschaftlichem Interesse[1]

Von NZonAir geförderte Programmgenres

Von TVNZ und TV 3 ohne Förderung produziert/ finanziert ~78%

~22%

Von NZonAir geförderte Programme mit besonderem gesellschaftlichem Interesse: 1 300[2] Stunden

Drama/fiction 20%

Kinder- und Jugendsendungen 40%

Maori 10%

13%

17%

Programme von spezifischem Interesse

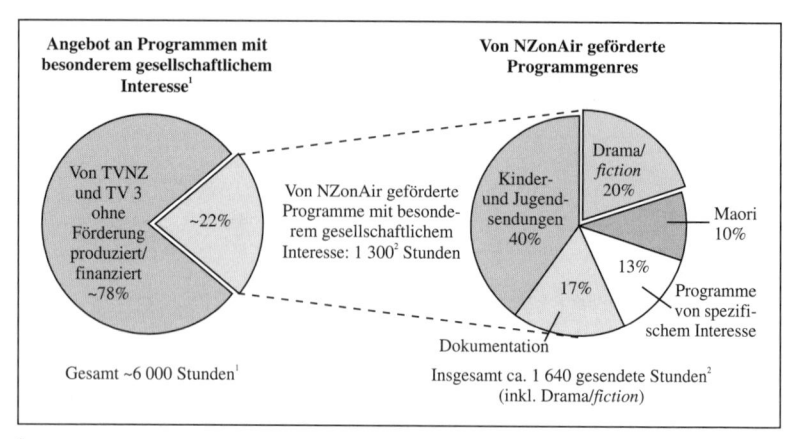

Dokumentation

Gesamt ~6 000 Stunden[1]

Insgesamt ca. 1 640 gesendete Stunden[2] (inkl. Drama/fiction)

[1] Annäherung des Fernsehsystems durch TVNZ und TV 3 (zusammen 95 Prozent Zuschaueranteil)
[2] Annahme: 40 Prozent der gesendeten Programme von NZonAir sind Wiederholungen
Quellen: TBI Yearbook 1995, NZonAir Annual Report 1996, BA&H-Analyse

Deshalb heben einige Marktteilnehmer die Notwendigkeit einer stärkeren Einflußnahme zur Umsetzung der gesellschaftlichen Ziele hervor. Dennoch wird aus dieser Unzufriedenheit heraus derzeit keine Erhöhung des Budgets von NZonAir gefordert. Trotz der positiven Arbeit und Wirkungsweise von NZonAir erkennt man nämlich strukturelle Probleme. Dazu zählt vor allem, daß NZonAir-Sendungen von den privaten Veranstaltern zumeist außerhalb der Hauptsendezeit plaziert werden. Dies ist darauf zurückzuführen, daß die Integration der geförderten Programme für den Veranstalter uninteressante *patchwork* Strukturen im Programmschema schafft. NZonAir selbst beschränkt sich jedoch auf die Auswahl der Produktion und hat somit keinen Einfluß auf die Gestaltung der Programmschemata.

Als Lösung des Qualitätsproblems im Fernsehen wird in Neuseeland zur Zeit diskutiert, einen Veranstalter mit öffentlichem Auftrag einzurichten. Dabei hat man auch schon konkrete Vorschläge. Man überlegt, TV 2 (und die MTV-Frequenzen) zu privatisieren und TV 1 in einen weitgehend gebührenfinanzierten Anbieter mit einer

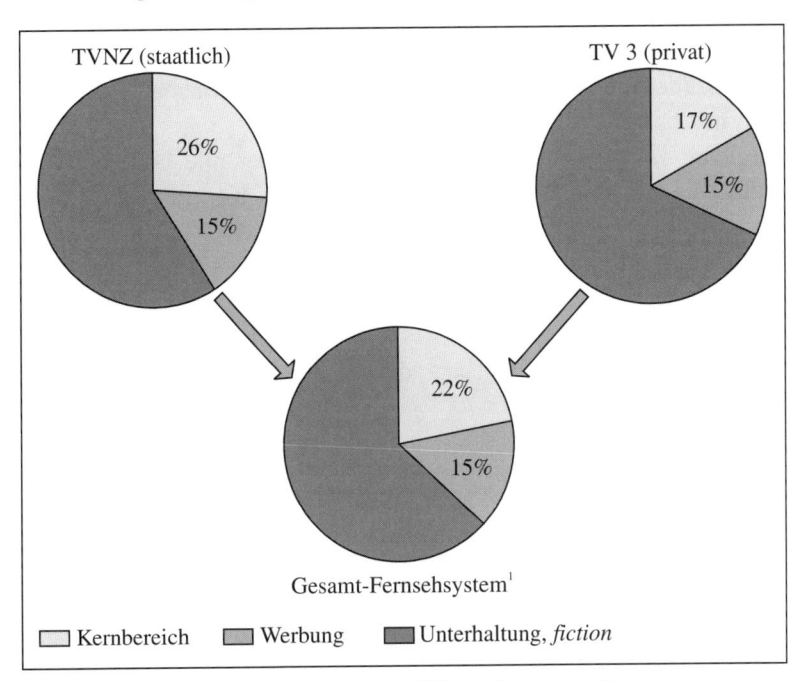

Fernsehsysteme im internationalen Vergleich

Abbildung 48: Programmangebote im Kernbereich – 1994

TVNZ (staatlich) 26% 15%

TV 3 (privat) 17% 15%

22% 15%

Gesamt-Fernsehsystem[1]

☐ Kernbereich ☐ Werbung ■ Unterhaltung, *fiction*

[1] Annäherung durch TVNZ und TV 3 mit zusammen 95 Prozent Zuschaueranteil

Charta umzuwandeln. Dies würde ermöglichen, daß mit TV 1 ein Veranstalter mit unverkennbarem öffentlichem Image entsteht, der einen Qualitätsmaßstab darstellt und der Öffentlichkeit eine Identifikationsmöglichkeit bieten kann.

Als eine Maßgröße für die Erreichung gesellschaftlicher Ziele soll das Angebot im Kernbereich untersucht werden. Abbildung 48 zeigt die Anteile der beiden Veranstalter TVNZ und TV 3 sowie die Implikation für das Gesamtprogrammangebot des neuseeländischen Fernsehsystems, angenähert durch diese beiden massenwirksamen Veranstalter mit zusammen über 90 Prozent Marktanteil.

Der staatliche Veranstalter TVNZ hat mit 26 Prozent Anteil des Kernbereiches an seinem Gesamtprogramm einen im Vergleich zu öffentlichen Anbietern der anderen untersuchten Länder nur geringfügig größeren Anteil als der private Veranstalter TV 3 mit 17 Prozent. Er differenziert sich also nicht als öffentlicher Veranstalter. Das Gesamtprogrammangebot des Fernsehsystems weist folglich mit 22 Prozent einen niedrigen Anteil des Kernbereiches an Programmen mit besonderem gesellschaftlichem Interesse auf. Im Ländervergleich fällt Neuseeland hier deutlich hinter alle anderen Vergleichsländer zurück. Der niedrige Anteil des Kernbereiches kann also als ein Anzeichen gewertet werden, daß die Maßnahmen zur Umsetzung öffentlicher Ziele in Neuseeland nicht ausreichend sind. Ein entsprechendes Bild zeichnet sich beim Werbeanteil ab. Hier haben TVNZ und TV 3 mit 15 Prozent sogar gleiche Anteile. Und mit 15 Prozent ist der Werbeanteil am Gesamtfernsehsystem sehr hoch.

4. Regulierung

Beim Fernsehsystem in Neuseeland vertraut man, ähnlich wie in den USA, hauptsächlich auf die Marktkräfte. Entsprechend verzichtet man weitgehend auf regulatorische Einflußnahme. An diesem Grundgedanken orientiert sich das Lizenzvergabeverfahren:
- Freie Frequenzen werden im Rahmen von Lizenzauktionen durch das Ministry of Commerce verkauft.
- Die Frequenzen werden als Eigentum erworben, über die der Lizenznehmer frei verfügen kann. Er muß also nicht notwendigerweise ein Fernsehangebot senden.
- An Lizenzen sind keine nennenswerten Sende- oder Programmauflagen gebunden.

Das weitere regulatorische Umfeld des neuseeländischen Fernsehmarktes beschränkt sich in ähnlicher Weise auf gesellschaftliche und wirtschaftliche Minimalanforderungen:
- Eine Konzentrationsbeschränkung existiert nicht.
- Auslandsinvestoren sind inländischen Investoren gleichgestellt.

– Werbung ist zeitlich nicht beschränkt.
– Es existieren keine Mindestquoten für einzelne Programminhalte.
– Die Anforderungen an Werbung und Programminhalt beschränken sich auf die in Kooperation von Veranstaltern und Regulierern erstellten Programmkodizes.

Der Gesamtüberblick in Abbildung 49 faßt den regulatorischen Rahmen in Neuseeland zusammen.

Die Broadcasting Standards Authority (BSA) ist als Regulierer für die Fernsehinhalte zuständig. Ihr obliegt die Erstellung von qualitativen Kriterien für das Programmangebot. Dabei wird primär den Gesichtspunkten des Jugendschutzes, der Gleichbehandlung und der Wahrung der Privatsphäre Rechnung getragen. Es handelt sich also um die grundlegende gesellschaftliche Verträglichkeit der Programminhalte und nicht um weitergehende gesellschaftliche Zielvorstellungen, wie beispielsweise Mindestsendezeiten für nationale Inhalte. Die erstellten *program codes* gelten sowohl für *free to air* Veranstalter als auch für den Pay-TV-Bereich.

Da diese Kodizes in Zusammenarbeit mit den Veranstaltern erstellt werden, spielen selbstregulative Elemente in Neuseeland eine wichtige Rolle. Ähnlich wie in Australien wird auch in Neuseeland der Regulierungsprozeß durch ein Beschwerdeverfahren eingeleitet. Eine Verletzung der Broadcasting und Advertising Codes wird nicht laufend von Regulierungsseite geprüft, sondern es wird dem Markt (d.h. dem Publikum) überlassen, Fehlverhalten der Veranstalter festzustellen und Beschwerden einzureichen. Auf diese Beschwerden reagieren zunächst die Veranstalter selbst, bevor die BSA bei Eskalationen einschreitet. Am Beschwerdesystem wird insbesondere positiv bewertet, daß man einem sich wandelnden Publikumsgeschmack weitaus effizienter Rechnung tragen kann als durch ein proaktives Durchsetzen von Rechtsnormen, die unter Umständen nicht mehr dem aktuellen Stand des Publikumsinteresses entsprechen.

Die BSA verfügt nur über eingeschränkte Sanktionsgewalt. Dazu zählt zum einen das beschriebene, rein passive Reagieren auf Verstöße. Andererseits ist die BSA mit einem minimalen Budget aus-

Abbildung 49: Regulierung

	Lizenzierung	Konzentrations-regulierung	Vorgaben für Programminhalte	Werbebeschränkungen
Gesetze/ Verordnungen	*Radiocommunications Act 1989* *Diverse nachfolgende Verordnungen*	*Broadcasting Act 1989*	*Broadcasting Act 1989 Codes of Broadcasting Practice:* – *free to air Television Program Code* – *Pay TV Program Code*	*Broadcasting Act 1989 Codes of Broadcasting Practice:* – Program Standards for the Promotion of Liquors – Code for Advertising Liquors – Voluntary Sports Code for Liquor Advertising and Promotion on TV
Inhalte	Vergabe von Lizenzen im Rahmen öffentlicher Auktionen Eigentumserwerb an Lizenzen, d. h., der Lizenznehmer kann über Lizenzen nach eigener Entscheidung verfügen	Keine wie immer geartete Beschränkung hinsichtlich des Besitzes von Lizenzen oder Mehrheiten an Veranstaltern vorgegeben Auslandsinvestoren sind Inländern gleichgestellt	Keinerlei Mindestquoten für bestimmte Programmgenres Programmklassifizierung zur Freigabe für spezifische Altersgruppen Auflage der Objektivität und Sensitivität bei der Gestaltung von Nachrichten Vorgaben für inhaltliche Merkmale von Beiträgen über Wahlen	Vorgaben von qualitativen Merkmalen für Werbung Beschränkungen für einzelne Produktgruppen (Tabak, Alkohol) – z. B. Werbebeschränkungen für Alkohol auf die Zeit nach 21.00 Uhr Einschränkungen bei Plazierung von Werbung bei Jugendsendungen

Behörden/ Kontrolle	Ministry of Commerce/ Communications Division		Förderung von Programmen durch Broadcasting Commission (NZonAir) Gleiche Bestimmungen für öffentliche und private Veranstalter	Vorgaben für inhaltliche Merkmale von Parteiwahlwerbesendungen
			BSA (Eingreifen auf Beschwerdebasis) NZonAir	

gestattet und hat lediglich die Möglichkeit, beschränkte Geldstrafen aufzuerlegen. In der Praxis hat sie Verstöße bisher nie mit größeren Strafen bzw. mit Lizenzentzug geahndet.

Wie zuvor beschrieben, werden Fernsehlizenzen direkt vom Handelsministerium (Ministry of Commerce) vergeben. Der Wirkungsbereich der BSA beschränkt sich lediglich auf Programminhalte. Dies spiegelt die behördliche Minimalstruktur im neuseeländischen Fernsehsystem wider. Obwohl Lizenzen sehr regierungsnah vergeben werden, hat sich bisher noch keine politische Abhängigkeit aufgezeigt, die den Aufwand einer zusätzlichen, unabhängigen Behörde rechtfertigen würde. Bei den sehr liberalen Vergaberegeln erscheint dies auch nicht kritisch.

Der Bereich der Werbung unterliegt der freiwilligen Selbstkontrolle durch die Advertising Standards Authority (ASA). Diese erarbeitet in Zusammenarbeit mit Veranstaltern allgemeine Vorschriften. Dabei ist bemerkenswert, daß es sich bei der ASA um eine Interessenvereinigung der Werbeindustrie handelt. Werbeinhalte werden also nicht von seiten der Regulierung überwacht, sondern sind vollständig selbstreguliert.

5. Finanzierung

Die Gesamteinnahmen des Fernsehsystems sind mit 590 Mio. NZ$ in Neuseeland im Ländervergleich sehr gering. Dies entspricht jedoch der Landesgröße. Abbildung 50 zeigt die Aufteilung der Gesamteinnahmen.

Dabei fällt auf, daß die Fernsehgebühren mit 9 Prozent nur einen sehr geringen Anteil am Fernsehgesamtsystem ausmachen – in Deutschland liegt der öffentliche Finanzierungsanteil mit 40 Prozent um ein Vielfaches höher. Als einziges Land im Vergleich sind in Neuseeland beispielsweise die Pay-TV-Einnahmen höher als die öffentliche Finanzierung.

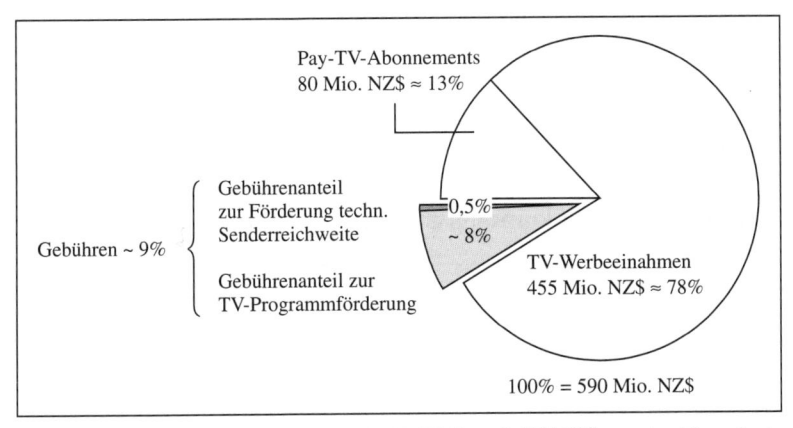

Abbildung 50: Gesamteinnahmen der Fernsehveranstalter – 1995

```
Pay-TV-Abonnements
80 Mio. NZ$ ≈ 13%

Gebühren ~ 9%
  Gebührenanteil zur Förderung techn. Senderreichweite  ≈ 0,5%
  Gebührenanteil zur TV-Programmförderung  ~ 8%

TV-Werbeeinnahmen
455 Mio. NZ$ ≈ 78%

100% = 590 Mio. NZ$
```

Quellen: TVNZ Jahresbericht, Baskerville, Asia Pacific TV Channels 1995, TV International Sourcebook 1997, Kagan World Media, BA&H-Analyse

Mit diesem Gebührenanteil von 9 Prozent der Gesamteinnahmen kann die Förderung durch NZonAir nur einen Bruchteil des neuseeländischen TV-Sektors abdecken. In Abbildung 51 erkennt man, wie sich diese Förderung auf die Gesamteinnahmen der TV-Veranstalter auswirkt. Beim staatlichen Anbieter TVNZ machen die Gebühren – also die Einnahmen durch NZonAir-Fördergelder – nur 9 Prozent der Gesamteinnahmen aus. Dies ist deutlich geringer als der Anteil an kommerziellen Aktivitäten mit 24 Prozent. Bei TV 3 liegt der Anteil der Gebührenförderung sogar nur bei 6 Prozent.

Seit 1989 sind die Gebühren in Neuseeland mit jährlich 3,4 Prozent nur geringfügig angewachsen. Dies entspricht dem Zuwachs an Haushalten in Neuseeland; eine Erhöhung der Gebühren fand nicht statt. Im Vergleich dazu stieg beispielsweise in Frankreich das öffentliche Finanzierungsvolumen zwischen 1990 und 1995 um jährlich 12 Prozent. Setzt man den Anteil der öffentlichen Finanzierung des Fernsehsystems ins Verhältnis zum Bruttosozialprodukt, so liegt Neuseeland wiederum weit abgeschlagen zurück. Insgesamt betrachtet werden also wenig öffentliche Gelder in das Fernsehsystem investiert, so daß die eingeschränkte Erfüllung gesellschaftlicher Ziele nicht überrascht. Auf der anderen Seite erreicht beispielsweise Australien mit einem nur wenig höheren Gebührenanteil von 13 Prozent der Fernsehgesamteinnahmen einen viel höheren Anteil des Kernbereiches an Programmen mit besonderem gesellschaftlichem Interesse. Dies scheint hauptsächlich auf den öffentlichen Veranstalter ABC zurückzuführen zu sein.

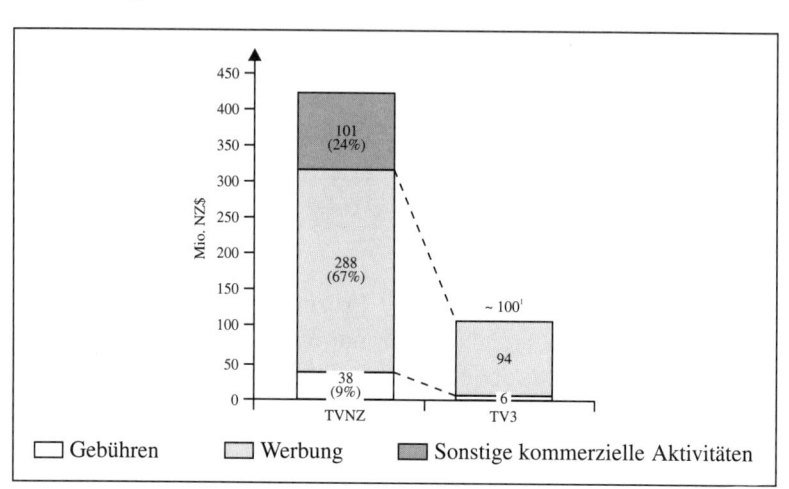

Abbildung 51: Einkommensstruktur – 1995

[1] Gesamtsumme angenähert
Quellen: TVNZ, Baskerville, Asia Pacific TV Channels 1995, BA&H-Analyse

Primäre Finanzierungsquelle der Veranstalter in Neuseeland ist der Werbemarkt. Mit 78 Prozent machen Werbeeinnahmen den Großteil aller TV-Einnahmen aus (siehe Abbildung 50). Der staatliche Veranstalter TVNZ finanziert sich zu 67 Prozent durch Werbung (siehe Abbildung 51), und beim privaten Anbieter TV 3 macht Werbung sogar 94 Prozent aller Einnahmen aus. Der Werbemarkt weist dabei jedoch lediglich ein geringes Wachstum auf. Der TV-Anteil am Gesamtwerbemarkt wuchs in den letzten Jahren von 30 Prozent auf 36 Prozent leicht, wobei der Gesamtwerbemarkt lediglich um 3,6 Prozent anstieg. In erster Linie wird das Wachstum auf die Erhöhung der Werbezeit im Fernsehen nach der Liberalisierung Anfang der 1990er Jahre auf bis zu 15 Minuten pro Sendestunde zurückgeführt.

Abonnementeinnahmen aus Pay-TV machen mit 13 Prozent aller Fernseheinnahmen einen signifikanten Anteil des neuseeländischen Fernsehsystems aus. Dies weist auf die etablierte Stellung des analogen Pay-TV-Angebots Sky TV hin.

6. Kosten und Effizienz

Abbildung 52 zeigt die Gesamtkosten pro Sendeminute für die Veranstalter TVNZ und TV 3 im Jahr 1995. TVNZ weist dabei fast doppelt so hohe Kosten pro Sendeminute auf wie TV 3. In die Betrachtung einbezogen wurde, daß TVNZ mit TV 1, TV 2 und HPTV (seit 1996 durch MTV ersetzt) insgesamt drei Programme ausstrahlt. Dagegen umfaßt das Sendeangebot von TV 3 im Jahr 1995 ein einziges Programm. Das weitere Angebot TV 4 existiert erst seit 1997. Die Gesamtsendekosten von TVNZ sind also – vorausgesetzt, jedes TVNZ-Programmangebot wird als volles Tagesprogramm ausgestrahlt – sechsmal so hoch wie die von TV 3.

Berücksichtigt werden muß allerdings der Marktanteil der Veranstalter. Die drei Angebote von TVNZ haben einen Marktanteil von 72 Prozent, wohingegen das TV3-Angebot einen Anteil von 24 Pro-

Abbildung 52: Gesamtkosten pro Sendeminute – 1995 (in NZ$)

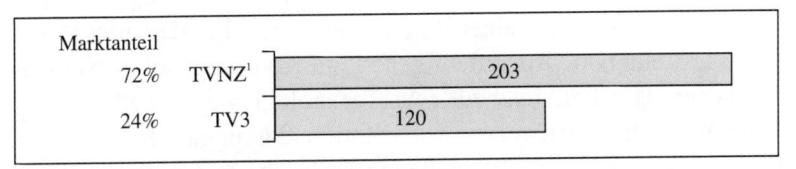

Marktanteil		
72%	TVNZ[1]	203
24%	TV3	120

[1] TVNZ strahlt drei Programme aus (TV 1, TV 2 und HPTV)
Quellen: TVNZ-Jahresbericht 1996, Baskerville, Asia Pacific TV Channels 1995, BA&H-Analyse

zent am TV-Markt hat. Dieses Verhältnis von ungefähr 3:1 spiegelt sich analog in der Höhe der Werbeeinnahmen der beiden Veranstalter in Abbildung 51 wider.

Zusammenfassend läßt sich sagen, daß TVNZ mit sechsmal so hohen Gesamtkosten einen dreimal so hohen Marktanteil erzielt. Dies bestätigt den Eindruck, daß TV 3 doppelt so kostengünstig produziert wie TVNZ.

Im Vergleich mit anderen Ländern kann man erkennen, wie die Gesamtkosten von den lokalen Marktgegebenheiten abhängen. Im kleinen neuseeländischen Fernsehmarkt sind die Gesamtkosten pro Sendeminute der Veranstalter TVNZ und TV 3 verglichen mit Veranstaltern wie ARD oder RTL um den Faktor 30 kleiner. Dies entspricht ungefähr dem Verhältnis der Fernsehhaushalte beider Länder.

7. Digitalisierung, Internet und deren Auswirkungen auf das Fernsehen

Bedingt durch ein bei einer Haushaltspenetration von 1,3 Prozent äußerst schwach entwickeltes Kabelnetz und die mit 0,4 Prozent der Haushalte geringe Verbreitung von Satellitenempfängern nimmt die terrestrische Übertragungstechnik eine klar dominierende Rolle im neuseeländischen Fernsehsystem ein. Dies bedingt eine schlechte technologische Ausgangslage für eine rasche Einführung von digitalen Multikanalsystemen.

Auch die Marktfaktoren deuten auf keine rasche Umsetzung von digitalen Pay-TV-Angeboten hin. Der terrestrische analoge Pay-TV-Sender Sky TV ist mit einer Reichweite von 22 Prozent aller Haushalte fest etabliert. Außerdem gelten die Konsumenten in Neuseeland eher als *late adopter* für neue Technologien und Dienste.

Obwohl Infrastruktur- sowie Marktbedingungen für digitales Fernsehen als schwierig zu bewerten sind, existieren auch Einflüsse, die eine positive Auswirkung auf die Markteinführung digitalen

Fernsehens haben. Dazu gehört, daß Sky TV – der bisherige Veranstalter von analogem Pay-TV – selbst als erster Anbieter in Neuseeland den Start eines digitalen Multikanal-Pay-TV-Angebots via Satellit für 1997/98 plant. Bei seiner jetzigen Reichweite von 22 Prozent der Haushalte scheint Sky TV dabei gute Voraussetzungen zu haben, auch ein umfangreicheres digitales Bouquet erfolgreich zu vermarkten.

Des weiteren ist das liberale regulatorische Umfeld für neue Entwicklungen förderlich. In Neuseeland benötigen neuartige Dienste, wie beispielsweise Video on Demand, keine weitere Zulassung, denn die Art der Nutzung von Lizenzen steht dem Eigentümer offen. Allerdings sind hinsichtlich interaktiver Dienste oder der Weiterentwicklung des Internet in Neuseeland von seiten der Fernsehanbieter zur Zeit keine größeren Aktivitäten geplant.

Deutschland

1. Zusammenfassung

Überblick

Das deutsche Fernsehsystem wurde als föderal strukturiertes öffentlich-rechtliches Fernsehen konzipiert. Fernsehen fällt unter die Kulturhoheit der Bundesländer. Dementsprechend wurde bei der Einführung des dualen Systems die Marktaufsicht der privaten Veranstalter regional strukturiert. Das Programmangebot mit großer Reichweite hat sich seit der Einführung des dualen Systems verzehnfacht. Ermöglicht wird dies durch die hohe Kabel- und Satellitenpenetration. Die Zuschaueranteile haben sich von ca. 70 Prozent Anteil der öffentlich-rechtlichen Veranstalter 1990 hin zu ca. 40 Prozent im Jahr 1995 verschoben.

Kernbereichsprogramme

Der vom Bundesverfassungsgericht formulierte Auftrag zur Grundversorgung wird ausschließlich auf das öffentlich-rechtliche Fernsehen bezogen. Er kann durch vier Funktionen charakterisiert werden:

- Integrationsfunktion,
- Forumsfunktion,
- Vorbildfunktion,
- Komplementärfunktion.

Von privaten Veranstaltern erwartet man einen Beitrag zur Vielfalt des Gesamtsystems. Als Konsequenz aus schwierigen föderalen Abstimmungen und einer maßgeblich durch juristische Entscheidungen erzwungenen Steuerung wird ein gesellschaftlicher Konsens in Deutschland nur unzureichend erzielt. Stark polarisierte Diskussionen, beispielsweise über die Rolle des öffentlich-rechtlichen Fernsehens, sind die Folge.

Der mit 53 Prozent hohe Anteil des als Maßgröße für die Erreichung der gesellschaftlichen Ziele verwendeten Kernbereiches der Programme mit besonderem gesellschaftlichem Interesse (Nachrichten-, Informations-, Kultur sowie Kinder- und Jugendsendungen) bestätigt den großen Beitrag der öffentlich-rechtlichen Anbieter zur Qualität und Ausgewogenheit des Fernsehprogramms. Auch die Angebote privater Anbieter im Kernbereich stoßen auf Akzeptanz. Die Angebote in den Sparten Nachrichten und Information, einer Untergruppe des Kernbereichs, werden sowohl von den privaten wie auch den öffentlich-rechtlichen Veranstaltern entsprechend ihrem Anteil am Gesamtangebot nachgefragt.

Regulierung

Durch die hochentwickelte Infrastruktur existiert eine große Zahl an privaten Lizenzen mit großer Reichweite. Während sich in anderen Ländern Lizenzen für unterschiedliche Übertragungsarten (z. B. Kabel oder Satellit) deutlich unterscheiden, gilt dies in Deutschland in geringerem Umfang. In der Praxis unterscheidet sich lediglich die Definition des Vielfaltsbegriffs. Die Marktaufsicht für private Veranstalter verteilt sich auf 15 Landesmedienanstalten und weitere Gremien (Kommission zur Ermittlung der Konzentration im Medienbereich, Konferenz der Direktoren der Landesmedienanstalten).

Die rundfunkrechtlichen Regelungen in Deutschland haben im internationalen Vergleich bisher zu vergleichsweise weniger restriktiven Rahmenbedingungen geführt.

Finanzierung

Im Vergleich liegen die Gesamteinnahmen des Fernsehsystems pro Haushalt in Deutschland unter denen der übrigen untersuchten Länder. Dies läßt darauf schließen, daß der deutsche Fernsehmarkt noch Wachstumspotential besitzt. Mit 40 Prozent machen Fernsehgebühren einen hohen Anteil an der Gesamtfinanzierung aus. ARD und ZDF haben einen Gebührenanteil von über 70 Prozent an ihrer Einkommensstruktur. Die Kostensteigerung im Fernsehbereich liegt deutlich über der Inflationsrate, was unter anderem auf steigende Preise für Spielfilme und Sportereignisse sowie höhere Gehälter für kreatives Schlüsselpersonal zurückzuführen ist. Eine Ausdehnung von Werbeeinnahmen und kommerziellen Aktivitäten wird in Hinblick auf einen zukünftigen Anstieg des Finanzbedarfs diskutiert. Pay-TV und kommerzielle Erträge, z.B. aus Programmverkäufen, spielen in Deutschland – anders als in Großbritannien und Frankreich – keine entscheidende Rolle.

Kosten und Effizienz

Die Gesamtkosten pro Sendeminute der öffentlich-rechtlichen Veranstalter liegen deutlich über denen der privaten Anbieter. Es zeigt sich, daß Programme mit besonderem gesellschaftlichem Interesse kostengünstiger sind als Fiktion und Unterhaltung. Eine Fokussierung auf diese grundversorgungsrelevanten Programminhalte kann also Kosten sparen. Angeregt durch die Kommission zur Ermittlung der Finanzierung (KEF) werden von den öffentlich-rechtlichen Veranstaltern seit langem Anstrengungen unternommen, die Effizienz zu steigern.

Klaus Mattern, Thomas Künstner

Digitalisierung, Internet und deren Auswirkungen auf das Fernsehen

Vom technologischen Standpunkt aus hat Deutschland mit einer hohen Kabel- und Satellitenpenetration eine gute Ausgangslage für die schnelle Realisierung digitaler Übertragung. Bislang hat sich der Pay-TV-Markt jedoch neben dem reichhaltigen Free-TV-Angebot noch nicht nachhaltig entwickeln können. Öffentlich-rechtliches Fernsehen wird durch digitale Multikanalsysteme vor große Herausforderungen bezüglich erforderlicher Investitionen und ausreichender Profilierung des Programmangebots gestellt. Dies ist zum großen Teil allerdings nur dann von Bedeutung, wenn digitales Pay-TV zukünftig mehr als nur eine Nischenrolle einnehmen wird. Neben gemeinsamen analogen Spartenprogrammen verfolgen ARD und ZDF bislang verschiedene Strategien. Die ARD will mit rein öffentlicher Orientierung Hintergrundinformationen für ihr Hauptprogramm anbieten, während das ZDF zunächst den Schwerpunkt auf sein Online-Angebot in Kooperation mit MSNBC legt. Dem Internet wird, insbesondere von privaten Anbietern, keine entscheidende Bedeutung für eine Weiterentwicklung des TV-Angebots zugesprochen.

2. Überblick

Das deutsche Fernsehsystem wurde ursprünglich als föderal strukturiertes öffentlich-rechtliches Fernsehen konzipiert. 1948/49 wurden in Übereinstimmung mit der föderalen Länderstruktur regionale öffentliche Fernsehanstalten gegründet. Weiterhin verankerte man diese Struktur als öffentlich-rechtliches Fernsehen fest in den rechtlichen Grundlagen des deutschen Staates. Ziel der Alliierten war es nämlich, einen möglichst staatsfernen und politisch schwer zu beeinflussenden Rundfunk zu etablieren. 1961 kam mit dem ZDF ein weiterer öffentlich-rechtlicher Veranstalter hinzu, dessen Rolle –

neben seiner nationalen Ausrichtung – als politische Gegenkraft eines Systems von *checks and balances* verstanden wird. Für private Anbieter wurde der Fernsehmarkt Anfang der 1980er Jahre geöffnet. Damit führte man das heutige duale Fernsehsystem als Nebeneinander von öffentlichen und privaten Veranstaltern ein. Gemäß der Kulturhoheit der Länder wurde die Regulierung der privaten Fernsehanbieter regional strukturiert. In Anbetracht der hauptsächlich bundesweit agierenden privaten Veranstalter ist diese Fragmentierung der Marktaufsicht ungewöhnlich und wirft zunehmend Probleme auf.

Vergleicht man das Fernsehsystem in Deutschland vor Einführung des dualen Systems mit der heutigen Situation, so stellt man erhebliche Veränderungen fest. 1984 konnte man mit ARD, ZDF und einem regionalen Programm insgesamt drei Veranstalter empfangen, die alle öffentlich-rechtlichen Ursprungs waren. Der Umfang der TV-Einnahmen lag damals bei 4,2 Mrd. DM. Heute dagegen empfangen fast 80 Prozent der Haushalte ca. 30 Programme, darunter über 15 private Programme. Zusätzlich existiert ein Pay-TV-Angebot, und weitere Programme sind per Satellit zu empfangen. Damit hat sich das Programmangebot mehr als verzehnfacht. Die TV-Einnahmen vervierfachten sich auf 13,4 Mrd. DM im Jahr 1995.

Die hohe Anzahl an Programmangeboten mit großer Reichweite wurde insbesondere durch den zügigen Ausbau des Kabelnetzes in Deutschland ermöglicht. Die Verkabelung von 48 Prozent aller Haushalte sowie der Fernsehempfang per Satellit in 31 Prozent der Haushalte bedeuten, daß mit 79 Prozent die große Mehrzahl der deutschen Haushalte die Programmvielfalt nutzen kann.

Auf der Seite der privaten Veranstalter bestehen reichhaltige werbefinanzierte Angebote. Die wichtigsten bundesweiten privaten Anbieter RTL, SAT.1 und Pro 7 sind Vollprogramme, die ihren Schwerpunkt auf Sport, Unterhaltung und Spielfilme legen. Dazu kommen weitere Voll- und Spartenprogramme sowie regionale Angebote.

Auch das öffentlich-rechtliche Angebot in Deutschland ist mit 15 Programmen sehr umfangreich. Dazu zählen das ARD-Rahmenprogramm und das ZDF sowie neun regionale Angebote (einschließlich des bayerischen Bildungskanals Alpha), arte, 3SAT und neuerdings mit Kinderkanal und dem Ereigniskanal Phoenix zwei weitere Spartenprogramme.

Abbildung 53: Zuschaueranteile

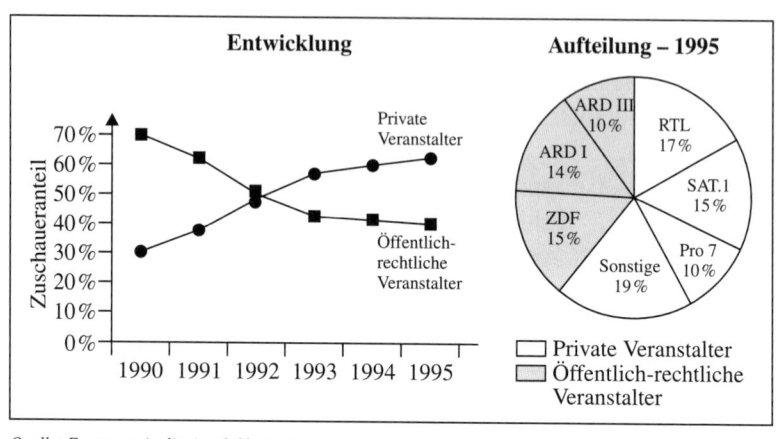

Quelle: European Audiovisual Observatory

Abbildung 53 zeigt, daß die privaten Veranstalter von 1990 bis 1995 ca. 30 Prozent Zuschaueranteil hinzugewonnen haben. Dieser Aufwärtstrend setzte sich jedoch nicht fort. Seit 1993 hat sich die Verteilung der Zuschaueranteile nur noch geringfügig zugunsten der privaten Sender verschoben. Sie hat sich 1995 bei 42 Prozent für die drei großen privaten Veranstalter RTL, SAT.1 und Pro 7 und bei 19 Prozent für die weiteren 15 privaten Anbieter stabilisiert. Die positive Entwicklung der Privaten ging dabei zu Lasten der öffentlich-rechtlichen Veranstalter, die 1995 über 39 Prozent Zuschaueranteil verfügten. Die großen Anbieter ARD I, ZDF, RTL und SAT.1 besitzen etwa gleich große Zuschaueranteile, wobei RTL 1995 mit 17 Prozent geringfügig führte.

Mit der Vielfalt des Programmangebots ist auch die Nutzungsdauer des Fernsehens durch die Konsumenten kontinuierlich gestiegen. Von 1990 durchschnittlich 156 Minuten täglich stieg sie auf 186

Minuten 1995. Damit liegt sie jedoch noch deutlich hinter Großbritannien mit 227 Minuten und den USA mit 260 Minuten.

3. Kernbereichsprogramme

Einen aus der Daseinsvorsorge legitimierten Auftrag an das öffentliche Fernsehen zur Grundversorgung gibt es nur in Deutschland. Aus der Rechtsprechung lassen sich eine Integrations-, Forums-, Vorbild- sowie Komplementärfunktion im dualen System ableiten: Das öffentlich-rechtliche Fernsehen soll durch eine gemeinsame Informationsbasis den Zusammenhalt der Gesellschaft sichern (Integrationsfunktion). Die Forumsfunktion dient der politischen Ausgewogenheit und der Berücksichtigung von Minderheiteninteressen. Ein hoher Qualitätsstandard und eine innovative Programmgestaltung verwirklichen die Vorbildfunktion. Mit der Komplementärfunktion wird das Bereitstellen von gesellschaftlich gewünschten Angeboten gefordert, die unter rein wirtschaftlichen Gesichtspunkten nicht finanzierbar wären. Dazu zählen insbesondere kulturelle und wissenschaftliche Beiträge.

Klaus Mattern, Thomas Künstner

Abbildung 54: Verfassungsauftrag des öffentlichen Fernsehens in Deutschland

»Grundversorgungsauftrag«[1]:
- Empfang der Programme für die gesamte Bevölkerung sicherstellen
- Gewährleistung inhaltlich umfassender Programmstandards
- Sicherung gleichgewichtiger Meinungsvielfalt

»Klassischer Rundfunkauftrag«:
- Gemeinwohlverpflichtung
- Breite des Gesamtprogrammangebots
- Programm für die gesamte Bevölkerung

»Funktionserfüllung«[2]:

Funktion	Beschreibung
Integrationsfunktion	Beitrag zum Zusammenhalt der Gesellschaft durch Sicherstellung einer gemeinsamen Informationsbasis Vermittlung gemeinsamer kultureller Inhalte Förderung der gesellschaftlichen Partizipation
Forumfunktion	Sicherstellung politischer Ausgewogenheit und Meinungsvielfalt Schaffung einer Plattform für offenen Meinungsaustausch (»Marktplatz der Meinungen«) Berücksichtigung von Minderheiteninteressen Globaler Informationsanspruch (Darstellung internationaler Vorgänge)
Vorbildfunktion	Setzen journalistischer Qualitätsstandards Sicherstellung eines Höchstmaßes an Professionalität und Seriosität Innovative Programmgestaltung
Komplementärfunktion (im dualen System)	Bereitstellung von Angeboten, die marktfinanzierte Programme nicht notwendigerweise leisten (insbesondere kulturelle und wissenschaftliche Beiträge)

[1] Bundesverfassungsgericht, viertes Rundfunkurteil
[2] Bundesverfassungsgericht, siebtes und achtes Rundfunkurteil

Die Erfüllung der gesellschaftlichen Zielvorstellungen ist in Deutschland ausschließlich Aufgabe des öffentlichen Fernsehens. Für den anderen Teil des dualen Systems – die privaten Veranstalter – strebt man in Deutschland eine Vielfalt von verschiedenen Programmen und Meinungen an und lizenziert neue Anbieter unter diesem Gesichtspunkt. Im frequenzknappen terrestrischen Bereich mit der geringen Anzahl an Lizenzen für private Veranstalter legt man dafür Wert auf deren Charakter als Vollprogramm (Innenpluralismus). Ist die Anzahl der privaten Veranstalter größer – dies ist im Kabelbereich der Fall – betont man die Vielfältigkeit des Gesamtsystems (Außenpluralismus).

Die gesetzliche Grundlage für die Anforderungen an das Fernsehsystem bildet Artikel 5 des Grundgesetzes. Dieser wird durch die Urteile des Bundesverfassungsgerichts in konkreten Fragestellungen interpretiert. Weiterhin sind die EG-Fernsehrichtlinien maßgeblich. Darauf aufbauend wird der gesetzliche Rahmen für das gesamte Fernsehsystem im Rundfunkstaatsvertrag festgelegt. Er wird von den Ministerpräsidenten der Bundesländer geschlossen. Weitere Richtlinien enthalten die Landesmediengesetze.

Durch den Prozeß der Abstimmung von 16 Länderregierungen soll eine direkte Einflußnahme des Staates und seiner Interessengruppierungen bewußt erschwert werden. Infolgedessen kommt dem Bundesverfassungsgericht eine zentrale Rolle bei der Zielfestlegung zu. Die Steuerung des Fernsehsystems basiert somit maßgeblich auf juristischen Entscheidungen. In den anderen Ländern der Vergleichsstudie sind Regierung und Parlament wesentlich stärker in diesen Entscheidungsprozeß eingebunden. Dort hilft der parlamentarische Abstimmungsprozeß, einen gesellschaftlichen Konsens zu erzielen. Dagegen lassen die grundlegenden Entscheidungen des Bundesverfassungsgerichts bewußt große Interpretationsfreiräume. Als Konsequenz daraus werden in Deutschland stark polarisierte Diskussionen geführt; so werden die Urteile je nach Standpunkt sehr unterschiedlich interpretiert. Von einer Beschränkung des öffentlich-rechtlichen Fernsehens auf die Komplementärrolle bis zu einer uneingeschränkten Wahrung des Status quo werden alle Positionen vertreten.

Öffentlich-rechtliche Veranstalter selbst sehen ihre Aufgabe in einer qualitativ hochwertigen Vollversorgung. Sie lehnen jegliche Beschränkung auf bestimmte Sparten strikt ab. Nur über ein Vollprogramm sehen sie die Möglichkeit, eine große Anzahl von Menschen zu erreichen. Bei Beschränkung auf eine Nischenrolle, z.B. für kulturelle Programme, seien ihre Funktionserfüllung und somit auch die Fernsehgebühren nicht legitimierbar. Man argumentiert auch, daß sich die Reichweite von Programmen mit besonderem gesellschaftlichem Interesse, z.B. Kultursendungen, im Rahmen eines ausgewogenen Vollprogramms deutlich erhöhe. Dies wird beispielsweise mit einer höheren Nachfrage einer Kultursendung bei ARD als bei der Ausstrahlung derselben Sendung bei arte belegt. Als weiteren wichtigen Aspekt führen die öffentlich-rechtlichen Anbieter an, daß sie eine beständige Grundversorgung böten. Private Anbieter könnten dies nicht garantieren, da sie ökonomischen Zwängen unterlägen. Sie seien viel stärker darauf angewiesen, auf Nachfrageschwankungen mit Änderungen des Programmangebots zu reagieren.

Umgekehrt meinen einige Vertreter der privaten Veranstalter, daß der Auftrag der öffentlich-rechtlichen Veranstalter langfristig ausschließlich auf die Komplementärfunktion reduziert werden sollte; das heißt, daß sie nur solche Programme senden, die vom Markt nicht produziert werden, z.B. Kultur- und Bildungsangebote.

Als eine Maßgröße für die Erreichung der angestrebten gesellschaftlichen Ziele wurde das vorhandene Angebot an Programmen mit besonderem gesellschaftlichem Interesse, im folgenden Kernbereich genannt, untersucht. Dazu zählen Angebote in den Sparten Nachrichten-, Informations-, Kultur- sowie Kinder- und Jugendsendungen.

Abbildung 55 zeigt die Entwicklung des zum Kernbereich gehörenden Angebots von 1986 bis 1995 für öffentliche und private Veranstalter sowie für das deutsche Gesamtfernsehsystem. Die Analyse basiert auf den fünf massenwirksamen Anbietern ARD, ZDF, RTL, SAT.1 und Pro 7, die den Großteil der Nachfrage auf sich ziehen. Dabei zeigt sich, daß 1995 der Kernbereich 21 Prozent des Programmangebots privater Veranstalter (RTL, SAT.1 und Pro 7) aus-

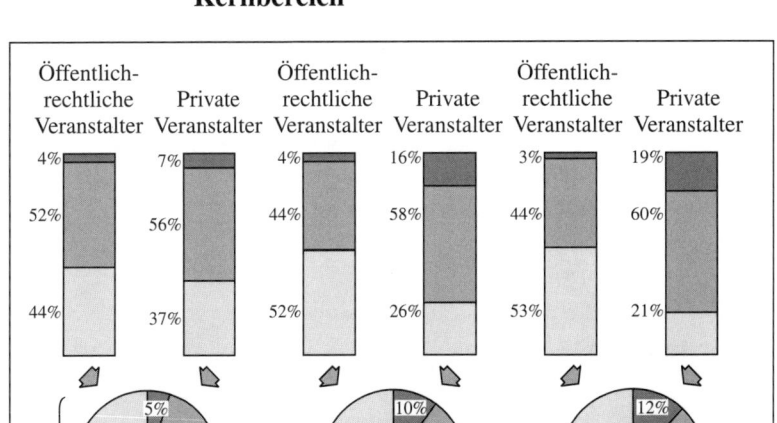

Abbildung 55: Entwicklung des Programmangebots im Kernbereich

	Öffentlich-rechtliche Veranstalter	Private Veranstalter	Öffentlich-rechtliche Veranstalter	Private Veranstalter	Öffentlich-rechtliche Veranstalter	Private Veranstalter
	4%	7%	4%	16%	3%	19%
	52%	56%	44%	58%	44%	60%
	44%	37%	52%	26%	53%	21%

Gesamtfernsehsystem[1] (ARD, ZDF, RTL, SAT.1, Pro 7):

1986	1991	1995
5% / 41% / 54%	10% / 39% / 51%	12% / 34% / 54%

☐ Kernbereich ▨ *fiction*, Unterhaltung ■ Werbung

[1] Annäherung durch die wichtigsten Sender in bezug auf die Zuschauerrelevanz
Quellen: European Audiovisional Observatory, BA&H-Analyse

macht. Dies bedeutet, daß auch sie einen Beitrag zu den gesellschaftlichen Zielen im Sinne der Grundversorgung im Gesamtfernsehsystem leisten. Der Anteil des Kernbereiches bei den öffentlich-rechtlichen Anbietern (ARD und ZDF) ist 1995 mit 53 Prozent deutlich höher als bei den privaten Anbietern. Dieser Unterschied hat sich seit 1986 vergrößert. Die öffentlich-rechtlichen Veranstalter tragen somit überdurchschnittlich zum Gesamtangebot des Kernbereiches und damit zur Ausgewogenheit und Qualität des Fernsehsystems bei.

Stellt man Angebot und Nachfrage von Nachrichten- und Informationssendungen, zwei Untergruppen des Kernbereiches, gegenüber, so zeigt sich in Deutschland eine weitreichende Übereinstimmung. Nachrichten- und Informationssendungen werden nachfrageorientiert angeboten: einem Anteil von 24 Prozent am Gesamtangebot entsprechen 22 Prozent der Gesamtnachfrage (1996).

Über die Betonung des Programmangebots im Kernbereich hinaus wird dem öffentlich-rechtlichen Fernsehen häufig eine wichtige Rolle beim Setzen von allgemeinen Qualitätsstandards zugesprochen. Die befragten Experten erkennen die stabile Programmqualität des öffentlich-rechtlichen Fernsehens an.

4. Regulierung

Bezüglich des regulativen Umfeldes hebt sich Deutschland zunächst deutlich ab von Großbritannien, Frankreich, Australien und Neuseeland durch die hohe Zahl an privaten Lizenzen mit einer hohen technischen Reichweite – rund 25 Sender können in mehreren oder allen Bundesländern empfangen werden. Die Ursache dafür liegt in der gut ausgebildeten Infrastruktur. 79 Prozent der Haushalte in Deutschland empfangen ihr Programm per Kabel oder Satellit. Mit Ausnahme der USA dominiert in den anderen Ländern dagegen die terrestrische Übertragung, bei der wegen der Frequenzknappheit die Zahl der zu empfangenden Programme deutlich stärker eingeschränkt ist.

In diesem Umfeld bietet Deutschland den privaten Fernsehveranstaltern großer Reichweite im Vergleich zu Großbritannien, Frankreich und Australien wenig »Schutz«, aber auch vergleichsweise weniger inhaltliche Auflagen. In diesen Ländern existieren infolge der Frequenzknappheit im terrestrischen Bereich oligopolistische Marktstrukturen. Dies ist ein Garant für die hohe finanzielle Sicherheit der wenigen Veranstalter, auf die sich die Werbeeinnahmen verteilen. Im Gegenzug dazu werden von den Veranstaltern in Großbritannien und Australien Lizenzgebühren erhoben und ihnen per Lizenzauflage gesellschaftliche Pflichten auferlegt. Im wettbewerbsintensiven Umfeld Deutschlands haben bei einer Vielzahl von privaten Anbietern bisher nur wenige die Gewinnzone erreicht. Umfangreiche Lizenzauflagen und nennenswerte Lizenzgebühren werden nicht für notwendig erachtet. Die Zielvorstellung ist vielmehr, durch eine hohe Zahl und Verschiedenartigkeit der Sender ein möglichst breites Spektrum an Programmen anzubieten.

Als weitere Besonderheit Deutschlands ist anzusehen, daß die Lizenzierung deutlich geringere Unterschiede in Abhängigkeit von der Übertragungsart aufweist als in den anderen Ländern. In Frankreich und Großbritannien prüft man bei Zulassungsvorgängen im terrestrischen Bereich sehr genau und stellt detaillierte Anforderungen auf. Bei Lizenzen im Kabel- und Satellitenbereich wird dort hingegen weitgehend auf die Prüfung von Konzentrationserscheinungen, der gesellschaftlichen Verträglichkeit der Inhalte sowie der wirtschaftlichen Situation der Veranstalter verzichtet, und es werden auch keine Auflagen gemacht. Im Gegensatz dazu wird in Deutschland ein Antrag auf eine Satellitenlizenz einer umfassenden Prüfung unterzogen, zu der die Kommission zur Ermittlung der Konzentration (KEK) eingeschaltet wird. Für Veranstalter im terrestrischen Bereich existiert eine separate Lizenzklasse, wobei jedoch in bezug auf Konzentration, gesellschaftliche Verträglichkeit der Inhalte und wirtschaftliche Situation der Veranstalter nach ähnlichen Regeln geprüft wird. Unterschiede zwischen den Lizenzarten bestehen hauptsächlich in der geographischen Ausdehnung der Zulassung sowie der Interpretation des Vielfaltsbegriffs. Ein terrestrisches Angebot wird regional beschränkt gemäß den jeweiligen Landesmediengesetzen der Bundesländer zugelassen. Dabei wird bei der geringen Zahl von möglichen Angeboten nach dem innenpluralistischen Vielfaltsgrundsatz entschieden und zudem ein regionales Fensterprogramm gefordert. Im Satellitenbereich handelt es sich um eine bundesweite Zulassung. Dort stellt man keine weiteren Vielfaltsanforderungen, da das Gesamtangebot hinreichend groß ist. Eine Kabelzulassung wiederum basiert auf der Satellitenlizenz. Zusätzlich dazu wird mit einem »Kabelbelegungsplan« in jedem Bundesland die Vielfalt des Gesamtsystems außenpluralistisch sichergestellt. Für eine bundesweite Kabelzulassung – wie auch für eine bundesweite terrestrische Sen-

Abbildung 56: Regulierung

	Lizenzierung	Konzentrationsregulierung	Vorgaben für Programminhalte	Werbebeschränkungen	Sonstiges
Vorgaben	Sicherung der Meinungsvielfalt bei Vollprogrammen – Prüfung des Programmschemas – Prüfung von Meinungsrecht Verpflichtung zur Vorlage von Unterlagen Regionale Fensterprogramme bei Vollprogrammen Lizenzierung durch eine Landesmedienanstalt gilt bundesweit	Bis zu einer Zuschaueranteilsgrenze von 30 Prozent können private Fernsehanbieter an einer unbeschränkten Zahl von Programmen beteiligt sein Ab 30 Prozent Zuschaueranteil wird eine Meinungsmacht angenommen – es werden keine weiteren Lizenzen vergeben	Grundsätzlich keine Vorschriften (jedoch europäische Richtlinien: 50 Prozent des Programms europäischen Ursprungs) Landesmediengesetz: »Gesamtprogramm muß in sich vielfältig und ausgewogen sein« Jugendschutzauflagen Ab 10 Prozent Zuschaueranteil muß ein Veranstalter mind. 260 Min. Sendezeit wöchentlich für unabhängige Dritte bereitstellen	Verbot der Tabakwerbung Einschränkungen bei der Alkoholwerbung gemäß EU-Vorschriften Gebot der Blockwerbung Trennungs- und Kennzeichnungspflicht 20 Min./Stunde Werbung pro Werktag vor 20 Uhr für öffentlich-rechtliche Veranstalter Werbehöchstumfang: 20 Prozent des Gesamtprogramms für private Anbieter	Vollprogramme sollen wesentlichen Anteil an Eigenproduktionen sowie Auftrags- und Koproduktionen aus Deutschland und Europa enthalten
Gesetze/ Vorschriften			Rundfunkstaatsvertrag vom 05. 07. 1996 EU-Fernsehrichtlinie von 1989, novelliert 1997		

Fernsehsysteme im internationalen Vergleich

Zuständige Behörden	Landesmedienanstalten	Kommission zur Ermittlung der Konzentration (KEK)	Arbeitsgemeinschaft Landesmedienanstalten (Richtlinien) Landesmedienanstalten (Kontrolle) Freiwillige Selbstkontrolle Kino (FSK) Jugendschutzbeauftragte Selbstregulierung der öffentlich-rechtlichen Veranstalter durch Rundfunkräte	Arbeitsgemeinschaft Landesmedienanstalten (Richtlinien) Landesmedienanstalten (Kontrolle) Selbstregulierung der öffentlich-rechtlichen Veranstalter durch Rundfunkräte	Landesmedienanstalten Selbstregulierung der öffentlich-rechtlichen Veranstalter durch Rundfunkräte

Quellen: Handbuch der Landesmedienanstalten, Hans-Bredow-Institut: Internationales Handbuch für Hörfunk und Fernsehen 1996/97.

deerlaubnis – muß ein privater Veranstalter somit Anträge bei allen 15 Landesmedienanstalten stellen.

Der Überblick in Abbildung 56 faßt die Anforderungen an private Sender in Deutschland zusammen.

Mit der Novellierung des Rundfunkstaatsvertrags 1996 wurde das Marktanteilsmodell zur Konzentrationsregelung in Deutschland eingeführt. Eine Meinungsmacht eines Unternehmens wird demnach bei 30 Prozent Zuschaueranteil angenommen. Erreicht ein Unternehmen die Meinungsmacht im Fernsehmarkt, gibt es neben der Unternehmensentflechtung auch die Möglichkeit, einen Programmbeirat zu installieren. Dieser soll, analog dem Rundfunkrat eines öffentlichen Veranstalters, die interne Meinungsvielfalt bei privaten Veranstaltern sichern. Durch diese Novellierung wurde die Entwicklung von Senderfamilien im Besitz von großen Medienunternehmen vereinfacht. Allerdings müssen private Anbieter mit einem Zuschaueranteil von mehr als 10 Prozent Sendezeit an unabhängige Dritte abgeben. Dies wiederum ist ein vergleichsweise harter regulatorischer Eingriff in die Programmgestaltung der Sender.

In bezug auf Vorgaben für Programminhalte sind die Auflagen anderer Länder umfassender. Beispielsweise werden in Deutschland die Quoten der europäischen Richtlinie »Television without frontiers« für europäische Inhalte nicht über Sanktionsmaßnahmen erzwungen. In Frankreich bezieht man diese hingegen in der Praxis gar auf französische Inhalte und überwacht sie sehr genau. Auch in Australien existieren detaillierte Mindestquoten für Programmsparten wie beispielsweise Kinderprogramme. Bei der Kabelbelegung ist in Deutschland hauptsächlich der inhaltliche Beitrag zur Vielfalt des Gesamtsystems entscheidend. Bei der großen Anzahl an Veranstaltern im Kabelbereich ist es so beispielsweise möglich, daß ein Spartenangebot mit neuartigem Programmkonzept einem Vollprogramm, das bestehenden Angeboten ähnlich ist, vorgezogen wird. Der Veranstalter bestimmt mit seinen Angaben den Detaillierungsgrad des Programmschemas. Praktisch bleibt ihm darüber hinaus ein gewisser Freiraum bei der Ausgestaltung, da bislang kaum mittels konkreter Sanktionen bei Programmabweichungen eingegriffen wurde.

Das Organisationsmodell der Regulierung im dualen System hat sich in Deutschland aus der föderalen Struktur des Rundfunks entwickelt. Der föderalistischen Kulturhoheit entsprechend wurden 1984 Landesmedienanstalten als Kontrollorgane der privaten Veranstalter gegründet, die zum Teil nach landesrechtlich unterschiedlichen Regeln arbeiten. Deren Gremien sind ein Abbild der Rundfunkräte öffentlich-rechtlicher Sender. Folglich existieren ungewöhnlich viele verschiedene Marktaufsichtselemente in Deutschland.

Durch die Rundfunkräte der öffentlich-rechtlichen Veranstalter hat Selbstregulierung in Deutschland eine lange Tradition. Ziel der Alliierten war es, durch das Modell der binnenpluralistischen Kontrollorgane einen dezentralen, von staatlichen Einflüssen freien, gesellschaftlich kontrollierten Rundfunk zu schaffen. Die Rundfunkräte setzen sich aus Vertretern gesellschaftlich relevanter Gruppen zusammen. Vertreten sind alle wichtigen Verbände und Parteien sowie Minderheitengruppen. Sie überwachen Programmauftrag und Programmgrundsätze des öffentlichen Angebots. In Expertengesprächen wird die starke parteipolitische Ausrichtung bei der Besetzung der Rundfunkräte kritisiert und zudem die Arbeit der Rundfunkräte als wenig wirksam beschrieben. Als Beispiel hierfür wird der Umgang der öffentlich-rechtlichen Veranstalter mit Sponsoring angeführt. Nach der 20.00 Uhr-Werbegrenze werden Sponsoringbeiträge gezeigt, die von den Landesmedienanstalten für die privaten Anbieter als Werbung eingeordnet werden.

Ein ähnliches Selbstkontrollinstrument existiert auch bei privaten Veranstaltern in Form der Programmbeiräte. Diese haben senderintern jedoch keine Umsetzungsgewalt. Zusätzlich nehmen auch die Jugendschutzbeauftragten der Veranstalter eine Selbstkontrollfunktion war. 1994 gründeten die privaten Anbieter mit der Freiwilligen Selbstkontrolle Fernsehen (FSF) ein übergreifendes Selbstregulierungselement des privaten Bereiches. Damit reagierten sie auf die Beschuldigung, durch die privaten Veranstalter würden Gewalt und Sex im Fernsehen verbreitet werden. Die Prüfung durch die FSF basiert auf dem Gesetz zum Schutz der Jugend. Prüfungen können sowohl durch Anträge von Jugendschutzbeauftragten der Sender als auch durch Landesmedienanstalten und Beschwerden aus der Bevölkerung ausgelöst werden. Die Wirksamkeit dieser Selbstregulierungselemente wird in der öffentlichen Diskussion jedoch teilweise angezweifelt.

5. Finanzierung

Mit Gesamteinnahmen des Fernsehsystems von 13,4 Mrd. DM (1995) ist Deutschland im Ländervergleich der zweitgrößte Markt hinter den USA. Dies erklärt sich durch den großen Markt von 33,5 Mio. TV-Haushalten. Betrachtet man jedoch die Gesamteinnahmen des Fernsehsystems pro Haushalt (400 DM/1995), so fällt Deutschland hinter die anderen Länder zurück. Dieser Vergleich läßt darauf schließen, daß der deutsche Fernsehmarkt noch Wachstumspotential besitzt.

Abbildung 57: Entwicklung und Aufteilung der Gesamteinnahmen der Fernsehveranstalter

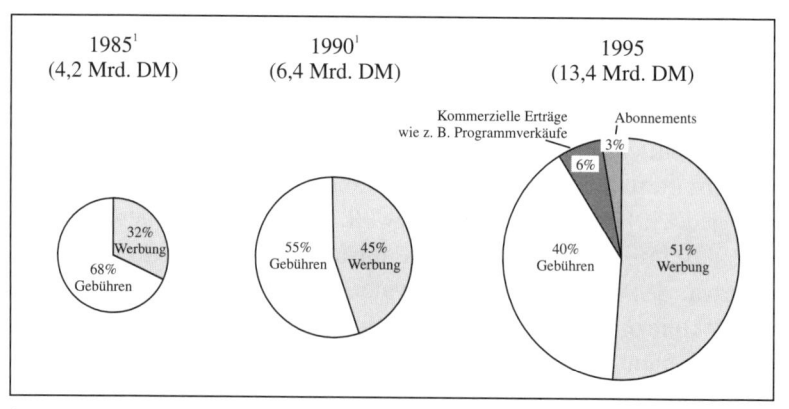

1985[1] (4,2 Mrd. DM): 68% Gebühren, 32% Werbung

1990[1] (6,4 Mrd. DM): 55% Gebühren, 45% Werbung

1995 (13,4 Mrd. DM): 40% Gebühren, 51% Werbung, 6% Kommerzielle Erträge wie z. B. Programmverkäufe, 3% Abonnements

[1] Ohne Programmverkäufe und Merchandising
Quellen: European Audiovisual Observatory 1995, 1997, Baskerville European Television Cable & Satellite, BA&H-Analyse

Werbung ist zum dominierenden Bestandteil des Fernsehsystems angewachsen. Ihr Umfang ist seit der Einführung des dualen Systems von 1,3 Mrd. DM 1985 auf 6,8 Mrd. DM 1995 gewachsen. Wie Abbildung 57 zeigt, stieg dabei der Werbeanteil an den Gesamtfernseheinnahmen von 32 Prozent (1985) auf 51 Prozent (1995). Dieses Wachstum ist überwiegend auf die Fernsehwerbung bei privaten Veranstaltern zurückzuführen. Von 1990 bis 1995 haben sich die privaten TV-Werbeeinnahmen vervierfacht, während sich der Werbeumsatz der öffentlichen Sender halbierte und heute im gesamten TV-Werbemarkt eine untergeordnete Rolle spielt. Dabei haben ARD und ZDF 7 Prozent bzw. 18 Prozent Werbeanteil an ihrer Finanzierung (siehe Abbildung 58). Im internationalen Vergleich des Werbeanteils am Gesamtfernsehsystem liegt Deutschland mit 51 Prozent im Mittelfeld (zum Vergleich: Großbritannien 42 Prozent, Neuseeland 78 Prozent). Bei Neuseeland mit 78 Prozent Werbeanteil handelt es sich, ähnlich wie bei den USA, um ein stark kommerziell geprägtes Fernsehsystem. Ein internationaler Pro-Kopf-Vergleich deutet mögliche weitere Entwicklungspotentiale an. Deutschland liegt mit 59 US$ TV-Werbeausgaben pro Kopf im Jahr 1995 deutlich hinter den Spitzenreitern USA mit 260 US$ und Australien mit 93 US$ zurück.

Über den Werbeanteil der Mischfinanzierung öffentlich-rechtlicher Veranstalter wird in Deutschland diskutiert. Auf öffentlich-rechtlicher Seite möchte man den Werbeanteil durch die Lockerung der 20.00 Uhr-Werbegrenze erhöhen. Momentan versucht man bereits, Sponsoring als weitere Finanzierungsquelle zu nutzen. Die öffentlich-rechtlichen Veranstalter sehen Werbung vor allem als Entlastung für die Höhe der Gebührenfinanzierung. Die privaten Anbieter lehnen eine weitere Erhöhung des Werbeanteils beim öffentlich-rechtlichen Fernsehen dagegen ab. Sie sehen darin eine Wettbewerbsverzerrung und stehen einer zusätzlichen Konkurrenz am Werbemarkt kritisch gegenüber. Des weiteren sehen Experten die Unabhängigkeit der öffentlich-rechtlichen Veranstalter von kurzfristigen Nachfrageentwicklungen gefährdet und fürchten eine stärkere Konvergenz der Programme: Da ein hoher Werbeanteil an der Mischfinanzierung den Konkurrenzkampf mit privaten Anbietern verstärkt, wird eine Angleichung des öffentlich-rechtlichen Angebots an das der Privaten befürchtet. Zum Teil wird auch die Meinung vertreten, daß ein vollständiger Verzicht der öffentlich-rechtlichen Veranstalter auf Werbefinanzierung sich positiv auf das Fernsehsystem auswirken würde, da sich die öffentlich-rechtlichen Anbieter bei geringerem Quotendruck klarer von den privaten Veranstaltern differenzieren könnten.

Neben dem Anwachsen der Werbeeinnahmen hat sich auch die Höhe der Gebühren von 1985 bis 1995 fast verdoppelt. Bei stark gewachsenem Marktvolumen ist ihr Anteil am Gesamtfernsehsystem dabei von 68 Prozent bei Einführung des dualen Systems (1985) auf 40 Prozent (1995) gesunken (siehe Abbildung 57). Somit stellen sie nach wie vor einen bedeutenden Anteil der Einnahmestruktur des deutschen Fernsehsystems dar. Weiterhin weist Deutschland mit 40 Prozent den höchsten Gebührenanteil im internationalen Vergleich auf, was auf ein breites Angebot eines starken öffentlich-rechtlichen Fernsehsektors hinweist. Betrachtet man den Anteil der Ausgaben des öffentlichen Fernsehens am Bruttosozialprodukt, so weist Deutschland im internationalen Vergleich auch hier eine relativ hohe öffentliche Finanzierung auf. In den USA zeichnet sich bei 2 Prozent öffentlicher Finanzierung dagegen die öffentliche Nischenrolle ab.

Die Ursache, daß sich die Höhe der Gebühren verdoppelt hat, liegt darin, daß die Kosten von ARD und ZDF in den letzten Jahren deutlich gestiegen sind; so liegt im Fernsehbereich die Kostensteigerung im allgemeinen deutlich über der Inflationsrate. Die Preise der Rechte für Spielfilme und Sportereignisse sind stark gestiegen. Ebenso werden die Gehälter für kreatives Schlüsselpersonal durch den Wettbewerb in die Höhe getrieben.

Keine entscheidende Rolle spielen in Deutschland bislang das Pay-TV mit 3 Prozent sowie 6 Prozent kommerzielle Erträge, wie beispielsweise Programmverkäufe. Dagegen macht in Frankreich der Pay-TV-Anteil 24 Prozent der Gesamteinnahmen aus, und Großbritannien weist mit 18 Prozent einen signifikanten Anteil der Pro-

Fernsehsysteme im internationalen Vergleich

grammverkäufe auf. Für das öffentlich-rechtliche Fernsehen stehen in Zukunft, neben den steigenden Rechte- und Produktionskosten, weitere Investitionen für die Umrüstung auf die digitale Technologie an. Zudem müssen gegebenenfalls zusätzliche öffentliche Angebote in Form von Spartenprogrammen und/oder Online-Diensten finanziert werden. Da die Gebühren voraussichtlich nicht im entsprechenden Umfang erhöht werden können, werden alternative Einnahmequellen eine zunehmend wichtige Rolle spielen. Dazu zählen für öffentlich-rechtliche Veranstalter in Deutschland neben den Werbeeinnahmen die kommerziellen Erträge aus Programmverkäufen. Wie Abbildung 58 zeigt, macht jedoch 1995 der Anteil der Gebühren bei ARD und ZDF mit über 70 Prozent den größten Anteil aus. Einnahmen aus kommerziellen Aktivitäten liegen dagegen nur im Bereich von 10 Prozent bis 14 Prozent.

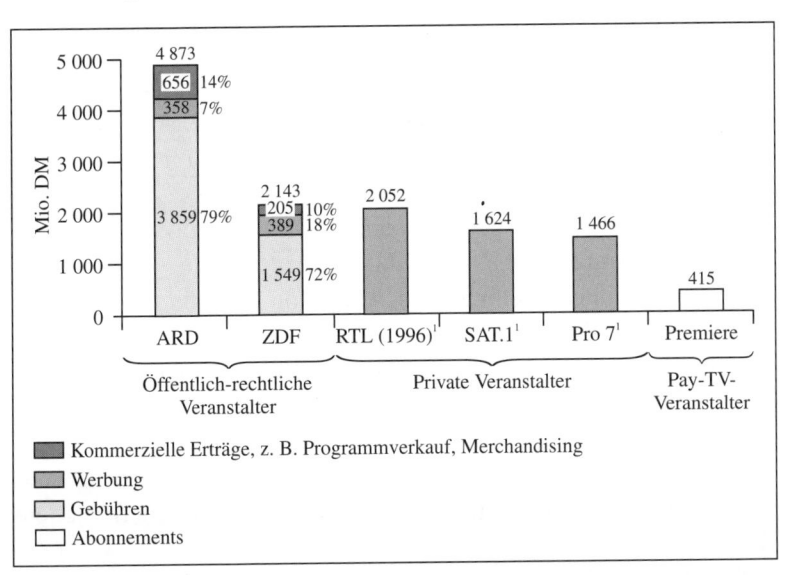

Abbildung 58: Einkommensstruktur – 1995

	ARD	ZDF	RTL (1996)[1]	SAT.1[1]	Pro 7[1]	Premiere
Kommerzielle Erträge	656 (14%)	205 (10%)				
Werbung	358 (7%)	389 (18%)	2 052	1 624	1 466	
Gebühren	3 859 (79%)	1 549 (72%)				
Abonnements						415
Gesamt	4 873	2 143				

Öffentlich-rechtliche Veranstalter — Private Veranstalter — Pay-TV-Veranstalter

- Kommerzielle Erträge, z. B. Programmverkauf, Merchandising
- Werbung
- Gebühren
- Abonnements

[1] Beschränkung auf Haupteinnahmequellen aufgrund fehlender Angaben
Quellen: Jahresberichte ARD, ZDF, Geschäftsbericht Pro 7, EPD Medienspiegel, SAT.1 Pressenotiz, BA&H-Analyse

Die Kommission zur Ermittlung der Finanzierung (KEF) der öffentlich-rechtlichen Anbieter spricht sich für das konsequente Verwerten der Programmrechte aus – allerdings muß der Rahmen eines öffentlichen Dienstleisters gewahrt bleiben. Sie fordert eine Steigerung des Auslandsumsatzes, wie beispielsweise Programmverkäufe der Reihe »Derrick« in andere Länder. Investitionen zur Erschließung neuer Märkte sind zu diesem Zweck langfristig sinnvoll. Zum anderen werden Merchandising und Kooperationen, beispielsweise mit Verlagen, diskutiert. Das öffentliche Profil muß jedoch erhalten bleiben und darf nicht dem einer rein kommerziellen Unternehmung weichen.

6. Kosten und Effizienz

Eine weitere Möglichkeit für die öffentlich-rechtlichen Anbieter, den steigenden Finanzierungsbedarf auszugleichen, stellt neben der Erschließung zusätzlicher Einnahmequellen das konsequente Umsetzen von Kostensenkungsmaßnahmen dar. Wie Abbildung 59 zeigt, haben die öffentlich-rechtlichen Veranstalter mit Abstand die höchsten Gesamtkosten pro Sendeminute.

Das öffentlich-rechtliche Fernsehen verfolgt umfassendere Ziele als private Veranstalter. Dazu zählt ihr Auftrag zur Grundversorgung. Dies könnte ein Grund sein, warum die öffentlich-rechtlichen Veranstalter höhere Kosten aufweisen. Jedoch zeigt sich, daß – gegenteilig zu dieser Vermutung – insbesondere die Fokussierung des öffentlich-rechtlichen Fernsehens auf Programme mit besonderem gesellschaftlichem Interesse zur Kostenersparnis beitragen kann. Die programmlichen Verpflichtungen aus dem Auftrag zur Grundversorgung erscheinen somit nicht geeignet als Erklärung für höhere Kosten.

Programme mit besonderem gesellschaftlichem Interesse erweisen sich im Vergleich zu Fernsehspiel, Serien, Film, Sport und Unterhaltung als kostengünstiger. Dies wird durch den Vergleich von

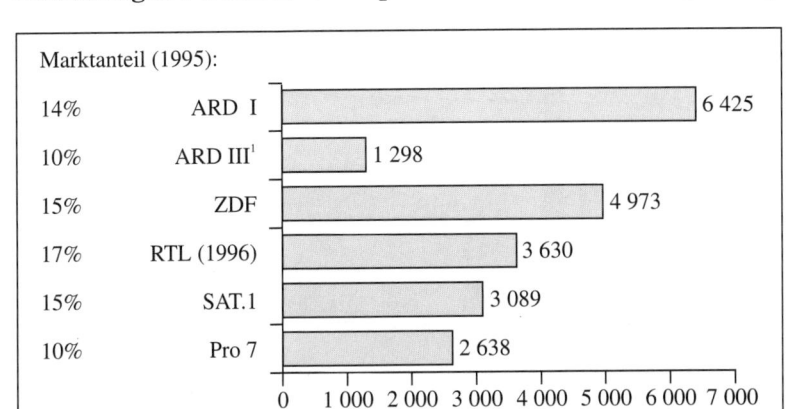

Abbildung 59: Gesamtkosten pro Sendeminute – 1995 (in DM)

Marktanteil (1995):		
14%	ARD I	6 425
10%	ARD III[1]	1 298
15%	ZDF	4 973
17%	RTL (1996)	3 630
15%	SAT.1	3 089
10%	Pro 7	2 638

[1] ARD III umfaßte 1995 acht Regionalprogramme (noch ohne Bildungskanal Alpha), wobei zum Teil Programmbeiträge mehrfach verwendet wurden
Quellen: *European Audiovisual Observatory, Jahrbuch der ARD, Pro 7 Verkaufsprospekt, epd-Medien, SAT.1 Presseinformationen, BA&H-Analyse*

direkten Produktionskosten pro Sendeminute verschiedener Programmgenres in Abbildung 60 dargestellt.

Seit langem werden Anstrengungen unternommen, die Effizienz öffentlich-rechtlicher Anbieter zu steigern. Die KEF beurteilt kontinuierlich bestehende Rationalisierungsmaßnahmen der öffentlich-rechtlichen Sender und regt weitergehende Maßnahmen an. Sie schlägt ein Kennzahlensystem vor, um diese Maßnahmen detailliert bewerten zu können. Besonderer Wert wird auf Synergien innerhalb der ARD-Senderkette sowie innerhalb von ARD und ZDF gelegt. Dazu zählen insbesondere in Kooperation durchgeführte Produktionen sowie gemeinsam genutzte Einrichtungen. Große Potentiale werden in der Verbesserung der Produktionsabläufe gesehen. Dementsprechend ist das ZDF bereits dabei, im Bereich der Prozeßverbesserungen ein Restrukturierungsprogramm durchzuführen. Des weiteren werden Möglichkeiten zum Outsourcing untersucht. Dazu zählt die Ausgliederung von einzelnen Geschäftsfeldern sowie die stärkere Öffnung für Dritte. Auch die Verwaltungskosten sollen gesenkt werden.

Abbildung 60: Direkte Produktionskosten pro Programminute – 1995 (in DM)

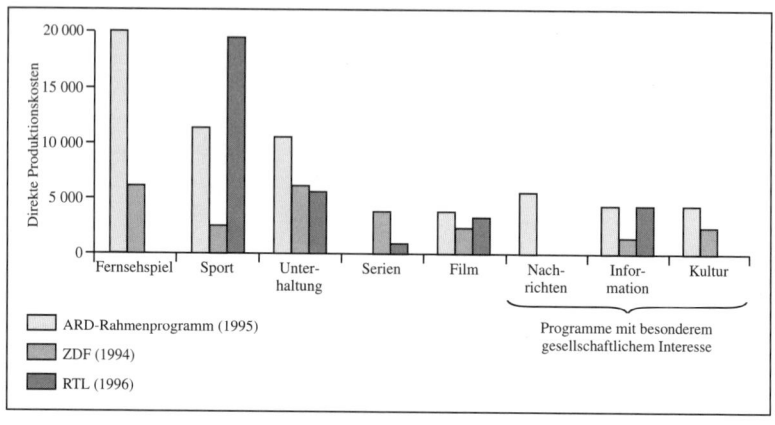

Quellen: ARD Jahrbuch, Media Perspektiven, RTL Jahresbericht

7. Digitalisierung, Internet und deren Auswirkungen auf das Fernsehen

Durch die digitale Sendetechnik mit ihren Kompressionsmöglichkeiten erhöht sich die Anzahl der übertragbaren Programme. Momentan ist die Ausstrahlung von Digital-TV nur über Satellit und Kabel möglich, da terrestrische Frequenzen durch analoge Sender belegt sind. Deutschland hat dabei mit einer Kabelpenetration von 48 Prozent der Haushalte sowie mit einer Satellitenpenetration von 31 Prozent eine denkbar günstige technische Ausgangslage für die rasche Einführung von Digital-TV.

Die durch die digitale Technik mögliche große Anzahl an Programmen wird hauptsächlich als Pay-TV in Form von Multikanalsystemen vermarktet. Bisher konnte sich der Pay-TV-Markt in Deutschland jedoch neben dem mit 33 Programmen reichhaltigen

Free-TV-Angebot nicht nachhaltig entwickeln. Bis Mitte 1997 konnten der analoge Pay-TV-Sender Premiere 1,5 Mio. Abonnenten sowie das erste digitale Pay-Angebot DF1 30 000 Abonnenten gewinnen. Mit der Allianz Bertelsmann AG, Kirch-Gruppe und Deutsche Telekom sollen wichtige Voraussetzungen für die Marktentwicklung geschaffen werden. Sie kann einen einheitlichen Standard schaffen und Marketing- sowie Vertriebskräfte bündeln. Inwieweit es der Allianz jedoch gelingt, digitales Pay-TV in Konkurrenz zum Free-TV zu etablieren, ist noch offen. Zuerst muß die Allianz kartellrechtlich genehmigt werden. Des weiteren sind die Auswirkungen der neuen EU-Fernsehrichtlinien zu berücksichtigen, die verlangen, daß wichtige Sportereignisse unkodiert ausgestrahlt werden. Dieses Thema wird momentan in Deutschland von den Ministerpräsidenten der Länder diskutiert. Da Sportereignisse ein wichtiger Motivationsgrund der Konsumentenentscheidung für Pay-TV sind, können politische Entscheidungen in diesem Bereich weitreichende Auswirkungen haben.

Insbesondere das öffentlich-rechtliche Fernsehen wird durch die Entwicklung von digitalen Multikanalsystemen vor große Herausforderungen gestellt. Seine Profilierung unter vielen verschiedenen Programmen wird erschwert. Die Integrationsfunktion ist aufgrund der Publikumsfragmentierung schwierig zu erfüllen. Hingegen können Nischen, auch für Minderheiten, besser abgedeckt werden. Diese Implikationen für das öffentlich-rechtliche Fernsehen werden allerdings in Deutschland nur dann von Bedeutung sein, wenn das digitale Pay-TV zukünftig mehr als nur eine Nischenrolle spielt. Eine direktere Konsequenz für das öffentlich-rechtliche Fernsehen hat hingegen die Finanzierungsfrage bezüglich Investitionen in die digitale Technik sowie eventueller öffentlich-rechtlicher Zusatzangebote.

ARD und ZDF betreiben gemeinsam die momentan analog im Kabelnetz ausgestrahlten Spartenangebote Kinderkanal und Ereigniskanal Phoenix. Darüber hinaus verfolgen sie verschiedene Strategien für die digitale Zukunft. Die ARD betont die rein öffentliche Orientierung ihres ergänzenden Angebots. Ihre Strategie ist »vernetzen statt versparten«. Sie will zusätzliche Spartenprogramme – wie beispielsweise den Bildungskanal Alpha des bayerischen Rundfunks – und Online-Dienste zu Hintergrundinformationen anbieten. »Lesezeichen« in Fernsehsendungen dienen, ähnlich einem *link* im Internet, als Verknüpfungen zwischen den Angeboten. Beispielsweise sieht man eine Nachrichtensendung über eine Bundestagsdebatte im ARD-Hauptprogramm, und anschließend wird man auf Angebote in Spartenprogrammen über den Aufbau des Bundestages informiert. Beim Electronic-Program-Guide (EPG) der Allianz Bertelsmann AG, Kirch-Gruppe und Deutsche Telekom sind »Lesezeichen« technisch nicht vorgesehen. Die ARD verlangt jedoch diese Funktionalität von der digitalen TV-Plattform. Das ZDF setzt zunächst einen Schwerpunkt in der digitalen Welt im Online-Bereich in Kooperation mit MSNBC. Zur Finanzierung dieser Angebote geht es eine kommerzielle Allianz ein. Dieses Konzept wird in der Öffentlichkeit wegen der Vermischung von öffentlicher und kommerzieller Finanzierung kritisch betrachtet.

Die privaten Free-TV-Veranstalter zeigen bisher keine erkennbaren Aktivitäten bezüglich digitaler Dienste. Sie nutzen lediglich das Internet für ergänzende Servicefunktionen. Dabei sieht die Mehrzahl der Anbieter in Online-Diensten keine umfassende Bedeutung für eine Weiterentwicklung des TV-Angebots. Ihrer Meinung nach ist es als ergänzendes Medium auf Hintergrundinformationen beschränkt. Dazu trägt bei, daß ein Massenmarkt – in Deutschland nutzen erst 6 Prozent der Haushalte Online-Dienste – sowie funktionierende Abrechnungsmechanismen bislang fehlen.

Public interest Programme im kommerziellen Fernsehmarkt der USA

Eli M. Noam[1]

Public television muß sorgfältig von *public interest television* unterschieden werden. *Public tv* ist ein institutionelles System des gemeinnützigen oder regierungsgestützten Rundfunks. Sein Produkt ist tendenziell auch ein *public interest tv* Programm. Dabei handelt es sich um Programme, die über reine Unterhaltung hinausgehen und dabei eine kulturelle, staatsbürgerliche, informative oder bildende Funktion übernehmen. Ein öffentlich-rechtlicher Sender kann aber auch Programmteile anbieten, die nicht direkt zu den *public interest* Programmen gezählt werden können, wie zum Beispiel Sport und Popmusik. Umgekehrt ist *public interest tv* auch nicht die ausschließliche Domäne der öffentlich-rechtlichen Sendeanstalten. Auch kommerzielle Programmanbieter können Nachrichten, Bildungs- und Kulturprogramme senden.

Die Frage, der dieser Artikel nachgeht, betrifft den Programmanteil des *public interest tv* am Gesamtprogramm des *kommerziellen* Fernsehens in Amerika. Weil das amerikanische Fernsehen sich schon am weitesten zu einer marktorientierten, von einer Vielzahl von Kanälen geprägten Industrie entwickelt hat, ist ein Blick auf die Auswirkungen einer solchen Entwicklung auf die Leistungen

---

1 Ich möchte Hedahne Chung und Jim Parker für die Datenanalyse und die weitere Unterstützung danken.

des kommerziellen Fernsehens auch über die Grenzen Amerikas hinaus von Bedeutung. Hat das kommerzielle Fernsehen Programme hervorgebracht, die über reine Unterhaltung hinaus ein weitergehendes öffentliches Interesse befriedigen? Die Antwort auf diese Frage ist wichtig für die Strategie der Privaten und die Politik der Öffentlich-Rechtlichen. Wenn das kommerzielle Fernsehen auf Basis eines umfangreichen und vielfältigen Kanal-Angebots eine reichhaltige Auswahl dieser Programme anböte, die es früher nur bei den Öffentlich-Rechtlichen gab, dann würde das den Auftrag und die Strategie der Öffentlich-Rechtlichen nachhaltig beeinflussen. Man könnte zu dem Schluß kommen, daß die Öffentlich-Rechtlichen nicht mehr so dringend gebraucht werden. Andere könnten argumentieren, daß das öffentlich-rechtliche Fernsehen seinen Auftrag neu und schärfer definieren muß. Egal wie die Antwort lautet, das öffentlich-rechtliche Fernsehen wäre nicht mehr das, was es einmal war.

1. *Public interest* Programmangebote im kommerziellen Fernsehen

Als das kommerzielle Fernsehen in den USA auf eine Handvoll Kanäle begrenzt war, hatte die Programmgestaltung der großen Network-Anbieter in der Tat eine zentristische Ausrichtung. Unterhaltungsprogramme endeten immer mit fröhlichen Lösungen der aufgeworfenen Probleme, vermieden Themen, die große Zuschauersegmente hätten vergraulen können, und waren »action«-orientiert, um junge Zuschauer zu gewinnen. Sie hatten auch relativ hohe Produktionsbudgets, um Zuschauer mit einem echten Hochglanz-Produkt anlocken zu können. Nur sehr wenige Programme wurden importiert, da auch nur der kleinste Verlust an Attraktivität für das amerikanische Massenpublikum einen hohen Preis in Form von entgangenen Werbeeinnahmen gefordert hätte. Es gab nur wenige Programmangebote für die intellektuelle Elite, aber auch nur wenige Programme, die sich an Zuschauer am unteren Ende der Bildungs- und Einkommens-Skala wandten. Beide Zielgruppen sollten vom öffentlich-rechtlichen Fernsehen bedient werden, das aber Schwierigkeiten hatte, diese beiden konträren Programmaufträge miteinander in Einklang zu bringen, und sich deshalb dafür entschied, hauptsächlich das obere Programmsegment zu bedienen.

Dieses begrenzte TV-Umfeld veränderte sich radikal. Zwischen 1960 und 1996 hat sich die Anzahl der kommerziellen Fernsehstationen in den USA von 515 auf 1181 mehr als verdoppelt. (Die öffentlich-rechtlichen Sender haben sich im Verhältnis sogar noch schneller vermehrt: von 44 im Jahr 1960 über 185 im Jahr 1970 und 277 im Jahr 1980 bis auf 363 im Jahr 1996). Lizenzen für Stationen mit niedriger Sendeleistung erhöhten sich von 0 auf 1000 im selben Zeitraum. All dies schuf die Voraussetzung für eine zunehmende Verbreitung. Mit Fox etablierte sich ein viertes kommerzielles TV Network, das sich vor allen Dingen an eine junge, werbe-attraktive Zielgruppe wandte. Mehrere kleine Rundfunknetze traten ebenfalls, wenngleich mit unterschiedlichem Erfolg, in den Markt ein.

Programmdiversifizierung fand hauptsächlich im Kabelfernsehen mit seiner wachsenden Reichweite und Kanalkapazität statt.

Das Kabelfernsehen entwickelte seine eigenen kommerziellen Programmkanäle, um sich vom Free-TV zu differenzieren und dem Pay-TV neue Einnahmemöglichkeiten zu eröffnen. Sein Vorteil liegt übrigens nicht nur in der größeren Anzahl von Kanälen, sondern auch in der unterschiedlichen Finanzierungs-Grundlage. Dadurch, daß es von der Werbewirtschaft und vom Fernsehzuschauer (durch die Kabelgebühren) finanziert wird, ist das Kabelfernsehen in der Lage, sich mehr Kanäle zu leisten, die begrenzte, spezialisierte Zielgruppen ansprechen (das sogenannte *narrowcasting*). Zuschauerpräferenzen schlagen sich in der Bereitschaft nieder, für die Kanäle der Grundversorgung und die Kanäle der anspruchsvolleren Programme Lizenzgebühren zu bezahlen.

Abbildung 1: Kanalkapazität im Kabel-TV[2]

Kanal-Kapazität	1976	1987	1990	1993	1996
54 und mehr	0%	15,1%	24,4%	38,4%	47,9%
30 bis 53	0%	63,2%	66,4%	58,2%	49,5%
20 bis 29	12,0%	14,3%	7,4%	2,7%	2,0%
13 bis 19	11,9%	1,3%	0,4%	0,2%	0,2%
12 und weniger	76,1%	6,1%	1,4%	0,5%	0,4%
Durchschnittl. Anzahl Kanäle	14	39	43	47	53

Das traditionelle öffentliche Fernsehen spielte in dieser außerordentlich dynamischen Aufbruchphase der Neugestaltung des amerikanischen Fernsehens kaum eine Rolle.[3] Im Privatsektor tauchten auch neue Programmkanäle auf, die häufig durch Eigentumsverhältnisse mit den Kabelbetreiber-Gesellschaften verbunden waren. Die meisten neuen Kanäle waren streng auf einzelne Formate ausgerichtet. Sie sendeten rund um die Uhr nur Sport, nur Nachrichten, nur Spielfilme, nur religiöse Programme, nur Zeichentrickfilme, nur Science Fiction oder nur Comedy, usw. Jetzt, im Jahre 1998, sind mehr als 100 Kabelkanäle in Betrieb.

Viele dieser Formate waren lediglich eine Ausweitung der traditionellen Programmkategorien. Dies bedeutete jedoch nicht, daß alles nur mehr vom gleichen war. In jedem Medium beeinflußt das Format den Inhalt, und Fernsehen ist da keine Ausnahme. Das 24-Stunden-Nachrichten-Format von CNN beispielsweise macht es möglich, über die Ereignisse in sehr viel größerer Tiefe und Breite zu berichten. Beispiele sind der Golfkrieg, die Bestätigungsanhörung von Clarence Thomas im Senat, Katastrophen wie die Erdbe-

---

2 Quellen: 1. Sterling, Christopher H. und Kitross, John M.: Stay Tuned: *A Concise History of American Broadcasting*, 2. Auflage, Wadsworth Publishing Company, Belmont, Kalifornien, 1960, S. 660-66; 2. National Cable Television Association: *Cable Television Developments; Frühjahr 1996.*

3 Andere, nicht-kommerzielle Sender traten jedoch in Erscheinung. Es handelte sich hierbei hauptsächlich um gemeinde-orientierte TV-Programme wie z.B. Stadt-Kanäle.

ben von San Francisco und Los Angeles und die Bombenanschläge auf das World Trade Center in New York. Im Sport hat die höhere Verfügbarkeit von Sendezeit dazu geführt, daß nationale Sportereignisse von ESPN und regionale von Regionalsendern wie Madison Square Garden oder von Sonderkanälen wie dem Golf Channel abgedeckt werden. Bei Spielfilmen haben das Fehlen einschränkender Bestimmungen und die Notwendigkeit, den Zuschauern neue Alternativen zu bieten, dazu geführt, daß auf einigen Kanälen sexuell freizügigere und gewalttätigere Programme angeboten werden.

Eine zweite Art neuer Fernsehkanäle hat ebenfalls traditionelle, aber eher in Randbereichen angesiedelte Programmkategorien aufgegriffen und ihnen mehr Präsenz und Aufmerksamkeit gegeben. Religiöse Sendungen sind ein Beispiel dieses Trends. (Hier haben die mehr fundamentalistisch orientierten Kirchen wie der 700 Club die Initiative ergriffen und die etablierten Kirchen hinter sich gelassen.) Der Discovery Channel zeigt Natur- und Dokumentarfilme. Der Weather Channel bietet detaillierte Wetterinformationen für spezielle Verwendergruppen wie Landwirte, die Schiffahrt oder den Flugverkehr. Der Travel Channel liefert Informationen über Geographie und Reiseziele. CNBC sendet Wirtschaftsnachrichten und Talk Shows. MSNBC bietet Nachrichten und interaktive Hyperlinks zu Seiten im Internet.

Dazu hat das Mehrkanal-Kabelfernsehen noch Programmkategorien hervorgebracht, die für das kommerzielle Fernsehen ganz neu oder fast neu waren. Zum Beispiel formierten sich reine Musikkanäle wie MTV, VH-1, Black Entertainment Television, The Nashville Network und Country Music Television für Rockmusik, Countrymusik und »schwarze Musik«. Dann kam Court TV, das Gerichtsverhandlungen live überträgt und dabei die relative Offenheit vieler amerikanischer Gerichte gegenüber Fernsehkameras nutzt. C-SPAN berichtet aus dem Kongreß und über andere Ereignisse im öffentlich-politischen Bereich. Galavision und andere Kanäle senden Programme in spanischer Sprache. Weitere ethnische Programme gibt es in japanischer, griechischer, hebräischer, italienischer, indischer, koreanischer Sprache sowie für andere Sprach- und Kulturgruppen. Lifetime wendet sich an reifere Frauen. Kulturprogramme werden von Arts & Entertainment und von Bravo angeboten. Verschiedene Einkaufskanäle preisen non-stop unterschiedliche Waren und Produkte zum Kauf an. Der Learning Channel sendet Dokumentarfilme.

In dieser Vielfalt von Kanälen können die folgenden Kanäle als diejenigen eingestuft werden, die überwiegend Beiträge aus den Kategorien Nachrichten, Kultur, Bildung und Information senden:

Abbildung 2: Kabelkanäle, die überwiegend *public interest* Programme senden

Animal World	Fox News Channel
Arts & Entertainment	History Channel
Bravo	Home and Garden Channel
C-Span I	Learning Channel
C-Span II	Mind Extension
CNBC	MSNBC
CNN/CNN Headline News	Nickelodeon
Court TV	Regional New Network
Disney	(verschiedene)
Discovery	Travel Channel
Faith and Values	Weather Channel

Darüber hinaus gibt es einige Kanäle, die sich an ethnische Minderheiten wenden, aber nicht unbedingt mit dem, was man *public interest* Programme nennen könnte:

        Black Entertainment Television
        Galavision
        KBS Television
        Univision.

Das Angebot neuer Kabelprogramm-Netze hat sich in den letzten Jahren beschleunigt. Während 1992 den Kabelbetreibern 20 neue Programme konkret vorgeschlagen oder angeboten wurden, waren es 1993 schon über 40 und 1994 mehr als 70. Darunter waren zahlreiche Konzepte, die sich nicht zu den *public interest* Programmen zählen lassen, wie zum Beispiel Kanäle für Partnerschaftsanbahnung, für Spiele, Sport und Unterhaltung. Andere waren jedoch durchaus in dieser Kategorie oder haben zumindest das Potential dazu:

Abbildung 3: Vorgeschlagene Kanäle für *public interest tv* Programme (1996)

Künstlerische Vorführungen	Inspiration
Bücher	Internationales Geschäft
Wirtschaft	Jazz
Computer	Vorlesungen
Klassische Kunst	Militär
Gehörlose und behinderte Mitbürger	Museen und Ausstellungen
	Junge Mütter
Umwelt/Umweltschutz	Spielfilme/Multikultur
Gesundheit	Öffentliche Angelegenheiten
Geschichte	Genesung von
Heimwerker	Alkoholikern
Menschliche Entwicklung	Programme in
Unabhängige Filme	spanischer Sprache

Diese Liste ist eindrucksvoll. Man muß jedoch bedenken, daß viele dieser Kanäle möglicherweise erst gar nicht zustandekommen oder nachher im Markt nicht überleben. Es existieren Engpässe wegen 1. unzureichender Kanalkapazität; 2. wirtschaftlicher Machbarkeit; und 3. der Zurückhaltung der Kabelbetreiber, neue Kanäle in ihr Netz aufzunehmen, die dann mit ihren eigenen Kanälen konkurrieren.

2. Zuschauerpräferenzen für *public interest tv*

Mit dem Erscheinen von Kabelkanälen, die *public interest tv* Programme anboten, stellte sich natürlich die Frage nach dem Grad ihrer Popularität beim Publikum.
Die neuen Kanäle stehen im Wettbewerb um Zuschauer mit den öffentlichen Sendern. 1987 zeigte eine Untersuchung der Zuschauerpräferenzen[4], daß Kabelteilnehmer angaben, sie zögen die öffentlich-rechtlichen TV-Programme in einem direkten Vergleich den Programmen von vier speziellen Kabelkanälen vor. Sie bevorzugten Kinderprogramme im öffentlichen Fernsehen gegenüber Disney. Bei Natur/Wissenschaften gaben sie den Öffentlichen den Vorzug vor Discovery. Für Symphonie/Oper hielten sie das öffentlich-rechtliche Fernsehen für besser als Arts & Entertainment. Nur in der Kategorie Nachrichten/Diskussion gab es eine Ausnahme insofern, als der kommerzielle Sender CNN höher eingestuft wurde als das öffentliche Fernsehen. Ab 1990 wurde dann jedoch Discovery und Disney der Vorzug gegeben. Nur bei Symphonie/Oper behielt das öffentliche Fernsehen seinen Vorsprung vor Arts & Entertainment. Eine Zuschauerbefragung aus dem Jahr 1990 bestätigte, daß »in der öffentlichen Wahrnehmung die spezialisierten Kabelkanäle als gleichwertiger Ersatz des öffentlichen Fernsehens« gesehen wurden.[5]

Die Zuschauer- und Reichweitenzahlen der Kabelkanäle sind in Abbildung 4 dargestellt:

---

[4] Boston Consulting Group, *Strategies for Public Television in a Multi-Channel Environment,* Corporation for Public Broadcasting, März 1991, S.6.
[5] Vgl. Richard Somerset-Ward, in: *Public Television in America*, Eli M. Noam, Jens Waltermann (Hrsg.), *American Public Television: Programms – Now, and in the Future,* Gütersloh 1998, der Robert Ottenhoff, den COO von PBS, zitiert, der die Schlußfolgerungen einer Studie der Total Research Corporation beschreibt.

Public interest Programme in den USA

Abbildung 4: Reichweiten und Zuschauerzahlen der Kabelkanäle in der Hauptsendezeit[6]

Kabelkanal	Reichweite 1996		% der TV-HH/Hauptsendezeit			
	Mill. HH	% TV-HH	1987[7]	1991[8]	1995[9]	1996
A&E	45,5	65	0,2%*	0,4%	0,7%	0,7%
AMC**	55,0	57			0,2%	
Animal World**					0,1%	0,2%
BET	32,2	46		0,1%	0,1%	
Bravo**	22,0	23			0,1%	
Cartoon**	22,0	23	0,3%		0,5%	0,6%
CMT	23,1	33		0,1%	0,1%	
CNBC	40,6	58			0,2%	
CNN**	67,1	70	0,3%	0,5%	0,8%	
CNN** Headline News	58,9	61	0,6%	0,2%	0,2%	0,2%
Comedy Central	27,3	39			0,1%	
Court TV	19,6	28			0,1%	
C-Span**	64,5	67				
C-Span 2**	41,5	43			0,1%	
Discovery	47,6	68	0,6%	0,8%	0,8%	
ESPN	48,3	69	1,3%	1,0%	0,9%	
ESPN2**	26,2	27				
E!	24,5	35			0,1%	
Faith & Values**	24,1	25			0,1%	0,1%
Family Channel	45,5	65	0,4%	0,6%		
Food Channel**	13,9	14				
Fox News Channel**					0,1%	
fX**	24,0	25			0,1%	
Galavision**	5,1	5			0,1%	
History Channel**	8,0	8			0,1%	0,1%
HSN**	45,3	47				

213

Lifetime	45,5	65	0,3%	0,7%	0,9%	
Learning Channel**	42,4	44		0,2%	0,3%	
Mind Extension**	26,0	27			0,1%	
MSNBC**					0,1%	
MTV	44,8	64	0,3%*	0,4%	0,4%	
Nashville** Network	64,1	67	0,5%	0,7%	0,6%	
Nickelodeon	46,9	67	0,4%*	0,6%	1,0%	
Nostalgia	7,7	11				
Prevue	21,0	30		0,1%		
QVC**	53,1	55				
Sci-Fi	18,9	27		0,1%		
TBS	47,6	68	1,3%	1,1%	1,3%	
TNT	46,9	67	0,6%	1,1%	1,6%	
Travel Channel	14,7	21			0,1%	
USA	47,6	68	0,8%	1,1%	1,5%	
VH-1	38,5	55	0,1%*	0,1%	0,2%	
TWC**	60,7	63	0,1%*		0,1%	
WGN**	39,4	41		0,4%	0,4%	

* Für diese Zahlen wurde der ganze Tag zugrunde gelegt, da Zahlen für die Hauptsendezeit von Nielsen nicht zur Verfügung standen.
** Zahlen aus 1995 (Quelle: Nielsen Media Research)

6 Quelle: Meeker, Mary. »The Internet Advertising Report«, *Internet Quarterly: The Business of the Web,* Dezember 1996, Kapitel 3, S.14, geschätzte Zahlen.
7 »Cable Network Numbers on the Rise«, *Broadcasting,* 9. Januar 1989, S.96, Quelle: Nielsen Ratings.
8 *Broadcasting,* 13. Juli 1992, S.24.
9 Brown, Rich, »TNT Tops Prime Time for 2nd Quarter«, *Broadcasting & Cable,* 3. Juli 1995, S.20.

Diese Zuschauerzahlen sind gering, aber sie summieren sich. Für die Kanäle in der Kategorie *public interest tv* addieren sie sich auf ca. 6 Prozent. Obwohl dies keine riesige Zahl ist, entspricht dies dem Dreifachen der Zuschauerzahlen des öffentlichen Fernsehens, die jahrelang bei etwa 2 Prozent gelegen haben und erst 1996 auf 2,3 Prozent geklettert sind.

3. Finanzmittel des kommerziellen *public interest tv*

Die Stärke der kommerziellen Kanäle liegt in den finanziellen Ressourcen, die sie für Programme einsetzen können. Abbildung 5 zeigt die Werbeeinnahmen der sieben Kabelkanäle, die *public interest* Programme anbieten. Im Jahre 1996 überstieg deren Werbeeinkommen 1,2 Milliarden US$. Diese Zahl enthält noch nicht einmal die meisten der kleineren Kanäle wie Court TV, Bravo, History, Animal World, MSNBC und Travel. Wenn die Zuschaueranteile dieser Kanäle rechnerisch berücksichtigt würden, könnte man noch einmal 300 Millionen US$ hinzu addieren. Der Disney Channel, der teilweise Bezahlkanal und teilweise werbefinanziert ist, hatte 1996 ein Gesamtbudget von 220 Millionen US$. Insgesamt kann die Werbeunterstützung für die *public interest* orientierten Kabelkanäle mit geschätzten 1,6 Milliarden US$ beziffert werden. Darüber hinaus haben die Kanäle eine weitere Einnahmequelle. Kabelnetze leisten Zahlungen an viele Kanäle (siehe Abbildung 6). Die durchschnittlichen Zahlungen schwanken zwischen Höchstwerten von 41 cents (TNT) und 39 cents (Headline News) auf der einen Seite und Niedrigstwerten von 5 cents (The Weather Channel) und 2 cents (Sci-Fi und VH-1) auf der anderen Seite. Im Durchschnitt liegen sie bei 21 cents pro Teilnehmer pro Monat. Auf Basis der verhältnismäßigen Reichweiten und Einschaltquoten der Sender mit *public interest tv* Programmen (Abbildung 4), die in Abbildung 2 aufgezählt sind, schätzen wir Zahlungen in der Größenordnung von 800 Millionen

US$. Dies würde bedeuten, daß die Gesamteinnahmen der kommerziellen *public interest* Kanäle bei etwa 2,4 Milliarden US$ mit steigender Tendenz lägen. Im Vergleich dazu liegt das Gesamtbudget der öffentlichen Fernsehsysteme (ausschließlich der sogenannten *public access* Kanäle und der Stadt-Kabelkanäle) im Jahr 1997 bei ungefähr 1,9 Milliarden US$ bei gleichbleibender Tendenz.

Abbildung 5: Basis-Kabelnetze: Werbeeinnahmen 1986-1996 (Mio. US$)[10]

Netz	Einheit	1985	1987	1990	1993	1996
CNN	US$	70	111	221	269	343
Nickelodeon	US$	10	27	69	182	313
Discovery	US$	1	6	46	120	211
Learning	US$	0	4	9	18	61
A&E	US$	6	14	49	112	179
CNBC	US$	0	0	23	58	110
Weather Channel	US$	8	11	20	34	55
Gesamt		95	173	427	793	1432

Diese Finanzmittel setzen sich direkt in Programminvestitionen um. Die nachfolgende Tabelle (Abbildung 7) zeigt die Beträge, die von 5 Spezialkabelnetzen für mehrere Sonderprogramm-Typen ausgegeben wurden und vergleicht diese mit den Aufwendungen der öffentlichen TV-Sender für dieselben Programmkategorien.

---

10 Quellen: Meeker, Mary, Morgan Stanley: *The Internet Advertising Report,* Harper Business, New York, 1996, Tabellen 3-10, und Paul Kagan and Associates.

Abbildung 6: Lizenzgebühren der Netze (US$)[11]

Netz	Lizenzgebühren laut Liste pro Teilnehmer/pro Monat	Durchschnittl. Lizenzgebühren pro Teilnehmer/pro Monat
A&E	0,27	0,09
BET	0,1	0,07
CNBC	0,17	0,08
CNN	0,38	0,27
COM	0,14	0,07
Court TV	0,12	0,06
DSC	0,15	0,12
E!	0,09	0,06
ESPN	0,65	0,6
FAM	0,17	0,09
HN	0,38	0,39
LIFE	0,16	0,09
MTV	0,32	0,12
NICK	0,37	0,15
SCI-FI	0,05	0,02
TLC	0,09	0,04
TNN	0,3	0,12
TNT	0,43	0,41
TOON	0,15	0,07
TWC	0,1	0,05
USA	0,29	0,22
VH-1		0,1

11 Quelle: *Economics of Basic Cable Networks,* Paul Kagan Associates Inc., 1994. Zitiert in »Horizontal Concentration and Vertical Integration in the Cable Television Industry«, *Review of Industrial Organization,* 12: 501-508, 1997.

Abbildung 7: Programmaufwendungen[12] (Mio. US$)

Kabelkanal	1990	1992	1996
Nickelodeon	54,0	77,0	244,0
Arts & Entertainment	38,4	57,2	140,3
The Discovery Channel	38,0	75,0	174,4
Disney		120	220,0
The Learning Channel	3,5	8,5	32,2

Abbildung 8: Aufwendungen für Programm-Typen[13]
Von PBS und Cable Services aufgewendete Beträge für jede der folgenden Programm-Kategorien (Mio. US$)

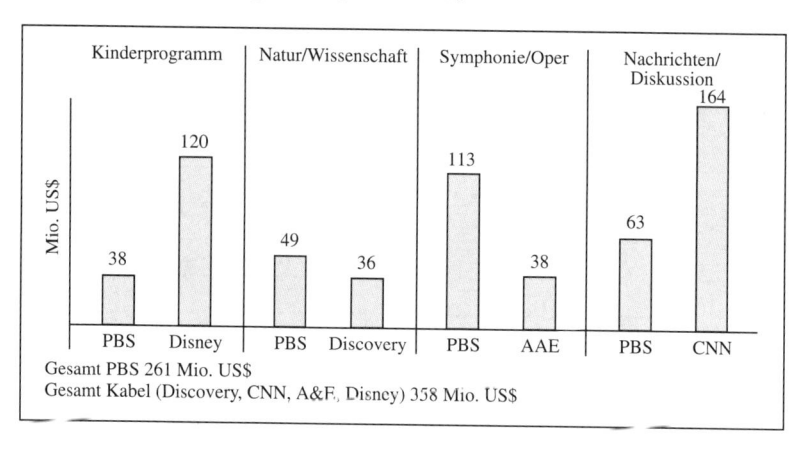

	Kinderprogramm		Natur/Wissenschaft		Symphonie/Oper		Nachrichten/Diskussion	
Mio. US$	38	120	49	36	113	38	63	164
	PBS	Disney	PBS	Discovery	PBS	AAE	PBS	CNN

Gesamt PBS 261 Mio. US$
Gesamt Kabel (Discovery, CNN, A&E, Disney) 358 Mio. US$

Diese Diagramme zeigen, daß der Vorsprung von *Disney* und *CNN* vor dem öffentlichen Fernsehsystem mit einem größeren Budget zusammenhängt. Im Gegensatz dazu war das Budget des öffentlichen Fernsehens für Symphonie/Oper höher, während die Budgets im Bereich Natur/Wissenschaft ziemlich ausgeglichen waren.

12 Paul Kagan Associates – zitiert in PBS Economic Analysis, März 1992.
13 Boston Consulting Group, »Strategies for Public Television in a Multi-Channel Environment«, März 1991, S. 7. Quelle: PBS, BCG.

Es muß darauf hingewiesen werden, daß der Vergleich in Abbildung 8 die gemeinsamen Ressourcen der Kabelkanäle in jeder Kategorie etwas unterbewertet, weil er in jeder Kategorie nur einen Kabelkanal aufführt, während es in Wahrheit in jeder Kategorie mehrere Kabelanbieter gibt – entweder spezialisierte oder allgemeine.

Die kommerziellen Kabelkanäle produzieren diese Programme zum Teil selbst, zum Teil kaufen sie sie ein. A&E hat eine starke Geschäftsverbindung zur British Broadcasting Corporation aufgebaut, die ein Vorkaufsrecht für Programme einschließt. Beim Schmieden derartiger Geschäftsbeziehungen zu ausländischen öffentlich-rechtlichen TV-Produzenten ziehen die amerikanischen Kommerz-Kanäle Nutzen aus dem finanziellen Druck, der auf diesen öffentlichen TV-Sender lastet, und sie ganz unsentimental dazu zwingt, ihre Programme an den höchsten Bieter zu verkaufen. Und selbst wenn diese Programme bei einer öffentlichen Fernsehanstalt landen, ist ihr Preis möglicherweise höher, weil die Kabelkanäle als Mitbieter auf dem Markt waren.

Natürlich ist Geld nicht alles. Einige mit recht niedrigem Etat hergestellte Produktionen von PBS haben sich treue Zuschauer gesichert. Beispiele sind *The French Chef* oder die *PBS News Hour with Jim Lehrer*. Unterstützung für das öffentliche Fernsehen läßt sich auch ablesen aus der Verdoppelung der Gebührenzahler zwischen 1980 und 1993 auf mehr als 5 Millionen, die jährlich einen Finanzbeitrag von um die 400 Millionen US$ leisten.

4. Die Verfügbarkeit von *public interest* Programmen für amerikanische Haushalte: eine Quantifizierung

Die Zahl der Programme, die dem typischen amerikanischen Haushalt zur Verfügung stehen, hat sich in den letzten Jahrzehnten unglaublich vermehrt. Es ist eine Sache, dies ganz allgemein festzustellen. Es ist eine ganz andere Sache, es zu quantifizieren. Um dies zu erreichen, kategorisieren und messen wir die Programme, die einer TV-Zuschauerschaft in New York (Manhattan) in einer typischen Woche über einen Zeitraum von drei Jahrzehnten zur Verfügung stehen. Die Eckdaten sind 1969 (vor Kabel, 10 Kanäle), 1985 (20 Kanäle) und 1997 (77 Kanäle). In der Vorkabel-Ära wurde die Region von 10 Sendekanälen bedient, während der gewichtete nationale Durchschnitt bei etwa 5 lag. 1985 lagen die 20 Kanäle von Manhattan unter dem nationalen Durchschnitt. 1997 lag das New Yorker System mit seinen 77 Kanälen im oberen Drittel der Kapazität, aber bei weitem nicht an der Spitze. Was kommerzielle Programmangebote angeht, ist New York also nicht untypisch. Ein Unterschied besteht allerdings bei den nicht-kommerziellen Angeboten. In diesem Bereich hat New York 4 öffentliche TV-Kanäle, mehr als das Doppelte des nationalen Durchschnitts. Es gibt 4 Gemeinde (*public access*)-Kanäle, ungefähr 3 Stadt-Kanäle und einen City-University-Kanal. Zusammengenommen beläuft sich das nicht-kommerzielle Angebot in New York City auf etwa das zwei- bis dreifache des nationalen Durchschnitts.

Zum Zweck der Analyse untersuchten wir je eine zufällige Woche in den Jahren 1969, 1985 und 1997 und ordneten alle Programme dieser Periode verschiedenartigen Programm-Kategorien zu. Ausgenommen waren Pay-per-View-Kanäle und die *program guide channels*. Ebenfalls ausgeschlossen waren Spielfilme, da die Auswahl einiger als *public interest* Angebote höchst subjektiv gewesen wäre. Die Zurechnung zu den Programmkategorien fußte auf einzelnen Programmen, nicht auf gesamten Kanälen. So wurden zum Beispiel die Sportnachrichten und die unterhaltenden Nachrichtenprogramme auf *CNN* nicht in die Kategorie »Nachrichten« aufgenommen.

Quellen waren die Ausgaben von TV Guide, die Eintragungen der öffentlichen Verrechnungsstellen, die Organisation MNN und die Programmübersicht über das städtische System »Crosswalk«. Der Sender C-SPAN, obwohl technisch gesehen nicht gewinn-orientiert, ist unter den kommerziellen Kanälen subsummiert, weil er von der Kabel-TV-Industrie finanziert und gesteuert wird.

Abbildung 9: *Public interest tv* – **Programmstunden und deren Wachstum im kommerziellen und nichtkommerziellen Fernsehen (pro Woche, Manhattan)**

(a) Kommerzielle Kanäle
(b) Nicht-kommerzielle Sender

	Stunden			% Veränderung			Kumuliertes jährl. Wachstum
	1969	1985	1997	'69-'85	'85-'97	'69-'97	
Nachrichten	55 / 14	217 / 22	1631 / 55	294 / 57	651 / 150	2885 / 292	12,86% / 5,00%
Finanzen	14 / 3	158 / 8	335 / 21	1028 / 166	112 / 163	2292 / 600	12,00% / 7,00%
Dokumentarfilme/Magazine	12 / 10	27 / 16	380 / 49	125 / 600	1307 / 206	3066 / 390	13,00% / 5,34%
Gesundheit/ Medizin	7 / 4	83 / 7	185 / 42	1085 / 75	123 / 500	2542 / 950	12,40% / 8,75%
Wissenschaft/ Natur	8 / 5	26 / 11	230 / 14	223 / 120	784 / 27	2775 / 220	12,70% / 3,74%
Kultur	8 / 17	15 / 28	85 / 91	87,5 / 64	466 / 225	963 / 435	8,80% / 6,17%
Qualitäts-Kinderprogr.	12 / 36	29 / 40	94 / 98	142 / 11	224 / 145	883 / 716	7,62% / 3,63%
Bildung	9 / 6	31 / 14	112 / 96	244 / 133	261 / 585	1144 / 1500	9,41% / 10,40%
Religion	14 / 6	123 / 12	149 / 45	778 / 50	21 / 275	964 / 518	8,80% / 7,45%
Fremdsprachen	29 / 18	187 / 26	367 / 42	544 / 44	96 / 61	1165 / 133	9,48% / 3,07%
Gesamt *public interest*	168 / 119	896 / 184	3568 / 553	433 / 54	298 / 200	2023 / 365	11,53% / 5,63%
Gesamtprogramm Stunden	820 / 196	3215 / 216	8929 / 674	262 / 61	177 / 212	988 / 243	8,90% / 4,50%
Anzahl Kanäle	10	20	77	100	285	770	7,55%

Die Ergebnisse sind in Abbildung 9 aufgeführt. Für jede horizontale Kategorie stellt die obere Zeile die Sendezeiten der kommerziellen Sender dar, während die untere (kursive) Zeile die nicht-kommerziellen Stunden darstellt.

Mehrere Feststellungen lassen sich aus diesen Daten ableiten:

(a) Die Gesamtzahl der Programmstunden hat sich phänomenal erhöht, von 1016 im Jahr 1969 auf 3431 in 1985 und 9603 im Jahr 1997. Das stellt eine halbe Million Programmstunden im Jahr dar! Es bedeutet einen Zuwachs von 825 Prozent im Laufe von 28 Jahren oder eine kumulierte Wachstumsrate von 8,35 Prozent im Jahr.

(b) Das Wachstum der kommerziellen Programme ist schneller gewesen als das der nicht-kommerziellen (988 Prozent gegenüber 243 Prozent) mit jährlichen Wachstumsraten von 8,9 Prozent gegenüber 4,5 Prozent.

(c) Das Wachstum der *public interest* Programme ist außerordentlich hoch gewesen. Bei den nicht-kommerziellen Kanälen belief es sich auf 434 Stunden die Woche oder 365 Prozent. Für das kommerzielle Fernsehen liegt der Wert sogar noch höher. Der Zuwachs betrug hier 3400 Stunden oder 2023 Prozent bei einer kumulierten jährlichen Wachstumsrate von 11,5 Prozent.

(d) Der Zuwachs im Angebot von *public interest* Programmen auf den kommerziellen Kanälen war in den Kategorien Nachrichten, Dokumentarfilme und Magazine, Gesundheit/Medizin, Wissenschaft/Natur und Finanzen besonders hoch. All diese Gruppen weisen ein Wachstum von ungefähr 12 Prozent im Jahr auf. Etwas niedrigere Wachstumsraten erzielen die Qualitäts-Kinderprogramme (7,6 Prozent), Fremdsprachenprogramme (9,5 Prozent) und Bildung (9,4 Prozent).

(e) Die Anzahl der Programmstunden für *public interest tv* ist besonders hoch in den Kategorien »Nachrichten« (mit allein 46 Prozent aller kommerziellen *public interest* Programme), Dokumentarfilme/Magazine mit 10,65 Prozent und Finanz-Sendungen mit 9,4 Prozent. Der Anteil ist niedriger für Qualitäts-Kinderprogramme mit 2,6 Prozent oder 94 Wochenstunden.[14] Für Bildungsprogramme lautet die Zahl 3,1 Prozent. Als Anteil der Gesamtstunden und nicht nur der Sendestunden von *public interest tv* ausgedrückt, stellt das Angebot an Qualitäts-Kinderprogrammen 1,1 Prozent und an Bildungsprogrammen 1,3 Prozent dar.

(f) Insgesamt hat sich der Anteil des *public interest tv* an der Gesamtzahl der Programmstunden von 28,2 Prozent auf 43 Prozent fast verdoppelt. Bei den nicht-kommerziellen Kanälen stieg der Anteil von bereits hohen 60,7 Prozent auf noch höhere 82 Prozent. Der Wettbewerb durch die vielen Privatkanäle hat also durchaus nicht zu einer Verringerung der Qualitätsstandards im öffentlichen Fernsehen geführt.

(g) Die Anzahl der Kanäle, die hauptsächlich *public interest* Programme anbieten, ist verhältnismäßig hoch. Nach unserer Zählung gibt es 18 solcher Kanäle in New York. Es gibt 3 ausländische Kanäle. Dann gibt es auch noch 11 gemeinnützige Kanäle (3 Stadtkanäle, 1 City-University-Kanal, 4 *public access* Kanäle). Das ergibt zusammen 32 Kanäle auf der Kabel-TV-Fernbedienung. Auf dieser Fernbedienung sind theoretisch 77 Kanäle abzurufen, praktisch 74, von denen man die 5 Pay-per-View-Kanäle abziehen muß, um eine echte Zahl (einschließlich Pay-TV) von 69 zu bekommen. Kanäle mit gemeinnützigen und *public interest* orientierten Programmangeboten im kommerziellen Bereich stellen daher 46 Prozent der Kabel-Fernbedienung dar (haben aber nur 8,5 Prozent der Zuschauer)! Kommerzielle *public interest* Kanäle stellen allein 30 Prozent der Fernbedienungsplätze, ein Viertel (26 Prozent) aller Kanäle und ein Drittel (32 Prozent) aller englischsprachigen Programme dar.

---

14 Die Kategorie »Qualitäts-Kinderprogramme« war die subjektivste und die am schwersten zu bestimmende. Es ist schwierig, einen Trennstrich zu ziehen. Eine Studie mit dem Schwerpunktthema »Kinder-TV« müßte auf sehr viel mehr detaillierte Informationen zurückgreifen können, als sie für diesen Artikel zur Verfügung standen. Fürs erste sollten die Daten über die Kinderprogramme als Hinweise auf Tendenzen und nicht als exakte Zahlen interpretiert werden.

(h) Eine letzte Feststellung: Das Wachstum in der Anzahl der Sendestunden bei den meisten Kategorien der *public interest* Programme ist so enorm, daß jegliche Einwände gegen die Aufnahme dieses Programms oder jenes Kanals zum größten Teil irrelevant sind. Selbst wenn man volle drei Viertel aller Programme verböte, die wir als *public interest* Programme gezählt haben, beliefe sich die Zunahme immer noch auf phänomenale 600 Prozent.

5. Nachrichten – der Hauptbeitrag des kommerziellen Fernsehens

Der größte Beitrag des kommerziellen Fernsehens zum *public interest tv* liegt eindeutig im Bereich Nachrichten und Aktuelles. Das kommerzielle TV mit seinen vielen Kanälen produziert wesentlich mehr Nachrichtenprogramme als in der Vergangenheit. In New York gibt es jeden Tag 233 Stunden Nachrichten. Darin sind Finanznachrichten, Nachrichten aus der Unterhaltungsbranche, besondere Wetter- und Interview-Programme noch nicht einmal enthalten. Einige sind nationale Angebote wie CNN, Fox, News Channel und MSNBC. Ein 24-Stunden-Nachrichtenkanal ist ein Lokalsender. Einige Kabelkanäle bringen ein paar Stunden Fremdsprachennachrichten für einige sprachliche Minderheiten, z. B. auf Koreanisch, Chinesisch, Japanisch, Italienisch, Französisch, Hebräisch und Polnisch.

Darüber hinaus haben die traditionellen Lokalsender ihre Nachrichtenprogramme zeitlich beträchtlich ausgeweitet. Die Gründe hierfür sind gute Einschaltquoten und relativ niedrige Produktionskosten. Einige der »Lokalnachrichten« sind jedoch im wesentlichen die nationalen Nachrichten der TV-Konsortien, die für die lokale Ausstrahlung nur neu verpackt werden.

Auf der anderen Seite sind vor dem Hintergrund abnehmender Gewinne die Budgets für die nationalen Nachrichtensysteme der großen TV-Netze nach einer Periode stürmischen Wachstums zusammengestrichen worden. Auf ähnliche Weise hat der Wettbewerb die seriösen Nachrichtenmagazine dazu getrieben, sich sensations-heischender Themen anzunehmen und sich den schrillen Ton der syndikatsmäßig verbundenen »Revolver«-Magazine wie Hard Copy, Inside Edition oder A Current Affair auch zu eigen zu machen. Dies alles verblaßt jedoch im Vergleich zu der Tatsache, daß sich ernstzunehmende Nachrichtenmagazin-Sendungen (wie 60 Minutes, 20/20, Prime Time Live, 48 Hours, Dateline, Now und Turning Point) zahlenmäßig vermehrt haben (auf 14 im Jahre 1996) und populär geworden sind (vier waren 1996 unter den 20 beliebtesten Fernsehsendungen).

6. Die fehlenden *public interest* Programme

Es wäre ein Fehler, die politische Schlußfolgerung zu ziehen, daß – nur weil zahlreiche Kategorien von *public interest* Programmen von den kommerziellen Kanälen zufriedenstellend abgedeckt werden – alle Kategorien nun ausreichend versorgt seien. Es stellt sich daher die Frage, welche *public interest* Programmkategorien von diesem System nicht angeboten werden. Dies ist nicht leicht zu definieren. In der Zukunft werden wir vielleicht rückblickend die fehlenden Kategorien erkennen. Andere Kategorien können vielleicht durch einen Rückbezug auf das ermittelt werden, was es heute schon auf Videokassetten, im Internet und im öffentlichen Fernsehen gibt.

Dazu könnten zum Beispiel gehören:
(a) *Programme kultureller Aufführungen*
    Im kommerziellen Fernsehen gibt es relativ wenige Programme der Kategorie »kulturelle Aufführungen«, vor allem im Vergleich mit Serien im öffentlichen Fernsehen wie zum Beispiel *Masterpiece Theater, American Playhouse, Great Performances, Dance*

in America und *Live from Lincoln Center*. Der Kabelkanal *Bravo* kommt am nächsten an dieses Konzept heran, hat sich aber mehr auf Qualitäts-Spielfilme konzentriert. Auf ähnliche Weise hat der Arts & Entertainment-Kanal sich mehr auf Dokumentarfilme auf Kosten der Kunst verlegt;

(b) *spezialisierte Unterweisungsprogramme;*

(c) *Programme in Sprachen ohne Sprachangehörigengruppe in den Staaten;*

(d) *Auslandskanäle,* außer den mexikanischen;

(e) *ethnische Kanäle,* außer den hispanischen und US-afrikanischen;

(f) *kontroverse politische Programme.* Es gibt keine kommerziellen TV-Kanäle mit extrem linksgerichteten oder extrem rechtsgerichteten Programminhalten, obwohl Pläne für die Errichtung solcher Kanäle existieren. Einige dieser Programme werden bereits durch nicht-kommerzielle *public access* Kanäle ausgestrahlt, die aber eher lokal als national in ihrer Reichweite sind. Kommerzielle Kanäle versuchen normalerweise, mit ihren Programmen bei keiner Gruppe Anstoß zu erregen;

(g) *Kinder und Bildung.* Das Hauptdefizit des traditionell begrenzten Rundfunksystems waren die Qualitätsprogramme für Kinder. In der Vergangenheit haben die führenden kommerziellen TV-Netze im wesentlichen Zeichentrickfilme und ähnliche einfallslose Sendungen angeboten und das ganze mit sehr viel kindbezogener Werbung garniert. Als sich dieser Ansatz als sozial und politisch unhaltbar erwies, reduzierten viele Fernsehanstalten derartige Kinderprogramme, so weit sie konnten, ohne so viel Goodwill zu verlieren, daß die Erneuerung ihrer Lizenz in Frage gestellt wurde.

Teilweise als Folge davon bekam das öffentliche Fernsehen viel Unterstützung zur Deckung des Bedarfs der Kinder. Kinderprogramme mit absoluten Spitzen-Einschaltquoten wie *Sesame Street, Barney and Friends, Shining Time Station, Mr. Roger's Neighborhood* und *The Electric Company* waren Ergebnis dieser Entwicklung.

Im Prinzip gibt es keine system-immanenten Hindernisse im

kommerziellen Fernsehen, die das Angebot von Qualitäts-Kinderprogrammen verhindern könnten. Die Verlage von qualitativ hochwertigen Kinderbüchern sind im wesentlichen auch kommerzielle Firmen. Das fehlende Element im Fernsehen ist eine Finanzierungsquelle, die nicht werbegestützt ist. Das Kabelfernsehen bietet, zumindest in der Theorie, einen solchen Mechanismus, indem es den Teilnehmern derartige Programme als attraktive Differenz zum Free-TV und als gesondert zu bezahlendes Angebot anbietet – auf Kosten einer einkommensabhängigen Ungleichheit des Zugangs. Das ist die Theorie. Und sie wirft Fragen der Gleichbehandlung auf.

Der erfolgreichste Kinderkanal ist Nickelodeon von Viacom, der 30 Prozent der Fernsehzeit der 6-11jährigen beherrscht, im Gegensatz zu weniger als 4 Prozent für ABC und CBS (das NBC-Netz hat Kindersendungen völlig aus dem Programm gestrichen). Als Ergebnis all dessen geht es Nickelodeon auch finanziell ganz gut, unter anderem durch Nebengeschäfte wie eine Zeitschrift und Spielzeuge. Im großen und ganzen sind seine Programme eher unterhaltend als bildend, aber mit Nick News wird ein wertvolles Programm unter der Leitung einer hochgeachteten Journalistin produziert. Programme für Kinder gibt es ebenfalls auf dem Disney Channel und auf USA, Discovery, (»Ready, Set, Learn«) und einer Reihe anderer kommerzieller Kabelkanäle.

Für Kinder im Vorschulalter werden jedoch auf den kommerziellen Kabelkanälen auch bisher nur sehr wenige Qualitätsprogramme angeboten. Es gibt immer noch keinen »Märchenkanal« oder »Grundschulkanal«. Nickelodeon startete ein Vorschulprogramm (Nick Jr.) mit vier Minuten Werbung. Der Children's Television Workshop, der Produzent der *Sesame Street,* zog die Produktion von Programmen für Kommerz-Kanäle in Betracht. Die kreativen Macher innerhalb der Organisation waren in zwei Lager gespalten. Sie wollten auf der einen Seite die Qualität des Fernsehens stärken, zu dem Kinder Zugang haben, fürchteten aber auf der anderen Seite, daß sie es den Kindern vorenthielten, deren Haushalte zu arm waren, um sich Kabelfernsehen leisten zu können.

Da dieser Bereich von kommerziellen Anbietern weiterhin unterversorgt blieb, hat der Kongreß den Rundfunkanstalten per Gesetz auferlegt, die »Bildungs- und Informationsbedürfnisse von Kindern« besonders zu berücksichtigen. Zunächst gab die FCC den Sendern beträchtlichen Spielraum in der Erfüllung dieser Verpflichtung. Diese Flexibilität verführte einige Rundfunkanstalten jedoch dazu, ihre Zeichentrickfilme als eine Erfüllung dieser Verpflichtung zu interpretieren. Schließlich erklärte die FCC Qualitäts-Kinderprogramme zur ersten Priorität. Nach ausgedehnten politischen Diskussionen verpflichtete die Branche sich »freiwillig« dazu, drei Stunden pro Woche Qualitäts-Kinderprogramme zu senden;

(h) *Lokale Programme.* Fast alle kommerziellen *public interest* Programme außerhalb der Lokalnachrichten sind eher national als lokal in Machart, Herkunft und Verbreitung;

(i) *Programme, die sich an Arme wenden.* Diese Bevölkerungsgruppe ist für Werbungtreibende und Kabelbetreiber eher uninteressant.

7. Schlußfolgerungen

Das Multi-Kanal-Fernsehen hat den Zielgruppenbezug verändert. In diesem Prozeß hat sich der Beitrag der kommerziellen TV-Kanäle zu den *public interest* Programmen wesentlich erhöht. Es gibt Kanäle hoher Qualität (wie auch Kanäle niederen Standards). Die Zuschauerzahlen sind moderat (6 Prozent), aber nicht trivial, und auf jeden Fall höher als die des öffentlichen Fernsehens (2,3 Prozent). Die Budgets sind höher, 2,1 Milliarden US$ gegenüber 1,9 Milliarden US$ für das öffentliche System. Und die Sendestunden sind umfangreich und wachsen, vor allem für Nachrichten.

Das muß jedoch nicht bedeuten, daß ein markt-orientiertes System bei der Bereitstellung von *public interest* Programmen voll funktionstüchtig ist. Einige Inhalte-Kategorien, und dazu gehören Qualitäts-Kinderprogramme, werden kommerziell nicht im großen Stil angeboten. Kontroverse Programme werden vermieden. Es gibt daher immer noch ausreichend Freiraum für alternative Anbieter wie das öffentliche Fernsehen oder andere nicht-kommerzielle Systeme.

Mehrkanal-TV unterstützt Vielfalt. Es schafft aber auch Probleme. Außer bei ungewöhnlichen Ereignissen gibt es die »elektronische Feuerstelle« nicht mehr, um die sich ein ganzes Land allabendlich scharte. Aber ein derartiges Gemeinschaftserlebnis der kontinuierlichen geteilten Informationsnutzung war ohnehin ein historischer Irrweg, der mit einer eher fragmentierten Medienvergangenheit und einer informationsreicheren Zukunft kollidierte.

Mehrkanal-TV etabliert auch eine Türsteher-Machtposition, wenn nur ein Unternehmen die Distribution kontrolliert. Es kann den Zugang unabhängiger oder konkurrierender Anbieter von Qualitätsprogrammen zum Fernsehpublikum einschränken. Satelliten-TV und Cyber-TV werden jedoch wahrscheinlich im Laufe der Zeit dieses Problem lösen.

Dann gibt es auch noch das Problem der Erschwinglichkeit. Mehrkanal-TV ist nicht kostenlos. Es behindert daher den Zugang einiger armer Bevölkerungsschichten zu kommerziell angebotenen *public interest* Programmen.

Insgesamt gesehen sind jedoch die positiven Programmbeiträge des Mehrkanal-Fernsehens eindrucksvoll. Diejenigen, die dem Leistungsbeitrag des begrenzten kommerziellen Fernsehens eher kritisch gegenüberstehen, scheinen die Meinung zu vertreten: je weniger davon, desto besser. In der Tat ist genau das Gegenteil der Fall. Das problematischste System ist ein begrenztes, aber mächtiges kommerzielles System. Andere meinen, die hohen Gewinne eines begrenzten Fernsehsystems seien für die Investition in qualitativ anspruchsvolle Programme erforderlich. Aber das geht von der Annahme aus, daß *public interest* Programme auf einer Art Subventionssystem basieren, in dem reiche Fernsehinstitutionen einen Teil ihrer Ressourcen für *public interest* Angelegenheiten zur Verfügung stellen. Was die amerikanische Erfahrung zeigt, ist, daß das Angebot von *public interest* Programmen durch das kommerzielle Fernsehen in einer Umgebung florieren kann, die geprägt ist von zahlreichen Produktions- und Distributions-Ansätzen, die vielen unterschiedlichen Geschmäckern dienen. Sie zeigt, daß es jemandem gut gehen kann, der Gutes tut. Dieser Trend wird sich fortsetzen und wahrscheinlich sogar noch beschleunigen mit einem Cyber-TV, das auf Computer-Netzwerken und Video-Servern basiert.

Es wäre kurzsichtig zu behaupten, daß alle Programmbedürfnisse im kommerziellen Fernsehen bereits abgedeckt seien. Es wäre jedoch ebenso engstirnig, die Tatsache zu bestreiten, daß Verbesserungen im Angebot von *public interest* Programmen stattgefunden haben.

II. Fernsehen in Deutschland

Angebotsprofile und Nutzungsmuster im dualen Rundfunksystem
Tibor Kliment, Wolfram Brunner
(EMNID-Institut)

Resümee 233

1. **Einleitung** 237

2. **Programmprofile im dualen System** 240
   2.1 Das Angebot öffentlich-rechtlicher und privater Veranstalter 242
   2.2 Die Entwicklung des Fernsehangebots zwischen 1992 und 1997 246

3. **Das qualitative Angebot an Information und Unterhaltung** 249
   3.1 Sendungsformate und Sparten 250
   3.2 Die Themen, Akteure und Formate des Informationsangebots 254
   3.3 Die Inhalte der Hauptnachrichtensendungen 262

4. **Das Fernsehverhalten der Zuschauer** 266

5. **Das duale System im Urteil des Publikums** 268
   5.1 Das Publikum der öffentlich-rechtlichen und der privaten Veranstalter 268
   5.2 Publikumspräferenzen für Genres und Sparten 280

5.3 Spartenkompetenzen der Sender 283
    5.3.1 Die Akzeptanz von Nachrichtensendungen 289
    5.3.2 Die Akzeptanz von Kinder- und
           Jugendsendungen 291
5.4 Imageprofile der Programme 297
5.5 Der Kenntnisstand über das duale System 304
5.6 Die Akzeptanz von Gebührenfinanzierung und
    Pay-TV 308
5.7 Defizite und Ansprüche im Hinblick auf das
    Fernsehen 313
5.8 Die Unabhängigkeit des Fernsehens im Urteil des
    Publikums 317

Resümee

Das bundesdeutsche Rundfunksystem basiert seit Mitte der 1980er Jahre auf einer sogenannten »dualen Rundfunkordnung«. Sie meint das Nebeneinander von öffentlich-rechtlichen und privatwirtschaftlich organisierten Veranstaltern von Rundfunkprogrammen. Die beiden Säulen dieses Systems unterliegen unterschiedlichen rechtlichen Regulierungen sowie Programmanforderungen und finanzieren sich aus verschiedenen Quellen. In dem auf Deutschland bezogenen Teil der von der Bertelsmann Stiftung in Auftrag gegebenen Studie wurden die Angebotsstrukturen des dualen Fernsehsystems sowie seine Akzeptanz beim Publikum untersucht. Dazu wurden GfK-Analysen[1] des Fernsehangebots und der Fernsehnutzung, qualitative Inhaltsanalysen der Fernsehprogramme und eine Bevölkerungsbefragung zusammengeführt. Der Materialreichtum dieser Studie bietet eine Informationsgrundlage für die Debatte um die künftige Fernsehordnung in Deutschland.

Auch zum Ende der 1990er Jahre bestehen im *Angebot* der öffentlich-rechtlichen und der privaten Hauptprogramme sowie zwischen den kommerziellen Sender selbst deutliche Unterschiede. Allerdings sind – auf bestimmten Sendestrecken und bei spezifischen Genres – Konvergenztendenzen zwischen Öffentlich-Rechtlichen

---

1 Die Gesellschaft für Konsumforschung Nürnberg (GfK) ist das Institut in Deutschland, welches mit der kontinuierlichen Messung der Reichweiten und Quoten der wichtigsten deutschen Fernsehsender beauftragt ist.

und Privaten beobachtbar. In der Hauptsendezeit sind die Informationsangebote von ARD, ZDF und RTL einander mittlerweile recht ähnlich, zumindest soweit formale Angebotskategorien angesprochen sind. Die Öffentlich-Rechtlichen reduzierten während der letzten Jahre ihren Informationsanteil in der Prime Time zugunsten der Unterhaltung. Damit wurde von ARD und ZDF die besonders grundversorgungsrelevante Informationsgebung in der Hauptsendezeit mit ihrem großen und demographisch besonders vielschichtig zusammengesetztem Publikum zugunsten massenattraktiver, leichter Programme zurückgestellt. Andererseits fand eine Ausweitung der Information bei einzelnen privaten Anbietern statt, unter ihnen insbesondere RTL, das im Angebotsumfang mit den Öffentlich-Rechtlichen gleichzog. Vergleicht man freilich, was sich bei diesen Veranstaltern hinter der Sparte Information verbirgt, werden Unterschiede wieder deutlicher: RTL weist immer noch einen Schwerpunkt bei der Boulevard-Information auf, ARD/ZDF konzentrieren sich mehr auf politische Information.

Allgemein ähneln die Angebote der öffentlich-rechtlichen Hauptprogramme einander stark. Dies ist nicht überraschend: Aus den allgemeinen Grundsätzen des für ARD und ZDF geltenden Programmauftrags und den Regelungen des Verhältnisses zwischen den beiden Sendern ergibt sich, daß sich diese Programme nicht wesentlich unterscheiden dürfen. Konkurrenz bedeutet hier im wesentlichen Angebotsgleichheit. Dagegen ist das Konkurrenzverhältnis bei den Privaten völlig offen. Demzufolge unterschieden sich dann auch die Angebotsstrategien zwischen den untersuchten kommerziellen Sendern erheblich. Deutlich wurde, daß man kaum mehr von *den* Privaten sprechen kann, und zwar auch dann nicht, wenn es sich sämtlich um Hauptprogramme handelt.

Ein weiterer Grund legt nahe, im Zusammenhang mit dieser Studie weniger »Systeme«, sondern Sender miteinander zu vergleichen. Grundversorgung wurde hier im wesentlichen auf seine Realisierung innerhalb ausgewählter Programme untersucht. Die Auswahl der betrachteten Sender bestimmt dabei nachhaltig das Ergebnis. Wären von den privaten Sendern auch die Spartenangebote im Bereich Nachrichtenkanäle, Sportfernsehen etc. mit einbezogen worden, wären die Schlußfolgerungen im Hinblick auf die Bedeutung grundversorgungsrelevanter Angebote im kommerziellen Sektor günstiger ausgefallen. Dieses gilt aber auch für den öffentlich-rechtlichen Bereich, denkt man beispielsweise an die gehobenen Programme arte oder 3sat. Demzufolge kann hier nicht schlechthin vom Angebot der Privaten oder Öffentlich-Rechtlichen gesprochen werden, sondern nur im Hinblick auf bildbestimmende, d. h. besonders reichweitenstarke Vollprogramme.

Ein Kernergebnis der Studie ist, daß parallel zur Ausdifferenzierung des Angebots bei *knapp* zwei Dritteln des Publikums eine deutliche Polarisierung in der Nutzung öffentlich-rechtlicher bzw. privater Sender stattfindet. Das duale System bedient verschiedenartige Publika mit unterschiedlicher Sozialstruktur, divergierenden Einschaltmotiven und Ansprüchen an das Fernsehen. Zwar besitzen die öffentlich-rechtlichen Programme nach wie vor ein gutes Image und hohe Akzeptanzwerte; auch wird die Gebührenfinanzierung von der Bevölkerung weithin gestützt. Obgleich sich die Bevölkerung weniger für ordnungspolitische Prinzipien als für ein »gutes« Programm interessiert, sind Kenntnisse der zentralen Elemente des dualen Systems ebenso vorhanden wie die mehrheitliche Bereitschaft, Gebühren zu zahlen. Allerdings ist nicht zu übersehen, daß fast ein Drittel der Bevölkerung auf die Zahlung von Gebühren und damit auf den Empfang öffentlich-rechtlicher Sender verzichten würde. Sie wendet sich dabei nicht generell gegen eine Zahlungsverpflichtung für Fernsehangebote. Gerade bei dieser Gruppe ist das Interesse an Pay-TV Angeboten besonders hoch. Sie halten öffentlich-rechtliche Programme vielmehr deswegen für verzichtbar, weil sie in programmlicher Hinsicht nicht von ihnen angesprochen werden.

Kompetenzen, die dem Kernbereich der Grundversorgung zuzuordnen sind, werden vor allem mit den Nachrichten- und Informationsangeboten von ARD, ZDF und den Dritten Programmen verknüpft. Bei ihrem Publikum handelt es insbesondere um den älteren sowie den höher gebildeten und politisch interessierten Teil der Bevölkerung. Die Informationsangebote der Privaten stoßen dagegen bei den jüngeren Altersgruppen, politisch Desinteressierten und formal weniger Gebildeten auf deutlich größere Akzeptanz. Während diese Gruppen für die Informationsangebote von öffentlich-rechtlicher Seite weniger ansprechbar sind, können sie von den Privaten noch integriert werden. Man kann von einer »Arbeitsteilung« im dualen System sprechen. Private Anbieter leisten hier einen wesentlichen gesellschaftlichen Beitrag. Sie können die nachlassende Integrationskraft der Öffentlich-Rechtlichen zumindest teilweise kompensieren, und dieses auch im Bereich der Information. Spiegelbildlich zur dualen Angebotsstruktur differenziert sich auf Seiten der Nutzer ein »duales« Publikum aus. Die Zuschauerschaft polarisiert sich zunehmend zugunsten öffentlich-rechtlicher oder privater Anbieter, was freilich von einer übergeordneten Tendenz zugunsten der Nutzung privater Programme überlagert wird. Zwar scheint dieses der Logik des Fernsehmarktes zu folgen. Zu verkennen ist allerdings nicht, daß eine solche Arbeitsteilung dem Grundversorgungsauftrag der Öffentlich-Rechtlichen, der keine Bevölkerungsgruppen auszugrenzen hat, widerspricht.

Gerade im Hinblick auf die Integrationsfähigkeit wurden bei den öffentlich-rechtlichen Sendern Schwierigkeiten sichtbar. Ihre Akzeptanzprobleme bei den Jüngeren resultieren weniger aus einer Nichterfüllung von Qualitätsansprüchen in diesem Zuschauersegment. Ursächlich ist vielmehr das generell schwächere Interesse dieser Gruppe an Angeboten, die zum Kernbereich der Grundversorgung gehören. Die Tatsache, daß die Öffentlich-Rechtlichen nur noch bedingt in der Lage sind, junge Zuschauer für sich zu gewinnen, gefährdet ihre Integrations- oder Forumsfunktion. Sollte diese Gruppe sich nicht mit steigendem Alter auch den öffentlich-rechtlichen Programmen zuwenden, könnte diesen auf Dauer die Zuschauerbasis verlorengehen. Dieses wäre für die Öffentlich-Rechtlichen nicht nur im Hinblick auf langfristig sinkende Reichweiten bedenklich, sondern gäbe insbesondere im Hinblick auf die Erfüllung des Grundversorgungsauftrags Anlaß zur Sorge.

1. Einleitung

Die vorliegende Untersuchung beschreibt die Leistungen des dualen Rundfunksystems in der Bundesrepublik und dessen Akzeptanz beim Fernsehpublikum. Sie differenziert die aktuellen Angebote des öffentlich-rechtlichen und kommerziellen Fernsehens im Hinblick auf die jeweiligen Programmstrukturen, Angebotsprofile und Sendeinhalte. Sie macht sichtbar, wie sich die beiden Systeme zum Ende dieses Jahrtausends mit ihrem jeweiligen Angebot profilieren und geht der Frage nach, ob sich in den Programmentwicklungen aus den letzten Jahren Konvergenzen zeigen. Verknüpft sind diese Befunde mit ausführlichen Imageanalysen des dualen Systems: Dargestellt wird, wie das Publikum die einzelnen Fernsehveranstalten bewertet, welche spezifischen Kompetenzen es ihnen zuschreibt und wie das private und öffentlich-rechtliche Fernsehen insgesamt akzeptiert wird. Analysiert werden somit sowohl das institutionelle Angebot wie die Nutzung des Angebots durch die Zuschauer.

Hierzu sind verschiedene Datenquellen miteinander kombiniert. Neben Programmstrukturanalysen und qualitativen Inhaltsanalysen des Fernsehangebots wurden Nutzungsdaten aus der kontinuierlichen Fernsehforschung ausgewertet sowie eine umfangreiche Bevölkerungsbefragung durchgeführt. Sie zusammen bieten eine Informationsgrundlage, die als ein Fundament für die Debatte um die künftige Fernsehordnung in Deutschland dienen kann.

In der Studie werden Bezüge hergestellt zu einem der Kernelemente der dualen Rundfunkordnung: dem Grundversorgungsgebot der öffentlich-rechtlichen Fernsehveranstalter. »Grundversorgung« ist den einschlägigen Gesetzen, Rundfunkurteilen und Staatsverträgen zufolge dem öffentlich-rechtlichen Fernsehen Verpflichtung wie auch Rechtfertigung für Privilegien, welche die privaten Veranstalter für sich nicht geltend machen können, allen voran das Gebührenprivileg. Die Aufgabe zur Grundversorgung ist neben den Programmauflagen für private Fernsehsender und den Regelungen zur Medienkonzentration ein Grundpfeiler des deutschen Fernsehsystems, mit dem der besonderen gesellschaftlichen Verantwortung des Mediums Fernsehen Rechnung getragen wird.

Eine zentrale, in Programmgrundsätzen und Bundesverfassungsgerichtsentscheiden formulierte Leistungsanforderung ist das Gebot zur »Programmvielfalt«. Dieses Gebot wird rechtlich in einem umfassenden Sinne interpretiert: Es umfaßt *strukturelle Vielfalt* als Vielfalt der Programmsparten und -formen ebenso wie die *inhaltliche Vielfalt*, verstanden als Vielzahl der Informationen (Ereignisse, Meinungen, Themen, Akteure, Regionen usw.), die in Breite und Ausgewogenheit im Programm zur Geltung gebracht werden müssen.[2] Vielfalt wird in dieser Lesart binnenpluralistisch interpretiert, d.h. als Auftrag an die Anbieter, deren Grundsätze *innerhalb* eines Programms zu realisieren. Bei ARD und ZDF handelt es sich in diesem Sinne um Kanäle, die als Vollprogramme vielfältige Inhalte bieten und in denen Information, Bildung, Beratung und Unterhaltung wesentliche Anteile bilden sollen.[3] Bei dem außenpluralistischen Modell, das dem kommerziellen Fernsehmarkt in der Bundesrepublik zugrunde liegt, unterliegt der einzelne Veranstalter nicht dem Gebot zur ausgewogenen Vielfalt. Hier soll Vielfalt vielmehr extern, durch die Lizenzierung zahlreicher Anbieter und deren Konkurrenz um die Zuschauergunst sichergestellt werden. In diesem Sinne besteht bei privaten Veranstaltern lediglich die Verpflichtung zu einem »Grundstandard« gleichgewichtiger Vielfalt.

Diese Aspekte von Grundversorgung und Programmqualität sind zentrale Referenzpunkte der vorliegenden Untersuchung. Die Studie geht speziell auch der Frage nach, inwiefern das öffentlich-rechtliche Fernsehen hinsichtlich seiner objektiven Angebotsstrukturen wie auch nach der subjektiven Einschätzung der Zuschauer besondere und von privaten Fernsehanbietern unterscheidbare Aufgaben erfüllt. Diese Aufgaben lassen sich wie folgt konkretisieren:

---

2 Schatz, Heribert und Winfried Schulz: Qualität von Fernsehprogrammen. Kriterien und Methoden zur Beurteilung von Programmqualität im dualen Fernsehsystem. In: Media Perspektiven 11/1992. S.690-712.
3 Vgl. §2 Abs.2 Rundfunkstaatsvertrag i.d. Fassung vom 26. August-11. September 1996.

- die Bereitstellung eines vielfältigen und umfassenden Angebots an Information, Bildung, Beratung und Unterhaltung für alle Teile der Bevölkerung (*Integrationsfunktion*);
- bei Nachrichten und Information die schwerpunktartige Berücksichtigung von gesellschaftlich relevanten Themen und die Mitwirkung an der freien und ausgewogenen Willens- und Meinungsbildung der Bevölkerung (*Forumsfunktion*);
- das Bemühen um eine wahrheitsgemäße, umfassende und freie Berichterstattung (Ausgewogenheit, Meinungsvielfalt, Objektivität, Seriosität), und in Verbindung damit das Setzen professioneller Standards (*Vorbildfunktion*);
- die besondere Berücksichtigung von Minderheiten- und Teilinteressen und die Bereitstellung alternativer und innovativer Programmangebote, die ggf. von privaten Sendern nicht offeriert werden (*Komplementär- und Innovationsfunktion*).

Wir gehen davon aus, daß die genannten Funktionen nicht ausschließlich durch das öffentlich-rechtliche, sondern auch durch das den Kinderschuhen längst entwachsene Privatfernsehen erfüllt werden *können*. Demzufolge werden die erkenntnisleitenden Fragestellungen dieser Studie folgendermaßen formuliert:

- Welche Angebote in den unterschiedlichen Programmsparten werden in welchem Umfang von welchen Sendern offeriert? Lassen sich im Zeitverlauf Prozesse der »Konvergenz« zwischen privaten und öffentlich-rechtlichen Veranstaltern ausmachen?
- Wie werden diese Angebote jeweils vom Publikum genutzt? Sind spezifische Publika öffentlich-rechtlicher und privater Veranstalter abgrenzbar, und wie unterscheiden sich diese in ihren Sehgewohnheiten, den Nutzungsmotiven und ihren jeweiligen Ansprüchen an das Fernsehen?
- Was sind die besonderen Eigenschaften, Kernkompetenzen und Images der öffentlich-rechtlichen und privaten Veranstalter in den Augen der Bevölkerung?
- Inwieweit wird das duale Fernsehsystem von der Bevölkerung akzeptiert? Welche Kenntnisse bestehen in der Öffentlichkeit, und inwieweit wird die Gebührenfinanzierung noch getragen?

Betrachtet werden die öffentlich-rechtlichen und die privaten Hauptprogramme ARD, ZDF, RTL, SAT.1 und PRO 7. Diese Sender repräsentieren die relevantesten Angebote in der bundesdeutschen Fernsehlandschaft. Trotz der heute durchschnittlich 30 empfangbaren Programme pro Haushalt entfielen im Jahr 1996 mehr als zwei Drittel der gesamten Fernsehnutzung auf diese fünf Sender.

In diesem Sinne verbreitet der vorliegende Bericht die Ergebnisse einer kürzlich vorgelegten Publikation aus derselben Untersuchung.[4] Die Struktur der Darstellung wurde dabei im wesentlichen beibehalten; allerdings wurden die Texte neben diversen redaktionellen Überarbeitungen um zusätzliche Befunde, weitere Analysen und Interpretationen des Materials angereichert. Sie stützen die früher niedergelegten Überlegungen und führen sie weiter.

2. Programmprofile im dualen System

Das Programmangebot des deutschen Fernsehens wurde anhand der kontinuierlichen Programmcodierung der GfK Nürnberg analysiert. Es handelt sich um ein Vercodungsschema, das auf Vereinbarungen der die Standardfernsehforschung in Deutschland tragenden »Arbeitsgemeinschaft Fernsehforschung« (AGF) beruht. Seit 1992 werden die Sendungen der wichtigsten Fernsehsender nach diesem Schema von der GfK kontinuierlich vercodet. Gegenüber den gewöhnlich anzutreffenden Programmstrukturanalysen, die sich auf mehr oder weniger repräsentative Zeitschnitte beschränken – oftmals in Form »künstlicher Wochen« –, bietet die Programmkodierung der GfK den Vorzug, daß hier das gesamte Programmangebot abgebildet wird. Auch ein weiteres Argument spricht für diese Datenquelle: Wichtigen Programmuntersuchungen, insbesondere den von Udo Michael

---

4 Vgl. Ingrid Hamm (Hrsg.): Fernsehen auf dem Prüfstand. Aufgaben des dualen Rundfunksystems. Verlag Bertelsmann Stiftung. Gütersloh 1998.

Krüger[5] für die ARD/ZDF Medienkommission regelmäßig durchgeführten Studien oder den durch Klaus Merten[6] für RTL unternommenen Analysen, wurde in der Vergangenheit vorgeworfen, mit den Ergebnissen den jeweiligen Auftraggebern in die Hände zu spielen. Beim Meßsystem der GfK handelt es sich dagegen um eine allgemein anerkannte, vom Konsens der öffentlich-rechtlichen *und* privaten Sender getragene Währung mit hohem Verbindlichkeitsgrad.

Im folgenden wird das Programmangebot zunächst nur nach den Sparten Nachrichten, Information (Informationsmagazine, Dokumentationen, Regionalsendungen, Boulevardmagazine, Talkshows u.ä.), Unterhaltung (Shows und Quizsendungen, Musiksendungen, Theater/*comedy*, Satire u.ä.), *fiction* (Spielfilme, Fernsehfilme, Serien), Sport (Magazine, Live-Übertragungen) und Werbung (Werbeblöcke, Sponsoring, Dauerwerbesendungen) unterschieden. Diese werden von der GfK nach Vorgaben der AGF, also aufgrund eines Konsens der Anbieter klassifiziert. Obwohl die Klassifikation einzelner Sendungen hierbei durchaus Fragen aufwirft, sind die Zahlen dennoch geeignet, Trends zu beschreiben und Vergleiche zwischen Sendern vorzunehmen[7]. Ergänzt werden die GfK-Daten durch die qualitative Inhaltsanalyse einer Angebotswoche.

5 Vgl. u.a.: Udo Michael Krüger: Programmprofile im dualen Fernsehsystem 1985-1990. Eine Studie der ARD/ZDF-Medienkommission. Baden-Baden 1992. Ders.: Tendenzen in den Programmen der großen Fernsehsender von 1985-1995. In: Media Perspektiven 8/1996. S. 418-440. Ders.: Unterschiede der Programmprofile bleiben bestehen. In: Media Perspektiven 7/1997. Vgl. auch Weiß, Hans-Jürgen: Programmalltag in Deutschland. Eine Analyse von sieben Fernsehvollprogrammen im April 1977. In: Programmbericht zur Lage und Entwicklung des Fernsehens in Deutschland. Arbeitsgemeinschaft der Landesmedienanstalten in der Bundesrepublik Deutschland. Berlin 1998. S. 158-204.
6 Klaus Merten: Konvergenz der deutschen Fernsehprogramme. Eine Langzeituntersuchung 1980-1993. Münster 1994.
7 Die im Jahr 1997 von der AGF vorgenommene Modifizierung des Kategoriensystems führte zu einer drastischen Zunahme der informierenden Sparten bei *allen* Sendern. Bei einzelnen Programmen sind in 1997 Steigerungen von über 40 Prozent im Informationsangebot gegenüber dem Vorjahr feststellbar. Aus diesem Grund wurden für die Programmanalyse auf das alte Vercodungsschema zurückgegriffen und die Angebote für das ganze Jahr 1996 analysiert. Ergänzend wurden für die ersten neun Monate 1997 eine Zusatzanalyse nach dem alten Vercodungsschema vorgenommen. Steigerungen im Informationsbereich waren dann kaum mehr zu beobachten.

2.1 Das Angebot öffentlich-rechtlicher und privater Veranstalter

Nach mehr als zehn Jahren seit der Einführung des dualen Systems hat sich der Umfang des täglichen Sendeangebots bei den Hauptprogrammen angeglichen. Nachdem zuerst die privaten, später dann die öffentlich-rechtlichen Programme ihre Angebotslücken zum Ende der 1980er Jahre schlossen und an den Rändern ausweiteten (Stichwort Frühstücksfernsehen u.ä.), sendeten im Jahresdurchschnitt 1996 die fünf untersuchten Veranstalter etwa 24 Stunden täglich.[8] Das Ausstrahlen eines etwa 24-stündigen Programms war in der Anfangsphase insbesondere für die privaten Anbieter eine Möglichkeit, in bestimmten Sendeflächen, wo zunächst kein öffentlich-rechtliches Angebot existierte, Präsenz gegenüber neuen Zuschauergruppen zu zeigen, die Werbeeinnahmen durch eine Vermehrung des programmlichen Umfeldes zu erhöhen und der Werbung neue Selektionsmöglichkeiten für spezifische Zielgruppen zu bieten. Umgekehrt bedeutet die tageszeitliche Programmausweitung aus Rezipientensicht, daß das Spektrum der Rezeptionsbedürfnisse breiter wird. Denn die individuellen Rezeptionsbedingungen und Zuschauerbedürfnisse unterscheiden sich tageszeitlich und bedingen am Abend andere Erwartungen als nachmittags oder am Morgen.[9]

Die Angleichung im Gesamtumfang des Fernsehangebots gilt je-

---

8 Die hier für den Sender zugrunde gelegte Gesamtsendezeit bezieht sich lediglich auf diejenigen Sendungen, die durch die GfK-Programmcodierung dem Spartenschema zugeordnet wurden. Danach sendete 1996 die ARD 1 383 Minuten im Tagesdurchschnitt, das ZDF 1321 Minuten, RTL 1 381 Minuten, SAT.1 1 366 Minuten und PRO 7 1381 Minuten. Durch die GfK-Programmcodierung wurden bestimmte Sendungen nicht erfaßt, wodurch Abweichungen von der tatsächlichen Sendezeit von 24 Stunden (1440 Minuten) auftreten. Die im Text angeführten prozentualen Spartenanteile sind jeweils auf die für die Sender gemäß GfK-Programmcodierung ermittelten Gesamtsendezeiten bezogen und gerundet. Die Prozentverschiebungen, die auftreten, wenn man die absoluten Spartenminuten auf eine 24-stündige Sendezeit bezieht, sind minimal und bewegen sich im Rahmen der Rundungsgenauigkeit.

9 Vgl. Krüger, Udo Michael: Programmprofile im dualen Fernsehsystem 1985-1990. Eine Studie der ARD-ZDF Medienkommission. Baden-Baden: Nomos Verlag 1992.

Angebotsprofile im dualen System

Tabelle 1: Programmangebot nach Sendern und Sparten 1996 (Gesamt- und Hauptsendezeit 18.00-23.00 Uhr)

Sparten	ARD		ZDF		RTL		SAT.1		PRO 7	
	GS*	HS*	GS*	HS*	GS*	HS*	GS*	HS*	GS*	HS*
Nachrichten	10	14	8	12	5	7	3	4	3	5
Information	29	16	31	21	12	25	12	8	9	12
Unterhaltung	17	12	12	11	20	10	19	15	6	2
fiction	31	42	37	39	46	38	47	33	68	63
Sport	12	11	10	12	3	4	3	9	0	2
Werbung	1	5	1	4	15	16	17	31	13	16
Total	100	100	100	100	100	100	100	100	100	100

* GS: Gesamtsendezeit, * HS: Hauptsendezeit
GfK; Anteile an Sendeminuten in Prozent; Abweichungen von 100 Prozent durch Rundungen möglich

doch nicht für die Bedeutung der unterschiedlichen Programmsparten. Hier zeigen sich nach wie vor deutliche Unterschiede, wobei ARD und ZDF einerseits sowie RTL und SAT.1 andererseits ähnliche Programmstrukturen aufweisen; eine Sonderrolle spielt PRO 7.

Unterhaltung und *fiction* bilden mit einem Anteil von zusammen knapp 50 Prozent bei ARD/ZDF und mit bis zu 74 Prozent der Sendezeit bei den Privaten (PRO 7) eindeutig *den* Programmschwerpunkt (Tab. 1). An zweiter Stelle folgen bei ARD und ZDF Nachrichten und Informationen. RTL und SAT.1 offerieren mit 15-17 Prozent weniger als die Hälfte des öffentlich-rechtlichen Informationsangebots. Die informierenden Sparten sind bei den Privaten vor allem zugunsten des *fiction* Bereiches reduziert. Spielfilme oder Serien werden hier weitaus stärker angeboten als bei ARD und ZDF. PRO 7 weicht dann noch einmal deutlich von RTL und SAT.1 ab. Während die informierenden Formate hier kaum Sendezeit beanspruchen und Sport gar nicht angeboten wird, dominiert mit mehr als zwei Dritteln der Sendezeit klar das *fiction* Angebot. Vielfalt im Programm spielt sich bei PRO 7 allenfalls innerhalb des *fiction* Bereiches ab. Damit nähert sich der Sender der Grenze dessen, was noch als ein Vollprogramm bezeichnet werden kann.

Das Bild verändert sich, wenn man die Angebote in der reichweitenstarken *Hauptsendezeit* betrachtet. Hier handelt es sich um einen von Sender zu Sender variierenden und programmpolitisch umstrittenen Begriff. Je nach Definition der Grenzen werden die besonders früh oder besonders spät gesendeten Programme ausgeklammert, was nachhaltige Auswirkungen auf die Analyseergebnisse haben kann. In der vorliegenden Studie wurde die vergleichsweise umfangreiche Zeitspanne von 18.00-23.00 Uhr als Kompromißlösung zugrunde gelegt. In dieser Zeit fällt das Gros der täglichen Fernsehnutzung an, zudem sind die Hauptnachrichtensendungen aller Veranstalter sowie die wichtigsten, am Spätabend gesendeten Nachrichtenmagazine eingeschlossen.

Die Unterscheidung zwischen Gesamtsendezeit und Prime Time ist aus mehreren Gründen bedeutsam. Am Abend wird nicht nur die Bevölkerungsmehrheit vom Fernsehen erreicht, sie ist nach ihrer demographischen Struktur zudem heterogener. Während tagsüber zielgruppenspezifische Selektionsmechanismen die Zusammensetzung des Publikums bestimmen (Nichtberufstätige, Ältere, Hausfrauen, Kinder etc.) ist das Publikum am Hauptabend aufgrund der habituellen Nutzung und der besonderen Verfügbarkeit für das Fernsehen sozial differenzierter zusammengesetzt. Zu dieser Zeit sind dann auch die tagsüber nicht ansprechbaren Gruppen vor dem Fernsehen versammelt. Wenn Grundversorgung bedeutet, möglichst große Teile der Bevölkerung zu erreichen, so ist dafür besonders die Prime Time ein Hebel. Gleichzeitig erlaubt die Untersuchung der Programmstruktur am Hauptabend eine genauere Aussage darüber, welchen Stellenwert Informationsangebote für den jeweiligen Veranstalter besitzen. So macht es einen Unterschied, ob man die in der Zuschauergunst weniger nachgefragten Informationssendungen tagsüber einem nur relativ kleinen Publikum präsentiert (etwa das Frühstücksfernsehen), oder ob man sich es »leistet«, seinen Zuschauern Information in der reichweitenstarken und besonders umkämpften Hauptsendezeit anzubieten. Grundsätzlich gilt die Prime Time in bezug auf die Einhaltung von Programmauflagen, die Positionierung von erfolgreichen Programmen und das Image eines

Fernsehveranstalters als eine stets besonders sensible Sendefläche. Und schließlich ist sie hier insofern relevant, als sich die Hypothese der Konvergenz zwischen dem privat-kommerziellen und öffentlich-rechtlichem System in erster Linie auf die Hauptsendezeit bezieht.

Im Ergebnis zeigt sich, daß auch in der Prime Time Unterhaltung und *fiction* die meiste Sendezeit beanspruchen. Jenseits dessen sind aber bei allen Sendern beträchtliche Verschiebungen feststellbar. Beide öffentlich-rechtlichen Programme erhöhen ihren Nachrichtenanteil, reduzieren aber gleichzeitig ihre Informationssendungen erheblich. Nachrichten und Information zusammen machen bei ARD und ZDF in der Hauptsendezeit nur noch etwa ein Drittel des Programms aus. Umgekehrt erhöht sich der *fiction* Anteil um bis zu 11 Prozentpunkte. RTL hat dagegen in der Hauptsendezeit seinen Nachrichten- und Informationsanteil von 17 Prozent auf 32 Prozent fast verdoppelt, was insbesondere zu Lasten der unterhaltenden Formate geht. Damit liegt es auf dem Niveau von ARD und ZDF und läßt seine übrigen kommerziellen Wettbewerber weit hinter sich – dieses zumindest insoweit, als formale Angebotskategorien angesprochen sind. Was sich inhaltlich dahinter verbirgt, wird weiter unten zu differenzieren sein. PRO 7 erhöht sein Informationsangebot zwar auch, jedoch ist diese Steigerung nur geringfügig. SAT.1 reduziert sein *fiction*-/Unterhaltungsangebot drastisch, dieses jedoch nur zugunsten des verstärkten Einsatzes von Sport und vor allem der Werbung. Festzuhalten bleibt unter Grundversorgungsaspekten der Befund, daß ARD und ZDF in der reichweitenstarken Hauptsendezeit das Informationsangebot zugunsten massenattraktiver Unterhaltungsangebote tendenziell zurückstellt. Umgekehrt scheuen sich große kommerzielle Anbieter (RTL) nicht, in der Prime Time verstärkt auf Informationsangebote zu setzen. Dabei ist freilich auch in Rechnung zu stellen, daß gerade RTL in der Prime Time weniger Dispositionsspielraum als seine kommerziellen Mitstreiter hat, da hier in größerem Umfang Sendeflächen für senderunabhängige Lizenznehmer zur Verfügung gestellt werden müssen (etwa die Formate von DCTP).

2.2 Die Entwicklung des Fernsehangebots zwischen 1992 und 1997

Die Entwicklung der Programmangebote von öffentlich-rechtlichen und privaten Fernsehveranstaltern spielt in der Debatte um die duale Rundfunkordnung immer wieder eine zentrale Rolle. Sie findet ihren prägnanten Ausdruck in der heißdiskutierten Konvergenzthese, welche eine Annäherung von öffentlich-rechtlichen und privaten Programmen postuliert.[10] Diese These ist nicht umsonst von medienpolitischer Brisanz: Ließe doch eine Angleichung der Programmprofile von öffentlich-rechtlichen und privaten Veranstaltern Zweifel an der Erfüllung des besonderen Programmauftrags durch ARD/ZDF aufkommen bzw. die Frage aufwerfen, ob nicht »Grundversorgung« ebenso von privaten Sendern ohne Gebührenprivileg geboten würde.

An dieser Stelle kann der für die empirische Prüfung ohnehin zu allgemein formulierten Konvergenzthese nicht in allen Verästelungen nachgegangen werden. Vielmehr soll es hier nur darum gehen, generelle Entwicklungstrends aufzuzeigen. Konvergenz wird dabei verstanden als die einseitige oder beiderseitige Annäherung eines öffentlich-rechtlichen oder privaten Veranstaltertypus an sein jeweiliges Pendant. Aufgrund der Datenlage kann nur ein beschränkter Zeitraum betrachtet werden. Da die GfK-Spartencodierung erst seit 1992 kontinuierlich vorgenommen wird, ist nur ein Vergleich der letzten fünf Jahre möglich. Auch hier wird die Betrachtung nach Sendezeiten differenziert.

Innerhalb der *Gesamtsendezeit* zeigen sich kaum Konvergenztendenzen (Tab. 2). Der Nachrichten- und Informationsbereich bleibt bei allen fünf untersuchten Sendern praktisch konstant. Deutlicher sind die Veränderungen in den Bereichen »Unterhaltung« und

---

10 Vgl. Schatz, Heribert; Immer, Nikolaus und Frank Marcinkowski: Der Vielfalt eine Chance? Empirische Befunde zu einem zentralen Argument für die »Dualisierung« des Rundfunks in der Bundesrepublik Deutschland. In: Rundfunk und Fernsehen 39, 1991, S. 5-24. Zuletzt auch Bruns, Thomas und Frank Marcinkowski: Konvergenz Revisited. Neue Befunde zu einer älteren Diskussion. In: Rundfunk und Fernsehen 44, 1996, S. 461-478.

fiction. Alle Sender – stärker ausgeprägt die privaten – bauten im Beobachtungszeitraum ihre Unterhaltungssendungen zu Lasten des Programmanteils *fiction* aus. Zwar werden hier ähnliche Programmstrategien sichtbar, ohne daß sich daraus jedoch eine eindeutige Konvergenz zwischen öffentlich-rechtlichem und privatem Angebot ablesen ließe. Eher zeigt sich eine allmähliche Annäherung der Programmstrukturen der privaten Sender. Bei den Genres Sport und Werbung ergaben sich im Zeitverlauf nur marginale Veränderungen, die zudem keiner besonderen Systematik folgen.

Tabelle 2: Die Entwicklung des Programmangebots in der Gesamtsendezeit, 1992-1997

Sparten	ARD			ZDF			RTL			SAT.1			PRO 7		
	'92	'96	'97	'92	'96	'97	'92	'96	'97	'92	'96	'97	'92	'96	'97
Nachrichten	10	10	10	10	8	9	5	5	5	4	3	3	3	3	2
Information	32	29	30	30	31	33	15	12	12	19	12	14	3	9	10
Unterhaltung	11	17	17	7	12	13	11	20	21	7	19	20	1	6	6
fiction	36	31	31	40	37	35	52	46	43	46	47	43	84	68	67
Sport	8	12	11	10	10	8	5	3	3	6	3	3	0	0	0
Werbung	2	1	1	1	1	1	12	15	16	17	17	16	9	13	15
Total	100	100	100	100	100	100	100	100	100	100	100	100	100	100	100

GfK; Anteile an Sendeminuten in Prozent; Abweichungen von 100 Prozent durch Rundungen möglich;
* 1997 nur Januar-August

Deutlichere Veränderungen zeigen sich hingegen in der *Hauptsendezeit*, wobei aus Gründen der Datenlage hier nur der Vergleich zwischen den Jahren 1994 und 1997 möglich ist (Tab. 3). Während der Nachrichten- und Informationsbereich bei den öffentlich-rechtlichen Sendern relativ konstant blieb, legten die privaten Sender hier deutlich zu und haben zum Teil (RTL) schon das Niveau der öffentlich-rechtlichen erreicht.

Konvergenztendenzen zeigen sich auch in den Bereichen »Unterhaltung« und *fiction*. Sender mit ursprünglich höherem Anteil an diesen Programmsparten (RTL und PRO 7) führen ihre Anteile zurück, während Sender mit anfänglich geringerem Angebot (ZDF und SAT.1) diesen Anteil erhöhten.

Tabelle 3: Die Entwicklung des Programmangebots in der Hauptsendezeit (18.00-23.00 Uhr), 1994-1997

Sparten	ARD			ZDF			RTL			SAT.1			PRO 7		
	'94	'96	'97	'94	'96	'97	'94	'96	'97	'94	'96	'97	'94	'96	'97
Nachrichten	15	14	14	13	12	12	7	7	7	5	4	6	4	5	5
Information	15	16	18	24	21	22	16	25	25	11	8	14	3	12	12
Unterhaltung	13	12	13	9	11	11	11	10	11	9	15	7	1	2	1
fiction	42	42	43	39	39	43	46	38	35	31	33	37	77	63	62
Sport	11	11	6	11	12	8	4	4	4	9	9	9	0	2	0
Werbung	4	5	5	4	4	4	15	16	18	35	31	27	15	16	20
Total	100	100	100	100	100	100	100	100	100	100	100	100	100	100	100

GfK; Anteile an Sendeminuten in Prozent; Abweichungen von 100 Prozent durch Rundungen möglich;
* 1997 nur Januar-August

Bemerkenswerterweise bietet RTL in der Prime Time heute weniger Fiction als die öffentlich-rechtlichen Veranstalter; gleichzeitig bringen RTL und PRO 7 deutlich mehr Information als früher. Diese beiden Sender waren offensichtlich darum bemüht, in der Hauptsendezeit ein vielfältigeres und informativeres Programm anzubieten, wobei freilich PRO 7 immer noch von fiktionalen Angeboten beherrscht wird. Deutlich ist, wie trotz gleicher Wettbewerbsbedingungen die Anbieter aus dem kommerziellen Bereich unterschiedliche Programmstrategien verfolgen. Einzelne Akteure unter ihnen nähern sich mittlerweile bei grundversorgungsrelevanten Angeboten durchaus den Öffentlich-Rechtlichen an – zumindest insoweit die formalen Angebotsstrukturen angesprochen sind. PRO 7 hat heute im Vergleich zu früheren Jahren in der Gesamt- und Hauptsendezeit an Vielfalt gewonnen. Am Rande ist zu vermerken, daß die Unterschiede zwischen 1996 und 1997 bei den meisten Sendern in fast allen Sparten gering sind, so daß die Daten aus den beiden Jahren trotz des fehlenden vierten Quartals 1997 praktisch vergleichbar sind.

Die bisherige die programmliche Oberfläche vermessende Analyse des Angebots sagt nichts über die Inhalte der Programme aus. Ob und inwieweit sich die ermittelten Quantitäten auch inhaltlich in qualitativ hochwertige Standards umsetzen, ist offen. Dazu rechnen im Informationsbereich etwa Aktualität, Ausgewogenheit und Vielfalt, Relevanz und Begründetheit, im Unterhaltungsbereich etwa Fragen der Ästhetik und Bedeutung usw. Vielfalt bedeutet damit nicht nur strukturelle, sondern immer auch inhaltliche Vielfalt.[11] Die Realisierung von inhaltlicher Vielfalt läßt sich nur aus Detailanalysen der Tiefenstrukturen der Programminhalte erschließen. Erst dann kann die Frage beantwortet werden, ob der öffentlich-rechtliche Rundfunk seiner Aufgabe, Faktor und Medium der Meinungsbildung zu sein, gerecht wird, und wo sich die Privaten positionieren. Die allgemeine Analyse der Programmstruktur ist durch die verfeinerte Analyse der entsprechenden Programminhalte zu ergänzen.

3. Das qualitative Angebot an Information und Unterhaltung

Um das Fernsehangebot in dieser Hinsicht genauer auszuloten, wurde eine qualitative Inhaltsanalyse des Sendeangebots in den Hauptbereichen Information/Bildung/Beratung, *fiction, non fiction*, Unterhaltung und Sport bei ARD, ZDF, RTL, SAT.1 und Pro 7 vorgenommen. Zusätzlich wurde stellvertretend für die Dritten Programme das Programmangebot des WDR berücksichtigt.[12] Die Untersuchung beschränkt sich aus forschungsökonomischen Gründen auf die (natür-

---

11 Vgl. Schatz/Schulz 1992. A.a.O., S. 693 ff.
12 Beim WDR Fernsehen ist zu berücksichtigen, daß dieses Programm in bezug auf seine Informationsleistungen unter allen Dritten einen Spitzenplatz einnimmt. Es ist daher nur bedingt typisch für die Gesamtheit aller Dritten Programme. Vgl. dazu beispielsweise Krüger, Udo Michael: Kontinuität im Programmanspruch. Programmstrukturelle Trends bei den Dritten Programmen. In: Media Perspektiven 11-12/93, S. 502-514.

liche) Woche vom 24.-30. 09. 1997, die als eine typische Fernsehwoche ausgewählt wurde.[13] Analysiert wurde die Prime Time, d.h. die Zeit zwischen 18.00 und 23.00 Uhr. Die Daten wurden vom MEDIEN TENOR Bonn erhoben.

3.1 Sendungsformate und Sparten

Die verwendeten Sendungskategorien sind mit der GfK-Kodierung nicht völlig deckungsgleich. Dennoch bekräftigen die Befunde im Kern die bisherigen Ergebnisse (siehe Tab. 4). Der Umfang der jeweiligen Hauptkategorien stimmt mit den Anteilen überein, wie sie auf Basis der GfK-Zahlen ausgewiesen wurden. Des weiteren wird unmittelbar deutlich, daß ARD, ZDF und RTL im Bereich Information, Beratung und Bildung mit einem Programmanteil von über 30 Prozent über das umfangreichste Angebot verfügen. Beim WDR ist dieser Bereich mit einem Anteil von 75 Prozent am Programm geradezu beherrschend. Zudem weisen die öffentlich-rechtlichen Sender – und wiederum ganz besonders der WDR – mit einer Fülle unterschiedlichster Formate das vielfältigste Informationsangebot auf.

---

13 Die Auswahl des Untersuchungszeitraumes stellt bei Programminhaltsanalysen immer eine besondere Schwierigkeit dar. Dies gilt weniger für die Programmstruktur, wo die großen Sender inzwischen vergleichsweise starre Sendeschemata aufweisen, sondern für die Inhalte der Berichterstattung, die naturgemäß mit der Ereignislage variieren. Die aus forschungsökonomischen Gründen auferlegte Beschränkung auf eine Untersuchungswoche ist jedoch unproblematisch, wie vergleichende Analysen zeigen: Die Themen der öffentlich-rechtlichen und privaten Hauptnachrichtensendungen (»Tagesschau«, »Tagesthemen«, »heute«, »heute journal«, »RTL aktuell« und »SAT.1 18:30«) weichen in der Untersuchungswoche nur stellenweise vom Durchschnitt der vorangegangenen zwölf Monate ab: Innenpolitische und wirtschaftsbezogene Themen spielen eine etwas gewichtigere Rolle, Außenpolitik wird hingegen unterdurchschnittlich thematisiert. Von einer deutlichen Differenz kann man aber nur im Bereich Sport reden, da der Anteil dieses Themenbereiches in der Untersuchungswoche um 6,1 Prozentpunkte über dem Jahresdurchschnitt 1996/97 liegt. Diese Differenz ist auf den UEFA-Cup und die Europapokal-Fußballspiele zurückzuführen, die in der Untersuchungswoche von ARD und ZDF live übertragen wurden und denen auch in der Nachrichtenberichterstattung besondere Aufmerksamkeit geschenkt wurde.

Im Fall von RTL wird deutlich, daß das Spektrum der Formate eingegrenzt ist. Hier dominieren Boulevardmagazine und Human-Interest-Sendungen, wohingegen die Öffentlich-Rechtlichen dazu praktisch kein Angebot machen. Umgekehrt bieten ARD und ZDF deutlich mehr Sendungen im traditionellen Politik- und Wirtschaftsbereich.

Für SAT.1 und PRO 7 wird mit 14-21 Prozent insgesamt ein spürbar geringerer Informationsanteil ausgewiesen, wobei neben den Nachrichten die Formate mit unterhaltendem Charakter (Human Interest, Boulevard, Talkshows usw.) den Schwerpunkt ausmachen. Vor allem bei PRO 7 finden sich kaum weitere Angebote im Informationsbereich.

Die zum Kern des Grundversorgungsgebots rechnenden Formate, so läßt sich zusammenfassen, werden zwar nicht ausschließlich, aber doch überwiegend von den öffentlich-rechtlichen Veranstaltern angeboten. Sie präsentieren im Informationsbereich eine größere Bandbreite an Sendungsarten mit Schwerpunkt auf Politik und Wirtschaft.

Bei der *fiction* sowie der *non fiction* Unterhaltung setzen die einzelnen Sender unterschiedliche Akzente. Insgesamt ist aber auch nach der hier verwendeten Kategorisierung der *fiction* Bereich die bedeutsamste Programmkomponente für die meisten Sender. Unverkennbar nimmt PRO 7 mit seinem besonders hohen Angebot eine Sonderstellung ein. Danach folgen bereits ARD und ZDF mit einem Fiction-Anteil, der über dem von SAT.1 und RTL liegt.

Ein weiteres bemerkenswertes Ergebnis: Innerhalb dieses Bereiches ist ein Genre bei weitem führend, die Fernsehserie. Mit einem Anteil von 20-30 Prozent repräsentiert sie in der Prime Time das bedeutsamste Angebot. Bei nahezu allen untersuchten Veranstaltern prägt damit eine hochgradig standardisierte, kostengünstig produzierbare und leicht wiederholbare Unterhaltung die Hauptsendezeit. Ausnahmen sind einerseits der WDR, der überhaupt kaum Fiction anbietet, sowie andererseits PRO 7, welches einen noch größeren Teil der Sendezeit für Spielfilme verwendet. Erwähnenswert ist in diesem Zusammenhang, daß die beiden großen privaten Vollprogramme RTL und SAT.1 in der Prime Time heute weniger Serien

Tabelle 4: Verteilung der Sendungsformate, 18.00-23.00 Uhr

Formate	ARD		ZDF		WDR		RTL		SAT.1		PRO 7	
	Min.	%	Min.	%	Min.	%	Min.	%	Min.	%	Min.	%
Information/Bildung/Beratung												
Nachrichtensendungen	285	14	289	14	431	21	183	9	151	7	95	5
politische Informationssendungen	157	8	103	5	58	3	36	2	77	4	0	0
wirtschaftl. Informationssendungen	72	3	46	2	0	0	0	0	0	0	0	0
Regionalsendungen	0	0	0	0	195	9	71	3	0	0	0	0
kulturelle Informationssendungen	29	1	32	2	64	3	0	0	0	0	0	0
(zeit-)geschichtliche Sendungen	0	0	59	3	118	6	0	0	0	0	0	0
Verbraucher-/Ratgebersendungen	0	0	0	0	90	4	0	0	0	0	0	0
Wissenschafts-/Techniksendungen	0	0	0	0	54	3	0	0	0	0	0	0
Umwelt-/Natur-/Tiersendungen	59	3	45	2	148	7	0	0	0	0	0	0
Boulevardmagazine/Human Interest	29	1	0	0	0	0	275	13	134	6	102	5
sonstige Informationssendungen	27	1	145	7	162	8	35	2	31	2	96	5
Talkshows	0	0	0	0	237	11	121	6	48	2	0	0
Sub-Total	658	31	719	34	1557	74	721	34	441	21	293	14

Angebotsprofile im dualen System

Nonfiktionale Unterhaltung												
Quiz/Wettbewerbsspiele	134	6	0	0	0	0	85	4	82	4	0	0
Musiksendungen	44	2	174	8	44	2	46	2	0	0	0	0
Comedy/Kabarett/Satire	84	4	0	0	0	0	0	0	18	1	84	4
andere nonfikt. Unterhaltung	0	0	40	2	21	1	94	5	15	1	0	0
Sub-Total	262	13	214	10	65	3	225	11	115	6	84	4
fiction												
Spielfilm	0	0	45	2	50	2	94	5	111	5	668	32
Fernsehfilm	317	15	133	6	86	4	192	9	196	9	0	0
Fernsehserie	505	24	633	30	133	6	410	20	429	20	536	26
Sub-Total	822	39	811	39	269	13	696	33	736	35	1204	5
Sport												
Magazine	41	2	75	4	95	5	0	0	183	9	0	0
Live-Darbietungen	183	9	146	7	0	0	0	0	0	0	0	0
Sub-Total	224	11	221	11	95	5	0	0	183	9	0	0
Kinder-/Jugendsendungen	0	0	0	0	19	1	0	0	0	0	0	0
(Eigen-)Werbung	133	6	134	6	25	1	458	22	625	30	519	25
Sonstiges	1	0	1	0	70	3	0	0	0	0	0	0

MEDIEN TENOR; Sendeminuten absolut und Anteile in Prozent; Abweichungen von 100 Prozent bzw. Minuten und Prozent durch Rundungen möglich anbieten als ARD und ZDF. Vor allem für die Zeit vor 20.00 Uhr hat offenbar das Bedürfnis der Öffentlich-Rechtlichen nach einem kostengünstig produzierbaren Werberahmen die Formatierung der Privaten bereits übertroffen. Andere fiktionale Darbietungen, wie etwa anspruchsvolle oder Boulevard-Theaterstücke, fehlten in der Untersuchungswoche völlig – sowohl bei den Privaten als auch bei den Öffentlich-Rechtlichen.

Bei den ausgestrahlten Serien und Filmen handelte es sich überwiegend um Eigenproduktionen; bei ARD/ZDF bestritten diese nahezu ausschließlich das Prime Time Angebot, bei RTL/SAT.1 waren es immerhin etwa drei von vier Sendungen. Nur PRO 7 bildet hier eine Ausnahme: Die Programme wurden zu fast 100 Prozent eingekauft, wobei es sich vorrangig um amerikanisches Material mit weit überdurchschnittlichen Gewaltanteilen handelte. Für ARD, ZDF und RTL ergaben sich hier die geringsten Gewaltwerte. PRO 7 unterscheidet sich von den übrigen Veranstaltern zudem durch häufigere Wiederholungen seines *fiction* Angebots: Während bei diesem Spielfilm-Sender nur ein Drittel der Sendungen Erstausstrahlungen waren, lag der Anteil bei den anderen Veranstaltern bei etwa zwei Dritteln.

In der Programmsparte »Nonfiktionale Unterhaltung« setzen die untersuchten Sender unterschiedliche Schwerpunkte, wobei allerdings dieser Sparte nur ein begrenzter Teil der Sendezeit eingeräumt wird.

3.2 Die Themen, Akteure und Formate des Informationsangebots

Der Blick auf die verschiedenen Sendungsformate, die sich hinter der Sparte Information verbergen, machte deutlich, daß Öffentlich-Rechtliche und Private nach wie vor unterschiedliche Schwerpunkte in ihren Informationsangeboten setzen. Noch detailliertere Aussagen liefert die Analyse der Themen und Akteure, über die im Bereich Information/Bildung/Beratung berichtet wird.

Die berichteten *Themen* lassen eine unterschiedliche Gewichtung von »Hard-« und »Soft-News« durch die jeweiligen Veranstalter erkennen (Tab. 5). Berichte aus Politik und Wirtschaft sind die Domänen der öffentlich-rechtlichen Anbieter. Sie nehmen bei ARD und ZDF über 30 Prozent des Programms ein, bei den Privaten dagegen nur zwischen 9 Prozent und 25 Prozent. Die ohnehin geringere Bedeutung dieses Bereiches am Gesamtprogramm der Privaten hat zur Konsequenz, daß sie in der Untersuchungswoche nur jeweils 1-2 Stunden zu Politik und Wirtschaft berichten. Die Schlußfolgerung liegt nahe, daß die politische Information und Meinungsbildung, aktuelle Berichterstattung und vor allem die Lieferung von Hintergrundinformationen nach wie vor in erster Linie über die öffentlich-rechtlichen Programme geleistet werden. Die Programme der Privaten haben hier nur eine ergänzende Funktion.

Im Themenbereich Gesellschaft, Kultur und Umwelt wird von allen untersuchten Sendern zu einer breiten Palette der unterschiedlichsten Themen berichtet. Das bei weitem umfangreichste Angebot wird vom WDR bereitgestellt, gefolgt von RTL und dem ZDF sowie schließlich von den übrigen Veranstaltern. Abgesehen vom WDR ist RTL in diesem, zwischen »Soft«- und »Hard-News« angesiedelten Bereich unter den Hauptprogrammen führend. Die Berichterstattung der Öffentlich-Rechtlichen deckt hier allerdings eine größere Zahl von Themenfeldern ab. Sie informieren zu den Bereichen Kultur/Wissenschaft, Gesellschaft/Recht, Geschichte/Zeitgeschichte, Umwelt/Natur, Alltag, Gesundheit und Sport. Die Privaten setzen in diesem Programmbereich dagegen pointiert auf gebrauchsorientierte Themen, wie Gesundheit und Alltag (RTL, PRO 7).

Der Soft-News-Bereich schließlich ist eine besondere Domäne der Privaten. Kriminalität, Unglücke oder Boulevard/Human-Interest werden bei diesen Sendern deutlich stärker betont. Zusammen mit dem im Programmbereich Gesellschaft, Kultur und Umwelt dominanten Themen (Gesundheit, Alltag, Sport) beherrschen eher alltagsorientierte Themen die Berichterstattung dieser Veranstalter. Der oben ausgewiesene hohe Informationsanteil von RTL geht damit zum erheblichen Teil auf diese »boulevardisierenden« Formate

Tabelle 5: Themenverteilung in der Sparte Information/Bildung/Beratung, 18.00-23.00 Uhr

Themen	ARD Min	%	ZDF Min	%	WDR Min	%	RTL Min	%	SAT.1 Min	%	PRO 7 Min	%
Politik/Wirtschaft												
Innenpolitik	52	8	61	9	64	4	30	4	15	4	12	4
deutsche Außenpolitik	24	4	9	1	9	1	2	0	0	0	2	1
Internationale Politik	113	17	61	9	40	3	6	1	15	4	31	11
Wirtschaft	103	16	91	13	170	11	24	3	79	18	12	4
Sub-Total	292	44	222	31	283	18	62	9	109	25	57	20
Gesellschaft/ Kultur/Umwelt												
Gesellschaft/Recht	23	4	18	3	141	9	23	3	8	2	7	2
Medien	0	0	2	0	31	2	0	0	0	0	2	1
Sport	27	4	59	8	80	5	70	10	40	9	8	3
Kultur/Wissenschaft	47	7	66	9	228	15	20	3	16	4	5	2
Geschichte/ Zeitgeschichte	17	3	47	6	88	6	2	0	1	0	0	0
Umwelt/Natur	58	9	63	9	105	7	10	1	13	3	13	5
Gesundheit	35	5	15	2	108	7	165	23	18	4	33	11
Alltag	3	1	23	3	125	8	50	7	23	5	58	20
Sub-Total	210	32	293	41	906	58	317	47	119	27	104	43
soft news												
Kriminalität/ Verbrechen	53	8	101	14	40	3	37	5	99	23	7	2
Katastrophen/ Unglücke/Unfälle	46	7	49	7	86	5	84	12	47	11	62	21
Boulevard/ Human Interest	9	1	33	5	45	3	158	22	44	10	19	6
Sub-Total	108	16	183	26	171	11	279	39	190	43	88	30
Sonstiges	48	7	21	3	197	13	40	6	23	5	22	7
Total	658	100	719	100	1557	100	721	100	441	100	293	100

MEDIEN TENOR; Sendeminuten absolut und Anteile in Prozent; Abweichungen von 100 Prozent bzw. Minuten und Prozent durch Rundungen möglich zurück. Dieses bedeutet jedoch nicht, daß Soft-News-Elemente bei den Öffentlich-Rechtlichen nur am Rande vorkämen. Gemessen an der reinen Sendezeit bietet etwa die ARD sogar mehr Soft-News als PRO 7 (108 vs. 88 Minuten) und der WDR und das ZDF fast soviel wie SAT.1 (171 bzw. 183 vs. 190 Minuten). Der Unterschied zu den Privaten liegt darin, daß die Öffentlich-Rechtlichen *zusätzlich* in erheblichem Umfang »harte« politische, wirtschaftliche und gesellschaftliche Themen abdecken, was bei den Privaten nicht in derselben Weise der Fall ist.

Der vergleichsweise unpolitische Charakter der Informationssendungen bei den Privaten zeigt sich auch in den auftretenden *Akteuren* (Tab. 6). Bei ARD/ZDF wird über Regierung, Bundestag/Bundesrat sowie die politischen Parteien deutlich häufiger berichtet als bei den Privaten. Nur bei den anderen staatlichen Organen, bei denen es sich um unterhalb dieser Ebene angesiedelte, bürgernahe Ämter und Einrichtungen handelt, bieten die Privaten mehr als ARD/ZDF; dieses ist allerdings ein Feld, dem der WDR mit seinem Akzent regional akzentuierter Berichterstattung besondere Aufmerksamkeit schenkt. Ähnliche Strukturen finden sich bei der Präsenz wirtschaftlicher und gesellschaftspolitischer Akteure, über die – insbesondere, wenn es sich um Unternehmen handelt – bei ARD/ZDF deutlich häufiger berichtet wird als bei den Privaten.

Am häufigsten treten in den Informationssendungen der Privaten einzelne Bürger und Privatpersonen ohne besonderen Status auf. Dieses verdeutlicht einmal mehr den Versuch der Orientierung der Privaten an der Lebenswelt der Fernsehzuschauer. Dieses bedeutet jedoch nicht notwendigerweise eine Orientierung an den Alltagssorgen der Bürger im Sinne eines advokatorischen Journalismus, sondern beinhaltet auch und vor allem die oben skizzierte boulevardmäßige, an Buntem oder Kuriosem orientierte Aufbereitung von Themen. Abzulesen ist dies etwa daran, daß die eher dem *soft news* Bereich zugehörigen Prominenten, Künstler und Sportler über einen bevorzugten Auftritt bei den Privaten verfügen. Hier schließen eher die Dritten Programme die informatorische Lücke, welche ARD und ZDF auf dieser Ebene offenlassen. Dabei ist zusätzlich in Rechnung zu stellen, daß der WDR mit nahezu 800 Beiträgen nicht nur ein Mehrfaches der kommerziellen Berichterstattung zur Verfügung stellt, sondern auch deutlich vor ARD und ZDF liegt.

Tabelle 6: Präsenz von Akteuren in der Sparte Information/ Bildung/Beratung, 18.00-23.00 Uhr

Akteure	ARD	ZDF	WDR	RTL	SAT.1	PRO 7
Politiker/Parteien	14	15	6	7	10	7
Bundesregierung/Bundeskanzler	15	13	4	5	7	8
Bundestag, Bundesrat	7	4	2	2	2	1
andere staatliche Organe	8	5	17	10	11	8
Wirtschaft/Unternehmer	18	13	19	9	11	14
Wirtschaftsverbände	3	2	1	1	2	0
Gewerkschaften	6	2	1	1	2	0
Kirchen	1	1	1	1	1	0
gesellschaftliche Organisationen/Verbände	3	4	7	3	3	6
Privatbürger/Gesellschaft allgemein	7	5	17	21	13	13
Kinder/Jugendliche	1	1	5	3	1	3
relig./ethn./soz./kult. Minderheiten	1	2	2	2	2	2
Wissenschaftler/Experten/Journalisten	3	2	4	3	2	6
Sportler	9	11	7	13	11	2
Prominente/Künstler	4	5	9	14	11	2
Gesetzesbrecher	1	6	2	6	7	3
ausländische Akteure	27	26	9	16	25	31
sonstige Akteure	6	4	8	6	3	4
kein Akteur genannt	13	12	14	17	11	17
Anzahl der Beiträge absolut	427	492	791	510	354	225

MEDIEN TENOR; Präsenz in Beiträgen in %; Mehrfachnennung pro Beitrag möglich

Der Blick auf die im Informationsbereich eingesetzten *Formate* ergibt zum Teil bemerkenswerte Differenzen zwischen den Programmen (Tab. 7). Bei ARD und ZDF dominiert die vom Sprecher verlesene Nachricht. Fast ein Drittel aller Beiträge in Sendungen dieser Art bestand aus Sprechermeldungen. Bei RTL, SAT.1, PRO 7 und auch dem WDR besaßen Filmberichte und Moderationen dagegen ein stärkeres Gewicht. Bei RTL etwa entfielen jeweils knapp 30 Prozent der Beiträge auf diese Stilformen, während die »klassische« Sprechernachricht nur einen Anteil von 11 Prozent hatte.

Tabelle 7: Publizistische Darstellungsformen in der Sparte Information/Bildung/Beratung (ohne Talkshows), 18.00-23.00 Uhr

Darstellungsform	ARD		ZDF		WDR		RTL		SAT.1		PRO 7	
	abs.	%	abs.	%	abs.	%	abs.	%	abs.	%	abs.	%
Sprechernachricht	124	29	154	31	113	14	57	11	43	12	20	9
Filmnachricht	65	15	101	21	171	22	133	26	72	20	54	24
Filmbericht	115	27	106	22	227	29	148	29	103	29	72	32
Korrespondentenbericht	4	1	11	2	7	1	13	3	15	4	2	1
Dokumentation	1	0	2	0	0	0	0	0	0	0	0	0
Hintergrundbericht	0	0	3	1	0	0	0	0	0	0	0	0
Meinungsbeitrag	5	1	1	0	2	0	0	0	0	0	0	0
Satire	2	1	5	1	1	0	0	0	0	0	0	0
Interview	8	2	4	1	36	5	4	1	8	2	3	1
Statement	1	0	15	3	2	0	1	0	0	0	0	0
Portrait	0	0	0	0	4	1	1	0	0	0	0	0
Moderation	99	23	89	18	211	27	147	29	112	32	74	33
anderes	1	0	1	0	12	2	4	1	0	0	0	0
Beiträge insgesamt	425	100	492	100	786	100	508	100	353	100	225	100

MEDIEN TENOR; Beiträge absolut und Anteile in %; Abweichungen von 100 % bzw. Beiträgen und % durch Rundungen möglich

Diese Unterschiede erklären sich teilweise, wenn man sich die Programmstruktur der Kommerziellen und der Öffentlich-Rechtlichen in Erinnerung ruft: ARD und ZDF widmeten nachrichtlichen Stilformen in der Untersuchungswoche doppelt bis dreimal so viel ihrer

Sendezeit wie die privaten Anbieter. In den von RTL, SAT.1 und PRO 7 in weit größerem Umfang gesendeten Boulevard-, Human Interest- oder Erotik-Magazinen herrschen dagegen Moderationen vor, da sich diese kaum für Sprechernachrichten eignen dürften. Der stärkere Einsatz von Filmnachrichten, Filmberichten und Korrespondentenberichten bei den Privaten gegenüber ARD und ZDF, die verstärkt auf »trockenere« Sprechernachrichten setzen, drückt eventuell auch einen noch vorhandenen konzeptionellen Unterschied aus: Der zwischen dem »klassischen« Fernsehen mit dem Grundsatz der »reinen« Information und einer mit unterhaltenden Elementen versetzten Informationsdarbietung.

Die größte Vielfalt der publizistischen Darstellungsformen zeigen immer noch ARD und ZDF. Beide deckten in der Untersuchungswoche das gesamte Spektrum der erfaßten Formate ab – allerdings zum Teil auf geringem Niveau. SAT.1 und PRO 7 verzichteten im Analysezeitraum gänzlich auf Dokumentationen, Hintergrundberichte, Meinungsbeiträge, Satiren, Statements oder Portraits. WDR und RTL nehmen mit Blick auf die Stilformen-Vielfalt eine Zwischenstellung ein.

Die Beiträge wurden darüber hinaus nach der Emotionalität bzw. Sachlichkeit der Darstellungen untersucht. Eine Darstellung galt als sachlich, wenn die Wiedergabe von Fakten im Vordergrund stand. Sie lag insbesondere dann vor, wenn Vorgänge und Umstände in abstrakter Form präsentiert wurden (keine Einzelschicksale o. ä.). Demgegenüber galt ein Beitrag als emotional, wenn Appelle an die Gefühle der Zuschauer in Wort oder Bild im Vordergrund standen. Emotional war ein Beitrag besonders dann, wenn Umstände dargestellt wurden, die Gefühle wie Schreck, Ekel, Mitleid, Wut oder Angst hervorrufen konnten, oder wenn die Schicksale einzelner Menschen im Vordergrund standen. Schließlich wurde die Verwendung von Musik in den Informationsbeiträgen festgehalten.

Tabelle 8: Einsatz von Emotionen und Musik in der Sparte Information/Bildung/Beratung (ohne Talkshows), 18.00-23.00 Uhr

Darstellung	ARD		ZDF		WDR		RTL		SAT.1		PRO 7	
	abs.	%	abs.	%	abs.	%	abs.	%	abs.	%	abs.	%
vollständig sachlich	299	70	305	62	432	55	129	25	72	20	80	36
überwiegend sachlich	69	16	133	27	213	27	121	24	107	30	93	41
teilweise emotional	27	7	32	7	77	10	92	18	59	17	38	17
vollständig emotional	30	7	22	4	64	8	166	33	115	33	14	6
Beiträge insgesamt	425	100	492	100	786	100	508	100	353	100	225	100
ohne Musik	393	93	458	93	674	86	473	94	306	86	195	87
teilweise mit Musik	14	3	16	3	48	6	16	3	10	3	3	1
überwiegend mit Musik	6	1	10	2	23	3	12	2	17	5	7	3
vollständig mit Musik	12	3	8	2	41	5	7	1	20	6	20	9
Beiträge insgesamt	425	100	492	100	786	100	508	100	353	100	225	100

MEDIEN TENOR; Beiträge absolut und Anteile in Prozent; Abweichungen von 100 Prozent bzw. Beiträgen und Prozent durch Rundungen möglich

Während die öffentlich-rechtlichen Sender eher in »sachlicher« Form berichteten, setzten die privaten (besonders RTL und SAT.1) mehr auf emotionale Darstellung. Die Verwendung des Stilelements Musik blieb dagegen bei allen Programmen die Ausnahme. Auch wenn die Abgrenzung von sachlich vs. emotional nicht immer trennscharf sein dürfte, verdeutlichen die Unterschiede die unterschiedlichen Akzentsetzungen der jeweiligen Veranstalter. Faßt man die Befunde zu den kommerziellen Veranstaltern zusammen – die Betonung von »weichen« Themen, das bevorzugte Auftreten politikferner Akteure und den verstärkten Einsatz emotionalisierter Stilmittel – so zeigt sich das konsistente Bild einer anderen Konzeption von Informationsdarbietung, als sie die Öffentlich-Rechtlichen pflegen. Da auch die Privaten ihre Berichterstattung inzwischen professionalisiert haben und über einen Zugang zu leistungsfähigen Korrespondentennetzen verfügen, sind diese Unterschiede auf eine andere Philosophie in der Selektion, Aufbereitung und Präsentation des Materials zurückzuführen.

3.3 Die Inhalte der Hauptnachrichtensendungen

Die sich anschließende Frage ist, ob und inwieweit sich die für die Informationsdarbietung festgestellten Akzente auch in den Hauptnachrichtensendungen fortsetzen. Die Nachrichten sind nicht nur deswegen besonders bedeutsam, weil sie aus der Perspektive ihrer jeweiligen Veranstalter einen »Anker« im Programm darstellen, stets auf prominenten Programmplätzen angesiedelt sind und eine imagebildende Funktion besitzen. Auch aus gesellschaftlicher Perspektive spielen sie eine Schlüsselrolle, indem die ansonsten beobachtbare selektive Informationsnutzung beim Sehen der Nachrichten noch vergleichsweise wenig zum Zuge kommt. Ausgestrahlt in der Hauptsendezeit, erreichen sie regelmäßig ein großes Publikum, das auch die politisch weniger Interessierten einschließt. Sie sind damit ein entscheidendes Medium für das Zurverfügungstellen von gesellschaftlicher Information und Kommunikation. Denkbar wäre, daß das Bemühen der Privaten um Seriosität in der Berichterstattung sowie die besonders strenge Formatierung dieses Sendungstyps *soft news* Elemente zurücktreten läßt.

Die Unterschiede sind auch bei den *Nachrichteninhalten* bemerkenswert deutlich (Tab. 9). So liegt die Politik- und Wirtschaftsberichterstattung der öffentlich-rechtlichen Nachrichtensendungen mit einem Anteil von 40-50 Prozent weiterhin deutlich oberhalb derjenigen der kommerziellen Anbieter. Unter ihnen offeriert vor allem RTL sehr wenig Informationen dieser Art. Der Themenbereich Gesellschaft, Kultur und Umwelt wird dagegen in den Nachrichten der Privaten deutlich stärker bedient als bei ARD und ZDF. Und auch die besondere Gewichtung von *soft news* in den kommerziellen Nachrichten liegt weit oberhalb des öffentlich-rechtlichen Angebots. Damit reproduzieren die Nachrichten im Kern die Unterschiede zwischen privaten und öffentlich-rechtlichen Veranstaltern, wie sie allgemein im Bereich Information angetroffen wurden. Auch bei den Nachrichten der Privaten befinden sich genuin politische Beiträge in der Minderzahl.

Auch bezüglich der Präsenz unterschiedlicher *Akteure* zeigt sich

Tabelle 9: Themenverteilung in den Hauptnachrichtensendungen, 18.00-23.00 Uhr

Themen	ARD		ZDF		WDR		RTL		SAT.1		PRO 7	
	Min	%	Min	%	Min	%	Min	%	Min	%	Min	%
Politik/Wirtschaft												
Innenpolitik	13	12	8	6	13	12	5	3	11	8	5	5
deutsche Außenpolitik	7	7	7	5	7	7	3	2	0	0	2	2
Internationale Politik	12	12	18	12	12	12	5	4	15	10	14	14
Wirtschaft	20	19	24	17	20	19	11	7	18	12	11	12
Sub-Total	52	49	57	39	52	49	24	16	44	29	32	33
Gesellschaft/Kultur/Umwelt												
Gesellschaft/Recht	6	6	5	3	6	6	6	4	8	5	6	7
Medien	0	0	1	1	0	0	0	0	0	0	2	2
Sport	7	7	20	14	7	7	38	25	35	23	7	7
Kultur/Wissenschaft	7	6	9	7	7	6	9	6	8	5	5	5
Geschichte/Zeitgeschichte	5	5	2	2	5	5	0	0	1	0	0	0
Umwelt/Natur	5	5	4	3	5	5	6	4	4	3	6	7
Gesundheit	6	5	4	3	6	5	7	5	12	8	7	8
Alltag	0	0	0	0	0	0	0	0	1	1	2	2
Sub-Total	36	34	70	32	36	34	66	44	69	46	15	37
soft news												
Kriminalität/Verbrechen	2	2	7	5	2	2	4	3	10	7	6	6
Katastrophen/Unglück/Unfälle	13	12	25	17	13	12	40	26	23	15	18	18
Boulevard/Human Interest	0	0	0	0	0	0	10	6	0	0	4	4
Sub-Total	15	15	32	22	15	15	54	35	33	22	28	28
Sonstiges	2	2	9	6	2	2	8	5	5	3	2	2
Total	105	100	143	100	105	100	152	100	151	100	97	100

MEDIEN TENOR; Anteile an Sendeminuten absolut und in Prozent; Abweichungen von 100 Prozent bzw. Minuten und Prozent durch Rundungen möglich in den Hauptnachrichtensendungen eine ähnliche Verteilung, wie sie oben für den gesamten Informationsbereich sichtbar wurde. Allerdings sind die Unterschiede zwischen den Systemen nun nicht mehr so deutlich (Tab. 10): Zwar sind in den Nachrichten von ARD/ZDF verstärkt die staatlichen Akteure zu sehen, RTL, SAT.1 und PRO 7 räumen Politikern, Regierung oder den Parteien aber nur

Tabelle 10: Akteure in den Hauptnachrichtensendungen, 18.00-23.00 Uhr

Akteure	ARD	ZDF	WDR	RTL	SAT.1	PRO 7
Politiker/Parteien	14	14	14	9	12	9
Bundesregierung/Bundeskanzler	17	13	17	12	12	12
Bundestag/Bundesrat	9	5	9	4	3	2
andere staatliche Organe	6	5	6	6	6	7
Wirtschaft/Unternehmer	11	10	11	8	14	17
Wirtschaftsverbände	4	4	4	2	4	1
Gewerkschaften	8	3	8	1	4	0
Kirchen	1	1	1	1	1	0
gesellschaftliche Organisationen/Verbände	1	3	1	6	5	6
Privatbürger/Gesellschaft allgemein	4	3	4	6	5	10
Kinder/Jugendliche	1	0	1	1	0	0
relig./ethn./soz./kult. Minderheiten	1	2	1	1	2	2
Wissenschaftler/Experten/ Journalisten	1	1	1	6	2	5
Sportler	10	20	10	21	27	7
Prominente/Künstler	2	2	2	4	2	4
Gesetzesbrecher	1	1	1	4	5	3
ausländische Akteure	32	34	32	28	22	31
sonstige Akteure	5	2	5	1	2	2
kein Akteur genannt	9	10	9	16	12	12
Anzahl der Beiträge absolut	140	178	140	173	200	137

MEDIEN TENOR; Präsenz in Beiträgen in %; Mehrfachnennung pro Beitrag möglich einen unwesentlich geringeren Raum ein. Wirtschaftliche oder gesellschaftliche Akteure, Unternehmen oder Verbände sind in ihren Nachrichtensendungen sogar stärker vertreten als bei den Öffentlich-Rechtlichen. Für die Privaten läßt sich darüber hinaus eine besondere Konzentration auf Sportler und Prominente sowie Normalbürger feststellen. Bei RTL und SAT.1 treten Sportler etwa genauso häufig auf wie Bundesregierung und Parteien zusammen.

Trotz der in anderen Untersuchungen festgestellten Annäherung der Nachrichtenangebote öffentlich-rechtlicher und privater Veranstalter[14] bestehen auch 1997 noch erhebliche Unterschiede in den jeweiligen Philosophien der Informationsgestaltung. Während die Öffentlich-Rechtlichen weiterhin einen an traditioneller Politikberichterstattung orientierten Stil pflegen, berücksichtigt das kommerzielle Pendant – bei aller Variabilität zwischen den drei untersuchten Sendern – zwar auch Politik und Wirtschaft, daneben jedoch vor allem »weichere« gesellschaftliche Themen und populäre, alltagsnahe Akteure.

Eine weitergehende Qualifizierung dieses Ergebnisses muß an anderer Stelle erfolgen. Wieviel Soft-News die Informationsgebung aus demokratietheoretischer Perspektive verträgt oder aus Sicht der Zuschauerakzeptanz vielleicht sogar benötigt, inwieweit die Dominanz staatlich-politischer Akteure »Verlautbarungsjournalismus« bedeutet oder deren Abwesenheit notwendig »Boulevardisierung« impliziert, sind Fragen, die nicht vorschnell zu beantworten sind. Fest steht, daß private und öffentlich-rechtliche Veranstalter mit ihren unterschiedlichen Programmphilosophien jeweils durchaus erfolgreich sind und »ihr« Publikum finden, wie die folgenden Nutzungsdaten belegen.

---

14 Pfetsch, Barbara: Konvergente Formate in der Politikberichterstattung? Eine vergleichende Analyse öffentlich-rechtlicher und privater Programme 1985/86 und 1993. In: Rundfunk und Fernsehen 44, S. 479-498.

4. Das Fernsehverhalten der Zuschauer

Die Analyse der Fernsehnutzung erfolgte mit Hilfe von Daten aus der telemetrischen Reichweitenmessung, die für die wichtigsten bundesdeutschen Fernsehsender kontinuierlich von der Gesellschaft für Konsumforschung/Nürnberg durchgeführt wird. Betrachtet wurde die Fernsehnutzung der fünf Sender ARD, ZDF, RTL, SAT.1 und PRO 7 für das gesamte Jahr 1996.

Analog zu den programmlichen Akzenten der einzelnen Sender bilden sich jeweils typische Nutzungsmuster beim Publikum heraus (Tab. 11). Die Nutzung von Nachrichten und Informationssendungen nimmt bei ARD und ZDF einen größeren Raum ein als bei RTL, SAT.1 und PRO 7. Bei den beiden öffentlich-rechtlichen Programmen entfällt in der Gesamtsendezeit jeweils ca. ein Drittel der Nutzung auf Nachrichten und Informationen. Bei SAT.1 und PRO 7 beläuft sich die Nutzung dieser Genres auf nur 10 Prozent, RTL nimmt erneut eine Mittelstellung ein.

Tabelle 11: **Programmnutzung nach Sparten 1996**
  (Gesamt- und Hauptsendezeit 18.00-23.00 Uhr)

Sparten	ARD		ZDF		RTL		SAT.1		PRO 7	
	GS*	HS*	GS*	HS*	GS*	HS*	GS*	HS*	GS*	HS*
Nachrichten	13	15	12	14	6	8	2	3	2	2
Information	19	13	20	15	14	21	8	7	8	10
Unterhaltung	16	15	13	14	18	10	17	15	3	1
fiction	34	40	37	39	41	42	42	34	72	71
Sport	16	14	15	14	6	5	9	14	1	1
Werbung	2	3	3	4	15	14	22	27	14	14
Total	100	100	100	100	100	100	100	100	100	100

* GS: Gesamtsendezeit, * HS: Hauptsendezeit;
GfK; Anteile an der Sehdauer in Prozent; Abweichungen von 100 Prozent durch Rundungen möglich

Dieses Ergebnis überrascht nicht. ARD und ZDF offerieren wie erinnerlich hier das umfangreichere Angebot. Daß die Anteile bei Angebot und Nutzung einander jeweils sehr ähneln, heißt aber auch, daß die Zuschauer die jeweiligen programmlichen Akzente der einzelnen Sender mitvollziehen. Keines der betrachteten Programme wird also einseitig in dem Sinne genutzt, daß nur oder überwiegend Angebote aus einer Sparte eingeschaltet werden. Nachrichten und Information werden bei *allen* Sendern nachgefragt, und zwar in der Regel entsprechend des Angebots.

Eine gewisse Ausnahme bildet der Nachrichtenbereich bei den Öffentlich-Rechtlichen, für den der Nutzungsanteil höher ist als der Angebotsanteil (vgl. Abbildung 1). Dieses ist wenig verwunderlich, denn »Tagesschau« und »heute« waren etablierte, hinsichtlich der Professionalität beispielgebende und über Jahrzehnte konkurrenzlose Sendungen. Sie wirken immer noch als Publikumsmagnet und versammeln eine Zuschauerschaft, deren Größe die der Privaten weit übersteigt. Sie sind im Bereich der tagesaktuellen Berichterstattung eindeutige Marktführer.

Dieser Erfolg gilt für die nichttagesaktuelle Informationsgebung der Öffentlich-Rechtlichen nicht mehr. Hier ist der Nutzungsanteil deutlich geringer als der Angebotsanteil. Ein Teil des umfangreichen Informationsangebots bleibt also gewissermaßen »ungenutzt«. Bei den Privaten halten sich demgegenüber in diesem Bereich Angebot und Nachfrage die Waage.

Auch ansonsten zeigt sich, daß die von den jeweiligen Veranstaltern angebotenen Programme vom Publikum durchaus nachgefragt werden. Selbst der zum Teil hohe *fiction* Anteil der Privaten findet ein entsprechend großes Publikum. Gewisse Überhänge in der Publikumsnachfrage zeigen sich bei Öffentlich-Rechtlichen und Privaten im Sportbereich.

In der Prime Time gibt es gegenüber der Gesamtsendezeit insofern bemerkenswerte Verschiebungen, als bei sämtlichen Sendern die Nachrichten-Nachfrage steigt. Bei den übrigen Informationsangeboten ist die Nachfrage bei ARD und ZDF erneut geringer als das vorhandene Angebot. Sehr deutlich hingegen werden nun bei RTL

Informationen gesucht: Die Nutzung steigt entsprechend dem größeren Angebot von 14 Prozent auf 21 Prozent. RTL ist damit in der Prime Time führend beim Informationsangebot und der Informationsnutzung.

Die bloße Analyse der Reichweitendaten ergibt noch keinen Aufschluß über Hintergründe und Motive der jeweiligen Fernsehnutzung. Um hierzu detaillierte Aussagen zu erhalten, werden im nachfolgenden Kapitel die Daten aus der repräsentativen Bevölkerungsbefragung analysiert.

5. Das duale System im Urteil des Publikums

Zur Untersuchung der Akzeptanz des dualen Systems und der daran beteiligten Sender wurde eine bundesweite, repräsentative Bevölkerungsbefragung durchgeführt. Hierzu wurden insgesamt 1500 Personen ab 14 Jahren in der Woche vom 25.9. bis 1.10.1997 telefonisch interviewt. Die Umfrage wurde als Stichtagsbefragung vom EMNID-Institut Bielefeld durchgeführt.

5.1 Das Publikum der öffentlich-rechtlichen und der privaten Veranstalter

Wie stark das Fernsehen im Alltagsleben der Bevölkerung verankert ist, wurde in der Befragung durch zahlreiche Indikatoren deutlich. So schalten drei Viertel der Befragten das Fernsehen täglich ein, ein weiteres Viertel sieht zumindest gelegentlich fern. Nur 2 Prozent der Befragten geben an, daß sie praktisch nie ihr Fernsehgerät einschalten. Im Durchschnitt wird pro Woche an 6,3 Tagen ferngesehen, wobei die tägliche Fernsehdauer – nach Angaben der Befragten – bei durchschnittlich 2,5 Stunden (150 Minuten) liegt. Ein knappes Drittel der Befragten sieht täglich mehr als 3 Stunden fern, bei knapp der

Angebotsprofile im dualen System

Abbildung 1: Sende- und Sehdauer nach Sparten bei öffentlich-rechtlichen und privaten Sendern 1996 (in Prozent)

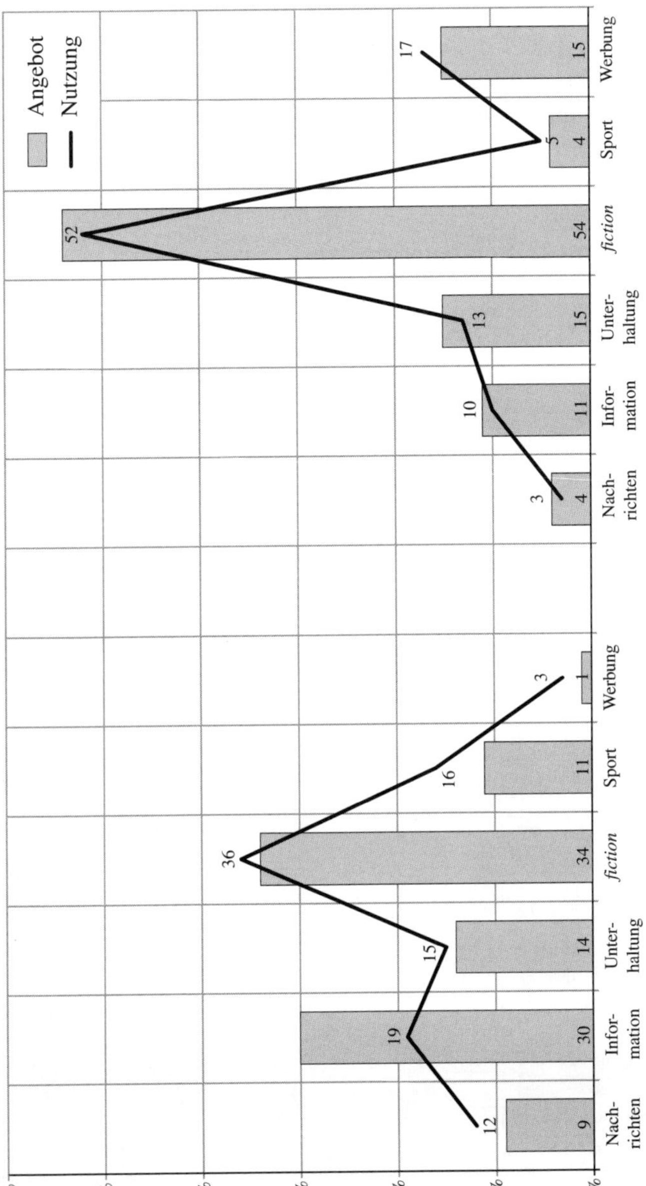

Sparte	ARD/ZDF Angebot	ARD/ZDF Nutzung	RTL/SAT.1/PRO7 Angebot	RTL/SAT.1/PRO7 Nutzung
Nachrichten	9	12	4	3
Information	30	19	11	10
Unterhaltung	14	15	15	13
fiction	34	36	54	52
Sport	11	16	4	5
Werbung	1	3	15	17

Quelle: GfK-Daten

Hälfte liegt der tägliche Fernsehkonsum zwischen 1,5 und 3 Stunden, etwa jeder Fünfte gibt an, im Tagesdurchschnitt nur bis zu 1,5 Stunden zu schauen. Abbildung 2 differenziert die Viel-, Durchschnitts- und Wenigseher hinsichtlich unterschiedlicher demographischer Merkmale.

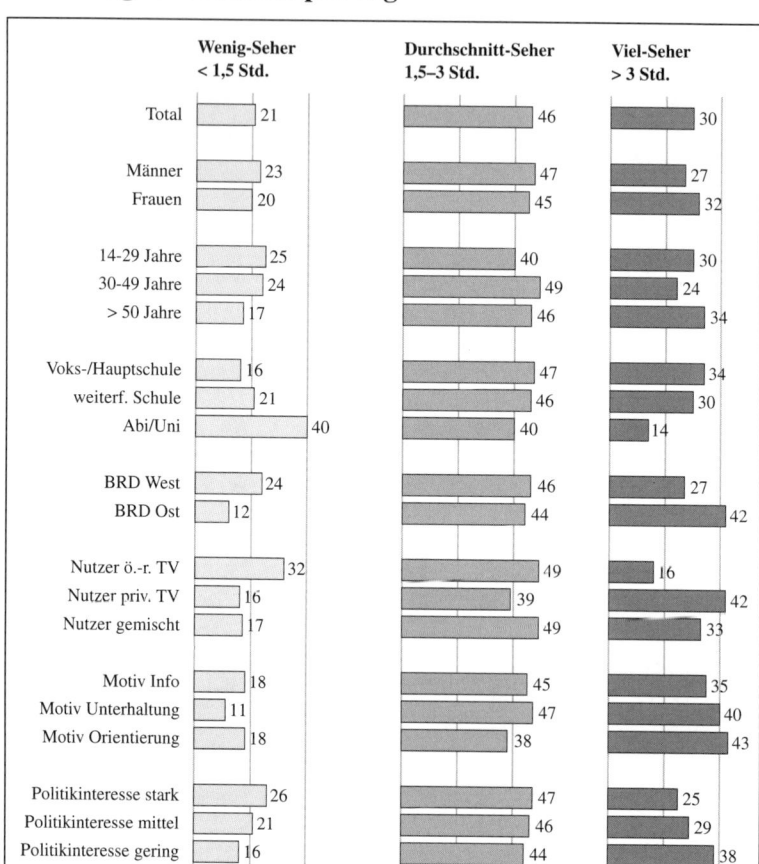

Abbildung 2: Sehdauer pro Tag

	Wenig-Seher < 1,5 Std.	Durchschnitt-Seher 1,5–3 Std.	Viel-Seher > 3 Std.
Total	21	46	30
Männer	23	47	27
Frauen	20	45	32
14-29 Jahre	25	40	30
30-49 Jahre	24	49	24
> 50 Jahre	17	46	34
Voks-/Hauptschule	16	47	34
weiterf. Schule	21	46	30
Abi/Uni	40	40	14
BRD West	24	46	27
BRD Ost	12	44	42
Nutzer ö.-r. TV	32	49	16
Nutzer priv. TV	16	39	42
Nutzer gemischt	17	49	33
Motiv Info	18	45	35
Motiv Unterhaltung	11	47	40
Motiv Orientierung	18	38	43
Politikinteresse stark	26	47	25
Politikinteresse mittel	21	46	29
Politikinteresse gering	16	44	38

n = 1479; Anteile der Befragten in %

Bei den Befragten mit besonders intensivem Fernsehkonsum zeigt sich ein relativ höherer Anteil von älteren Zuschauer, Personen mit niedriger formaler Bildung und geringerem Politikinteresse. Deutlich bemerkbar macht sich auch ein höherer Fernsehkonsum in den neuen Bundesländern. Der etwas höhere Anteil von Frauen in der Vielsehergruppe dürfte auf die geringere Berufstätigkeit dieser Befragtengruppe zurückzuführen sein.

Zu den Personen, die viel fernsehen, gehören auch relativ oft diejenigen Zuschauer, die überwiegend nur private Fernsehsender einschalten, während diejenigen, die sich eher auf die öffentlich-rechtlichen Sender beschränken, im Fernsehkonsum deutlich zurückhaltender sind. Schon dies läßt unterschiedliche Nutzerprofile der jeweiligen Fernsehsender vermuten, die es nun näher zu charakterisieren gilt. In Abbildung 3 sind diejenigen Befragten erfaßt, die angeben, die jeweiligen Sender oft oder sehr oft zu nutzen.

Insgesamt werden fast alle untersuchten Sender von etwa der Hälfte der Befragten oft bis sehr oft genutzt, nur bei Pro 7 und den dritten Fernsehprogrammen ist der Anteil etwas geringer. Um die Akzeptanz der jeweiligen Sender noch durch einen zusätzlichen Indikator zu messen, wurde die Senderbindung ermittelt. Zwar wird dieses Merkmal auch von der Nutzungshäufigkeit der Programme beeinflußt, doch dürften auch weitere Faktoren, wie das Image des Senders und besonders die affektive Nähe zum jeweiligen Programm hier mit eine Rolle spielen. Konkret mußten sich die Befragten für den hypothetischen Fall, daß nur ein Fernsehprogramm empfangbar ist, für einen Sender entscheiden. (Insgesamt wählten dabei 89 Prozent der Befragten einen der sechs betrachteten Sender, eine noch wahrnehmbare Senderbindung können außerdem arte, N-TV sowie besonders Premiere (bis max. 2 Prozent) aufweisen). Die Daten zeigen, daß sich Sendernutzungshäufigkeit und Senderbindung in etwa gleich verteilen: Einen vergleichsweise höheren Bindungsgrad weist nur die ARD auf, während SAT.1 eine nur vergleichsweise geringe Senderbindung erzielt. Dies könnte auf weniger ausgeprägte Imagequalitäten dieses Senders zurückzuführen sein, auf die später noch einzugehen ist.

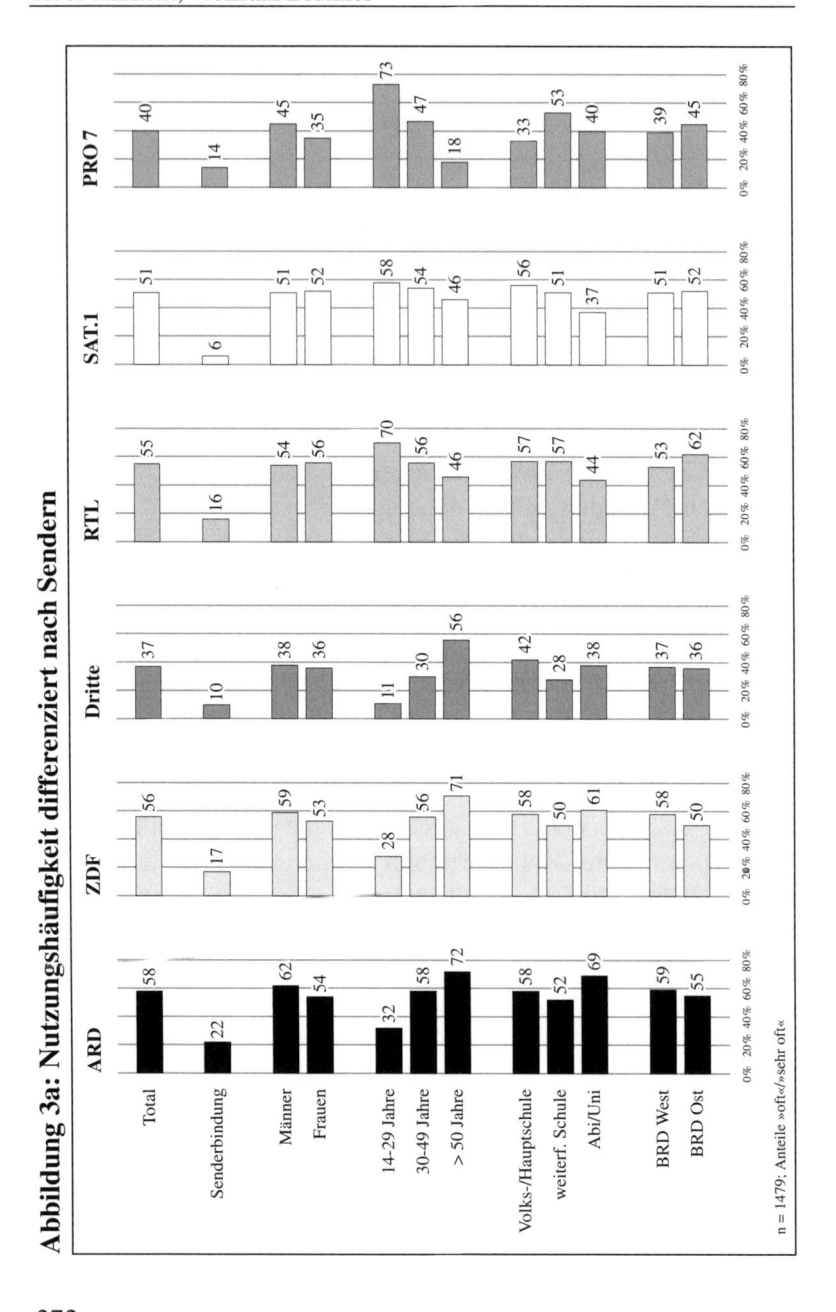

Abbildung 3a: Nutzungshäufigkeit differenziert nach Sendern

	ARD	ZDF	Dritte	RTL	SAT.1	PRO 7
Total	58	56	37	55	51	40
Senderbindung	22	17	10	16	6	14
Männer	62	59	38	54	51	45
Frauen	54	53	36	56	52	35
14–29 Jahre	32	28	11	70	58	73
30–49 Jahre	58	56	30	56	54	47
> 50 Jahre	72	71	56	46	46	18
Volks-/Hauptschule	58	58	42	57	56	33
weiterf. Schule	52	50	28	57	51	53
Abi/Uni	69	61	38	44	37	40
BRD West	59	58	37	53	51	39
BRD Ost	55	50	36	62	52	45

n = 1479; Anteile »oft«/»sehr oft«

Angebotsprofile im dualen System

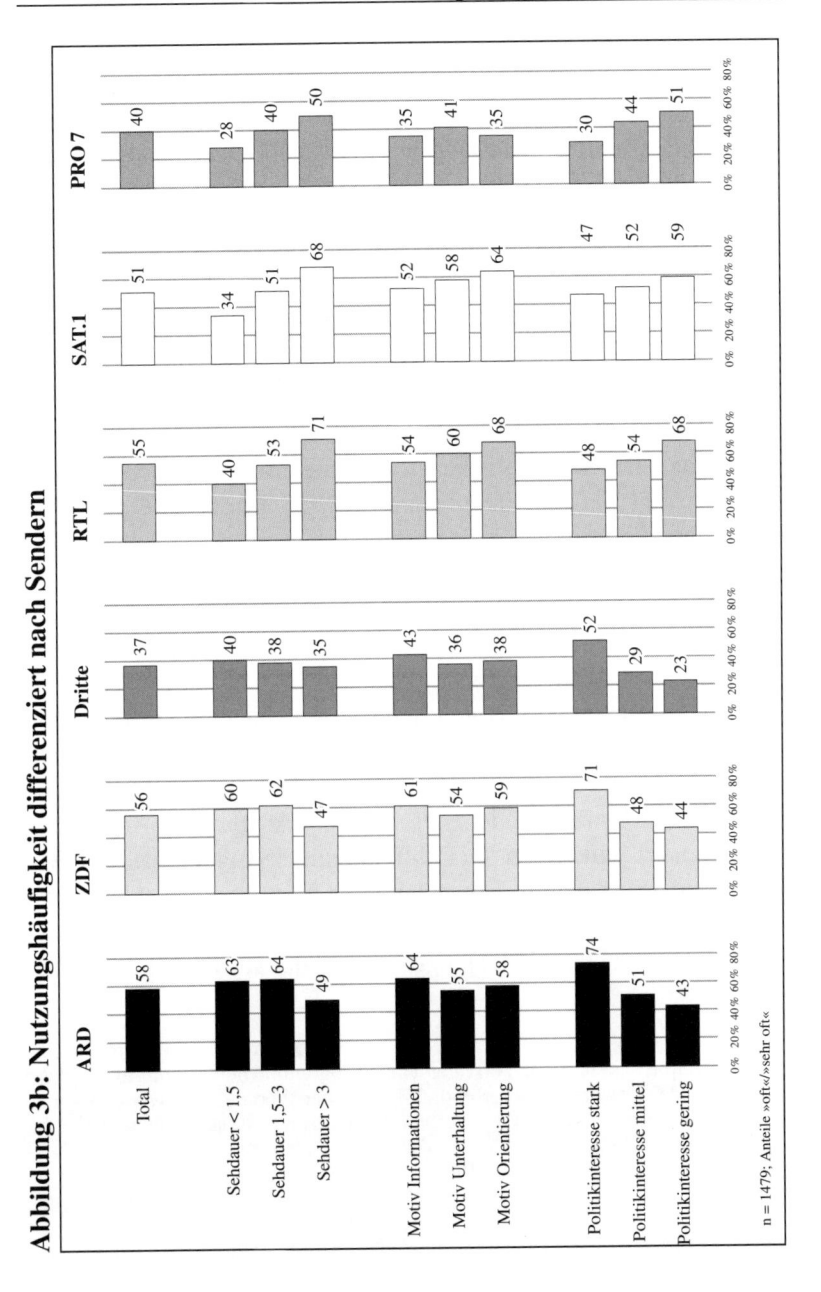

Abbildung 3b: Nutzungshäufigkeit differenziert nach Sendern

	ARD	ZDF	Dritte	RTL	SAT.1	PRO 7
Total	58	56	37	55	51	40
Sehdauer < 1,5	63	60	40	40	34	28
Sehdauer 1,5–3	64	62	38	53	51	40
Sehdauer > 3	49	47	35	71	68	50
Motiv Informationen	64	61	43	54	52	35
Motiv Unterhaltung	55	54	36	60	58	41
Motiv Orientierung	58	59	38	68	64	35
Politikinteresse stark	74	71	52	48	47	30
Politikinteresse mittel	51	48	29	54	52	44
Politikinteresse gering	43	44	23	68	59	51

n = 1479; Anteile »oft«/»sehr oft«

Vergleicht man die Nutzerprofile der jeweiligen Sender, so lassen sich folgende Unterschiede erkennen:

Die ARD zieht häufiger ein älteres Publikumssegment mit vergleichsweise höherem Bildungsgrad und starkem politischen Interesse an. Es sind Zuschauer, die insgesamt weniger fernsehen und dann stärker Informationsbedürfnisse verfolgen.

Das Nutzerprofil der 3. Programme deckt sich in groben Zügen mit dem der ARD (bei allerdings geringer ausgeprägter Nutzungsfrequenz). Allerdings zeigt sich bei diesen Programmen ein vergleichsweise höherer Anteil von Zuschauern mit niedriger formaler Bildung.

Auch das Nutzerprofil des ZDF unterscheidet sich nur wenig von dem seines öffentlich-rechtlichen Pendants, was schon hier darauf schließen läßt, daß die öffentlich-rechtlichen Sender jeweils ein vergleichbares Fernsehpublikum ansprechen.

Deutlich unterschieden vom öffentlich-rechtlichen Nutzerprofil sind hingegen die Merkmale der häufigen Nutzer der privaten Sender, wobei sich hier zusätzlich auch stärkere Unterschiede zwischen den jeweiligen Sendern zeigen.

Gemeinsam ist den privaten Sendern, daß sie eher ein Publikum mit hohem Fernsehkonsum und geringerem politischen Interesse ansprechen. Relativ ähnlich sind einander wiederum die Profile von RTL und SAT.1 (bei tendenziell stärkerer Ausprägung von RTL): Beide Sender ziehen eher ein Publikum mit niedrigem formalen Bildungsgrad an, das beim Fernsehen eher Orientierung und Unterhaltung sucht. Im Unterschied zu den öffentlich-rechtlichen Sendern binden sie auch stärker das jüngere Publikum an sich.[15] Eindeutiger

---

15 Die Aufgabe, die Ansprüche verschiedenster Bevölkerungskreise zu integrieren, erfüllen die beiden großen privaten Hauptprogramme heute somit in gleichem Maße oder besser als die öffentlich-rechtlichen Veranstalter. Diese Befunde decken sich mit anderen Untersuchungen: Kliment, Tibor: Mediennutzung im Dickicht der Lebenswelt. Zum Verhältnis von Rezeptionsmustern und Publikumstypen. In: Brosius, Hans Bernd und Helmut Scherer (Hrsg.): Zielgruppen, Publikumssegmente, Nutzergruppen. Beiträge aus der Rezeptionsforschung. München 1997. S.206-238. Kliment, Tibor: Programmwahl und alltagskulturelle Orientierungen. Zur Tragfähigkeit von Lebensstilanalysen bei der Ana-

Favorit bei den unter 30jährigen ist jedoch PRO 7, wobei das Unterhaltungsmotiv hier mit die größte Rolle spielt. Auffällig ist ferner ein etwas höherer formaler Bildungsgrad und der deutlich höhere Anteil des männlichen Stammpublikums bei diesem Sender (Ursachen für diese geschlechtsspezifischen Präferenzen dürften in den jeweiligen Programmangeboten liegen, auf die im Rahmen der Inhaltsanalyse eingegangen wurde).

Die senderspezifischen Nutzerprofile lassen auf eine typische Verwandtschaft der öffentlich-rechtlichen Sender einerseits, der privaten Sender andererseits schließen. Um dieser Frage weiter nachzugehen, wurde ermittelt, ob häufige Nutzer eines Senders in signifikanter Weise auch jeweils spezifisch andere Sender in höherem Maße nutzen. Die hierbei ermittelten Befunde sind in Tabelle 12 dargestellt.

Tabelle 12: Assoziation der Nutzung öffentlich-rechtlicher und privater Kanäle

Sender	ARD	ZDF	Dritte	RTL	SAT.1	PRO 7
ARD	1.0	.76	.51	−.25	−.13	−.37
ZDF	−	1.0	.52	−.23	−.10	−.37
Dritte	−	−	1.0	−.31	−.19	−.38
RTL	−	−	−	1.0	.62	.46
SAT.1	−	−	−	−	1.0	.41
PRO 7	−	−	−	−	−	1.0

EMNID-Institut; Korrelationskoeffizienten nach Pearson; alle Koeffizienten signifikant bei 1 Prozent

lyse des Fernsehverhaltens. In: Bentele, Günther und Michael Haller (Hrsg.): Aktuelle Entstehung von Öffentlichkeit. Akteure – Strukturen – Veränderungen. München 1997. S.409-430. Spielhagen, E.; Darschin, W.; Frey-Vor, G.; Gerhard, H.; Hofsümmer, K.-H.; Kliment, T.; Mohr, I. und J. Wiedemann (1995): Ergebnisse der Ost-Studie der ARD/ZDF-Medienkommission. Zuschauererwartungen und -reaktionen auf die Programmangebote von ARD und ZDF in den neuen Bundesländern. In: Media Perspektiven 8/95, S.362-393.

Die größte Nähe zeigt sich zwischen ARD und ZDF: Wer ARD sieht, sieht häufig auch ZDF bzw. umgekehrt. Andererseits: Wer einen dieser beiden Sender nicht sieht, sieht meistens auch den anderen nicht. In etwas geringerem Maße gilt dieses »Näheverhältnis« auch für die Dritten Programme. Auf der anderen Seite zeigt sich auch eine Nutzungsnähe zwischen den privaten Sendern: stärker ausgeprägt bei RTL und SAT.1, weniger bei PRO 7.

Zwischen den beiden Systemen zeigen sich hingegen nur geringe Überschneidungen. Die Nutzung des einen Systems ist signifikant negativ mit der Nutzung des anderen Systems korreliert. Es scheint so zu sein, als würden zwei voneinander hermetisch abgeschlossene Fernsehsysteme einander gegenüberstehen. Wer Sender wechselt, bleibt im selben System und sucht sich hier einen Alternativ-Sender, weil er da am ehesten die Programminhalte erwartet, die ihn zum Fernsehen animieren. Trifft dies nun auf alle Fernsehzuschauer zu, oder gibt es nicht doch Teile der Bevölkerung, die sich aus beiden Systemen bedienen?

Um diese Frage zu klären, wurde auf Basis multivariater Verfahren (Clusteranalyse) drei verschiedene Nutzertypen differenziert. Dabei zeigte sich, daß etwas mehr als ein Drittel der Fernsehzuschauer (konkret 38 Prozent) sowohl öffentlich-rechtliche wie private Sender häufig nutzen, ein Viertel der Befragten (26 Prozent) hingegen nur die öffentlich-rechtlichen bevorzugen. Gut ein Drittel der Befragten (36 Prozent) sieht hingegen inzwischen nur noch bei den privaten Sendern häufig fern. Die Frage ist, inwieweit sich auch bei diesen unterschiedlichen Nutzertypen jeweils typische sozio-demographische Charakteristika zeigen. Die entsprechenden Befunde sind in Tabelle 13 dargestellt.

Tabelle 13: Profile der jeweiligen Nutzertypen

Demographie	ö.-r. TV-Nutzer	priv. TV-Nutzer	gem. TV-Nutzer
Total	26	36	38
Männer	24	36	40
Frauen	28	36	36
14-29 Jahre	9	72	19
30-49 Jahre	22	37	41
50+ Jahre	38	16	46
Bildung niedrig	25	34	41
Bildung mittel	21	45	34
Bildung hoch	39	28	33
Alte Bundesländer	27	35	38
Neue Bundesländer	20	42	38
Politikinteresse stark	34	19	47
Politikinteresse mittel	22	44	34
Politikinteresse schwach	17	54	29

EMNID-Institut; Anteile der Befragten in Prozent

Die sich bei den Nutzerprofilen der jeweiligen Sender schon andeutenden Unterschiede haben sich weiter verstärkt. Die »exklusiven« Nutzer des öffentlich-rechtlichen Fernsehens sind einerseits die älteren Zuschauer (verstärkt aus den alten Bundesländern), andererseits solche mit höherem Bildungsgrad und stärkerem politischen Interesse. Der »exklusive« Privat-Fernsehen-Konsument ist hingegen deutlich jünger (annähernd drei Viertel der unter 30jährigen sehen fast nur noch Privatsender), hat aber weniger Interesse an Politik. Zuschauer mit eher niedrigem formalen Bildungsgrad tendieren stärker dazu, beide Systeme zu nutzen.

Der Fernsehkonsum scheint immer mehr zu einer Generationenfrage zu werden. Wer mit dem Fernsehen noch in der Prä-Privat-Sender-Ära großgeworden ist, bleibt seinen alten Sendern treu oder nutzt die privaten Sender nur zusätzlich, wer beim beginnenden Fernseh-Konsum schon Privat-Sender sehen konnte, tendiert stärker zu diesen. Hintergrund hierfür dürfte ein geändertes Verhalten bei der Nutzung des Fernsehens gerade bei der jüngeren Fernsehgeneration sein, das die privaten Sender eher zu befriedigen scheinen. Um dieser Frage nachzugehen, wurde (durch eine gestützte Befragung) zusätzlich und differenzierter ermittelt, wie sich die jeweiligen Nutzergruppen hinsichtlich ihrer Fernsehnutzungsmotive und ihrem Programmauswahlverhalten unterscheiden.

Tabelle 14: Einstellungs- und Verhaltensprofile der Nutzergruppen

Fernsehnutzungsmotive (Anteile ›trifft sehr/eher zu‹) »Ich sehe fern...,«	Total	ö.-r. TV-Nutzer	priv. TV-Nutzer	gem. TV-Nutzer
um mich zu informieren	90	92	86	95
um mich unterhalten zu lassen	80	65	85	85
damit ich mitreden kann	53	55	47	57
für Rat und Orientierung	48	42	44	53
aus Gewohnheit	44	31	54	44
damit ich nicht allein bin	18	15	19	18
um Probleme zu vergessen	15	7	20	15
Programmauswahlverhalten (Anteile ›trifft eher/sehr zu‹)	Total	ö.-r. TV-Nutzer	priv. TV-Nutzer	gem. TV-Nutzer
informiere mich vorher, was ich gucke	71	75	61	78
tue häufig andere Dinge nebenher	52	39	66	47
schalte häufig um	44	28	55	46
mache einfach TV an und schalte durch	42	23	56	43

EMNID-Institut; Anteile der Befragten in Prozent

Auch wenn sich die Nutzungsmotive nicht grundsätzlich unterscheiden, lassen sich doch einige Tendenzen erkennen. Bei den Privat-TV-Nutzern spielen Unterhaltungs- und Zerstreuungsaspekte eine stärkere Rolle. Sie neigen weniger dazu, sich vorab darüber zu informieren, was gerade läuft, sondern schalten einfach mal ein und zappen sich durch das Programm, wobei sie schon fast aus Gewohnheit innerhalb ihrer bevorzugten Privat-TV-Programme bleiben. Häufig beschäftigen sie sich nebenbei noch mit anderen Dingen. Fernsehen ist eher etwas, das einfach so im Hintergrund mitläuft (was auch die lange Sehdauer erklärt), ein Entertainment-Instrument, das eventuell ähnliche Bedürfnisse befriedigt wie Radio und CD-Spieler. Das öffentlich-rechtliche Fernsehen wird jenseits seiner noch traditionell vorhandenen Bindung an das ältere Stammpublikum tendenziell zum Spezialanbieter für das politisch interessierte, gehobene Bildungsbürgertum, ein Zuschauersegment, das deutlich seltener fernsieht, eher die Information sucht, dabei aber weniger eindeutig auf Fernsehen programmiert ist. Die Anhänger des Öffentlich-Rechtlichen zeichnen sich auch dadurch aus, daß sie häufiger zu Tages- und Fachzeitschriften greifen und auch häufiger das Internet nutzen. Der typische Gemischt-Nutzer ist hingegen der anspruchslosere, weniger gebildete Zuschauer, dem Information und Unterhaltung gleich wichtig sind, dem das Fernsehen eine Art »Lebenshilfe« ist, die ihm Rat und Orientierung gibt, in welcher Form und durch welchen Sender auch immer.

Die Frage, ob diese Entwicklung langfristig auf ein »Aussterben« des öffentlich-rechtlichen Publikums hinausläuft oder ob die jüngeren Fernsehzuschauer mit zunehmendem Alter stärker auf öffentlich-rechtliche Programme zurückgreifen, kann hier nicht abschließend beantwortet werden. Andere Studien, wie die Langzeitstudie »Massenkommunikation« liefern dazu jedoch Hinweise.[16] Danach ist seit 1990 der Anteil der Privatfunknutzung in *allen* Jahrgängen, also auch unter den Älteren, angestiegen. Hier kann gleichsam von einem alle Altersgruppen mehr oder weniger umfassenden »Fahrstuhleffekt« in Richtung der privaten Veranstalter gesprochen werden. Mit zunehmendem Alter der Zuschauer wird insgesamt mehr auf die Privaten umgeschaltet, eine verstärkte Orientierung auf ARD/ZDF scheint dagegen der seltenere Fall. Zusätzlich zu diesem

---

16 Vgl. Klaus Berg/Marie-Luise Kiefer (Hrsg.): Massenkommunikation V. Baden-Baden: Nomos Verlag 1997.

Alterseffekt ist ein Generationeneffekt beobachtbar, indem die jüngeren Zuschauer, die ihren Fernsehkonsum erst mit der Etablierung des Dualen Systems in den 1980er Jahren starteten, von Anfang an eine stärkere Privatfernsehnutzung aufweisen als die übrigen Generationen. Sie steigen, um im Bild zu bleiben, bereits auf einer deutlich höheren Etage in den Fahrstuhl ein. Beide Tendenzen weisen in die Richtung einer in Zukunft weiter nachlassenden Nutzung der öffentlich-rechtlichen Anbieter.

5.2 Publikumspräferenzen für Genres und Sparten

Die Präferenzen der Zuschauer verteilen sich auch im Zeitalter einer drastischen Angebotsvermehrung auf ein vergleichsweise umgrenztes Spektrum von Genres. Neben den Nachrichten, die 88 Prozent der Befragten nach Eigenauskunft oft oder sehr oft anschauen, folgt mit deutlichem Abstand die Nutzung von Spielfilmen (60 Prozent oft/sehr oft). Wiederum mit größerem Abstand schließen sich Regionalsendungen (43 Prozent), Sport (42 Prozent) sowie Politik- und Wirtschaftsmagazine (41 Prozent) an. Die übrigen Sparten werden dann nur noch von ca. einem Drittel der Bevölkerung oft oder sehr oft gesehen.[17]

Auch die Spartenpräferenzen verdichten sich in typischen Bevölkerungssegmenten (Tab. 15): Am deutlichsten zeigen sich diese Unterschiede zwischen den verschiedenen Altersklassen: Nachrichten, Politik/Wirtschaft, Kultur-, Verbraucher- und Regionalsendungen werden überdurchschnittlich von älteren Befragten eingeschaltet, umgekehrt liegt die Nutzung von Spielfilmen und Fernsehserien bei den 14-29jährigen deutlich über dem Durchschnitt.

Wenig überraschend kovariiert die Spartennutzung ebenfalls mit

---

17 Dazu gehören: Verbrauchersendungen (35 Prozent), Fernsehserien (35 Prozent), Musiksendungen/Videoclips (35 Prozent), Boulevardmagazine (34 Prozent), Talk- und Diskussionssendungen (30 Prozent), Kultursendungen (30 Prozent), Show- und Quizsendungen (17 Prozent) und schließlich Kinder- und Jugendsendungen (14 Prozent).

Tabelle 15a: Spartennutzung nach Bevölkerungsgruppen

Demographie	Nachrichten	Politik/Wirtschaft	Kultur	Verbraucher	Regional	Talk/Diskussion
Total	88	41	30	35	43	30
Geschlecht						
m	87	49	29	35	45	27
w	88	34	30	35	42	32
Alter						
14-29 Jahre	66	16	15	17	19	27
30-49 Jahre	91	41	26	39	39	23
50+ Jahre	97	55	40	42	59	36
Bildung						
niedrig	91	41	30	41	50	33
mittel	84	40	28	31	38	28
hoch	84	47	32	22	31	23
Nutzungstyp						
ö.-r. TV	95	56	39	34	48	30
priv. TV	74	19	19	25	27	25
gem. TV	95	54	38	46	56	36
Politikinteresse						
stark	97	73	40	38	58	38
mittel	85	27	26	36	36	23
gering	76	10	18	28	30	27

EMNID-Institut; Anteile »oft«/»sehr oft« in Prozent

Tabelle 15b: Spartennutzung nach Bevölkerungsgruppen

Demographie	Boulevard	Sport	Show/Quiz	Musik	Filme	Serien
Total	34	42	17	35	60	35
Geschlecht						
m	29	58	14	35	62	27
w	38	28	20	34	59	42
Alter						
14-29 Jahre	41	40	18	49	78	49
30-49 Jahre	28	39	14	28	63	27
50+ Jahre	33	45	19	32	49	33
Bildung						
niedrig	37	43	20	37	59	39
mittel	37	42	16	35	63	31
hoch	19	38	8	26	60	28
Nutzungstyp						
ö.-r. TV	15	37	6	21	34	19
priv. TV	47	41	21	47	75	46
gem. TV	33	47	20	32	64	36
Politikinteresse						
stark	25	49	14	25	53	25
mittel	36	37	17	35	63	34
gering	46	38	23	50	69	52

EMNID-Institut; Anteile »oft«/»sehr oft« in Prozent

der Sendernutzung: Nachrichten, Politik/Wirtschaft, Kultur-, Verbraucher- und Regionalsendungen werden überwiegend bei ARD, ZDF und den Dritten Programmen gesehen, Boulevardmagazine, Spielfilme und Fernsehserien dagegen vorrangig bei RTL, SAT.1 und PRO 7.

Dementsprechend ergeben sich klare Nutzungsdifferenzen für die drei Nutzertypen: Nachrichten, Politik/Wirtschaft, Kultur, Verbraucher- und Regionalsendungen werden von den Privat-TV-Nutzern weitaus seltener gesehen als von denen, die Öffentlich-Rechtliches TV nutzen. Diese wiederum geben im Unterhaltungs- und vor allem im *fiction* Bereich deutlich niedrigere Nutzungsfrequenzen an.

An den Zusammenhängen zwischen Spartenpräferenz und Sendernutzung läßt sich zweierlei ablesen: Zum einen geht die unterschiedliche Nutzerstruktur der Kanäle auf ihre jeweiligen spezifischen programmlichen Schwerpunkte zurück. So besteht bei den jungen Zuschauern eine geringere Nachfrage nach Angeboten im Bereich Information/Bildung/Kultur, was zu einer Präferenz von unterhaltungs- und vor allem *fiction* dominierten Kanälen führt. Zum zweiten befriedigen die Bundesbürger Ansprüche, die dem Kernbereich der Grundversorgung zugehören, nach wie vor eher bei den öffentlich-rechtlichen Sendern.

5.3 Spartenkompetenzen der Sender

Jenseits der konkreten Programm- und Spartennutzung wurde erhoben, über welche Kompetenzen und Images die öffentlich-rechtlichen und privaten Veranstalter in den Augen des Publikums verfügen. Dazu sollten die Befragten für verschiedene Sparten den ihrer Meinung nach kompetentesten Sender nennen (Tab. 16). Dabei ergaben sich einige allgemeine Auffälligkeiten: Der Anteil derjenigen, die keinen Sender nennen können, schwankt stark von Sparte zu Sparte. Ursache der fehlenden Beurteilungsfähigkeit ist, daß einige Befragte die entsprechende Sparte nur selten oder gar nicht nutzen oder sich nicht für einen einzigen Sender entscheiden können. Dies gilt insbesondere für Kinder- und Jugendsendungen sowie Boulevard-Sendungen. Zum anderen wird aus den Zahlen deutlich, daß es in den meisten Sparten nicht *den* »Konsenskandidaten« gibt, auf den sich eine große Mehrheit der Bundesbürger einigen könnte.

Beim Blick auf die einzelnen Sparten ergibt sich folgendes Bild: Die ARD ist klar führend bei den informierenden Sparten; nahezu jeder zweite Bundesbürger spricht dem Ersten das beste Nachrichtenangebot zu. Des weiteren ist ein Drittel der Bevölkerung der Meinung, daß die ARD über die besten Politik- und Wirtschaftsmagazine sowie die besten Verbrauchersendungen verfügt. Den Dritten Programmen werden von über 70 Prozent der Befragten die besten Regionalsendungen zugeschrieben, und immerhin jeder Vierte ist der Meinung, daß die Dritten die besten Kultursendungen anbieten. Das ZDF hält eine ausgewogene Balance zwischen Information und Unterhaltung und behauptet bei einer Reihe von Kategorien vordere Plätze in der Gunst des Publikums, ohne allerdings in einem spezifischen Bereich die Kompetenzführerschaft zu haben.

Die Stärken der Privaten liegen eindeutig bei den im weitesten Sinne unterhaltenden Formaten, wobei das Zuschauerurteil erstaunlich differenziert: RTL werden mehrheitlich die besten Boulevardsendungen, Shows und Serien zugesprochen, SAT.1 ist führend bei Talkshows und Sport, während PRO 7 nach Mehrheitsmeinung die besten Spielfilme zeigt. Hinzu kommen die Spartenkanäle, die in ihrem jeweiligen Genre ebenfalls Spitzenplätze belegen (Kinderkanal, VIVA, DSF/Sportfernsehen usw.). Diese Profile dokumentieren, daß der Informationsbereich weiterhin von den Öffentlich-Rechtlichen – d.h. in erster Linie von der ARD und den Dritten – besetzt wird, die im Unterhaltungsbereich aus Zuschauersicht jedoch ihre Kompetenzen verloren haben.

Ein abschließender Blick auf die Kompetenzbeurteilung der drei Nutzergruppen läßt erwartungsgemäß deutliche Bewertungsunterschiede erkennen, wobei der öffentlich-rechtliche und private Nutzertyp jeweils die Sender seines Systems besser beurteilt (Tab. 17). Allerdings gestehen die Privat-TV-Nutzer den öffentlich-rechtlichen Programmen im Kernbereich Information noch die Kompetenzfüh-

Tabelle 16: Spartenkompetenzen der Sender

»Die besten Sendungen in der Sparte ... bringt ...«

Nachrichten		Politik/Wirtschaft		Kultur		Verbraucher		Regional		Kinder/Jugend	
ARD	47	ARD	38	Dritte	27	ARD	33	Dritte	72	Kinderk.	15
ZDF	16	ZDF	26	ARD	16	ZDF	20	ARD	7	ARD	9
RTL	13	RTL	6	ZDF	14	Dritte	18	ZDF	4	ZDF	6
n-tv	7	SAT.1	4	arte	9	SAT.1	4	RTL	2	Dritte	6
PRO 7	5	Dritte	4	3sat	6	RTL	4	SAT.1	1	S.RTL	6
SAT.1	4	n-tv	2	VOX	3	PRO 7	1	PRO 7	1	Nickel.	5
Dritte	2	PRO 7	2	RTL	2	–	–	–	–	RTL 2	5
–	–	–	–	SAT.1	2	–	–	–	–	RTL	5
–	–	–	–	PRO 7	1	–	–	–	–	PRO 7	3
sonst.	2	sonst.	3	sonst.	2	sonst.	2	sonst.	3	sonst.	6
k.A.	5	k.A.	15	k.A.	20	k.A.	17	k.A.	11	k.A.	33

Angebote im dualen System

Talk/Disk.		Boulevard		Sport		Show/Quiz		Musik		Filme		Serien	
SAT.1	22	RTL	34	SAT.1	18	RTL	28	VIVA	20	PRO 7	30	RTL	24
RTL	20	ARD	9	EuSp.	17	ZDF	21	ZDF	16	ZDF	14	ZDF	16
Dritte	13	SAT.1	8	DSF	15	SAT.1	16	MTV	15	RTL	13	ARD	14
ARD	11	ZDF	6	ARD	10	ARD	10	ARD	7	SAT.1	10	SAT.1	12
ZDF	11	PRO 7	4	RTL	9	PRO 7	1	Dritte	4	ARD	9	PRO 7	9
PRO 7	3	Dritte	4	ZDF	9	Dritte	0	RTL	3	Prem.	3	RTL 2	2
–	–	–	–	Prem.	2	–	–	VIV.2	2	Kab.1	3	VOX	1
–	–	–	–	Dritte	1	–	–	SAT.1	2	Dritte	3	Dritte	1
–	–	–	–	–	–	–	–	VH-1	2	RTL 2	2	Kab.1	0
sonst.	2	sonst.	4	sonst.	3	sonst.	2	sonst.	9	sonst.	2	sonst.	2
k.A.	19	k.A.	31	k.A.	17	k.A.	22	k.A.	21	k.A.	12	k.A.	21

EMNID-Institut; Anteile der Befragten in Prozent

Tabelle 17: Spartenkompetenzen nach Nutzertypen
»Die besten Sendungen in der Sparte ... bringt ...«

Nachrichten				Politik/Wirtschaft				Kultur				Regional				Talk/Disk.			
	g.	ö.	p.		g.	ö.	p.		g.	ö.	p.		g.	ö.	p.		g.	ö.	p.
ARD	53	59	31	ARD	44	46	28	Dritte	25	33	25	Dritte	80	82	58	SAT.1	22	19	26
ZDF	20	25	5	ZDF	31	29	19	ARD	21	16	10	ARD	6	5	9	RTL	16	8	34
RTL	12	2	22	RTL	5	1	11	ZDF	18	13	11	ZDF	5	2	5	Dritte	16	18	6
n-tv	4	3	12	SAT.1	4	1	8	arte	9	8	9	RTL	2	1	5	ZDF	15	15	4
Dritte	3	3	2	Dritte	3	4	4	3sat	6	7	6	SAT.1	0	0	3	ARD	12	19	4
SAT.1	2	1	8	n-tv	2	1	3	RTL	3	0	2	PRO 7	0	0	1	PRO 7	2	1	6
PRO 7	1	0	13	PRO 7	1	2	4	VOX	2	0	5	–	–	–	–	–	–	–	–
–	–	–	–	–	–	–	–	SAT.1	2	0	2	–	–	–	–	–	–	–	–
–	–	–	–	–	–	–	–	PRO 7	1	0	2	–	–	–	–	–	–	–	–
sonst.	2	2	2	sonst.	3	3	3	sonst.	1	1	4	sonst.	1	2	4	sonst.	3	3	2
k.A.	3	6	6	k.A.	9	13	20	k.A.	14	21	23	k.A.	7	8	15	k.A.	15	23	17

	Boulevard				Sport				Show/Quiz				Filme				Serien		
	g.	ö.	p.		g.	ö.	p.		g.	ö.	p.		g.	ö.	p.		g.	ö.	p.
RTL	36	14	45	SAT.1	19	15	20	ZDF	28	28	8	PRO 7	22	11	51	RTL	21	7	40
SAT.1	11	6	7	EuSp.	16	11	21	RTL	22	9	47	ZDF	16	26	3	ZDF	19	28	2
ARD	10	12	6	DSF	13	8	22	SAT.1	18	5	23	SAT.1	16	3	9	ARD	17	20	7
ZDF	8	8	4	ARD	12	16	4	ARD	12	14	4	RTL	15	3	19	SAT.1	14	3	17
PRO 7	2	2	9	RTL	9	6	12	PRO 7	1	1	1	ARD	9	19	2	PRO 7	5	1	19
Dritte	4	3	4	ZDF	9	16	4	Dritte	1	1	0	Kab.1	4	2	3	RTL2	2	1	1
–	–	–	–	Prem.	2	1	2	–	–	–	–	Dritte	4	4	0	VOX	1	0	2
–	–	–	–	Dritte	1	2	1	–	–	–	–	Prem.	1	2	6	Dritte	1	0	0
–	–	–	–	–	–	–	–	–	–	–	–	RTL2	1	1	3	Kab.1	1	0	1
sonst.	5	5	3	sonst.	4	2	3	sonst.	1	3	2	sonst.	1	7	1	sonst.	1	2	0
k.A.	24	49	24	k.A.	16	25	10	k.A.	17	39	15	k.A.	10	22	5	k.A.	18	37	11

EMNID-Institut; Anteile der Befragten in Prozent; g. = Gemischt-TV-Nutzer; ö. = Öff.-Rechtl.-TV-Nutzer; p. = Privat-TV-Nutzer; k.A. = keine Angabe rerschaft zu. Bei den Nachrichten hat nur noch die ARD einen Spitzenplatz, danach folgen RTL, n-tv und SAT.1 und erst dann das ZDF. Der Großteil der Privat-TV-Nutzer verortet Nachrichtenkompetenz – nicht nur Unterhaltungskompetenz – bei einem der privaten Sender. Dies trifft insbesondere auf diejenigen Privat-TV-Nutzer zu, die häufig Nachrichten einschalten.

Die Nutzer, die sowohl öffentlich-rechtliche als auch private Sender häufig nutzen, liegen in ihrer Beurteilung nahe am Zuschauerdurchschnitt. Gewisse Ausnahmen bilden die Bereiche Show/Quiz sowie Musik, in denen jeweils das ZDF an die erste Stelle rückt. Daß die öffentlich-rechtlichen Sender von den Gemischt-TV-Nutzern überdurchschnittlich gut bewertet werden, zeigt sich aber auch im Bereich Information/Bildung/Kultur.

5.3.1 Die Akzeptanz von Nachrichtensendungen

Innerhalb des Grundversorgungsauftrags kommt den Nachrichtensendungen eines Programms ein zentraler Stellenwert zu. Sie sind bedeutsam für das Angebot von gesellschaftlicher Information und Kommunikation und begründen in entscheidender Weise, inwieweit ein öffentlich-rechtlicher Sender seiner Aufgabe, Medium der öffentlichen Meinungsbildung zu sein, nachkommt. Die öffentliche Akzeptanz dieser Angebote ist daher ein wichtiger Indikator für die Realisierung von grundversorgungsrelevanten Funktionen.

Die Hauptnachrichtensendungen der untersuchten Veranstalter (»Tagesschau«, »heute«, »RTL aktuell«, »SAT.1-18:30« und »PRO 7-Nachrichten«) wurden in bezug auf Bekanntheit und Bewertung durch die Zuschauer geprüft. Danach ergibt sich eine prägnante Rangreihe: Die »Tagesschau« ist mit 90 Prozent Bekanntheit fast der gesamten Bevölkerung ein Begriff, etwa drei Viertel (76 Prozent) der Befragten kennen die ZDF-Nachrichtensendung »heute«. Deutlich geringere Bekanntheitsgrade erzielen »RTL aktuell« und die SAT.1-Nachrichtensendung »18:30«. Die »PRO 7-Nachrichten« bilden das Schlußlicht.

Tabelle 18: Bekanntheit der Hauptnachrichtensendungen

	Tages-schau	heute	RTL-Nach-richten	SAT.1 18:30	PRO 7-Nach-richten
Total	90	76	52	36	33
Männer	92	79	56	43	39
Frauen	87	73	49	30	26
14-29jährige	83	66	72	50	60
30-49jährige	90	78	47	31	34
50+jährige	93	79	46	32	17
Volks-/Haupts.	89	75	52	37	29
weiterf. Schule	88	75	57	37	40
Abi/Studium	94	81	46	32	33
Nutzertyp					
ö.-r. TV	98	86	24	13	9
priv. TV	77	58	70	51	57
gem. TV	96	85	54	37	25
Motiv Info	92	80	51	38	28
Motiv Unterhaltung	85	72	57	41	35
Motiv Orientierung	91	76	64	51	36
Politikinteresse stark	95	86	48	33	27
Politikinteresse mittel	89	76	53	38	34
Politikinteresse gering	83	59	58	39	40

n = 1479; Anteile der Befragten in %

Während die öffentlich-rechtlichen Hauptnachrichtensendungen unter den Älteren, den höher Gebildeten und politisch Interessierten besonders bekannt sind (Tab. 18), sind die Nachrichtenangebote der Privaten vor allem den Jüngeren, den unterhaltungsorientierten und den politisch schwach interessierten Zuschauern ein Begriff. Die Anhänger öffentlich-rechtlicher oder privater Kanäle kennen in erster Linie die Nachrichtensendungen »ihrer« Programme. Die Zuschauer von ARD/ZDF kennen primär »Tagesschau« und »heute«, die häufigen Nutzer der Privaten weit überdurchschnittlich die Nachrichten von RTL, SAT.1 und PRO 7. In der Altersgruppe der 14-29jährigen sowie bei den politisch wenig Interessierten liegt der Bekanntheitsgrad von »heute« bereits nur noch auf dem dritten Platz nach »Tagesschau« und »RTL aktuell«. Den Zuschauern, die sowohl private als auch öffentlich-rechtliche Programme häufig sehen, sind »Tageschau« und »heute« dagegen immer noch weitaus besser vertraut als die Nachrichten der Privaten. Dieses deutet darauf hin, daß dort, wo beide Systeme nebeneinander genutzt werden, die Nachrichten nach wie vor primär bei den Öffentlich-Rechtlichen abgefragt werden.

Die qualitative Bewertung der fünf Hauptnachrichtensendungen ergibt folgendes Bild (Abb. 4). Bei vier von fünf abgefragten Eigenschaften (»*glaubwürdig*«, »*ausgewogen*«, »*berichtet klar und vollständig*«, »*trennt Nachrichten und Kommentar*«) ist die »Tagesschau« der Kompetenzführer, gefolgt von »heute«. Hier ergeben sich für die Öffentlich-Rechtlichen Zustimmungsraten (»trifft voll und ganz zu«) von 37 Prozent bis 61 Prozent der Befragten. Die Privaten erreichen demgegenüber nur etwa die Hälfte dieser Werte, wobei das Zuschauerurteil über RTL, SAT.1 und PRO 7 sehr ähnlich ausfällt.

Damit sind hinsichtlich zentraler journalistischer Kriterien die Nachrichtensendungen der Öffentlich-Rechtlichen führend. Hervorzuheben ist auch, daß sich die verschiedenen Alters- und Bildungsgruppen in der positiven Beurteilung der öffentlich-rechtlichen Nachrichtensendungen einig sind. Allerdings bewerten die Privat-TV-Nutzer die Nachrichten auf RTL, SAT.1 oder PRO 7 kaum schlechter als die der öffentlich-rechtlichen Nachrichtensendungen. Zudem erhalten die Nachrichtenprogramme der kommerziellen Sender bei der Unterhaltsamkeit von praktisch allen Nutzergruppen bessere Noten, was insbesondere bei den unterhaltungsorientierten Zuschauern ein wichtiges Einschaltmotiv sein dürfte.

5.3.2 Die Akzeptanz von Kinder- und Jugendsendungen

Auf die Akzeptanz der Kinder- und Jugendsendungen soll an dieser Stelle gesondert eingegangen werden. Der frühe Erwerb von Medienkompetenz und die pädagogisch geeignete Vermittlung von gesellschaftlich bedeutsamen Wissensbeständen obliegen insbesondere

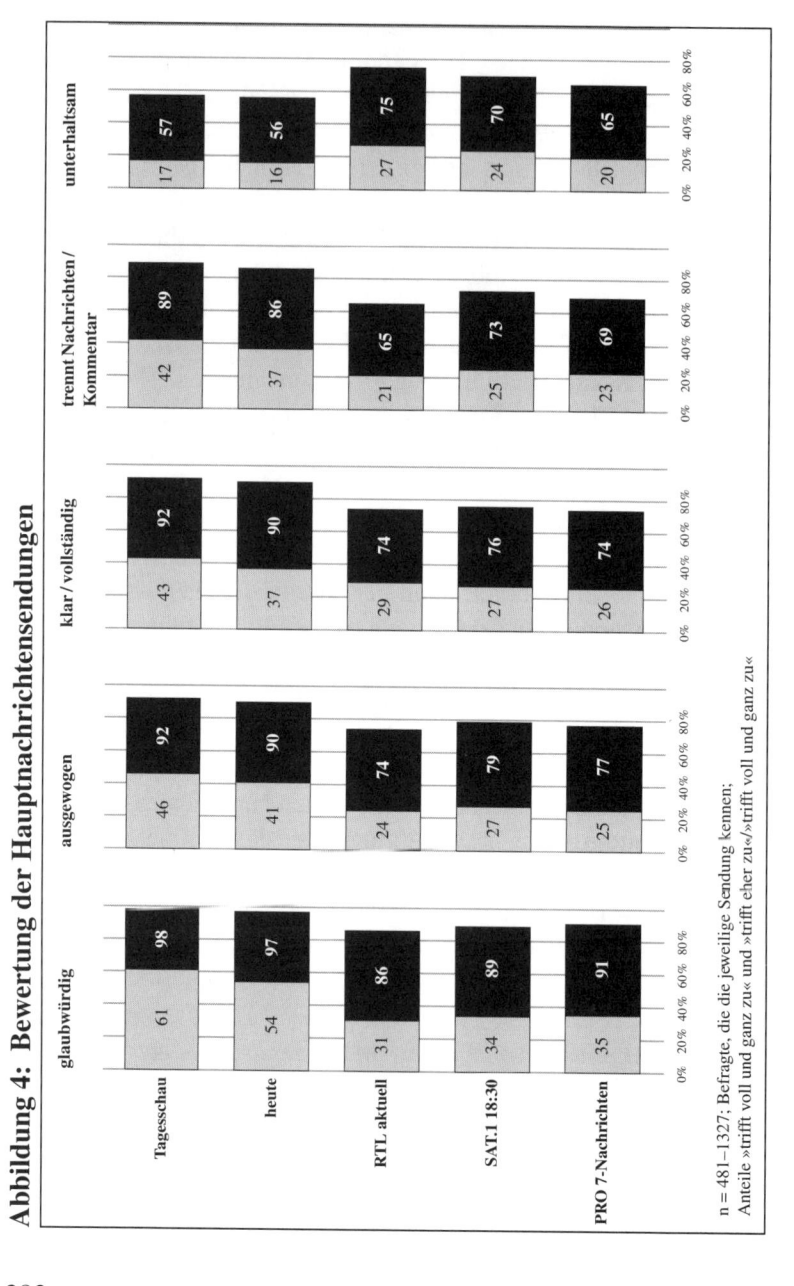

Abbildung 4: Bewertung der Hauptnachrichtensendungen

	glaubwürdig		ausgewogen		klar/vollständig		trennt Nachrichten/Kommentar		unterhaltsam	
	hell	gesamt	hell	gesamt	hell	gesamt	hell	gesamt	hell	gesamt
Tagesschau	61	98	46	92	43	92	42	89	17	57
heute	54	97	41	90	37	90	37	86	16	56
RTL aktuell	31	86	24	74	29	74	21	65	27	75
SAT.1 18:30	34	89	27	79	27	76	25	73	24	70
PRO 7-Nachrichten	35	91	25	77	26	74	23	69	20	65

n = 481–1327; Befragte, die jeweilige Sendung kennen;
Anteile »trifft voll und ganz zu« und »trifft eher zu«/»trifft voll und ganz zu«

auch der Verantwortung der Medien. Zugleich spielt der Jugendschutz bei den rechtlichen Auflagen an die privaten Veranstalter stets eine herausgehobene Rolle. Zur Analyse der Angebotsakzeptanz bei Kinder- und Jugendsendungen wurden die Erwachsenen, bei denen ein oder mehrere Kinder unter 14 Jahren im Haushalt leben, zum Fernsehverhalten der Kinder befragt.

Den Angaben der Befragten zufolge nutzen die Kinder ein breites Spektrum öffentlich-rechtlicher und privater Angebote: Bei der Nutzungshäufigkeit rangieren so unterschiedliche Sender wie der Kinderkanal, Super RTL und RTL ganz vorn, gefolgt von PRO 7, RTL 2, ARD und Nickelodeon. Dabei fällt auf, daß die Nutzung der Sender durch die Kinder der ihrer Eltern entspricht: Die Kinder der Öffentlich-Rechtliche-TV-Nutzer schalten zuallererst ARD, Dritte und ZDF ein; die der Privat-TV-Nutzer Super RTL, PRO 7 sowie RTL 2; die Kinder der Gemischt-TV-Nutzer schließlich sehen vor allem den Kinderkanal, RTL und ARD. Diese Übereinstimmung dürfte insbesondere auf den Einfluß des Elternhauses zurückzuführen sein. Die Kinder schalten vorwiegend jene Kanäle ein, die von den Eltern selbst häufig gesehen, mindestens aber besonders empfohlen werden.

Nach Auskunft der Eltern strahlt der Kinderkanal die besten Beiträge aus, mit deutlichem Abstand folgt die ARD. Offenbar stößt das neue öffentlich-rechtliche Spartenangebot für Kinder auf Akzeptanz. Die Plätze drei bis fünf werden von privaten Veranstaltern belegt (Super RTL, Nickelodeon, RTL). Die übrigen öffentlich-rechtlichen und kommerziellen Sender werden kaum noch genannt. Auch bei der Kompetenzbewertung zeigen sich die bekannten Bewertungsunterschiede zwischen den drei Nutzergruppen: Die Anhänger des öffentlich-rechtlichen TV schätzen am meisten die ARD, den Kinderkanal und die Dritten; die Privat-TV-Nutzer präferieren Super RTL, den Kinderkanal und Nickelodeon.

Tabelle 19: Nutzung und Bewertung von Kinderprogrammen

Häufig genutzte Sender der Kinder					Spartenkompetenz Kinder-/Jugend-sendungen					Sender, über die häufig mit Kindern gesprochen wird				
	Tot.	ö.	p.	g.		Tot.	ö.	p.	g.		Tot.	ö.	p.	g.
Kinderk.	27	23	22	35	Kinderk.	23	22	18	31	RTL	26	6	36	24
Sup. RTL	27	9	38	19	ARD	15	36	4	20	Kinderk.	25	21	19	37
RTL	26	16	27	31	Sup. RTL	13	1	22	7	PRO 7	24	9	38	12
PRO 7	23	16	31	13	Nickelod.	8	0	11	8	Sup. RTL	18	6	24	17
RTL 2	21	12	29	13	RTL	7	3	10	2	Nickelod.	15	9	16	18
ARD	20	39	8	26	ZDF	6	10	3	8	ARD	14	41	4	14
Nickelod.	17	14	20	14	Dritte	5	12	1	7	Dritte	14	41	7	6
SAT.1	14	9	10	22	RTL 2	5	2	7	3	RTL 2	10	6	14	8
Dritte	12	28	5	13	PRO 7	4	0	8	1	SAT.1	10	6	10	12
ZDF	12	26	5	14	Kabel 1	2	1	3	1	ZDF	9	27	4	6
Kabel 1	8	2	12	5	SAT.1	1	0	1	1	Kabel 1	5	6	7	2
VIVA	7	0	9	7	–	–	–	–	–	VIVA	5	0	4	10
MTV	3	0	4	4	–	–	–	–	–	MTV	4	0	3	8
VOX	3	2	2	5	–	–	–	–	–	VIVA2	1	0	3	0
–	–	–	–	–	sonstige	2	2	2	4	–	–	–	–	–

EMNID-Institut; Anteile der Befragten mit Kind(ern) im Haushalt (n = 315). Tot. = Total; ö. = Öff.-Rechtl.-TV-Nutzer; p. = Privat-TV-Nutzer; g. = Gemischt-TV-Nutzer

Vergleicht man die Sendernutzungshäufigkeit der Kinder mit der Bewertung der Sender durch die Eltern, wird deutlich, daß sich auch solche Kanäle ganz oben auf der Einschaltskala befinden, die von den Eltern als Kindersender weniger geschätzt werden (RTL 2 und PRO 7 bei den Privat-TV-Nutzern, RTL und SAT.1 bei den Gemischt-TV-Nutzern); umgekehrt gibt es Sender, die vergleichsweise gut bewertet, aber insgesamt weniger oft genutzt werden (ARD, Nickelodeon).

Die Befragung der Eltern zeigt auch, daß die Kinder in vielen Fällen allein vor dem Fernsehgerät sitzen (Tab. 20). Nur ein gutes Drittel der Eltern (37 Prozent) sieht oft oder sehr oft gemeinsam mit den Kindern fern; ein weiteres Drittel ist zumindest gelegentlich anwesend; in den übrigen Fällen verbringen die Kinder ihre Fernsehzeit weitgehend allein. Überraschend ist das Ergebnis, daß die Privat-TV-Nutzer mit ihren Kindern fast doppelt so häufig gemeinsam fernsehen wie die Nutzer des öffentlich-rechtlichen TV.

Tabelle 20: Gemeinsames Fernsehen mit den Kindern

	Total	ö.-r. TV-Nutzer	priv. TV-Nutzer	gem. Nutzer
sehr oft/oft	37	25	47	30
gelegentlich	36	38	28	48
selten/nie	26	37	25	22

EMNID-Institut; Anteile an Befragten mit Kind(ern) im Haushalt in Prozent

Eine Erklärung für diesen Sachverhalt wäre, daß die Zuschauer des kommerziellen Fernsehens länger und betont unterhaltungsorientiert fernsehen, so daß eine gemeinsame Nutzung mit Kindern nicht nur wahrscheinlicher ist, sondern die von diesen Erwachsenen gesehenen Unterhaltungsprogramme auch eher die Bedürfnisse der Kinder treffen, als dies bei den Öffentlich-Rechtlichen der Fall ist. Generell ergibt sich ein starker Zusammenhang zwischen der elterlichen Fernsehnutzung und den von Kindern genutzten Hauptprogrammen (Tab. 21).

Tabelle 21: Assoziation der Fernsehnutzung von Eltern und Kindern

Fernsehnutzung der Kinder	Fernsehnutzung der Eltern					
	ARD	ZDF	Dritte	RTL	SAT.1	PRO 7
ARD	,46**	,42**	,24**	-,16**	-,10	-,19**
ZDF	,37**	,44**	,21**	-,13**	-,09	-,16**
Dritte	,28**	,26**	,36**	-,11	-,07	-,17**
RTL	-,17**	-,18**	-,16**	,41**	,36**	,31**
SAT.1	-,09	-,06	-,09	,30**	,40**	,23**
PRO 7	-,27**	-,26**	-,19**	,28**	,30**	,48**

** Korrelation ist signifikant bei 1%

Die Kinder, deren Eltern vorwiegend öffentlich-rechtliche Programme sehen, nutzen ebenfalls besonders oft ARD, ZDF oder die Dritten und besonders selten die Kommerziellen. Wo umgekehrt das Elternhaus den privaten Anbietern zuneigt, schauen auch die Kindern diese Programme besonders häufig, wohingegen sie von den Öffentlich-Rechtlichen kaum noch erreicht werden. Es entsteht der Eindruck, als ob sich die weiter oben beschriebene Kluft in der Nutzung der beiden Systeme in Zukunft weiter verfestigen dürfte.

Allerdings handelt es sich beim Fernsehverhalten der Kinder um Schätzungen der Erwachsenen. Es ist nicht ausgeschlossen, daß jene ungenau sind und in manchen Fällen eher auf Mutmaßungen als auf genauen Verhaltensbeobachtungen basieren. Dieses gilt insbesondere dann, wenn weder mit den Kindern gemeinsam ferngesehen noch über das Gesehene gesprochen wird. Kontrolliert man die bivariaten Korrelationen in der obigen Tabelle um den Einfluß der Gespräche und des gemeinsamen Fernsehens, ändern sich überraschenderweise die Zusammenhänge in Richtung und Stärke nicht. Mit anderen Worten ändert sich an der elterlichen Einschätzung nichts, wenn diese kaum über konkrete Informationen über das kindliche Fernsehen verfügen.

Tabelle 22: Gespräche mit den Kindern übers Fernsehen

Gespräche mit den Kindern übers Fernsehen	Total	ö.-r. TV-Nutzer	priv. TV-Nutzer	gem. Nutzer
sehr oft/oft	52	50	47	63
gelegentlich	27	32	30	22
selten/nie	19	18	22	7
Gespräche mit den Kindern übers Fernsehen	Gemeinsames Fernsehen mit den Kindern			
	sehr oft/oft	gelegentlich	selten/nie	
sehr oft/oft	76	47	28	
gelegentlich	16	39	27	
selten/nie	8	13	44	

EMNID-Institut; Anteile an Befragten mit Kind(ern) im Haushalt in Prozent

Obwohl – wie gesagt – nur ein gutes Drittel der Eltern oft mit den Kindern gemeinsam fernsieht, geben 52 Prozent von ihnen an, mit den Kindern häufig Gespräche über das Fernsehen zu führen (Tab. 22). In den Haushalten, in denen die Kinder überwiegend allein vor dem Gerät sitzen, wird umgekehrt auch kaum über das Programm gesprochen. Hier sind die Kinder gezwungen, das Gesehene entweder allein oder zumindest außerhalb des Elternhauses zu verarbeiten. Wenn die Eltern mit ihren Kindern über bestimmte Sender reden, handelt es sich vorzugsweise um RTL (26 Prozent), den Kinderkanal (25 Prozent) sowie PRO 7 (24 Prozent).

5.4 Imageprofile der Programme

Jenseits der Kompetenzzuschreibungen im Hinblick auf spezifische Sparten oder Formate wurde erhoben, über welche generellen Images die Sender verfügen. Images sind nicht notwendigerweise identisch mit den Urteilen über die konkreten Programmangebote. Während die Angebote eines Veranstalters raschen Veränderungen unterliegen können, wandeln sich Images nur langsam.

Ein Blick auf die image-prägenden Eigenschaften zeigt jedoch erneut ein Muster, welches den Beurteilungen der Spartenkompetenzen folgt (Tab. 23). So gilt die ARD in der Bevölkerung als der informativste Sender, als Sender, der am häufigsten gesellschaftliche Probleme und Themen anspricht und die meisten deutschen Filme und Serien bringt. Interessanterweise sind es die Dritten Programme, die sich nach Auffassung der Befragten am meisten um den einzelnen Bürger und seine Anliegen kümmern, Minderheiten angemessen zu Wort kommen lassen und zugleich am ehesten Spezialinteressen bedienen. Dem ZDF werden vergleichbare Imagequalitäten zugesprochen wie der ARD – allerdings mit einigem Abstand.

Das Gros der im weitesten Sinne als grundversorgungsrelevant zu kennzeichnenden Eigenschaften wird damit vorrangig der ARD und den Dritten zugeschrieben. Allerdings ist RTL für die Befragten der Sender, der am häufigsten Mißstände aufdeckt (27 Prozent) und am vielseitigsten ist (20 Prozent). Noch bemerkenswerter ist, daß sich RTL bei allen grundversorgungsrelevanten Eigenschaften (*informativ, spricht Probleme an, vielseitig, läßt Minderheiten zu Wort kommen etc.*) stets in der Gruppe der besten drei Sender befindet. Andererseits wird RTL von den Zuschauern immer noch als der Sender angesehen, der die meisten Gewaltszenen zeigt (24 Prozent Zustimmung), ohne daß dieses – wie die Inhaltsanalyse zeigte – heute tatsächlich zutrifft. PRO 7 gilt als das unterhaltsamste Programm (21 Prozent) mit der meisten Action und Spannung (34 Prozent). SAT.1 verfügt, mit Ausnahme von Sex und Erotik (21 Prozent), ähnlich dem ZDF nicht über ein ausgeprägtes Imageprofil. Bei sämtlichen unterhaltungsbezogenen Eigenschaften (*unterhaltsam, Action und Spannung etc.*) bilden die drei untersuchten privaten Veranstalter RTL, SAT.1 und PRO 7 stets die Spitze.

Betrachtet man die Eigenschaftsprofile getrennt für die drei Nutzertypen, zeigt sich auch hier, daß die beiden Exklusiv-Nutzertypen die Sender ihres Systems jeweils besser bewerten (Tab. 24). So lautet beispielsweise bei der Eigenschaft »informativ« die Rangreihe bei den Öffentlich-Rechtliche-TV-Nutzern ARD (39 Prozent), ZDF (21 Prozent) und Dritte (18 Prozent). Die Anhänger des Privat-Fernsehens hingegen nennen zuerst RTL (26 Prozent) und PRO 7 (16 Prozent), und dann erst ARD (14 Prozent). Die Anhänger des kommerziellen Fernsehens werden demzufolge aus ihrer Perspektive von den Privaten nicht nur mit Unterhaltung, sondern auch mit Information besser beliefert, wobei freilich der Begriff der »Information« eine besondere Konnotation in Richtung Soft-News besitzt.

Neben der Zuordnung von Eigenschaften wurden die Befragten auch zu einer abschließenden Globalbewertung der Sender aufgefordert. Dies geschah durch die Vergabe von Schulnoten für das Gesamtprogramm eines Senders (Skala von 1-6). Im Ergebnis zeigt sich ein deutliches Gefälle zwischen öffentlich-rechtlichen und privaten Sendern (Abb. 5). Am besten beurteilt wird die ARD, deren Programm von 58 Prozent der Befragten mit »sehr gut« oder »gut« bewertet wird. Dichtauf folgen das ZDF mit 55 Prozent und die Dritten Programme mit 51 Prozent. Auf den Plätzen vier bis sechs finden sich

Angebotsprofile im dualen System

Tabelle 23: Eigenschaftsprofile der Sender
»Diese Eigenschaft trifft am ehesten zu auf...«

informativ		vielseitig		spricht gesell. Probleme an		kümmert sich um den Bürger		deckt Mißstände auf		läßt Minderheiten zu Wort kommen	
ARD	30	RTL	20	ARD	26	Dritte	26	RTL	27	Dritte	17
RTL	15	ARD	19	RTL	18	RTL	16	ARD	19	ARD	14
ZDF	14	ZDF	17	ZDF	16	ARD	13	SAT.1	12	RTL	11
Dritte	9	SAT.1	9	Dritte	10	SAT.1	6	ZDF	11	ZDF	7
SAT.1	7	PRO 7	9	SAT.1	10	ZDF	5	Dritte	6	SAT.1	7
PRO 7	6	Dritte	8	PRO 7	2	PRO 7	2	PRO 7	4	arte	3
n-tv	5	VOX	1	3sat	1	–	–	–	–	3sat	2
–	–	Kabel 1	1	arte	1	–	–	–	–	PRO 7	2
sonstige	4	sonstige	4	sonstige	2	sonstige	3	sonstige	3	sonstige	5
k.A.	9	k.A.	12	k.A.	14	k.A.	29	k.A.	18	k.A.	33

bedient Spezialinteressen		bringt deutsche Filme/Serien		unterhaltsam		bringt Action und Spannung		zeigt Gewaltszenen		zeigt Sex und Erotik	
Dritte	18	ARD	28	PRO 7	21	PRO 7	34	RTL	24	SAT.1	21
ZDF	9	ZDF	21	RTL	20	RTL	23	PRO 7	23	RTL	16
3sat	8	RTL	11	SAT.1	13	SAT.1	7	SAT.1	7	PRO 7	7
arte	8	SAT.1	8	ZDF	11	Kabel 1	3	RTL 2	3	VOX	7
ARD	6	Dritte	8	ARD	7	VOX	3	VOX	2	Prem.	4
Eurosp.	6	PRO 7	2	Dritte	7	Prem.	3	Kabel 1	2	RTL 2	4
RTL	6	Kabel 1	2	Kabel 1	2	RTL 2	2	Prem.	2	–	–
DSF	4	–	–	Prem.	2	ZDF	2	ZDF	1	–	–
SAT.1	4	–	–	–	–	–	–	–	–	–	–
sonstige	8	sonstige	3	sonstige	6	sonstige	4	sonstige	4	sonstige	5
k.A.	24	k.A.	17	k.A.	13	k.A.	20	k.A.	32	k.A.	38

EMNID-Institut; Anteile der Befragten in Prozent; k.A. = keine Angabe

Tabelle 24: Eigenschaften der Sender nach Nutzertypen
»Diese Eigenschaft trifft am ehesten zu auf...«

	informativ			vielseitig				spricht gesell. Probleme an				kümmert sich um den Bürger				deckt Mißstände auf			
	g.	ö.	p.		g.	ö.	p.		g.	ö.	p.		g.	ö.	p.		g.	ö.	p.
ARD	38	39	14	ARD	24	27	6	ARD	28	40	13	Dritte	30	38	14	RTL	27	10	39
ZDF	19	21	5	ZDF	23	26	4	ZDF	21	19	7	ARD	17	15	8	ARD	19	35	8
RTL	14	1	26	RTL	17	8	33	RTL	14	4	33	RTL	14	5	25	ZDF	14	19	3
Dritte	8	18	5	SAT.1	10	3	14	Dritte	11	13	7	ZDF	6	7	3	SAT.1	11	5	18
SAT.1	5	3	12	Dritte	9	12	3	SAT.1	9	2	15	SAT.1	6	2	11	Dritte	9	10	2
n-tv	4	4	7	PRO 7	3	1	20	3sat	2	1	1	PRO 7	0	0	5	PRO 7	1	1	8
PRO 7	1	0	16	VOX	1	1	3	PRO 7	1	0	6	–	–	–	–	–	–	–	–
–	–	–	–	Kab.1	0	0	3	arte	1	2	1	–	–	–	–	–	–	–	–
sonst.	3	5	6	sonst.	3	4	5	sonst.	1	0	4	sonst.	2	2	4	sonst.	3	2	4
k.A.	8	9	9	k.A.	10	18	9	k.A.	12	19	13	k.A.	25	31	30	k.A.	16	18	18

Angebote im dualen System

bedient Spezial-interessen				unterhaltsam				bringt Action und Spannung				zeigt Gewaltszenen				zeigt Sex und Erotik			
	g.	ö.	p.		g.	ö.	p.		g.	ö.	p.		g.	ö.	p.		g.	ö.	p.
Dritte	20	18	16	RTL	23	7	26	PRO 7	32	15	52	RTL	28	23	20	SAT.1	20	13	29
ZDF	10	13	4	SAT.1	20	5	10	RTL	26	24	20	PRO 7	25	12	29	RTL	17	16	13
3sat	10	8	6	PRO 7	15	6	39	SAT.1	9	6	5	SAT.1	7	9	7	PRO 7	9	5	7
arte	9	10	6	ZDF	11	24	1	VOX	5	1	2	RTL 2	4	2	4	VOX	7	2	8
ARD	7	8	5	Dritte	10	10	1	Kab.1	4	1	4	VOX	4	0	1	Prem.	4	0	6
EuSp	4	3	9	ARD	6	15	1	RTL 2	2	2	2	Kab.1	2	0	2	RTL 2	2	0	7
RTL	4	4	8	Kab.1	1	1	3	Prem.	1	1	5	Prem.	1	0	4	–	–	–	–
DSF	4	1	7	Prem.	0	1	3	ZDF	1	5	0	ZDF	1	2	0	–	–	–	–
SAT.1	4	1	6	–	–	–	–	–	–	–	–	–	–	–	–	–	–	–	–
sonst.	7	4	11	sonst.	4	8	8	sonst.	4	7	0	sonst.	2	10	3	sonst.	5	11	1
k.A.	21	30	22	k.A.	10	23	8	k.A.	16	38	10	k.A.	26	42	30	k.A.	36	53	29

EMNID-Institut; Anteile der Befragten in Prozent; g. = Gemischt-TV-Nutzer; ö. = Öff.-Rechtl.-TV-Nutzer; p. = Privat-TV-Nutzer; k.A. = keine Angabe

Tibor Kliment, Wolfram Brunner

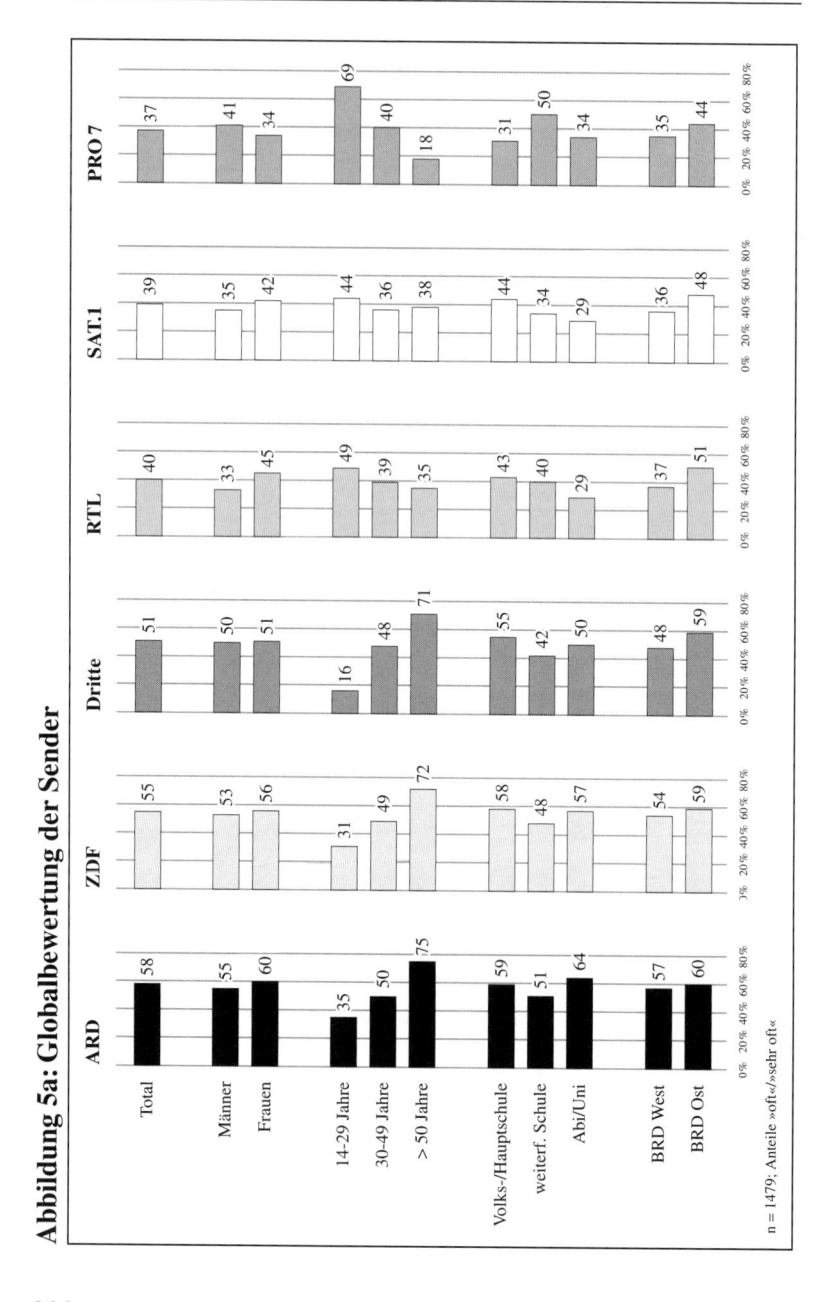

Abbildung 5a: Globalbewertung der Sender

	ARD	ZDF	Dritte	RTL	SAT.1	PRO 7
Total	58	55	51	40	39	37
Männer	55	53	50	33	35	41
Frauen	60	56	51	45	42	34
14-29 Jahre	35	31	16	49	44	69
30-49 Jahre	50	49	48	39	36	40
> 50 Jahre	75	72	71	35	38	18
Volks-/Hauptschule	59	58	55	43	44	31
weiterf. Schule	51	48	42	40	34	50
Abi/Uni	64	57	50	29	29	34
BRD West	57	54	48	37	36	35
BRD Ost	60	59	59	51	48	44

n = 1479; Anteile »oft«/»sehr oft«

302

Angebotsprofile im dualen System

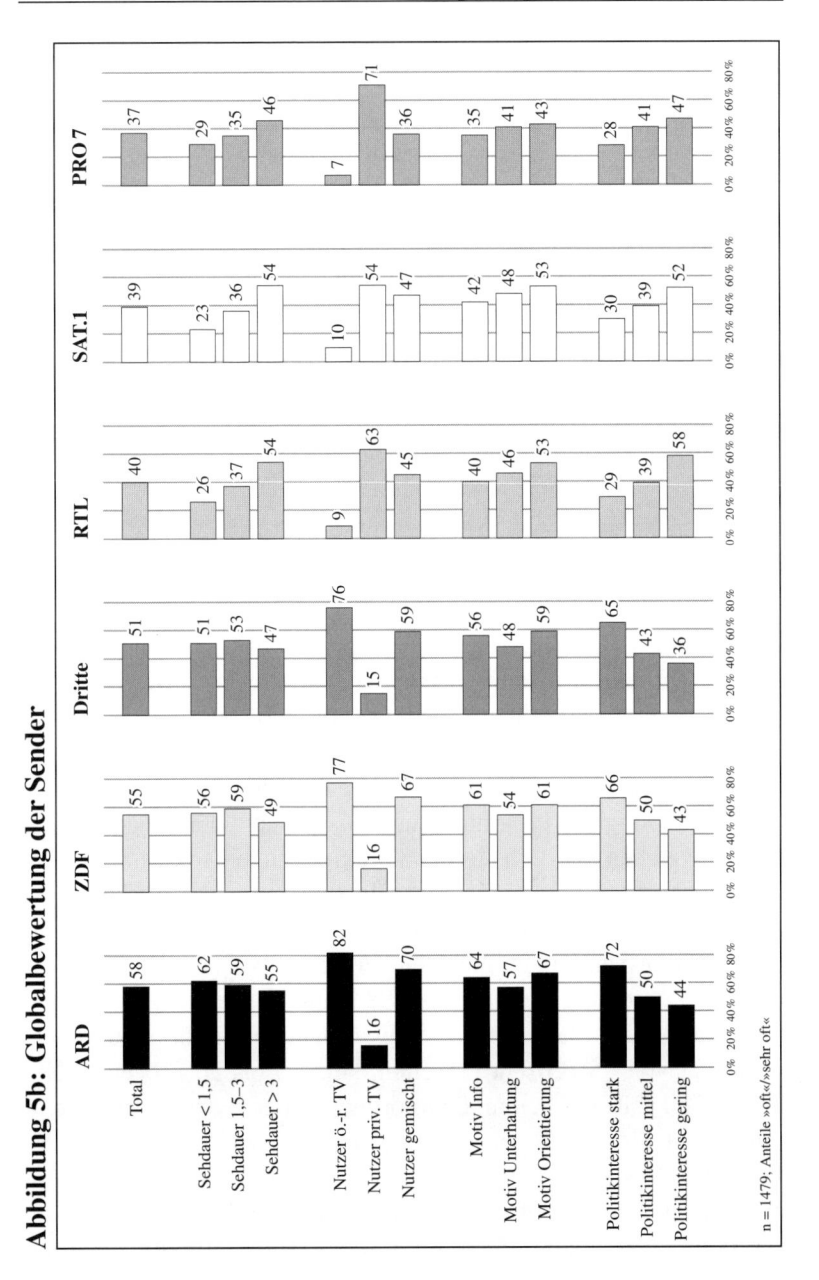

Abbildung 5b: Globalbewertung der Sender

	ARD	ZDF	Dritte	RTL	SAT.1	PRO 7
Total	58	55	51	40	39	37
Sehdauer < 1,5	62	56	51	26	23	29
Sehdauer 1,5–3	59	59	53	37	36	35
Sehdauer > 3	55	49	47	54	54	46
Nutzer ö.-r. TV	82	77	76	9	10	7
Nutzer priv. TV	16	16	15	63	54	71
Nutzer gemischt	70	67	59	45	47	36
Motiv Info	64	61	56	40	42	35
Motiv Unterhaltung	57	54	48	46	48	41
Motiv Orientierung	67	61	59	53	53	43
Politikinteresse stark	72	66	65	29	30	28
Politikinteresse mittel	50	50	43	39	39	41
Politikinteresse gering	44	43	36	58	52	47

n = 1479; Anteile »oft«/»sehr oft«

RTL (40 Prozent), SAT.1 (39 Prozent) und schließlich PRO 7 (37 Prozent). Obwohl RTL der Marktführer ist und umgekehrt die Dritten vergleichsweise geringe Reichweiten verbuchen, sind die Positionierungen im Hinblick auf die Bewertungen vertauscht. Dieses dokumentiert, daß die Beurteilungen und die faktische Nutzung eines Programms voneinander unabhängig sein können. Allerdings zeigen sich auch hier erneut die nutzertypischen Präferenzunterschiede.

Alles in allem belegen die deutlichen Benotungsunterschiede zwischen öffentlich-rechtlichen und privaten Sendern, daß die Öffentlich-Rechtlichen trotz unverkennbarer Nutzungsrückgänge in der Wertschätzung der Bevölkerung nach wie vor oberhalb der kommerziellen Anbieter rangieren, in den Augen der Zuschauer also sehr wohl eine Vorbildfunktion erfüllen.

5.5 Der Kenntnisstand über das duale System

Der Kenntnisstand über das duale System wurde mit einer Reihe unterschiedlicher Indikatoren erhoben. Gemessen wurden die Programmkenntnis, die Unterscheidung von privaten und öffentlich-rechtlichen Sendern sowie das Wissen um verschiedene Aspekte der Gebührenfinanzierung der öffentlich-rechtlichen Programme.

Zur Messung der Programmkenntnis sollten die Befragten angeben, in welchen Sendern ausgewählte Sendungen ausgestrahlt werden. Dabei wurden zwei Genres – Information und Unterhaltung – zugrundegelegt, wobei es sich pro Genre und Sender um *jeweils quotenstarke* Sendungen handelte. Erwartungsgemäß differiert die richtige Zuordnung deutlich von Sendung zu Sendung (Tab. 25). Der Anteil der Befragten, die eine Sendung richtig zuordnen, schwankt von 68 Prozent (»Wetten daß...«) bis 30 Prozent (»Nur die Liebe zählt«). Alles in allem ordnete jeder Befragte im Durchschnitt nur die Hälfte der Sendungen richtig zu. Wenn man allerdings die »Systemherkunft« der Sendungen betrachtet, d.h. die Sendungen nur einem öffentlich-rechtlichen oder privaten Sender zuordnen ließ, gaben immerhin im Schnitt zwei Drittel der Befragten die Sendungen richtig an. Eine hinreichende Kenntnis der programmlichen Angebote öffentlich-rechtlicher und privater Veranstalter, welche ja die rationale Grundlage für eine angemessene Einschätzung der Gebührenfinanzierung ist, kann insofern als gegeben angesehen werden.

Tabelle 25: Zuordnung von Sendungen zu Sendern

Sender	Monitor (ARD)	Herz-blatt (ARD)	Frontal (ZDF)	Wetten, daß ... (ZDF)	Explosiv (RTL)	100.000 Mark Show (RTL)	Akte 97 (SAT.1)	Nur die Liebe zählt (SAT.1)
ARD	56	47	12	12	2	2	1	6
ZDF	23	10	42	68	2	2	2	4
Dritte	2	3	1	0	0	0	0	0
Summe Ö-R	81	60	55	80	4	4	3	10
RTL	2	6	4	7	67	54	15	16
SAT.1	2	5	4	5	9	16	33	30
PRO 7	1	1	2	0	3	0	10	2
Summe Privat	5	12	10	12	79	70	58	48
weiß nicht	14	25	32	8	16	24	34	39

EMNID-Institut; Anteile der Befragten in Prozent

Ein in dem Sinne weiterer wichtiger Wissensindikator ist die Fähigkeit, öffentlich-rechtliche und private Sender überhaupt angemessen unterscheiden zu können. Im Vergleich zur Sendungskenntnis fällt die Systemzuordnung der Veranstalter noch besser aus (Tab. 26).

Tabelle 26: Einordnung von Sendern als öffentlich-rechtlich oder privat

Sender	öffentlich-rechtlich	privat	weiß nicht
ARD	96	1	2
ZDF	97	1	2
Dritte	92	4	4
3sat	56	31	13
arte	26	51	23
RTL	9	87	4
SAT.1	9	86	5
PRO 7	5	89	6
Kabel 1	10	78	12
VOX	7	83	10
n-tv	15	67	19

EMNID-Institut; Anteile der Befragten in Prozent

Bei den großen öffentlich-rechtlichen und privaten Sendern war mindestens 86 Prozent der Zuschauer die jeweilige Systemzugehörigkeit bekannt. Bemerkenswerterweise hält allerdings ein vergleichsweise hoher Prozentsatz die öffentlich-rechtlichen Kulturprogramme 3sat (31 Prozent) und arte (51 Prozent) für private Sender; bei den privaten Sendern bestand lediglich im Falle des Nachrichtensenders n-tv eine gewisse Unklarheit.

Als dritte Dimension der Kenntnis des dualen Systems wurde das Wissen um die öffentlich-rechtliche Gebührenfinanzierung abgefragt. Im Ergebnis wurden die monatlichen Rundfunkgebühren, die derzeit bei 28,25 DM liegen, von den Befragten im Mittel mit 36,50 DM angegeben, d.h. deutlich überschätzt (Tab. 27). Wenn man als »korrekte« Antwort den Korridor zwischen 25 und 31 DM (28 DM ±10 Prozent) zuläßt, gibt etwa ein Drittel der Interviewten die richtige Antwort. Bei 39 Prozent ist die Einschätzung falsch, weitere 28 Prozent versuchen gar nicht erst, die Höhe der Rundfunkgebühren zu bestimmen. Angesichts dieser relativ begrenzten Kenntnisse ist die zeitweilig in der Öffentlichkeit stark politisierte Debatte um Gebührenerhöhungen offenbar nur für eine Minderheit von echtem Interesse gewesen. Sehr stark überschätzt wird die Höhe der Rundfunkgebühren von den 14-29jährigen, die ja oftmals noch keine eigenen Gebühren zahlen, aber auch von Personen, die ausschließlich private Sender nutzen.

Tabelle 27: Kenntnis der Gebührenhöhe

Demographie	Durchschnitt in DM	richtig (25-31 DM)	falsch	weiß nicht
Total	37,–	32 %	39 %	28 %
Geschlecht				
m	36,–	33 %	42 %	24 %
w	38,–	31 %	37 %	32 %
Alter				
14-29 Jahre	46,–	28 %	41 %	31 %
30-49 Jahre	33,–	34 %	45 %	21 %
50+ Jahre	34,–	33 %	34 %	32 %
Bildung				
niedrig	38,–	29 %	39 %	31 %
mittel	35,–	38 %	38 %	25 %
hoch	35,–	32 %	44 %	24 %
Gebiet				
BRD West	37,–	31 %	42 %	26 %
BRD Ost	34,–	36 %	29 %	35 %
TV-Nutzertyp				
ö.-r. Nutzer	35,–	34 %	37 %	28 %
priv. Nutzer	42,–	29 %	39 %	30 %
gem. Nutzer	34,–	34 %	39 %	26 %

EMNID-Institut; Angabe der Gebührenhöhe in DM; Anteile der Befragten in Prozent

Trotz der Ungenauigkeiten bei der Schätzung der Gebührenhöhe wissen die Bundesbürger sehr genau, wer die Rundfunkgebühren erhält. Vier von fünf Befragten nennen als Gebührenempfänger einen oder mehrere öffentlich-rechtliche Sender, und nur knapp 20 Prozent geben private Sender an oder können überhaupt keine Aussage treffen. Vergegenwärtigt man sich, daß sich der durchschnittliche Zuschauer nur wenig für Detailfragen der Medienpolitik interessiert, kann der Kenntnisstand zum dualen System insgesamt als gut bezeichnet werden. Dieses läßt eine rationale Beurteilungsbasis vermuten, sagt aber noch nichts über die Akzeptanz der Gebühren aus.

5.6 Die Akzeptanz von Gebührenfinanzierung und Pay-TV

Die Einstellung der Bevölkerung gegenüber den Rundfunkgebühren berührt ein Kernthema der Verfaßtheit des dualen Systems: Primäre Gebührenfinanzierung der öffentlich-rechtlichen Programme auf der einen und Werbefinanzierung der kommerziellen Anbieter auf der anderen Seite bilden die beiden tragenden Säulen dieses Systems. Die Frage nach der Akzeptanz der herrschenden Gebührenordnung, ihre Legitimität in den Augen der Bevölkerung, ist zentral für den Bestand öffentlich-rechtlicher Programme.

Die Einstellungen zu den Gebühren wurde auf zweierlei Weise gemessen: Zunächst wurden die Bewertungen der Rundfunkgebühren erhoben, ohne die Befragten über die tatsächliche Gebührenhöhe zu informieren (ungestützte Befragung). Im nächsten Schritt wurde den Befragten die Höhe der aktuellen Gebühren mitgeteilt und dann noch einmal ihre Beurteilung der Angemessenheit der Gebührenhöhe erhoben (gestützte Befragung).

Ungestützt, d.h. ohne Auskunft über die tatsächliche Höhe der Gebühren, werden die monatlichen Rundfunkgebühren von mehr als jedem zweiten Bundesbürger (52 Prozent) als zu hoch bewertet (Tab. 28). Besonders kritisiert wird die Gebührenhöhe von den formal weniger Gebildeten und von Personen, die nur private Sender häufig nutzen.

Bei der gestützten Bewertung der Rundfunkgebühren, diesmal also mit Angabe der tatsächlichen Höhe, ergibt sich ein positiveres Bild (Tab. 28): Nun sind nur noch 44 Prozent der Auffassung, die Gebühren seien zu hoch, 54 Prozent geben das Urteil »angemessen« ab. Diese Verschiebung ist nicht verwunderlich, ruft man sich in Erinnerung, daß die monatliche Gebührenhöhe von den Bundesbür-

Tabelle 28: Bewertung der Rundfunkgebühren

Demographie	ungestützt				gestützt		
	zu hoch	ange-messen	zu niedrig	weiß nicht	zu hoch	ange-messen	zu niedrig
Total	52	42	1	5	44	54	2
Geschlecht							
m	54	41	1	4	45	52	3
w	51	43	1	5	43	55	1
Alter							
14-29 Jahre	48	35	2	14	48	48	5
30-49 Jahre	58	39	0	2	48	50	1
50+ Jahre	50	49	0	2	39	60	1
Bildung							
niedrig	57	40	1	2	45	53	2
mittel	50	43	1	7	46	51	3
hoch	42	48	0	9	37	61	2
Gebiet							
BRD West	52	43	1	4	44	54	2
BRD Ost	55	39	0	6	44	53	1
TV-Nutzertyp							
ö.-r. Nutzer	48	48	0	4	40	59	1
priv. Nutzer	59	31	1	9	52	45	3
gem. Nutzer	49	49	1	1	39	58	2

EMNID-Institut; Anteile der Befragten in Prozent

gern um etwa 8 DM überschätzt wird. Von den Befragten, welche die Gebühren ungestützt als zu hoch empfanden, blieben 75 Prozent auch dann bei dieser Ansicht, als sie über die tatsächliche Gebührenhöhe informiert wurden, 25 Prozent fanden die Gebühren danach »angemessen« bzw. »zu niedrig«. Diese Rückgänge indizieren, daß die zum Teil hitzige öffentliche Debatte in der Bevölkerung dazu geführt hat, die faktische Gebührenhöhe zu überschätzen. Akzeptanzdefizite sind hier teilweise in einer mangelnden Information der Öffentlichkeit begründet. Andererseits gilt, daß auch nach Aufklärung über die tatsächliche Gebührenhöhe fast jeder zweite Zuschauer diese nicht akzeptiert.

Dieses bedeutet jedoch nicht die prinzipielle Ablehnung jedweder Gebührenfinanzierung. Mehr als zwei Drittel der Bundesbürger (69 Prozent) würden auch weiterhin Gebühren zahlen, um öffentlich-rechtliche Sender empfangen zu können (Tab. 29). Demgegenüber sprechen sich 31 Prozent für den Verzicht auf Gebühren aus; selbst dann, wenn sie als Konsequenz öffentlich-rechtliche Sender nicht mehr empfangen könnten. Zu diesem Verzicht sind – wie zu erwarten ist – in besonderer Weise die bevorzugten Nutzer des Privatfernsehens bereit, einschließlich der damit korrelierenden demographischen Merkmale dieser Zuschauer (jünger, mittlere Bildung, schwaches politisches Interesse usw.). Andererseits bleibt der Empfang öffentlich-rechtlicher Sender besonders wichtig für Befragte ab 50 Jahren, höher Gebildete, Wenigseher, Personen mit informations- oder orientierungsbezogenen Nutzungsmotiven und Befragte mit starkem politischen Interesse. Auch die ostdeutschen Fernsehzuschauer, die ansonsten eher den privaten Veranstaltern zuneigen, zeigen eine überdurchschnittlich hohe Zahlungsbereitschaft, was vermutlich auf die starke Bindung an die dritten Programme zurückzuführen ist.

Tabelle 29: Gebührenbereitschaft nach Bevölkerungsgruppen

Demographie	für weitere Gebühren-finanzierung	für Verzicht auf Gebühren
Total	69	30
Geschlecht		
m	66	33
w	72	26
Alter		
14-29 Jahre	52	47
30-49 Jahre	65	34
50+ Jahre	81	18
Bildung		
niedrig	71	27
mittel	63	37
hoch	73	25
Gebiet		
BRD West	68	31
BRD Ost	74	24
TV-Nutzertyp		
ö.-r. Nutzer	84	15
priv. Nutzer	45	53
gem. Nutzer	81	18
Einstellung zu Gebühren		
Gebühren zu hoch (ungestützt)	59	40
Gebühren angemessen (ungestützt)	82	17
Politikinteresse		
stark	81	19
mittel	62	36
gering	61	38

EMNID-Institut; Anteile der Befragten in Prozent

Die Bereitschaft der Bevölkerung, sich zusätzliche Fernsehangebote gezielt zu kaufen (Pay-/Abo-TV), ist angesichts des umfangreichen Free-TV Angebots in Deutschland verhalten (Tab. 30). Dieses käme nur für etwa jeden fünften Befragten (22 Prozent) in Frage, im Durchschnitt würden sie dann 22,60 DM im Monat für zusätzliche Sendungen bezahlen wollen. Vergleicht man die Bereitschaft zu Pay-/Abo-TV mit den Einstellungen zu den Rundfunkgebühren, so zeigt sich, daß die Gegner der Gebühren *nicht* solche Personen sind, die generell kein Geld für Fernsehangebote ausgeben wollen. Im Gegenteil: Die Gebührengegner sind in höherem Maße als jede andere Gruppe bereit, für Pay-/Abo-TV zu bezahlen. Es handelt sich in erster Linie um die bevorzugten Nutzer privater Sender, die Bezahlfernsehen akzeptieren. Ihnen geht es nicht um die Ablehnung einer finanziellen Inanspruchnahme für das Fernsehen per se, sondern um die aus ihrer Sicht unbefriedigenden Angebote, die ihnen von öffentlich-rechtlicher Seite zur Verfügung gestellt werden.

Tabelle 30: Bereitschaft für Pay-/Abo-TV

Demographie	ja	nein	Durchschnitt in DM
Total	22 %	77 %	23,– DM
Geschlecht			
m	26 %	73 %	23,– DM
w	18 %	81 %	22,– DM
Alter			
14-29 Jahre	32 %	67 %	25,– DM
30-49 Jahre	24 %	76 %	28,– DM
50+ Jahre	16 %	84 %	15,– DM
Bildung			
niedrig	18 %	82 %	22,– DM
mittel	29 %	71 %	24,– DM
hoch	25 %	73 %	22,– DM
TV-Nutzertyp			
ö.-r. Nutzer	17 %	83 %	19,– DM
priv. Nutzer	30 %	70 %	27,– DM
gem. Nutzer	20 %	80 %	19,– DM
Einstellung zu Gebühren			
für Gebührenfinanzierung	18 %	82 %	21,– DM
gegen Gebührenfinanzierung	34 %	66 %	25,– DM
Politikinteresse			
stark	20 %	80 %	19,– DM
mittel	24 %	76 %	21,– DM
gering	24 %	75 %	29,– DM

EMNID-Institut; Anteile der Befragten in Prozent

Die Ergebnisse belegen damit insgesamt eine vergleichsweise starke Unterstützung für das duale System. Öffentlich-rechtliche Sender sind für den Großteil der Zuschauer unverzichtbar, allerdings legt fast ein Drittel der Zuschauer auf gebührenfinanziertes Fernsehen keinen Wert mehr. Daneben ist knapp die Hälfte der Fernsehnutzer der Meinung, die Gebühren seien zu hoch.

5.7 Defizite und Ansprüche im Hinblick auf das Fernsehen

Im letzten Teil der Untersuchung ging es um grundlegende Einstellungen zum Fernsehsystem in Deutschland. Dabei wurde nach Ansprüchen und Kritikpunkten der Zuschauer gefragt.

Die Ansprüche an das Fernsehen fallen erwartungsgemäß umfassend und in den verschiedenen Bevölkerungsteilen vergleichsweise homogen aus (Tab. 31): Eine deutliche Mehrheit der Fernsehnutzer hält für sehr wichtig, daß das Fernsehen informativ und vielseitig ist und Mißstände aufdeckt. Etwa die Hälfte der Zuschauer betont die Bedeutung der Unterhaltung und den Anspruch, daß das Fernsehen gesellschaftliche Probleme thematisiert. In der Rangreihe folgen dann die Erwartungen, daß sich das Fernsehen »um den einzelnen Bürger kümmert«, »Minderheiten zu Wort kommen läßt«, »Filme und Serien aus Deutschland bringt«. Action und Spannung werden bemerkenswerterweise nur von jedem fünften Zuschauer erwartet, wobei die Ansprüche der Zuschauergruppen hier besonders stark auseinandergehen.

Anspruchsdifferenzen zwischen den Nutzertypen zeigen sich vor allem bei »Entertainment«-Qualitäten: Für Privat-TV-Nutzer sind die Aspekte Vielseitigkeit, Unterhaltsamkeit und Action und Spannung überproportional wichtig. Den Gegenpol bilden Öffentlich-Rechtliche-TV-Nutzer, die auf diese Eigenschaften weniger Wert legen. Die Differenzen in den Ansprüchen ans Fernsehen, die zwischen den Privat-TV-Nutzern und den Anhängern des öffentlich-rechtlichen Fernsehens deutlich werden, weisen einmal mehr auf die arbeitsteilige Befriedigung von Zuschauerbedürfnissen im dualen System hin.

Tabelle 31: Ansprüche ans Fernsehen

daß das Fernsehen ...	Total	Nutzer ö.-r. TV	Nutzer priv. TV	Nutzer gemischt
informativ ist	70	70	67	74
Mißstände aufdeckt	61	58	55	68
vielseitig ist und von jedem etwas bringt	57	45	62	62
unterhaltsam ist	48	28	56	53
gesellschaftliche Probleme anspricht	47	49	43	49
sich um den einzelnen Bürger kümmert	34	32	34	35
Minderheiten angemessen zu Wort kommen läßt	32	31	34	30
deutsche Filme und Serien bringt	30	28	25	35
auch etwas für Spezialinteressen bringt	27	31	25	26
Action und Spannung bringt	21	6	33	20

EMNID-Institut; Anteile »sehr wichtig« in Prozent

Neben der Formulierung von Ansprüchen sollten die Befragten auch zu Entwicklungen des deutschen Fernsehens Stellung beziehen. In ersten spontanen Stellungnahmen kritisiert über die Hälfte der Befragten den hohen Anteil der Werbung. Gut jeder Fünfte bemängelt spontan die Häufung von Gewaltdarstellungen im Fernsehprogramm. Ferner werden »zu viele Wiederholungen« und eine »zu einseitige Berichterstattung« kritisiert. Jeder Zehnte findet auch, daß im Fernsehen »zu viel Sex und Erotik« gezeigt wird. Weitere spontan geäußerte Kritikpunkte am Fernsehen sind in Tabelle 32 wiedergegeben.

Die spontanen Äußerungen erinnern stark an die gängigen Topoi, mit denen die in der Öffentlichkeit kursierende Kritik am Fernsehen zumeist versehen wird. Substantielle, im Hinblick auf das Grundversorgungsgebot bezogene Defizite der öffentlich-rechtlichen Sender lassen sich hier, mit Ausnahme der moderaten Kritik an der einseitigen Berichterstattung, kaum herauslesen.

Tabelle 32: Kritik am Fernsehen

Ungestützte Nennungen ...	Total	Nutzer ö.-r. TV	Nutzer priv. TV	Nutzer gemischt
zu viel Werbung	57	45	65	58
zu viel Gewalt	22	29	12	29
zu viele Wiederholungen	14	15	14	13
zu einseitige Berichterstattung	11	18	7	11
zu viel Sex/Erotik	10	10	5	13
zu wenig Niveau	9	13	8	8
zu viele Talkshows	6	5	6	7
zu wenig Gutes/ zu viel Schlechtes für Kinder	6	6	6	6
zu viele schlechte Filme	5	5	5	6
alle Sender bringen das gleiche	5	3	5	5
gute Sendungen werden zu spät gebracht	4	5	3	5
zu sensationslustig	4	6	3	4
zu viele Serien	3	4	3	3
zu starkes Eindringen in Privatsphäre	3	2	2	5
mehr Sport	3	4	2	2
Bürger sollten mehr Einfluß aufs Programm bekommen	3	3	2	3
zu viel Negatives	3	3	3	2
gute Sendungen werden parallel ausgestrahlt	2	2	3	2
zu viele amerikanische Filme und Serien	2	4	1	2
zu hohe Gebühren	2	2	2	3
mehr Nachrichten/Info/Kultur	2	2	2	2
Programm richtet sich nur nach Einschaltquoten	2	3	1	2
zu viele Volksmusiksendungen	2	3	0	1
Öffentlich-Rechtliche gleichen sich Privaten an	1	2	1	1
sonstiges	3	3	2	4

EMNID-Institut; Anteile der Befragten in Prozent

Bei der gezielten Nachfrage (gestützte Befragung) äußern sich dann über 80 Prozent der Befragten kritisch zu den Gewaltdarstellungen und zur Werbung. Fast ebenso häufig wird konstatiert, daß die Programme einander immer ähnlicher werden. »Zu häufiges Eindringen in die Privatsphäre« kritisieren etwa zwei Drittel der Befragten, fast ebensoviele bemängeln, daß Minderheiten zu wenig zu Wort kommen. Die Darbietung von Erotik- und Sexfilmen ruft bei knapp der Hälfte der Befragten Unmut hervor (Der hohe Kritikumfang im Vergleich zur spontan geäußerten Wertung läßt insgesamt vermuten, daß das Antwortverhalten in diesem Falle auch sehr stark normativ geprägt ist).

Tabelle 33: Bewertungen des Fernsehens nach Nutzergruppen

Aussagen zum Fernsehen	Total	Nutzer ö.-r. TV	Nutzer priv. TV	Nutzer gemischt
zu viel Gewalt im Fernsehen	84	89	75	91
Werbung ist lästig, man könnte ganz darauf verzichten	83	89	80	81
Fernsehen ist wichtig zur Kontrolle der Politik	81	84	74	86
Programme sind einander immer ähnlicher geworden	81	78	84	81
zu häufiges Eindringen in Privatsphäre	66	54	68	72
Fernsehen ist vielseitiger und unterhaltsamer geworden	64	53	72	62
Minderheiten kommen zu wenig zu Wort	57	56	58	56
Fernsehen ist viel besser geworden	48	35	61	55
viel zu viele Erotik- und Sexfilme	44	47	38	49

EMNID-Institut; Anteile »trifft überwiegend zu«/»trifft voll und ganz zu« in Prozent

Andererseits sind auch 80 Prozent der Befragten der Ansicht, daß das Fernsehen wichtig zur Kontrolle der Politik ist. Positiv sehen die Hälfte bis zwei Drittel der Befragten, daß das Fernsehen vielseitiger und unterhaltsamer und damit insgesamt besser geworden ist. Diese

Ansicht vertreten vor allem die Privat-TV-Nutzer, wohingegen die Kritik an Gewalt- und Sexdarstellungen bei ihnen etwas weniger ausgeprägt ist.

Das Gebührenprivileg der öffentlich-rechtlichen Sender legt besonders die Frage nahe, ob die Bundesbürger speziell in den gebührenfinanzierten Programmen bestimmte Sendungsarten vermissen (Tab. 34). Nahezu zwei Drittel der Befragten geben an, daß sie bestimmte Sendungsarten im öffentlich-rechtlichen Fernsehen gern häufiger sehen möchten. Von diesen Befragten werden zuallererst Filme sowie Sportsendungen genannt. Daneben werden noch mehr Natur- und Tiersendungen, Kultur- sowie Politiksendungen gewünscht. Erneut lassen sich aufgrund dieses Antwortverhaltens kaum grundversorgungsbezogene Mängel der öffentlich-rechtlichen Sender ableiten.

Allerdings wird deutlich, daß die Öffentlich-Rechtliche-TV-Nutzer andere Schwerpunkte setzen als der Bevölkerungsdurchschnitt. Sie vermissen weitaus stärker Sendungen, die zum Kernbereich der Grundversorgung gehören (Information/Bildung/Kultur) und nennen demgegenüber seltener die Bereiche Film oder Sport.

5.8 Die Unabhängigkeit des Fernsehens im Urteil des Publikums

Rundfunkfreiheit ist im Grundsatz Veranstaltungsfreiheit. Essentielle Bedingungen dafür sind die Freiheit von staatlicher Beeinflussung wie auch die Abwehr einseitiger privater Einflußnahme. Ziel der gesetzgeberischen Ausgestaltung der Rundfunkordnung ist mithin zu gewährleisten, daß der Rundfunk seine Funktion als Medium und Faktor der Meinungsbildung in Freiheit erfüllen kann und von äußeren Einflüssen unabhängig ist. Die hier interessierende Frage war, ob und inwieweit in den Augen des Publikums das Fernsehen, sei es öffentlich-rechtlich oder privat, sachfremden Einflüssen auf seine Programminhalte ausgesetzt ist.

Zunächst ist im Vergleich der drei tagesaktuellen Medien Fernse-

Tabelle 34: Sendungsarten, die im öffentlich-rechtlichen Fernsehen vermißt werden

	Total	Nutzer ö.-r. TV	Nutzer priv. TV	Nutzer gemischt
Filme	43	24	55	44
Sport	17	10	19	20
Natur/Tiere	14	21	9	15
Kultur	14	25	4	14
Politik	10	16	6	10
Information	10	13	8	9
Unterhaltung	10	10	9	9
Musik	9	7	10	10
Reportagen/Dokumentationen	7	8	5	7
Wissenschaft/Forschung/Technik	6	8	2	9
Reise/andere Länder	6	11	2	7
Serien	5	3	9	4
Nachrichten	5	5	6	5
Show/Quiz	5	4	5	5
Diskussion/Talk	4	4	4	5
Wirtschaft	4	7	2	4
Verbraucher	4	5	3	5
Geschichte	3	3	0	6
Kinder/Jugend	3	2	5	2
Boulevard	3	2	3	3
Comedy/Satire/Kabarett	2	1	5	0
Regional	2	3	0	2
Bildung	1	1	0	1
sonstiges	2	2	2	2

EMNID-Institut; Anteile der Befragten in Prozent

hen, Radio und Zeitung das Fernsehen das glaubwürdigste Medium (Tab. 35). Bei der Frage, welchem Medium die Befragten im Fall abweichender Darstellungen in den drei Medien am ehesten glauben würden, sprechen sich immerhin 42 Prozent der Bevölkerung für das Fernsehen aus, 30 Prozent für die Zeitung und nur 12 Prozent für das Radio, 15 Prozent der Befragten würden keinem Medium folgen.

Tabelle 35: Glaubwürdigstes Medium

Demographie	Fernsehen	Tageszeitung	Radio	keines	alle gleich
Total	42	30	12	9	6
Geschlecht					
m	38	35	14	7	5
w	46	25	10	11	7
Alter					
14-29 Jahre	41	34	14	6	4
30-49 Jahre	41	32	11	9	5
50+ Jahre	43	26	12	11	7
Bildung					
niedrig	47	24	12	9	6
mittel	39	33	12	10	5
hoch	28	44	13	7	5
TV-Nutzertyp					
ö.-r. Nutzer	36	31	12	10	7
priv. Nutzer	45	28	12	9	6
gem. Nutzer	43	32	13	7	5
Politikinteresse					
stark	38	36	12	8	5
mittel	43	28	11	10	6
gering	46	23	13	10	7

EMNID-Institut; Anteile der Befragten in Prozent

Dennoch sind die Fernsehprogramme in der Wahrnehmung der Bundesbürger nicht frei von Einflüssen. Als einflußnehmende Faktoren werden vor allem die Werbung sowie große Medienunternehmen genannt (Tab. 36). Vier von fünf Befragten vermuten hier jeweils einen Einfluß auf das Programm. Einen Einfluß von Politikern und Parteien auf das Fernsehen sehen zwar deutlich weniger Zuschauer, immerhin aber noch jeder zweite Befragte.

Tabelle 36: Einflußfaktoren aufs Fernsehen

genereller Einfluß eher/sehr stark	Total	Nutzer ö.-r. TV	Nutzer priv. TV	Nutzer gemischt
Werbung	83	80	83	87
große Medienunternehmen	80	74	80	86
Einfluß der Politiker und Parteien	52	55	41	61

EMNID-Institut; Anteile der Befragten in Prozent

Von denjenigen Befragten, die einen Einfluß auf das Fernsehen erkennen, meinen 90 Prozent, daß dieser Einfluß private Sender besonders trifft. Umgekehrt ist es bei der Politik. Ihr Einfluß wird von 90 Prozent der Zuschauer mit den öffentlich-rechtlichen Sendern in Verbindung gebracht, eine Verbindung zum kommerziellen Fernsehen sieht dagegen nur jeder dritte Befragte. Daß parteipolitischer Einfluß eher bei den öffentlich-rechtlichen Sendern verortet wird, zeigt sich auch bei der Frage nach der parteipolitischen Nähe der Sender. Nur 10 Prozent bis 20 Prozent sehen eine politische Affinität der drei privaten Hauptprogramme, dagegen bei den öffentlich-rechtlichen Zuschauern mehr als jeder Dritte. Der ARD unterstellen konkret 16 Prozent der Befragten eine Nähe zur Union, 19 Prozent eine Nähe zur SPD. Weniger ausgeglichen ist die Einordnung beim ZDF, das von 26 Prozent in der Nähe der CDU/CSU und von 10 Prozent in der Nähe der SPD gesehen wird.

Eine besondere Rolle spielt die Bewertung der Dritten Programme, hier kann ein besonderer Einfluß der Landesregierungen unterstellt werden. Insgesamt wird den Dritten kein größerer Parteieinfluß unterstellt als den beiden öffentlich-rechtlichen Hauptprogrammen (Tab. 37). Unabhängig davon wird einzelnen Landesrundfunkanstalten eine erhebliche parteipolitische Nähe unterstellt. Dieses gilt insbesondere für Hessen 3, wo eine starke Nähe zur SPD wahrgenommen wird, sowie Bayern 3, das nahezu zwei von drei Zuschauern nahe bei der Union verorten. Vergleichsweise unausgeglichen ist darüber hinaus die Bewertung von N3 und WDR Fernsehen.

Tabelle 37: Parteipolitische Nähe der Dritten Programme

Parteien	Dritte total	N3	WDR Ferns.	Hessen 3	Süd- west 3	Bayern 3	Berlin 1	ORB	MDR
CDU/CSU	15	4	7	0	16	65	3	0	6
SPD	17	26	28	41	5	1	21	16	8
sonstige	3	2	4	1	3	1	1	5	4
keine	65	68	61	58	76	33	75	79	82

EMNID-Institut; Anteile der Befragten in Prozent

Aber auch wenn hier zunächst eine Skepsis gegenüber der Unabhängigkeit des Fernsehens sichtbar zu werden scheint, gibt es bei den Zuschauern kaum ernsthafte Befürchtungen in Richtung einseitiger Manipulation oder Einschränkungen der Meinungsfreiheit durch externe Einflüsse. Vorwürfe dieser Art wurden von den Befragten an anderer Stelle weder gestützt noch ungestützt in nennenswertem Umfang genannt.

III. Zukunft des dualen Rundfunks in Deutschland

Sigrun Müller-Gerbes

Thesen und Diskussion

Um die Debatte über die »Kommunikationsordnung 2000« voranzutreiben, hat die Bertelsmann Stiftung auf Basis der dort veröffentlichten Studien Thesen entwickelt, die am 5. Februar 1998 auf einem Internationalen Symposium in Gütersloh diskutiert worden sind. Vertreter öffentlich-rechtlicher und privater Fernsehveranstalter, Medienpolitiker und Wissenschaftler erörterten die »Aufgaben des Dualen Rundfunksystems« – vor allem unter der Fragestellung, wie der gesellschaftliche Auftrag an *public interest programming* künftig formuliert werden kann. Außerdem haben mehrere Teilnehmer des Symposiums anschließend schriftlich Gedanken zum öffentlich-rechtlichen Funktionsauftrag formuliert. Die Diskussion über die Thesen auf dem Symposium wird im folgenden zusammengefaßt, ergänzt um Aspekte aus den schriftlichen Äußerungen.

1. Gesellschaftlich besonders relevante Programme, sogenanntes public interest programming, werden von öffentlich-rechtlichen und privaten Sendern angeboten. Das Publikum ist mehrheitlich nicht senderorientiert, sondern nutzt gewünschte Programme überall dort, wo sie angeboten werden. Die ideologisierte »Systemdebatte« zwischen öffentlich-rechtlichem und privatem Rundfunk sollte ad acta gelegt werden.

Sigrun Müller-Gerbes

In seinem einleitenden Vortrag unterstützte Kurt Biedenkopf, Ministerpräsident in Sachsen, den Appell, die ideologische Debatte um das Duale System zu beenden: »Grundversorgung findet durch das Gesamtsystem statt. Beide Systeme können dazu komplementär beitragen, sich die Arbeit teilen«. Allerdings müßten private und öffentlich-rechtliche Sender klar zu unterscheiden bleiben, um nicht austauschbar zu werden: »Es muß definiert und inhaltlich beschrieben werden, was die Funktion des Öffentlich-Rechtlichen ist«, sagte Biedenkopf, der auch Mitglied der *Beratergruppe der Bertelsmann Stiftung zur Kommunikationsordnung 2000* ist. ARD und ZDF müßten im Vergleich zu Privatsendern »das aliud, sogar das aliud plus« sein. Der rheinland-pfälzische Ministerpräsident Kurt Beck betonte ebenfalls, daß beide Rundfunksysteme zur Kommunikationskultur beitragen: »Auch die Privaten informieren und die Öffentlich-Rechtlichen unterhalten« – mit dem Unterschied, daß die »Öffentlich-Rechtlichen größere Akzente auf Information und Hintergrund setzen«.

Wie stark sich die Programme der konkurrierenden Systeme (noch) unterscheiden, wurde – je nach Interessenlage – auch in Gütersloh unterschiedlich gesehen. »Art und Ausmaß der Konvergenz zwischen den Systemen ist umstritten geblieben – aber das ist nicht verwunderlich, wenn man die Debatten der letzten Jahre kennt.«, resümierte Peter Glotz, Rektor der Universität Erfurt, der an der Entwicklung der Bertelsmann-Thesen beteiligt war. So war man sich zwar im Prinzip einig, daß das Duale System sich bewährt hat und über das Nebeneinander von öffentlichem und privatem Rundfunk keine Grundsatzdebatten mehr geführt werden müssen – in der Diskussion über reale Programme und konkrete Wettbewerbsverhältnisse blieben die Fronten jedoch bestehen. »Wer gleicht sich denn wem an?« fragte RTL-Geschäftsführer Helmut Thoma provokativ und hielt der Konkurrenz vor: »Die Programmstrukturen von ARD und RTL unterscheiden sich oft nicht mehr viel.« Vertreter der öffentlich-rechtlichen Sendeanstalten wiederholten dagegen, daß es »eine Menge gibt, was uns von den Privaten unterscheidet – und wir rüsten noch nach, wir werden uns noch deutlicher abheben« (Fritz Pleitgen, Intendant des Westdeutschen Rundfunks).

Thesen und Diskussion

Jürgen Doetz, Präsident des Verbandes Privater Rundfunk und Telekommunikation (VPRT) und Geschäftsführer des Privatsenders SAT.1, schlug angesichts der unterschiedlichen Interpretationen eine gemeinsame Arbeitsgruppe der Anstalten vor: »Wir sollten uns auf Grundlage der Bertelsmann-Thesen zusammensetzen und uns über die Grundsätze der unterschiedlichen Leistungen verständigen.« Ähnlich auch RTL-Chefredakteur Hans Mahr: Private und öffentlich-rechtliche Sender sollten Kriterien für die Qualität der unterschiedlichen Programme festlegen und diese untersuchen lassen.

2. Deutschland finanziert das teuerste öffentlich-rechtliche Programmangebot der Welt mit jährlichen Gesamtinvestitionen, welche die anderer Länder deutlich übertreffen. Ähnliches gilt für die Kosten pro Sendeminute. Die hohen Investitionen fließen vor allem in die quotenattraktiven Programme Film und Sport, da die Programme des Kernbereiches relativ kostengünstig sind.

Angesichts von deutlich über 10 Mrd. Mark jährlichen Gebühreneinnahmen und der Produktion von 18 öffentlich-rechtlichen Programmen fragte sich der Vorstandsvorsitzende der Bertelsmann AG, Mark Wössner, »ob wir nicht eine dramatische Schieflage in Deutschland haben und keine Balance im dualen System«. Auch Doetz bezweifelte, daß deren Gebühreneinnahmen durch deren Programme ausreichend legitimiert werden: »Wenn die sich stärker über Qualität definieren würden statt über die quantitative Ausweitung, hätten die Privaten kein Problem.« Mahr warf ARD und ZDF vor, beim Sportrechteerwerb die »Preise sinnlos in die Höhe zu treiben«. Angegriffen wurden die Sendeanstalten vor allem vor dem Hintergrund wirtschaftlicher Probleme vieler Privatsender, denen angesichts der öffentlich-rechtlichen Finanzkraft kein fairer Wettbewerb möglich sei: Nur zwei bis drei der 18 privaten Programme in Deutschland schrieben schwarze Zahlen, beklagte Thoma. Dafür verantwortlich sei nicht zuletzt die Programmstrategie der Anstalten, die immer mehr »Sendeplätze für massenattraktives Programm freiräumen« (Doetz).

Die Attackierten wehrten sich unter anderem mit dem Hinweis, daß Verdrängungswettbewerb nicht in erster Linie durch die Öffentlich-Rechtlichen, sondern durch die harte Konkurrenz der Privaten untereinander geschürt werde (SWF-Intendant Peter Voß). Im übrigen sei es legitim und notwendig, Sendungen für das breite Publikum anzubieten. Der gesellschaftliche Konsens über die Fernsehgebühr könne nur erhalten werden, »wenn wir ein breitgefächertes Angebot vorhalten, nicht nur Nischenprodukte«, sagte BR-Intendant Albert Scharf und warf der Konkurrenz Doppelzüngigkeit vor: »Sind wir erfolgreich, stören wir den Wettbewerb. Sind wir es nicht, wird uns vorgeworfen, am Markt vorbei zu produzieren, und die Gebühr wird in Frage gestellt«. Auch Pleitgen sprach sich gegen eine ausschließliche Konzentration auf öffentlich-rechtliche »Kernbereiche« aus: »Kern heißt Mitte, und wir müssen auch die Ränder bedienen«. SWF-Intendant Voß relativierte die Aussagen zur angeblichen Überfinanzierung der Anstalten: Die rundfunkspezifische Teuerungsrate werde durch Gebührenerhöhungen schon lange nicht mehr ausgeglichen – und das sei auch in Zukunft nicht zu erwarten: »Zum Teil können wir den Druck durch Strukturreformen ausgleichen, danach geht's ans Eingemachte«. ZDF-Intendant Dieter Stolte wies zudem den Vorwurf zurück, die Öffentlich-Rechtlichen setzten die Gebührengelder nicht effizient genug ein. Das Öffentlich-Rechtliche sei »heute in einer besseren Verfassung als noch vor fünf Jahren«, insbesondere das ZDF habe sich längst zu einem »modern geführten Programmunternehmen gewandelt – effizient intern und am Markt«.

Die Kehrseite eines zu schlecht ausgestatteten öffentlichen Rundfunksystems skizzierte Eli M. Noam von der Columbia University am Beispiel USA: Dort sei das öffentliche Fernsehen »extrem unterfinanziert« und »unterentwickelt«, liefere ausschließlich Komplementärangebote zum Privatfunk und könne nur ganz spezielle Gruppen und Minderheiten bedienen. Die Sender könnten sich angesichts jährlicher Zuweisungen von nur 250 bis 300 Millionen Dollar »keine großen Ziele setzen«, ergänzte Willard D. Rowland von der University of Colorado: Allein durch die Akquisition zusätzlicher Spenden gehe »unglaublich viel Zeit verloren«, die eigentlich in Programmentwicklung gesteckt werden müsse: »Wir kämpfen in den USA sehr darum, das öffentliche Fernsehen am Leben zu erhalten.«

3. In dieser Situation liegt es nahe, den Begriff der Grundversorgung durch den Begriff des »Funktionsauftrags« für die öffentlich-rechtlichen Anstalten zu ersetzen. Dieser Funktionsauftrag könnte auf die Elemente Integrationsfunktion, Forumsfunktion, Vorbildfunktion, Komplementärfunktion aufbauen.

Nach dem Symposium diagnostizierte Diskussionsleiter Glotz: »Es gab heute eine breite Übereinstimmung, den Begriff der Grundversorgung zu ersetzen.« VPRT-Präsident Doetz nannte ihn »politisch verbrannt«; Ministerpräsident Beck hält ihn für »zu statisch«; ZDF-Intendant Stolte konnte in der Bestimmung eines Funktionsauftrags »keinen Verstoß gegen die Rundfunkfreiheit erkennen, wenn das durch den Gesetzgeber ausgefüllt wird«, und WDR-Intendant Pleitgen kann mit dem Vorschlag der Bertelsmann-These ebenfalls »gut leben: Vielleicht führt das zu einer sachlichen Diskussion ohne Lagerdenken«. Ingrid Hamm, Bereichsleiterin Medien bei der Bertelsmann Stiftung, begründete die Notwendigkeit einer inhaltlichen Definition des Auftrags an die öffentlich-rechtlichen Sender: »Die Debatte krankt an einem Zirkelschluß: Die Sender sollen einen Auftrag erfüllen, und der heißt Grundversorgung. Und wenn man fragt: Was ist Grundversorgung?, dann heißt es: das, was die Sender machen.«

Wie ein Funktionsauftrag inhaltlich zu füllen wäre, blieb zumindest in Teilen umstritten. Die Vertreter öffentlich-rechtlicher Sender halten die Integrationsfunktion von Public Interest Programming für »entscheidend« (Voß) und argumentieren, es müßten Angebote für die Gesamtgesellschaft gemacht werden, nicht nur für Minderheiten. »Integration denkt an die Gemeinschaft und glaubt an eine Gesellschaft, die aus demokratischen Bürgern und nicht bloß aus Konsumenten besteht«, ergänzte Stolte in einem Thesenpapier. Um gesellschaftlich integrierend wirken zu können, müsse das Öffentlich-Rechtliche den »schwierigen Spagat zwischen unterschiedlichen Interessen und den Generationen« bewerkstelligen, sagte er auf dem Symposium. Das sei künftig nur noch möglich, wenn die Vollprogramme ergänzt werden könnten durch Spartenangebote wie den Kinderkanal: »Im Wettbewerb der Systeme und bei der Interessendifferenzierung im Publikum ist Integration von nur einem Hauptprogramm nicht zu leisten.« Pleitgen hielt Spartenprogramme ebenfalls für nötig, um dem Integrationsauftrag gerecht zu werden. Die Öffentlich-Rechtlichen müßten »in der Programmflut auffindbar bleiben – nicht bloß als Insel Helgoland, sondern als Kontinent.«

Dagegen bleibt nach Ansicht von Doetz »nichts von Integration, wenn Kernprogramme des Öffentlich-Rechtlichen in Sparten ausgelagert werden«. Das Vollprogramm bleibe »die zentrale, wesenseigene Programmform des öffentlich-rechtlichen Rundfunks«, schreibt er ergänzend. Auch Manfred Harnischfeger, Bereichsvorstand Unternehmensverbindungen und Public Relations bei der Bertelsmann AG, befürchtet eine Auslagerung von Qualität in Sparten: »Die Hauptprogramme übernehmen immer weniger vom Funktionsauftrag, werden ausgedünnt, dafür werden die Spartenprogramme professionalisiert.« Ministerpräsident Biedenkopf warnt die Öffentlich-Rechtlichen außerdem davor, aus der Integrationsfunktion einen »Auftrag zu möglichst vielen integrierten Vollprogrammen« abzuleiten.

Daß *public interest programming* den Auftrag habe, als Forum für alle Meinungen und Interessen zu dienen, war Konsens: »Fernsehen soll Moderator des gesellschaftlichen Diskurses sein« (Biedenkopf). Auch die Vorbildfunktion, die öffentlich-rechtliches Fernsehen für Qualitätsstandards und ethische Standards der Kommunikation hat, wurde kaum bestritten. Allerdings prognostizierte Biedenkopf, die Vorbildfunktion könne in Zukunft relativiert werden, wenn auch in privaten Programmen – beispielsweise durch Institutionen der Selbstkontrolle – ethische Bindungen entstünden.

Die Komplementärfunktion lieferte den größten Anlaß für Gegensätze. Hans-Joachim Otto, Vorsitzender der FDP-Medienkommission, interpretierte sie sehr weitreichend: Öffentlich-Rechtliche hätten ausschließlich das zu liefern, was Private nicht leisten könnten, »auch wenn das Bundesverfassungsgericht das anders sieht. Wir sollten hier am Prinzip der Subsidiarität festhalten«. Ähnlich RTL-Geschäftsführer Thoma in einer schriftlichen Ergänzung: Die Aufgaben der öffentlich-rechtlichen Sender lägen bei »denjenigen Angeboten, die sich über werbefinanziertes Fernsehen nicht in dem gesellschaftlich bzw. politisch gewünschten Maß einstellen – darüber hinausgehende Funktionen gehören nicht zum Kernauftrag der Anstalten.« Derartigen Vorstellungen hielt SWF-Intendant Voß entgegen: »Sie wollen offenbar unser Programmdirektor sein und sagen: Was wir machen, davon müßt Ihr Euch zurückziehen.« Das Öffentlich-Rechtliche dürfe aber schon deshalb nicht auf eine »Ergänzung« des Privaten reduziert werden, weil sich diese jederzeit aus wichtigen Bereichen – wie Nachrichten – auch wieder verabschieden könnten: »Was ist denn, wenn sich plötzlich die Privaten bestimmte Image-Angelegenheiten nicht mehr leisten?« Auch Biedenkopf betonte, Komplementärfunktion sei »nicht zu interpretieren als Ergänzung zum Privaten, weil sich Ergänzung stets nach dem richtet, was ergänzt werden muß.«

Bertelsmann-Vorstandsvorsitzender Wössner schlug deshalb diese Formulierung vor: »Statt Komplementarität sollte die technische und thematische Vollabdeckung zum Funktionsauftrag gehören.«

4. Ein solcher Funktionsauftrag muß allerdings politisch gewollt und garantiert werden. Dies verlangt, daß die zuständigen Bundesländer ihre politische Strukturverantwortung wahrnehmen. Dies kann bedeuten, daß ein Konflikt mit der Rechtsprechung des Bundesverfassungsgerichts entsteht, das im Südwestfunk-Urteil die Auffassung vertreten hat, die öffentlich-rechtlichen Anstalten seien selbst Grundrechtsträger. Selbstverständlich kann es nicht darum gehen, die grundgesetzlich garantierte Meinungsäußerungsfreiheit im Medium Rundfunk in irgendeiner Weise einzuschränken. Da aber nicht jede beliebige Expansion des öffentlich-rechtlichen Sektors legitim sein kann, darf die Entscheidung über Expansion oder Konzentration nicht den Betroffenen selbst, also den Rundfunkanstalten überlassen bleiben, sondern muß politisch (von den Bundesländern) verantwortet werden.

Das »Primat der Politik« wurde von mehreren Symposium-Teilnehmern betont. Es sei sinnvoll, die »Strukturkompetenz für das Mediensystem und das öffentlich-rechtliche Fernsehen bei der Politik zu lassen und sie nicht den Gerichten zu übergeben, die dafür nicht demokratisch legitimiert sind«, sagte Biedenkopf. Weder eine hohe Zuschauerquote noch die Rechtsprechung des Bundesverfassungsgerichts reiche auf Dauer aus, um die Anstalten zu legitimieren: »Das Öffentlich-Rechtliche kann in der Tat nur durch politischen Willen gesichert werden.« Wie das Primat der Politik konkret ausgestaltet werden soll, wurde unterschiedlich gesehen. Der Medienrechtler Friedrich Kübler (Universität Frankfurt/Main) beharrte darauf, daß die Entscheidung, welches (Sparten-)Programm ausgestrahlt werde, ausschließlich bei den Anstalten liege. Es sei nicht mit dem Gebot der Staatsferne des Rundfunks vereinbar, wenn die jeweilige Regierung darüber beschließe, welches Programm veranstaltet werde. Auch Voß (SWF) und Scharf (BR) beanspruchten für die Sender die »letzte Entscheidung darüber, ob ein Programm gemacht wird oder nicht«. Dieter Wolf, Präsident des Bundeskartellamts, sieht das anders: »Die Entscheidung über einen Programmauftrag des Öffentlich-Rechtlichen, der gegebenenfalls Expansion oder Konzentration nach sich zieht, kann nicht den betroffenen Sendeanstalten überlassen bleiben, sondern muß politisch verantwortet werden«, schreibt er ergänzend.

Kübler warnt dagegen vor politischen Eingriffen in die Rechte der Öffentlich-Rechtlichen: »Die Gesetzgebung hat sich auf allgemeine Programmgrundsätze zu beschränken«. Anders Helmut Thoma: Er forderte in einem Thesenpapier, den Programmauftrag an die Anstalten gesetzlich »genauer« zu definieren und durch externe Gremien kontrollieren zu lassen. Einige schriftliche Statements schlagen vor, den Funktionsauftrag durch eine politische Entscheidung der Länder zu konkretisieren – per Rundfunkgesetz der Länder oder per Satzung der öffentlich-rechtlichen Anstalten (der Hamburger Medienrechtler

Ernst-Joachim Mestmäcker), per Landesrundfunkgesetz oder per Rundfunkstaatsvertrag (Doetz). Andere halten bestehende Regelungen für ausreichend: »Der Programmauftrag ist längst erteilt« (Scharf). Der Medienrechtler Martin Bullinger (Universität Freiburg) wies in Gütersloh auf einen anderen juristischen Aspekt hin: »Wir müssen versuchen, die Funktionsaufgabe so genau zu bestimmen, daß die rechtliche Legitimation ausreichend klar wird – schon mit Blick auf Brüssel und das EU-Recht.«

5. Öffentlich-rechtliche Sender können als gesellschaftliche Institutionen erhebliche Beiträge zur Vollständigkeit der Information, zur Integration der Gesellschaft, zur Entwicklung innovativer Kommunikationsformen leisten. Diese Wirkung steigt, wenn die Sender auf eine public service mission verpflichtet werden, Werbefinanzierung meiden und die Zuschauerquote als Erfolgsmaßstab durch andere Erfolgskriterien erweitern und modifizieren.

Malcolm Long, bis 1997 Geschäftsführer der australischen Sendeanstalt SBS, beschrieb die Vorteile eines konkreten Auftrags für *public interest programming*, der zugleich viel Spielraum läßt: SBS, ein multikultureller und mehrsprachiger Sender, sei auf die Integration ethnischer Gruppen verpflichtet – der Programmauftrag sei aber so flexibel formuliert, daß SBS auch programmstrategisch agieren könne: »Auch Fußball paßt bei uns ins Programm.« Der Programmauftrag sei gesellschaftlich so stark legitimiert, daß die Zuschauerquote daneben an Bedeutung verliere: »Unser Programm ist wie ein exzellentes Essen in einem guten Restaurant – das macht man nicht jeden Tag, man erinnert sich aber später lange daran.«

Der klare Programmauftrag ist nach Auffassung von Karen Brown, stellvertretende Programmdirektorin des britischen Channel 4, auch Grundlage für den Erfolg ihres Senders. Channel 4, dessen Auftrag die Förderung unabhängiger britischer Produzenten ist, sende das »kreativste und innovativste Programm« im britischen Fernsehmarkt – und das ausschließlich werbefinanziert. Dagegen finanziert sich die britische BBC nahezu ausschließlich aus Gebühren – ein Tatbestand, den Robert Phillis, bis 1997 Stellvertretender Generaldirektor der BBC, für einen großen Vorteil hält: »Das vermindert die Gefahr eines unfairen Wettbewerbs, die Mischfinanzierung immer birgt.« Seiner Ansicht nach läßt sich eine *public service mission* nicht auf einen bestimmten Anstaltstyp – werbefinanziert oder über Gebühren – festlegen: *public interest programming* muß über Standards und Qualitätsansprüche definiert werden.« Allerdings plädierte er für eine »grundsätzlich klare Trennung der unterschiedlichen Finanzierungsquellen« – um diese klare Trennung aufrechtzuerhalten, trenne die BBC sämtliche kommerzielle Aktivitäten, wie beispielsweise Pay-TV-Angebote, streng gesellschaftsrechtlich von der Gebühren-BBC. Long stimmte dem zu: »Je unterschiedlicher die Finanzierungsmodelle, desto vielfältiger die Medienlandschaft.«

Dagegen hielt Ministerpräsident Beck die Mischfinanzierung der öffentlich-rechtlichen Anstalten für das bessere Modell: »Es tut auch den Öffentlich-Rechtlichen gut, wenn sie sich im allgemeinen Marktgeschehen bewegen müssen«. Weil außerdem die Spielräume für Werbung insgesamt wüchsen, sprach er sich neuerlich für eine Ausweitung der Werbezeiten für Öffentlich-Rechtliche zumindest bei Sportübertragungen aus. Stolte warnte davor, ARD und ZDF diese Möglichkeit zu verweigern. Andernfalls müßten die Sender entweder andere Programmbereiche ausdünnen oder ganz auf die Übertragung von Sportereignissen verzichten. Beides werde zu einem Akzeptanzverlust beim Publikum führen. Biedenkopf ist da anderer Meinung: »Wir haben unter den Ministerpräsidenten ernsthaft die Frage diskutiert: Wäre es nicht sauberer, die Gebühren zu erhöhen und die Werbung einzuschränken?«

6. Die Struktur der Organisation und der Distribution der öffentlich-rechtlichen Medieninstitutionen ergibt sich aus der Programmoptimierung entsprechend dem Funktionsauftrag. Programmfremde Ziele gehören nicht zu ihren Aufgaben; zudem muß entsprechend einer guten Kosten-Nutzen-Verantwortung und sparsamer öffentlicher Haushaltsführung das Prinzip inhaltlich optimaler, aber quantitativ hinreichender, nicht maximaler Ver-

sorgung mit Programmangeboten gelten. Zum Beispiel könnte sich erweisen, daß es aus einem hinreichend klar formulierten Funktionsauftrag nicht herleitbar wäre, daß inhaltlich identische, weil nicht regional abhängige Radioprogramme mit jeweils eigenen Redaktionen parallel in den meisten Bundesländern operieren. Politische oder standortbezogene Aspekte sind programmfremde Begründungen und nicht zu rechtfertigen, wenn ein bestimmter Kostenaufwand damit überschritten wird.

Daß öffentlich-rechtliche Sender ihr Programmangebot an einer quantitativ hinreichenden Versorgung orientieren, wurde auf dem Symposium vor allem von Privatfunk-Vertretern bestritten. Mehrfach warfen sie ARD und ZDF Expansionsdrang vor – vor allem bei der Etablierung neuer Spartenkanäle. Thematisiert wurde in diesem Zusammenhang die knappe Kapazität in den analogen Kabelanlagen.

Norbert Schneider, Direktor der Landesanstalt für Rundfunk NRW, forderte von den Anstalten Rücksichtnahme auf die Interessen der Privatsender, für deren wirtschaftliches Überleben die Kabelverbreitung substantiell notwendig sei: »Auch öffentlich-rechtliche Sender könnten sich Kabelplätze teilen.« Hans-Gerd Prodoehl, Leiter des Bereiches Medien und Kommunikation im NRW-Wirtschaftsministerium, hält jede weitere Expansion der Öffentlich-Rechtlichen aus diesem Grund für »problematisch«: »Ich sehe täglich, wie Sender zu mir kommen, die mit dem Rücken an der Wand stehen.« Dagegen hielt WDR-Intendant Pleitgen: »Wir können gar nicht auf Teufel komm raus expandieren – schließlich ist keine Institution so unter öffentlicher Kontrolle wie wir.« SWF-Intendant Voß rechnete vor, daß es heute nur einen öffentlich-rechtlichen Fernsehkanal mehr gebe als vor fünf Jahren: »Es gibt keine Expansion des Öffentlich-Rechtlichen.« Und das Problem der »Kanalverstopfung« werde sich mit der Digitalisierung lösen – »für den Augenblick müssen Kompromisse her«. Die erwartet Ministerpräsident Beck insbesondere bei der Frage der überregionalen Verbreitung der 3. Fernsehprogramme: »Ich hoffe da auf Fairneß.« Medienjurist

Mestmäcker wies auf einen anderen Aspekt hin, der das Problem der Kabelengpässe verschärfen könne: Die Nutzung der Kabel müsse nach Auffassung der Europäischen Kommission auch für andere Dienste als Rundfunk geöffnet werden.

7. Das komplizierte Gewirr der Regulierungsinstanzen in der Bundesrepublik Deutschland (Landesmedienanstalten, KEF, KEK, Bundeskartellamt, FSF, etc.) erschwert die Etablierung einer plausiblen Kommunikationsordnung, in der Telekommunikation und Rundfunk ebenso koordiniert sind wie die öffentlich-rechtlichen und die privaten Rundfunkveranstalter. Deswegen liegt es nahe, die Instanzenvielfalt zurückzuschneiden.

Gegen diese These erhob sich in Gütersloh kein Widerspruch: »Früher oder später muß sich die Instanzenvielfalt in Richtung auf ein FCC-Modell wie in den USA bewegen«, prognostizierte Biedenkopf. Die Zuständigkeiten müßten – vor allem in Hinblick auf die digitale Entwicklung – gebündelt werden; auf diese Entwicklung seien die derzeitigen Aufsichtsbehörden längst nicht ausreichend vorbereitet, klagte Channel 4-Vertreterin Brown: »Wir verbringen viel zuviel Zeit, die Schlachten von gestern zu schlagen, statt über Zukunftsfragen zu reden.« Auch aus rechtlicher Sicht spreche einiges dafür, derzeit getrennte Bereiche zusammenzuführen, betonte Mestmäcker. Die digitale Entwicklung werde dazu zwingen, »in sehr unterschiedliche Rechtsbereiche aufgeteilte Dinge – Wirtschaftsrecht, Telekommunikationsrecht, Rundfunkrecht – simultan zu berücksichtigen.«

Insgesamt sei es dringend nötig, eine Wettbewerbsordnung für das duale System zu entwickeln, denn beide Systeme stünden in einer durchgehenden Wettbewerbsbeziehung. Für ihr Außenverhältnis müßten deshalb gemeinsame Regeln gefunden werden – eine Forderung, die auch Biedenkopf erhob. Das Verhältnis zwischen öffentlich-rechtlichem und Privatfunk sei zwar kein »reines« Wettbewerbsverhältnis, und die Existenz des Öffentlich-Rechtlichen könne nicht dem Wettbewerb überlassen werden. Aber viele Fragen, beispielsweise die Medienkonzentration, hingen vom Wettbewerb aller Anbieter ab: »Deshalb ist die Überleitung von besonderem Medienrecht in allgemeines Wirtschaftsrecht auf den Weg gebracht.« Allerdings betonte er – wie Ministerpräsident Beck – das politische Primat der Länder, »schon weil Dezentralisation den Wettbewerb fördert«.

8. Die Akzeptanzprobleme der öffentlich-rechtlichen Rundfunkanstalten bei jüngeren Generationen werfen ernsthafte Probleme für die Kommunikationsordnung auf. Nichts spricht dafür, daß diejenigen, die vorwiegend oder ausschließlich private Programme nutzen, bei steigendem Alter auf öffentlich-rechtliche Anstalten umsteigen. Diese Entwicklung könnte zu einer Austrocknung des öffentlich-rechtlichen Systems führen.

»Problem erkannt«, erwiderte WDR-Intendant Pleitgen. Es sei eine »Kernfrage«, wie das Öffentlich-Rechtliche wieder für jüngere Generationen attraktiver werden könne – und es gebe bereits entsprechende Programmüberlegungen. Beispielsweise solle versucht werden, erfolgreiche Konzepte für Jugendradiowellen auf das Fernsehen zu übertragen, allerdings »nicht auf die billige Tour«. Der WDR werde »viel tun, das wieder auszubalancieren«. Für ZDF-Intendant Stolte sind Zielgruppen-Angebote für jüngere Zuschauer der richtige Weg: »Deshalb sind wir froh über den Kinderkanal, mit dem wir Kindern ein auffälliges, ganztägiges Angebot machen können.« Diese Strategie hält Manfred Lahnstein, Aufsichtsratsmitglied bei der Bertelsmann AG, für falsch. Nicht Spartenprogramme, sondern eine »radikale Verjüngung der Hauptprogramme« sei die Lösung: »Sonst werden diese automatisch zu Sparten für Alte.«

Daß das ZDF insgesamt ein älteres Publikum hat, liegt Stolte zufolge am geänderten Informationsverhalten der Jugendlichen, das beispielsweise auch Printmedien Probleme mache. Die jungen Zuschauer könnten nur zurückgewonnen werden, »wenn wir Themen finden, die mit deren eigenen Fragen zu tun haben«. RTL-Chef Thoma machte dagegen die angeblichen »öffentlich-rechtlichen Rituale der Politikberichterstattung« für die Abwanderung junger Zuschauer verantwortlich: »Sowas löst Politikverdrossenheit aus«. Er hält »jeden Weg für nützlich, die jungen Leute wieder für politische Themen zu interessieren. Da ist die Boulevardisierung zu begrüßen.«

9. Den öffentlich-rechtlichen Sendern ist der Zugang zu neuen Übertragungstechniken im Rahmen ihres Funktionsauftrags zu sichern. Hieraus dürfen sich jedoch keine Wettbewerbsverzerrungen dadurch ergeben, daß kommerzielle Angebote der öffentlich-rechtlichen Rundfunkanstalten durch Quersubventionen aus Gebühren finanziert werden.

Für Biedenkopf ist es »selbstverständlich«, daß dem Öffentlich-Rechtlichen jede neue Technik offensteht – sie dürfe allerdings nur im Kontext des Funktionsauftrags eingesetzt werden. Beispielsweise hält er öffentlich-rechtliche Pay-TV-Angebote lediglich »im Sinne einer Ausleihfunktion« für zulässig, aber nicht, um zusätzlich Geld zu verdienen. Beck ließ ebenfalls keinen Zweifel, daß die Erprobung und Nutzung von Online-Diensten auch Öffentlich-Rechtlichen möglich sein muß. Pleitgen versicherte, daß sich mit der neuen Technik der Programmauftrag von ARD und ZDF nicht ändern werde: »To inform und to enlighten«. Allerdings kämen nach der Digitalisierung Service und programmbegleitende Informationen dazu. Selbstkritisch konzedierte er, daß der Start in die digitale Zukunft auch von öffentlich-rechtlicher Seite »in den Sand gesetzt wurde«: Durch das Scheitern der MMBG sei die Markteinführung erheblich verzögert worden; heute gebe es noch immer umstrittene technische Standards für das digitale Fernsehen – »und große finanzielle Probleme«. Erfreut hörte VPRT-Präsident Doetz aus der Diskussion heraus, daß »nicht mehr von einer Entwicklungsgarantie gesprochen wird, sondern von der Teilhabe an technischen Entwicklungen, die den Funktionsauftrag nicht berühren dürfen«.

Zum Abschluß der Debatte nannte es Diskussionsleiter Glotz »immerhin ein Ergebnis, daß die Bertelsmann-Thesen von Herrn Doetz und Herrn Pleitgen gleichermaßen als diskussionswürdig bezeichnet werden«: »Wir sind heute einen Schritt weitergegangen in Richtung auf eine sachliche und sachgerechte Diskussion.«

Die Autoren

Wolfram Brunner
Wolfram Brunner ist Studienleiter am EMNID-Institut, Bielefeld. Seine Schwerpunkte liegen im Bereich Politik- und Sozialforschung. Der in Deutschland und in den USA ausgebildete Politik- und Kommunikationswissenschaftler veröffentlicht regelmäßig aus seinen Forschungsaufgaben.

Ingrid Hamm
Dr. Ingrid Hamm ist Leiterin des Bereiches Medien der Bertelsmann Stiftung. In ihre Verantwortung fallen die medienpolitischen Initiativen der Stiftung mit den Arbeitsschwerpunkten Medienmarkt, Medienethik und Qualifikation im Medienbereich. Ingrid Hamm hat als Sozialwissenschaftlerin in der Medienforschung gearbeitet, bevor sie 1988 zur Bertelsmann Stiftung kam. Sie war als freie Journalistin für Tageszeitungen und das Fernsehen tätig. Zahlreiche Veröffentlichungen zu Fernsehthemen und allgemeinen Medienfragen.

Tibor Kliment
Dr. Tibor Kliment ist Leiter der Kölner EMNID Niederlassung, Bereich Forschung Elektronische Medien. Nach dem Studium der Sozialwissenschaften (Diplom) an der Ruhr-Universität Bochum arbeitete er als wissenschaftlicher Mitarbeiter am Institut für Empirische Kommunikationsforschung, Studiengang Publizistik an der

Freien Universität Berlin; 1993 Promotion. Danach Projektleiter Medienforschung bei RTL 2, im Anschluß Wissenschaftlicher Referent in der Entwicklungsplanung und Medienforschung des Hessischen Rundfunks.

Thomas Künstner
Thomas Künstner ist Mitglied der Geschäftsleitung von Booz · Allen & Hamilton. Seine Beratungsschwerpunkte liegen auf Problemlösungen innerhalb der Medien- und Telekommunikationsbranche, insbesondere im Bereich Multimedia. Er leitet ein internationales Expertenteam, das auf Basis der Beratungsarbeit Konzepte für den Multimedia-Markt entwickelt. Herr Künstner ist Diplomkaufmann und hat an der Universität Passau und der Aston Business School, England, Betriebswirtschaftslehre studiert.

Klaus Mattern
Dr. Klaus Mattern ist Partner und Vice-President der internationalen Unternehmensberatung Booz · Allen & Hamilton in Düsseldorf. Nach seinen Diplomen in Wirtschaftswissenschaften und Physik sowie seiner Promotion an der RWTH Aachen kam er 1986 zu Booz · Allen & Hamilton. Die Schwerpunkte seiner Tätigkeit liegen in den Bereichen Strategie- und Organisationsentwicklung, Restrukturierung und Change Management in der Kommunikations-, Informations- und Medienindustrie. Dr. Mattern spricht regelmäßig zu aktuellen Themen der Telekommunikations- und Medienindustrie auf nationalen und internationalen Konferenzen. Er leitete die kürzliche Überarbeitung des von Booz · Allen & Hamilton herausgegebenen Buches »Zukunft Multimedia«.

Eli Noam

Professor Eli Noam ist Direktor des Columbia Institute for Tele-Information (CITI) an der Columbia University New York und lehrt Ökonomie und Finanzwesen an der Columbia Business School. Er ist Spezialist für elektronische Medien, Telekommunikation und

Kommunikationstechnologie. Professor Noam war von 1987 bis 1990 Beauftragter (Commissioner) für den New Yorker Public Service. Durch zahlreiche Buchpublikationen und Fachartikel ist er über die Wissenschaft hinaus bekannt geworden; im Verlag Bertelsmann Stiftung erschien vom ihm »Cyber-TV. Thesen zur dritten Fernsehrevolution«.